中国科学院规划教材

统 计 学

汪慧玲　陈南旭　王　节　编著

科学出版社

北　京

内 容 简 介

本书主要介绍统计学的基本概念、基本原理和基本方法，强调统计学的逻辑，重视统计学的应用。本书在章节编排上考虑学习难度，层层递进；考虑统计步骤，步步深入；考虑与课程衔接，环环相扣，较好地保证了全书的可读性。本书由导论、统计数据搜集、统计数据整理、统计数据分布趋势测度、统计数据对比分析、概率基础和抽样分布、参数估计、假设检验、分类数据分析、方差分析、变量关系与回归分析、时间序列分析与预测、统计指数概论、统计指数评价方法共计十四章内容组成。除第一章外，其他各章在传统教材体例的基础上，编入了对应章节的"应用案例"，并在结尾给出了"参考文献"，方便感兴趣的读者拓展阅读。

本书可供统计学专业、理论经济学专业、应用经济学专业和其他人文社会科学类专业的本科生作为教材使用，也可供上述专业的高校师生参考使用。

图书在版编目(CIP)数据

统计学/汪慧玲，陈南旭，王节编著. —北京：科学出版社，2020.6
中国科学院规划教材
ISBN 978-7-03-064104-5

Ⅰ. ①统⋯ Ⅱ. ①汪⋯ ②陈⋯ ③王⋯ Ⅲ. ①统计学－高等学校－教材 Ⅳ. ①C8

中国版本图书馆 CIP 数据核字（2020）第 002092 号

责任编辑：方小丽/责任校对：贾娜娜
责任印制：张 伟/封面设计：蓝正设计

科 学 出 版 社 出版
北京东黄城根北街16号
邮政编码：100717
http://www.sciencep.com

北京九州迅驰传媒文化有限公司 印刷
科学出版社发行 各地新华书店经销

*

2020年6月第 一 版 开本：787×1092 1/16
2021年1月第二次印刷 印张：22 3/4
字数：540 000
定价：68.00元
（如有印装质量问题，我社负责调换）

前　言

统计学是一门很古老的科学，一般认为其学理研究始于古希腊的亚里士多德时代，迄今已有 2300 多年的历史。随着人类社会的不断发展，信息技术与经济社会的交汇融合引发了数据的迅猛增长，数据已成为国家基础性战略资源。近年来，大数据正日益对全球生产、流通、分配、消费活动以及经济运行机制、社会生活方式和国家治理能力产生重要影响。统计信息的采集与利用已成为新时代市场经济发展的重要特征，不断学习和掌握统计学知识是当前经济管理工作者和经济研究人员应当具备的基本素质。

"统计学"是"双一流"建设高校经济管理类各专业的核心基础课程之一，重要性不言而喻。本书围绕"双一流"建设核心任务（一流本科教育），按照新时代我国高等教育的培养目标和要求以及经济管理类各专业的教学需要，充分考虑当前"统计学"课程的变化趋势进行编写。本书按照新时代统计工作实践的完整过程——统计调查、统计整理、统计分析和统计预测的顺序展开。全书共十四章，主要内容包括：导论、统计数据搜集、统计数据整理、统计数据分布趋势测度、统计数据对比分析、概率基础和抽样分布、参数估计、假设检验、分类数据分析、方差分析、变量关系与回归分析、时间序列分析与预测、统计指数概论、统计指数评价方法。

统计的真谛在于它所体现的思想，在于它所提供的逻辑思维方式。作为一门受众面很广的课程，在有限的时间内把统计讲清楚是一件困难的事情。一本好的教材对于最初接触统计的人来说十分重要。"逻辑清晰、应用明确"应当是新时代统计学教材的基本要素。本书在编写过程中十分注重学习逻辑的贯穿，强调学以致用，关注学生的学习体验和教师的教学体验。除第一章外，其他各章在传统教材的基础上，编入了对应章节的"应用案例"，并在结尾给出了"参考文献"，方便感兴趣的读者拓展阅读。

本书在编写过程中，参考和借鉴了国内外同行经典的、最新的论著和科研成果，同时得到了兰州大学的大力支持，在此致以诚挚的谢意。

本书由汪慧玲、陈南旭、王节编著。汪慧玲为兰州大学经济学院教授、博士生导师，陈南旭为兰州大学经济学院数量经济研究所所长、金融专业硕士生导师，王节为兰州财经大学统计学院教师。具体分工如下：汪慧玲负责全书的审稿以及第十三、十四章的编写；陈南旭负责全书总体架构的设计、总纂、修改、校对以及第一、五、九、十一、十二章的编写；王节负责全书的审稿以及第二、三、四、六、七、八、十章的编写。同时，兰州大学经济学院数量经济学专业部分在读硕士研究生也参与了本书的编写。参与情况如下：2016 级吴群（第十三、十四章）、2017 级宋成轮（第十一、十二章）、2017 级薛芳芳（第五、九章）、2017 级罗艳（第二、六、七章）；2018 级冯祎琛(第三、十章)、2018级王欣晨(第四、八章)、2018级严佳鑫(第十三章)、2018级和壮(第十四章)。

由于作者水平有限,书中难免存在不足之处,恳请广大读者批评指正。

作　者

2020年6月

目　　录

第一章　导论 ……………………………………………………………………………… 1
　　第一节　统计学的起源与发展 ……………………………………………………… 1
　　第二节　统计学的性质 ……………………………………………………………… 4
　　第三节　统计学的研究对象 ………………………………………………………… 4
　　第四节　统计学的研究方法 ………………………………………………………… 7
　　第五节　统计学的基本概念 ………………………………………………………… 8
　　思考与练习 …………………………………………………………………………… 11
第二章　统计数据搜集 …………………………………………………………………… 12
　　第一节　统计数据的来源 …………………………………………………………… 12
　　第二节　统计数据的调查 …………………………………………………………… 18
　　第三节　统计数据的误差 …………………………………………………………… 26
　　第四节　应用案例 …………………………………………………………………… 27
　　思考与练习 …………………………………………………………………………… 35
　　参考文献 ……………………………………………………………………………… 35
第三章　统计数据整理 …………………………………………………………………… 36
　　第一节　统计分组 …………………………………………………………………… 36
　　第二节　次数分布 …………………………………………………………………… 40
　　第三节　统计图表 …………………………………………………………………… 49
　　第四节　应用案例 …………………………………………………………………… 54
　　思考与练习 …………………………………………………………………………… 57
　　参考文献 ……………………………………………………………………………… 58
第四章　统计数据分布趋势测度 ………………………………………………………… 59
　　第一节　集中趋势的测度 …………………………………………………………… 59
　　第二节　离中趋势的测度 …………………………………………………………… 73
　　第三节　分布形状的测度 …………………………………………………………… 79
　　第四节　应用案例 …………………………………………………………………… 82
　　思考与练习 …………………………………………………………………………… 85
　　参考文献 ……………………………………………………………………………… 86
第五章　统计数据对比分析 ……………………………………………………………… 87
　　第一节　数据对比分析的一般问题 ………………………………………………… 87
　　第二节　计划完成程度对比分析 …………………………………………………… 94
　　第三节　数据的内部对比分析 ……………………………………………………… 97

第四节　数据的外部对比分析 ································· 99
　　第五节　数据的动态对比分析 ································· 100
　　第六节　应用案例 ··· 103
　　思考与练习 ··· 107
　　参考文献 ··· 107

第六章　概率基础和抽样分布 ····································· 109
　　第一节　随机事件及其概率 ··································· 109
　　第二节　随机变量及其分布 ··································· 116
　　第三节　抽样分布 ··· 126
　　思考与练习 ··· 134
　　参考文献 ··· 135

第七章　参数估计 ··· 136
　　第一节　参数估计的基本原理 ································· 136
　　第二节　参数估计的基本方法 ································· 139
　　第三节　样本量的确定 ······································· 143
　　第四节　应用案例 ··· 146
　　思考与练习 ··· 152
　　参考文献 ··· 153

第八章　假设检验 ··· 154
　　第一节　假设检验的基本问题 ································· 154
　　第二节　总体平均数的检验 ··································· 161
　　第三节　总体比例的检验 ····································· 167
　　第四节　总体方差的检验 ····································· 170
　　第五节　应用案例 ··· 172
　　思考与练习 ··· 173
　　参考文献 ··· 174

第九章　分类数据分析 ··· 175
　　第一节　分类数据概述 ······································· 175
　　第二节　拟合优度检验 ······································· 177
　　第三节　列联分析 ··· 180
　　第四节　应用案例 ··· 188
　　思考与练习 ··· 197
　　参考文献 ··· 199

第十章　方差分析 ··· 201
　　第一节　方差分析的基本问题 ································· 201
　　第二节　单因素方差分析 ····································· 203
　　第三节　双因素方差分析 ····································· 208
　　第四节　应用案例 ··· 213

思考与练习 ·· 217
　　参考文献 ·· 217
第十一章　变量关系与回归分析 ·· 219
　　第一节　变量间的关系 ··· 219
　　第二节　线性回归分析 ··· 227
　　第三节　非线性回归分析 ·· 237
　　第四节　应用案例 ·· 240
　　思考与练习 ·· 253
　　参考文献 ·· 255
第十二章　时间序列分析与预测 ·· 257
　　第一节　时间序列概述 ··· 257
　　第二节　时间序列的分析指标 ·· 259
　　第三节　时间序列的构成 ·· 267
　　第四节　时间序列的预测 ·· 270
　　第五节　应用案例 ·· 283
　　思考与练习 ·· 287
　　参考文献 ·· 290
第十三章　统计指数概论 ·· 291
　　第一节　统计指数的基本问题 ·· 291
　　第二节　综合指数与平均指数 ·· 295
　　第三节　平均指标指数 ··· 307
　　第四节　统计指数体系与因素分析 ··· 310
　　第五节　几种常用的经济指数 ·· 314
　　第六节　应用案例 ·· 319
　　思考与练习 ·· 327
　　参考文献 ·· 329
第十四章　统计指数评价方法 ·· 330
　　第一节　统计指数评价方法概述 ··· 330
　　第二节　指标权重的确定 ·· 340
　　第三节　评价结果的综合 ·· 346
　　第四节　应用案例 ·· 349
　　思考与练习 ·· 354
　　参考文献 ·· 356

第一章 导　　论

第一节　统计学的起源与发展

一、统计实践的产生与发展

从历史上看，统计实践远远早于统计学的诞生。早在原始社会，人类为生存需要，对采集、捕猎的食品计数分配，就包含了对社会经济现象的数量进行统计的萌芽。随着奴隶社会的产生和国家的形成，统治阶级为管理国家、扩大疆域、征收赋税的需要，逐步进行了土地统计、人口统计、军备统计、财产统计。我国夏朝时期已有国土、人口统计，史书记载大禹治水，分华夏大地为九州，面积 24 388 024 顷，人口 13 553 923 人；春秋战国时期，诸侯以兵员、乘骑、车辆比较各自军事实力，开始有军备统计；公元前 300 多年，秦国著作《商君书·去强》中记载，一个强盛的国家，必须掌握 13 种数据，如全国粮仓数等。商鞅说："欲强国，不知国十三数，地虽利，民虽众，国愈弱至削。"商鞅劝君王以掌握人口分类数、粮草牛马的基本数据作为富国强兵的重要手段。在古希腊、罗马的奴隶制国家也早已开始有人口、财产、世袭领地等统计。从奴隶社会到封建社会几千年的漫长岁月中，统计活动也随同当时的社会生产力缓慢地发展。作为国家的一种管理职能，统计由政府包办，统计的主要内容为人口、土地、军队、财产等有关数字资料。

统计实践经过封建社会末期的丰富和发展，需要从理论上加以概括和总结。

二、统计学的产生与发展

统计学的产生仅有几百年的历史，统计史学家把 17 世纪中叶出现的初始统计学称为古典统计学，引入概率论之后的统计学称为近代统计学。回溯统计学的发展可以大致分为三大学派：一是记述学派，二是政治算术学派，三是概率论与数理统计学派。

（一）记述学派

统计学的名称起源于 18 世纪德国的国势学派。该学派的创始人是海门尔·康令（Hermam Conring）教授，他开设了一门国势学课程，通过对国家重要事项的研究，说明各国的状态，研究状态形成的原因。他认为，国势学是一门政治家必备的治国知识的学问。

国势学派的主要继承人高特弗瑞德·阿亨华尔（Gottfried Achenwall）教授（1719—1772）从 1748 年起在德国格廷根（Gottingen）大学讲授国势学，他根据拉丁语 ratis status（状态的记录）、意大利语 ragione di stato（国家事项的记录），为国势学起了一个德语新名词 statistik（统计学）。他认为，统计学是研究一国或多国显著事项的学问，具体研究各国的领土、人口、物产、贸易、社会阶级及政治制度等，并以社会经济现象为研究对象。它采用记述的方法，用文字罗列各国的状况，用比较级、最高级的词汇对各国的社会经济情况进行分析比较。因此，高特弗瑞德·阿亨华尔所代表的学派又被称作记述学派、国势学派或格廷根学派。尽管高特弗瑞德·阿亨华尔提出了统计学这个新名词，但他讲述的国势学与后来意义上的统计学相比，截然不同。国势学是用文字而不是用数字描述现象的客观存在，虽然国势学派把社会经济现象作为自己的研究对象，认为自己是具体阐述国情国力的社会科学，但他们既不研究社会经济现象之间的相互内在联系和发展规律，也不研究"记述"的原理、原则或方法，因此，国势学派有统计学之名，而无统计学之实。

（二）政治算术学派

与国势学派同时产生并对统计学理论产生重要影响的另一统计学派是英国的政治算术学派，它以威廉·配第（William Petty，1623—1687）为主要创始人。威廉·配第是当时英国新兴资产阶级的学者，他博学超群，有丰富的社会经历，获得牛津大学医学博士学位，曾任医学教授、音乐教授，担任过爱尔兰议会书记和爱尔兰土地分配总监，英国议会会员。他还被英王查理二世封为男爵，是英国皇家学会的副会长。他于 1671～1676 年撰写了《政治算术》一书（该书于他去世后第三年，即 1690 年在伦敦出版）。该书第一次用前人从未使用过的数字、重量、尺度来表达或比较社会经济现象，用大量统计资料，专门叙述英国增长的国力，用数字计算、比较的方法论证英国的实力，认为英国完全可以超过荷兰、法国，成为称霸世界的强国。威廉·配第用统计分组法、图表法、综合指标法、推算法等统计分析方法，代替以往的文字论证方法，这在社会科学研究方法上是一个重要创新。由于《政治算术》一书在英国产生了巨大影响，他的支持者以"政治算术"作为该学派的名字。马克思曾给予威廉·配第很高的评价，称他是"政治经济学之父"，在某种程度上也可以说是统计学的创始人。他所创造的统计方法，如图表法、分组法、推算法等成为统计学的基本方法。

政治算术学派的另一个创始人是约翰·格朗特（John Graunt，1620—1674）。他曾是一名商人，担任过英国议会议员，因撰写《关于死亡表的自然观察与政治观察》一书而一举成名。英王查理二世推荐他为英国皇家学会会员，并发出命令，要无条件地吸收像约翰·格朗特这样的商人加入英国皇家学会。约翰·格朗特在书中收集整理了英国 1603 年以来的人口死亡情况，用数字分析推算，证实了人口出生、死亡存在自然变动与非自然变动的规律，打消了伦敦市民对当时疫病流行的恐慌。他在书中还推算了能参军的男子数量，男、女婴儿出生的性别比例。这本著作以数量对比的方法形成其写作特色，被认为是政治算术学派的又一部名著。由于他的著作比《政治算术》一书早发表 28 年，也有一些学者认为约翰·格朗特是政治算术学派的开创者。

政治算术学派用数量对比的方法研究社会经济现象及其发展变化规律，认为自己研究的是社会经济现象的一门实质性的社会科学。1787 年，英国的齐麦曼（Zimmeman）博士把德语 statistik 译成英语 statistics，"统计学"一词逐渐被国际社会所接受，并作为政治算术的代名词，用来研究社会经济现象的数量关系。

（三）概率论与数理统计学派

18 世纪末 19 世纪初，资本主义发展进入了一个新的历史阶段，统计学作为一门社会科学又有了突飞猛进的发展。比利时著名统计学家阿道夫·凯特勒（Adolphe Quetelet，1796—1874）为此做出了卓越贡献。他学识渊博，一生中曾获得多种头衔；获得过数学博士学位，与著名的数学家拉普拉斯、泊松等人相识。他学习概率论知识，建议比利时政府设立天文台，被任命为气象台长；他被选为比利时科学秘书、欧洲各国的科学院院士；由他倡议成立比利时中央统计委员会并担任终身主席；由他倡导召开了第一届国际统计会议。他一生著作达 65 部之多。其主要代表作有《论人类》（1835 年）、《概率论书简》（1846 年）、《社会物理学》（1869 年）等。他对统计理论的最大贡献是将概率论引入统计学的研究领域，并初步完成了统计学与概率论的结合，使统计学的研究对象、研究方法、学科性质发生了质的飞跃和根本性的变化。统计学从原来研究社会经济现象发展规律的实质性科学转变为既研究社会经济现象，又研究自然现象的通用的方法论的边缘科学。概率论与统计学的结合，极大地推动了生物学、经济学的发展。阿道夫·凯特勒有关统计学的定义、统计学的理论基础、"平均人"的概念及犯罪理论，为后人留下了极为宝贵的精神财富，历史称这一时代为"凯特勒"时代。

应当指出的是，阿道夫·凯特勒虽然提出了把概率论与统计学相结合的观点，并为统计学的发展开创了新局面，但他生前并未建立起概率统计的完整学科体系。概率统计的基本理论是在阿道夫·凯特勒之后数十年的时间里，经许多学者的共同努力才逐步形成的。其中著名学者有弗朗西斯·高尔顿（Francis Galton，1822—1911）、卡尔·皮尔逊（Karl Pearson，1857—1936）、威廉·希利·戈塞（William Sealy Gosset，1876—1937）、罗约德·艾尔默·费雪（Ronald Aylmer Fisher，1890—1962）等。德国数学家韦特斯坦（T. Wittstein）在 1867 年把这门既是数学又是统计学的独立新学科起名为数理统计学，这一名称逐渐被世人所接受。

数理统计学理论体系的完善，以及在自然科学领域的成功应用，逐步使数理统计学在统计学理论体系中处于领先地位。数理统计学派的观点在国际统计学界的影响也日趋扩大。数理统计学以随机现象为本学科的研究对象，组成了以概率论为基础的方法论的学科体系。数理统计学派认为，统计学就是数理统计学，它是现代应用数学的一个重要分支。他们否认其他统计学科的独立存在，认为其他统计学科是数理统计学的具体应用。其后，数理统计学派的观点被欧美等西方国家所承认。

现代数理统计学分为数理统计学理论部分和应用部分。理论部分包括抽样理论、实验设计、估计理论、假设检验理论、决策理论、非参数统计、序贯分析、复变数分析、博弈理论等；应用部分包括计量经济学、生物统计、统计力学、质量管理、统计地理、政府统计、遗传统计、天文统计等。

第二节 统计学的性质

一、统计的含义

统计通常有统计工作、统计资料、统计学三种含义。

（1）统计工作是对社会经济及自然现象的数量资料搜集、整理和描述，以及根据经过整理的统计资料进行统计推断的全过程。

（2）统计资料是对研究对象进行大量观测所取得的具体的数据资料。统计资料既包括未经加工的原始资料，也包括经过整理的次级资料。统计资料是统计工作的基础。与其他资料相比，统计资料具有数量性、大量性、具体性三个主要特点。

（3）统计学是阐明如何搜集、整理、分析统计资料的理论和方法的学科。统计学按内容可分为描述统计（descriptive statistics）和推断统计（inferential statistics）。

描述统计是研究和论述统计数据的搜集、整理和描述的一般原理与方法。描述统计是推断统计的基础。推断统计研究和论述根据统计资料作出统计推断（决策）的一般原理和方法。统计推断就是对研究对象的特征、趋势、相互关系、发展趋势和规律性作出推测、预示与判断，是统计学的核心内容。

统计工作、统计资料、统计学三者之间关系密切。统计资料是统计工作的成果，统计学是统计工作经验的理论概括，而统计工作的开展需要统计理论的指导，两者是理论与实践的关系。所以，将它们统称为统计。

二、统计学的学派分歧

统计学自产生以来，各不同学派便开展了对统计理论的争论并延续至今，争论的焦点集中于统计学的研究对象、研究范围、研究方法以及学科性质上，关于统计学的性质问题一直存在着两种不同的观点和意见，即实质性科学和方法论科学。至今尚未形成完全统一的定义或解释。这个问题同统计学这门学科的特点有关，与统计学本身的发展过程有关。从统计学的发展历史来看，统计实践的历史要比统计学的历史久远，统计学是随着统计方法的不断完善而得以发展的。本书认为，统计学是一门独立的学科，统计学的性质可以表述为：统计学是一门研究现象总体数量方面的方法论学科。现象包括社会现象和自然现象。

第三节 统计学的研究对象

一、统计学的学科特点

统计学是一门独立的统计学科，是对现象总体数量方面进行调查研究的方法论科学。研究如何进行这种调查研究活动，即研究其规律和方法的科学。那么，相应的统计学的研究对象就是大量现象总体的数量方面。通过现象总体的数量表现、数量界限、数量变化以及数量与数量之间相互关系的研究，总结对现象总体数量方面进行观察、收集、整理、分析推断的原理、原则和方法。

统计学所具有的研究社会现象和自然现象总体数量方面的方法论学科的性质，决定了其适用范围十分广泛。作为一门方法论学科，统计学的研究涉及自然科学领域和社会科学领域中的各个方面，如气象、物理、化学、动物、植物、农业及经济、社会、历史等各个人类涉足的方面，都可以应用相应的统计方法来进行观察和研究。但是，作为一门独立的学科，统计学有其自身学科性质和研究特点。

例如，同样以社会经济现象为研究对象的学科还有社会学、历史学、经济学、法学等。但这些学科研究的是社会现象质的方面，探讨的是社会发展在不同时间、地点、条件下各种质的规定性。而统计学研究的是社会现象在具体时间、地点、条件下的量的方面，探讨的是对社会经济现象数量的各种处理方法。虽然研究的对象同属于社会现象，但前者是研究认识社会某方面发展规律的实质性科学，后者是研究认识社会现象发展及其过程的方法论科学。两者在学科性质上有明显区别。

又如，同样研究现象的数量关系，统计学与数学研究对象的区别也是十分明显的，数学是研究客观世界中数和形及其规律的科学，包括基础数学和应用数学。数学中的数理统计也研究统计数字，但侧重于方法论、数学推理和运算规律的探讨。统计学研究的虽然也是数，但统计学涉及的内容不是单纯的数量计算方法，而是强调经过人类社会活动，在社会发展过程中产生，又受到社会各种因素互相影响、互相制约的数量关系。从这个意义上说，统计学理论中涉及的对各种统计方法、统计指标的认识，既受社会历史发展局限性的影响，也受人们对客观社会不同认识的影响。人们对社会现象认识观点不同，对统计学理论与方法的认识也会有很大差异。因此，统计学在总体上归属于社会科学的特征是比较明显的。

研究统计活动规律和方法的中心问题是统计活动是怎样进行的，怎样才能反映实际情况并逐步提高对现象总体数量方面的认识。例如，认识现象总体数量方面应遵循的原则，认识的基本程序，采取的具体的方式方法等，都属于统计活动规律和方法方面的问题，都是统计学需要研究的内容。

二、统计学的特点

统计学的研究对象是在质与量的辩证统一中研究现象总体的数量方面，即对客观现象的一种定量认识活动。作为一个认识过程来讲，它有与其他学科不相同的特点，具体可概括为以下四方面。

（一）数量性

统计学的研究对象是现象总体的大量数量方面，包括：①数量的多少；②现象之间的数量关系；③质量互变的数量界限。统计学的研究目的就是要反映这些数量方面的现状和它们的发展变化过程。客观现象的质和量是不可分的,但从认识的角度看,质和量是可分的。可以暂时舍弃事物的一方面,单独研究另一方面。数量方面也可以从认识对象中分出来。统计学属于对现象定量认识的范畴。对客观现象的认识必须把质和量统一起来,以定性认识为基础。只有对现象的性质、特点、运动过程有一定的认识,才能进行定量认识。统计学虽然研究的是现象总体数量方面,但必须从定性认识开始。

（二）总体性

统计学的研究对象是现象总体的数量方面。而总体由具有某种相同性质的全体事物所组成。例如,人口统计不是要研究个别的人,而是要反映一个国家或地区有多少人口,其性别比例、年龄、民族、职业构成如何,出生率、死亡率有多大,如何变化及变化的规律等。人口统计是把人口作为总体来看待的。人口统计是这样,其他专业统计也是这样。

因此可以说,统计学是对现象总体数量方面的调查研究的学科,是对现象总体的定量研究过程。

（三）具体性

统计学的研究对象是现象总体的数量方面,不是抽象的量。这是统计学和数学的一个重要区别。数学所研究的量是脱离了具体对象的抽象的数量关系,统计学所研究的量是具体事物在一定时间、地点条件下的数量表现,它总是和现象的质密切结合在一起的。但是,统计学毕竟要反映和研究现象量与量的关系,因此,它也要遵循数学原则,在许多方面使用数学方法:可以用数学模型表现事物之间量的关系,可以应用高等数学方法进行统计分析,以及应用概率论与数理统计方法进行统计推断等。

（四）社会性

统计学的研究对象是客观现象总体的数量方面。而无论社会现象还是自然现象都是人类活动的条件、过程和结果。例如,社会经济现象中的生产、分配、流通、政治、法律、道德等。它们都是人类有意识的社会活动及其产物,都和人的利益有关。即使表象为人与物的关系,背后也隐藏着人和人的关系。所以,统计的结果往往会涉及各类人的切身利益,以致统计工作及所取得的统计资料常受到社会因素的干扰。因此,在统计实践中必须重视统计立法及实施工作。另外就统计学认识的客体,即现象总体的数量方面来讲,还存在着差异性的特点,差异性是总体内每一个体某一数量特征所显现的高低不一的差别表现。差异是统计的前提,没有差异就没有统计。

第四节 统计学的研究方法

统计学研究对象的性质决定着统计学的研究方法。从认识的角度，统计学是用辩证唯物主义的观点认识统计研究的特点和一般规律性的学科。具体来讲，统计学所特有的研究方法主要有大量观察法、统计分组（分类）法、综合指标法、统计推断法等。

一、大量观察法

大量观察法是统计研究的特有方法。构成现象总体的各个统计单位由于各种因素的影响，彼此数量之间存在不同差异。差异有大有小，差异原因有主有次，只有在大量观察的基础上，综合各单位的统计数据和各个调查单位表现出来的偶然的数值差异，才能互相抵消；也只有在大量观察基础上形成的总体平均数，才能显示总体的一般水平和发展变化规律。

例如，我国不同时期国民经济的各项宏观经济指标，始终处于一个不断变化的过程之中，时而增长，时而徘徊，时而下降。即使都是增长，幅度也是有高有低，难以反映其变化的趋势与规律性。但综合观察中华人民共和国成立以来的数据变化可以看到，一些主要的宏观经济指标以持续向上的线性发展为主要变化趋势。在总的经济增长变化中，又存在若干个循环变动周期。这种对现象长期趋势和循环变动的测定，只有在大量观察、收集到足够多的统计数据的基础上，才能进行专门的计算、测定，而少数资料或短时间的数值差异变化，是难以得到正确的分析结论的。

二、统计分组（分类）法

统计分组（分类）法是统计研究中的另一种特有方法。在统计学的研究中占有重要地位，发挥特有的作用。它是统计资料整理乃至整个统计工作过程的重要内容和组成部分。从统计设计开始，就要根据研究对象的特点，按某一特定的标志，如所有制、行业、职业等，制定分类标准，确定反映总体不同性质特征的分类指标体系。在统计调查阶段，要根据具体的分组规定和分组方法，分门别类地收集有关数据。在统计资料整理阶段，需对搜集来的原始资料，按统计分析的要求进行分析或再分组。到统计分析阶段，则可以用类型分组、结构分组、水平分组、依存关系分组、时间阶段分组等各种分组方法进行统计分析，以反映总体内部不同分组条件下事物的相互联系、相互制约、彼此差异的现状、本质特征及其发展变化趋势。

三、综合指标法

统计研究自始至终离不开数字，但一个调查单位的某种数值往往不能反映统计总体的数量特征。只有把各个调查单位的原始资料加工整理、汇总计算得到的综合数值（这个综合数值称作统计指标)进行分析,才能真正反映出统计总体的综合情况。统计分析过程就是运用经过综合的统计指标反映社会经济现象的数量关系。不仅分析现象的总体数量水平,而且分析现象的结构关系、比例关系、平衡关系、投入产出关系等。就微观经济来说,不仅要研究企业经营的产量、产值、利润,而且要联系产品的质量、成本、劳动生产率、资金占用、原材料消耗等指标,用以综合说明企业的经营质量和经济效果。一种统计指标,往往只能反映总体的某一个侧面,要了解现象的全貌,统计研究常常把几个、十几个甚至几十个统计指标有机地组合在一起,构成指标体系,从不同侧面反映现象和事物的综合情况。综合指标法就是运用表明现象总体不同侧面的统计指标,对现象总体展开全面、细致、深入分析研究的方法。

综合指标法按指标的基本表现形式,可分为总量指标、相对指标和平均指标等。通常将这三种指标统称为综合指标。在这三种指标的基础上,进一步展开综合统计分析,其统计分析的重要形式有对比分析、平均分析、差异分析、动态分析、因素分析、相关分析、平衡分析等。

四、统计推断法

统计推断法是从个别到一般的推理方法,是统计研究中常用的方法。

在综合指标法中将个别现象的数值综合成总体数值,概括反映总体一般的数量特征,所采用的方法就是统计推断法。在研究现象的总体数量关系时,当研究的总体单位数很多甚至是无限总体(单位数不可数)时,可采用抽样调查方法观察部分单位,进行计算和分析,根据结果来推断总体。例如,为了解产品质量,从正在流水线上大规模生产的产品中抽取其中的一部分进行检验,借以推断这批产品质量的好坏,并以一定的置信标准来推断所得结论的可靠程度。这种根据样本数据来推断总体数量特征的方法称为统计推断法。统计推断法是现代统计学的基本方法。这种方法既可用于对总体参数的估计,也可用于对总体的某些假设检验。其广泛应用于农产品产量的估计,工业产品质量检查与控制,以及根据时间数列进行预测所进行的估计和检验。

第五节 统计学的基本概念

研究统计学的认识过程和认识方法,必须对其观察对象及其构成的基本要素有清晰的把握与分析。这些基本要素形成统计学研究的基本概念。它们主要是统计总体和总体单位,标志和指标,变异、变量和变量值以及统计指标体系等。

一、统计总体和总体单位

(一)统计总体

统计总体是客观存在的、在某一性质基础上结合起来的、许多个体所组成的集合体。

统计总体的形成必须具备一定条件。主要是：一为客观性，统计总体和总体单位必须是客观存在的，并且能实际观察的；二为同质性，组成统计总体的所有总体单位在某些性质上必须是相同的；三为大量性和差异性，统计总体是由许多个体单位所构成的，同时各个体单位还应该具有一定差异性，否则，就没有必要进行统计调查研究了。

（二）总体单位

总体单位是组成总体的每一个体或单位。例如，人口总体由每个人组成，从业人员总体由从业人员组成，工伤事故总体由每件工伤事故组成等。

统计研究的具体目的不同，作为认识对象的统计总体和总体单位当然也会有所不同。根据研究目的的不同，统计总体与总体单位可以相互转换。

二、标志和指标

（一）标志

标志是表现总体单位的特征或属性的名称。例如，以从业人员为总体单位时，性别、年龄、民族、职业、工资收入等都是每个从业人员具有的标志。标志按其表现形式分为品质标志和数量标志。品质标志是总体单位性质的特征或属性，一般只能用文字表述，如从业人员的性别、民族、职业等。品质标志主要作为统计分组的依据。数量标志是反映总体单位量的特征，可用具体数量表示，如从业人员的年龄、工资收入等。数量标志除了用于统计分组，还可用于计算有关平均指标。标志有不变标志和可变标志之分。在一个统计总体中，各总体单位表现相同的标志，称为不变标志，它是由形成统计总体的客观条件之一的同质性所决定的。各总体单位的标志，在表现上可能是不同的，称为可变标志或变异标志，它是由形成统计总体的另一客观条件即差异性所决定的。可变标志是统计调查研究的主要内容，在实际工作中，将它们称为调查项目。

（二）指标

指标是统计学中最重要的基本概念，在统计中，统计指标占有中心地位，许多统计方法都是围绕指标而产生的。

指标有两种理解：一是研究统计理论和进行统计设计时，指标是说明总体数量特征的名称，如全国总人口、工资总额、国内生产总值（gross domestic product，GDP）等。这是指标的设计形态，它包括三要素：①指标名称；②计量单位；③计算方法。二是在统计工作活动中对统计数据进行加工整理、分析研究时，将指标名称和具体时间、地点的统计数值结合起来，例如，2000年末全国总人口数为12.95亿人。这是指标的完整形态，除了以上三要素外，还包括另外三个要素：①时间限制；②空间限制；③指标数值，即根据定性范围、定量单位和方法，经过实际调查和数据处理所取得的具体时间、具体空间的统计数值。

指标的主要特点有二：一是同质事物的可量性。没有质的规定性不能成为统计指标，有了质的规定性而不能用数量来表示也成不了统计指标。二是量的综合性。指标反映的是总体的量，它是许多个体现象的数量综合的结果。

指标从不同的角度可划分为不同的种类。

（1）指标按其所说明的总体现象内容的特征，可分为数量指标和质量指标。数量指标也称外延指标，它反映事物总体的范围和事物总体的绝对数量，是认识事物总体数量的出发点，如全国人口数、GDP等。质量指标也称内含指标，它是反映总体内部的结构、比例和水平等数量关系的，例如，第三产业在国民经济中的比例，国家公务员的平均工资和城镇居民平均每人可支配的生活费收入等。

（2）指标按其表现形式，可分为总量指标、相对指标和平均指标。①总量指标也称绝对数，是反映总体现象规模的统计指标。总量指标有总体单位总量和总体标志总量之分。总体单位总量说明一个总体中单位数目的多少；总体标志总量是总体各单位某一标志值的总和。②相对指标也称相对数，是两个有联系的总量指标相对比的结果，可以反映现象总体的结构、比例、速度、强度及密度等。③平均指标也称平均数，用于说明某一数量标志或者等级在一定时间、空间条件下的一般水平，如平均工资、平均成本、劳动生产率等。若以时间数列为依据，计算某一指标在一定时期内的平均水平或速度，则称其为序时平均数。

（3）指标按其计量单位不同，还可分为实物量指标、价值量指标、劳动量指标。根据研究目的不同，总体和总体单位可以互换，相应的指标和标志也随之转换。

三、变异、变量和变量值

变异是指统计中的标志和指标是可变的，有属性变异和数值变异。变异是普遍存在的，这是统计的前提条件，有变异才有统计，没有变异就没有统计。

变量就是可以取不同值的量，这是数学中的一个名词。应用中，变量按其值域分为离散型变量和连续型变量两大类。在统计学中，变量包括各种数量标志和全部统计指标。它们都是以数值表现的，不包括品质标志。在处理统计数据时，经常使用数列，这时，变量就是指标的名称或标志的名称，名称下面的数字是变量数值，简称变量值。

变量值就是变量的具体表现，也就是可变的数量标志和统计指标的不同取值。连续变量的数值是连续不断的，相邻两值之间可做无限分割，即可取无限数值。如人的身高、体重、年龄等；离散变量的数值都是以整数位断开的，不可能有小数，离散变量的数值只能用计数的方法取得，如人数、工厂数、机器台数。

变量按其性质不同可分为确定性变量和随机性变量两种。确定性变量是指影响变量值变动的有某种起决定性作用的因素，该变量沿着一定的方向呈上升或下降的变动。随机性变量则是另一种性质的变量，即影响这种变量值的因素很多，作用不同，变量值的大小没有一个确定的方向，带有偶然性。

四、统计指标体系

社会经济现象错综复杂，各种现象之间存在着相互联系、相互制约的关系，每一个统计指标，只能表现客观事物的一个侧面，若要反映事物的多侧面及其发展的全过程，当然就会涉及许许多多的统计指标。因此，由若干个相互联系、相互制约的统计指标所组成的一整套统计指标系统，就称为统计指标体系。

统计指标体系有各自具体的形态和内容。统计指标体系按其反映的内容分为基本统计指标体系和专题统计指标体系。基本统计指标体系是反映社会经济发展基本情况的指标体系；专题统计指标体系是对某一社会经济问题进行调查研究，专门设立的统计指标体系。统计指标体系按其所实施的范围分为国家统计指标体系、地方统计指标体系和基本单位统计指标体系三类。国家统计指标体系是国家统计局制定的，在全国范围内实施的统计指标体系；地方统计指标体系是在国家统计指标体系的基础上补充增加有关内容，满足地方各级政府领导和管理地方社会经济需要而设立的统计指标体系；基本单位统计指标体系必须以上级下达的统计指标体系为核心，结合本单位生产经营管理的需要再加以补充，从而形成的统计指标体系。

建立符合研究目的和要求的统计指标体系，是统计活动极为重要的环节之一，科学地建立统计指标体系须遵循如下原则：①目的明确，建立统计指标体系的目的必须明确，所设的每个指标都必须有含义、总体范围、时间限制、隶属关系及核算方法；②切合实际，统计指标体系要切合实际，反映内容必须全面、系统，统计指标体系要层次清楚，联系紧密；③可操作性，统计指标体系的设置要充分考虑各项指标处理与计算的可行性，在电算化的要求下具有可操作性。

思考与练习

1. 统计学的研究对象是什么？
2. 什么是统计总体和总体单位？统计总体的条件是什么？
3. 什么是统计指标？统计指标由哪些要素构成？
4. 简述统计指标的分类。
5. 什么是统计指标体系？如何分类？

第二章 统计数据搜集

第一节 统计数据的来源

一、统计数据的概念

统计数据是表示某一地理区域自然经济要素特征、规模、结构、水平等指标的数据，是定性、定位和定量统计分析的基础数据。统计数据按统计指标分为宏观经济指标统计和行业经济指标统计。常见的宏观经济指标有 GDP、居民消费价格指数（consumer price index，CPI）、工业品出厂价格指数（producer price index，PPI）、采购经理人指数（purchase management index，PMI）、国民生产总值（gross national product，GNP）、投资指标、财政支出及流通中的现金等。行业经济指标有煤炭行业、石油行业的景气状况分析等。

随着技术的进步，大数据实时计算系统（例如，Storm、Spark Streaming 开发的系统）可以实时从 Kafka（一个开源流处理平台）中拉取数据，然后对实时的数据进行处理和计算，这里可以封装大量复杂的业务逻辑，甚至调用复杂的机器学习、数据挖掘、智能推荐的算法，然后实现实时的车辆调度、实时推荐、广告流量的实时统计等。例如，实时的用户推荐，在 6·18、11·11、12·12、黑色星期五等这些刺激环境下，普通历史数据的推荐已经不能满足用户需求，需要采集前几分钟甚至是前几秒的数据进行分析。实时计算适用于这种对历史数据依赖不强，短时间内变化较大的数据。用户行为分析、舆情分析等不断随环境和时间实时变化的数据都可能用到实时计算。

二、统计数据来源的分类

（一）直接来源

统计数据的直接来源是获得一手数据的重要渠道。一手数据（primary source）也称为原始数据，原始数据是指通过访谈、询问、问卷、测定等方式直接获得的，通过收集一手数据可以解决待定问题，一手数据可以回答二手数据不能回答的具体问题，一手数据更加可信。

1. 走访调查

走访调查也称为面访调查，是指由调查组织者派调查人员对被调查者（单位或个人）围绕既定的研究目的和内容进行访问交谈，以获取所需数据资料的一种调查方法。

在形式上可以分为个别面访和小组座谈。以填写问卷的形式不同分为访问式问卷和自填式问卷两种。调查人员就问卷向被调查者询问，然后将对方的回答记入问卷，称访问式问卷；调查人员将问卷交给被调查者，说明填写方法，请对方填写，称自填式问卷。

按访问的地点不同，分成入户（或单位）访问和拦截访问。入户访问是由调查人员深入到被调查者家中或单位进行直接访问；拦截访问是在某个场所（如商场、公园等）随机地拦截在场的一些人进行访问调查。

按访问的控制方式不同，分成标准式访问和非标准式访问。标准式访问又称结构式访问，是按事先设计好的标准化问卷进行访问；非标准式访问又称无结构式访问，调查人员围绕调查题目与被调查者自由交谈访问。

调查人员和被调查者能够面对面交流，因此具有问卷回收率和合格率高、数据资料的准确性有保证的特点。同时，有调查人员现场控制时，就可以采用比较复杂的调查问卷对复杂、抽象及探索性现象进行调查研究，当然，由于面访要求调查人员深入被调查者的具体环境中，所需费用高、时间长，这就成了一大制约，而且调查人员自身素质优劣、对访问现场的控制能力高低对整体面访效果的影响非常大，因此，调查人员的专业技能也是非常重要的因素。

一般说来，面访调查需经历如下过程。

第一阶段：访问前准备。首先是调查人员的准备。调查人员应具备较高的读、说能力，对问卷有深刻的理解，掌握正确的抽样程序和访问技巧，因此，挑选和培训调查人员是不可或缺的环节。其次是调查对象的准备。关于访问的地点、时间、对象等尽可能做到预约，并合理规划路线，节约路途转移时间并减少花费。最后是调查工具的准备。记录、计算工具及其他必要的材料，如介绍函等。如果有需要安排发放的体验品或赠品，也需要进行合理的准备，避免出现遗漏。

第二阶段：访问过程。访问过程中，要求调查人员做到恰当地掌控访问节奏和时间，控制现场，与被调查者自然交流等。例如，访问开始时，简洁明了地介绍清楚自己的身份、来访的目的和需要的时间等内容，尽可能让被调查者感到参与调查的快乐，以获得对方的配合和支持，在访问过程中，注意措辞准确、精炼，避免做过多的随意的解释，切忌使用某种容易产生误导或诱导性质的语言或动作，并如实准确地记录被调查者回答的原意，切不可随意改动或曲解被调查者的意图，在遇到疑问的时候，正确引导被调查者按调查项目的要求回答问题，但不能粗暴地打断被调查者所谈与调查无关的话题。在整个访问现场，要做好对访问过程各环节的衔接和控制，营造良好的访谈氛围。这些都是一名合格的调查人员需要具备的基本素质。对调查人员来说，穿着打扮要考虑到被调查者的接受程度，尽可能同被调查者的社会经济地位保持一致，以取得调查对象的充分合作，言谈举止热情、大方得体，充分尊重被调查者的个人生活习惯，也是访问过程中需要展现的良好职业风貌。

第三阶段：结束访问。当访谈任务完成之后，可以通过适当的提问，礼貌地结束访谈，如提出"您还有什么需要补充吗？"等问题，以给对方一定的心理准备。访问结束后，应向被调查者表示感谢，如有安排和需要，可以赠予礼品以示感谢，后续如有追踪访谈等事项，也需要进一步给予明确的说明。

在面访调查中，最值得注意的是对调查获得的数据质量有隐形的因素控制，这里面最关键的是检查调查人员的操作规范性，主要包括：①对调查过程是否规范的检查。通过对问卷记录的审核，检查结果是否规范、记录是否清晰，对被调查者做随机回访，检查调查人员是否按原计划和事先约定的要求正常地实施了调查。②对被调查者是否在事先确定的样本内做检查。通过随机回访来检查调查人员是否按照事先设计的样本进行调查，是否随意更换、遗漏、扩大样本。③对调查结果进行逻辑检查和真实性审核，检查调查人员是否伪造问卷答案。最后，在上述检查的基础上，对调查人员的工作质量情况和调查数据的质量状况作出一个全面评价。

2. 电话调查

电话调查是调查人员利用电话这种通信工具，同被调查者进行交流，通过询问被调查者以获取所需资料的一种数据收集方法。由于调查者和被调查者彼此不直接接触，而是借助电话这一中介工具，这种调查是一种间接的调查方法。电话调查分为传统电话调查和计算机辅助电话调查。使用电话调查，调查人员的提问方式可以是人工式，也可以是计算机控制的自动式。

传统的电话调查就是抽取一个被调查者样本，然后拨通电话询问一系列问题，调查人员用一份问卷和一张答题纸，在访问过程中用笔随时记录下答案。很明显，电话调查方便快捷，是它的一大优势，但是必须借助电话通信又是它的一大局限。经典的案例莫过于1936年美国总统竞选的调查。当年的美国总统竞选前，《文学摘要》杂志就谁能当选总统进行大范围的民意测验，采用的就是电话调查的方式。但是由于电话在当时的普及率不高，大约只有35%，拥有电话的人员在整个社会人员中的代表性不高，造成了这次调查的失败。但这次调查本身给了我们许多的启示，电话调查的应用就此开了先河。

进入20世纪80年代以来，随着通信技术的发展，电话的普及率获得了极大提升，这使得利用电话调查的结果推断调查总体的数量特征变得可行，并逐渐得到社会科学家的认同，一些可以采用电话调查的工作，如收视率、收听率等，越来越多地应用于统计调查。近40年来，电话调查的发展获得了极大的进步，电话调查与计算机技术结合的计算机辅助电话调查（computer assisted telephone interview，CATI）系统，正在成为电话调查业务的主力军，受到许多人的重视和大面积推广应用，电话调查也因此进入了一个新的时代。CATI系统是将电话调查与计算机抽样、计算机组成问卷相结合，极大地提高了调查人员的提问效率和记录效率，使得电话调查的便捷优势发挥得淋漓尽致。目前，电话调查广泛应用于市场调查、学术研究等领域。

与面访调查相比，电话调查速度快、时效性高、联系方便，这都是它的优点，但是它不能够做到面对面访谈，因此调查时间不能过长，同时还受到电话号码簿是否完整准确的影响，这又是缺点，因此，要求电话调查的问题设计要简练，调查人员提问要清晰明了，对问题的记录准确快速，这样才能够扬长避短，发挥电话调查的优势。同时还要尽可能过滤不可用的电话，避免对样本抽取的影响。另外，由于电话调查交流方式单一，只能通过语言交流，对调查人员语言能力的要求就比较高，调查人员需要同时掌握几种不同的语言或者方言，才能满足随机访问的要求。最后，电话调查在敏感性问题的调查中不太适用，因为这一类型的问题往往需要有铺垫地提问，电话调查的快节奏提问不适合这一类问题的数据收集。

特别需要强调的是,无论电话调查还是面访调查,都需要做好调查过程的规范化管理,对调查开展的时间、与被调查者交流的时间的选择,都需要有所考虑和设计,尽可能安排在被调查者有空闲时间的时候进行。这种考虑,在大量实践中已经总结出不少经验,可以借鉴。例如,在生活用品的调查中,大部分是家庭主妇,而调查中就发现,这一类人群在周四上午有时间配合调查的可能性较大,因此,在针对这一类人群的调查时间安排上,就可以借鉴这一经验。CATI 系统对电话调查的帮助很大,往往是调查人员熟练操作计算机就可以进行,因为抽取被调查者、组成问卷都可以由计算机设计好,即时实施。这种调查方式在 20 世纪的美国就被大量采用,电话调查与面访调查结合的混合调查也得到了良好的效果。未来,随着互联网技术的不断发展,面访调查人员可以随身携带与主机相连的终端设备,辅助调查的实施,帮助调查人员更好地记录与提问,这样的愿景已经不再是设想,由 CATI 系统就可以实现。

3. 邮寄问卷调查

调查组织者将设计好的调查问卷,通过邮政或有关媒体(如报纸、杂志、电视、广播、互联网等)传递给被调查者,由被调查者填写后传递回调查组织者的一种调查方法。

首先,与面访调查相比,邮寄问卷所要付出的成本主要是设计费、印刷费、邮资费,调查人员培训费、差旅费这一部分则远远小于面访调查。因此,从总体上看,邮寄问卷调查的全部费用远远低于面访调查和电话调查,这是邮寄问卷调查的一大特点。其次,因为邮寄问卷依赖的是邮政通信系统,所以适用于调查对象多、地理位置分散的大面积调查。这样既可以节省面访的差旅费,也可以节约大量时间。最后,没有调查人员在现场,调查对象受到的影响小,可以在自由时间填写问卷,可以在方便的地点填写问卷,因此,往往适用于敏感问题的调查。

当然,邮寄问卷收集数据的缺点也是很明显的,那就是回收率低,问卷回答的质量不能保证。邮寄问卷的回收由于没有调查人员的沟通与监督,回收率较低,并且还不容易了解到问卷不能回收的原因。同样地,由于没有调查人员的监督,问卷回答的顺序、是否本人填写、理解是否准确,这些缺陷都不能被弥补和采取恰当的措施补救,邮寄问卷的合格率低,也是情理之中的。鉴于此,邮寄问卷调查往往不会应用于复杂深奥问题的数据收集。考虑到问卷回收率和合格率都比较低,因此,最开始邮寄问卷的时候就要考虑到邮寄多少问卷才足够。根据公式计算:

$$回收率 = 回收问卷总数/样本单位数 \times 100\%$$
$$合格率 = 合格问卷数/样本单位数 \times 100\%$$
$$回收合格率 = 合格问卷数/回收问卷总数 \times 100\%$$

回收率(或回复率)指回收问卷总数占样本单位数的百分比,它是反映问卷回收程度的指标;合格率指合格问卷数占样本单位数的百分比,它是反映回收问卷可用程度的指标;回收合格率指合格问卷数占回收问卷总数的百分比,也是反映回收问卷可用性的指标。

其中"样本单位数"可以寄出数为准,也可以送达数为准,即调查对象收到的问卷数,可以用邮寄出的问卷减去退回问卷数得到。由于退回的问卷并没有投递到调查对象手中,计算回收率时不包括这部分。实际调查时应具体问题具体分析,以满足分析所需的有效样本数据为准,当样本单位数较大时,回收率可相对低些,样本单位数较小时,回收率就要高一些。

考虑到邮寄问卷调查的成本有限,如何提高问卷回收率和合格率,一直是调查组织者不断改进的问题。通过大量实践案例总结,有一些方法可以被采纳,例如,邮寄问卷之前联系被调查者,获得同意和配合,确认地址,以减少问卷丢失和不寄回来的可能性。在问卷寄出后,可以提醒或催促被调查者填写问卷并寄回,甚至可以有相应的礼品回赠,以增加寄回的可能性。美国一位学者在以大学生为调查对象的一项实证研究中发现,不事先联系,样本的回收率只有20.5%,而事先以信函联系,样本的回收率为43.7%,事先以电话通知,样本的回收率达68.2%。对调查对象给予必要提醒或催促可望提高回收率。因此,邮寄问卷调查成功与否,事前联系和追踪催促很重要。当然,在一些细节的处理上,例如,设计一款容易寄回的信封,做出保密承诺,组织抽奖等活动,都可以在一定程度上提高问卷的回收率。

最后要强调的一点是,无论哪种调查方式,都不可以人为地、随意变更调查对象,没有获得相应调查数据的情况下,首先应当分析失败的原因,予以改正或避免,在确实无法获得被调查者提供的信息时,变更受访对象,也应当在满足预先设计的条件下,科学规范地操作,这样才能保证调查数据的整体质量,为后期分析打好基础。

4. 观测法

观测法相对于前面几种调查方法来说,是更快地收集数据的方法。其客观性表现在调查人员深入调查现场,不直接向调查对象提问,也不要求调查对象做任何回答,只是根据研究目的,运用感觉器官或借助科学仪器,对调查对象进行直接观察和测量,以获取所需数据资料的一种调查方法。

显而易见,观测法的局限性也在于客观性。因为调查人员不能与调查对象有任何形式的交流,不能主动获取数据,所以只能被动地等待现象发生,再予以记录,而且所获得的数据仅仅针对现象本身,对现象背后的本质或进一步内涵性的问题则无法回答,因此,不适合收集关于动机、情感、心理活动等方面的信息。

观测法根据具体内容是否事先规定可分为结构式观测与无结构式观测。结构式观测适于结构性的研究,对于所有需要观测的内容都有明确需求和记录准则,调查人员只需要按照要求记录即可,没有灵活性,数据可靠性强。无结构式观测适于探索性的研究,由于没有事先规定,全凭调查人员对研究问题的认识和对现场的判断来观测与记录,考虑到现场情况的不确定性,调查记录的形成更有不确定性,但是好处就在于探索性研究中注重发现的这一特点比较容易被满足,当然,对调查人员的技术要求也是比较高的。

根据观测对象是否知道自己被观测可以分为隐蔽性观测与非隐蔽性观测。在隐蔽性观测中,被调查者并不知道他们受到观测,这种情况下,被调查者的姿态、反应、行为举止、选择判断等,都是自然而然的,所以更容易收集到真实可靠的数据。这一类方法常在行为学科的研究领域内使用。当然,数据成果的使用,也需要考虑被调查者的权益而进行必要的协商。非隐蔽性观测中,被调查者知道他们受到观察,可能会产生不自然的举止行为,影响资料的可靠性。但是也有许多行为心理学的研究会采用这种方法观测,因为这样获得的数据不存在授权的问题,因而同样受到调查组织者的青睐。

除此之外,由观测者在自然环境中对被调查者进行观测是自然观测,在一种人为的环境中观测被调查者的行为是设计观测,借助机器进行观测的是机器观测,如交通视频监控。

运用观测法要注意提高观测者本身的观察能力,包括良好的感知能力、敏锐的识别能力、出色的记录能力。运用观测法的关键是掌握好观测的准确性和客观性,记录全面,切忌掺杂个人情感,观测者本身的灵敏度、感知力、记忆力等都需要较高的水准,对于观测方法和观测角度也要全面掌握并灵活运用,对观测的组织管理也要有所设计和规划,做到有条不紊,任何突发事件都能冷静应对。

(二)间接来源

由于间接资料种类多样,取得的途径也不尽相同,但是概括起来,把握间接数据的主要取得渠道,就可以比较好地完成间接数据的收集工作。

首先,通过公开出版物收集间接数据,这也是取得间接数据的主要渠道。在我国,来自国家或地方的政府统计部门或比较有权威的研究部门组织的统计调查的统计数据,一般会由相应的出版社公开出版或进行官方披露。例如,反映世界宏观经济社会发展概况的《世界经济年鉴》《国外经济统计年鉴》《世界发展报告》等,反映我国社会经济发展概况的《中国统计年鉴》《中国社会统计年鉴》《中国农村统计年鉴》《中国工业经济统计年鉴》《中国人口统计年鉴》《中国市场统计年鉴》等,还有就是各省、市、区和各行业主管部门所编制的反映各地区或各部门社会经济发展概况的统计年鉴或统计公报等。值得一提的是,随着统计数据的需求不断增大,相关部门对统计数据工作也越来越重视,在各级政府和相关部门的官方网站上,都有定期的统计报表和相应的统计数据资料披露,为间接数据的获得带来极大便利,这其中又以国家统计局数据库的统计数据最为全面翔实。

其次,通过内部渠道获得数据。这里要首先明确的一点是,能够公开披露的统计数据,都是经过相应的统计工作调查搜集得到的最终结果,这些数据都是为了满足相应的信息需求而生产的信息产品,因此,公开的数据不能满足我们研究或管理的需要,是很常见的情况。在这种情况下,我们可以有两种选择:一是组织专门的统计调查,二是利用有关内部数据。事实上,由于内部资料一定程度上可获得性强于专门调查,我们往往会选择从寻找内部资料入手。这里的原因有二:一方面,这些资料别人可能已经取得,但是由于各方面的原因,如出于保密的目的等,没有将这些资料公开发布;另一方面,间接数据是根据不同需要,通过直接数据整理出来的,已经发布的数据不符合我们的需求,不代表我们不能通过自己的整理,形成所需要的间接数据,因此,只要获得相应的资料,按照自己特定的研究目的,对这些资料进行重新加工整理,就可以满足我们的需要。

因此,在统计研究或经济管理中,充分利用内部数据资料是我们取得有关统计数据的一种很重要的渠道。当然,在取得这种统计数据时,关键是取得原调查单位的合作,需要解决两个问题：一个是解决资料的有偿性问题，另一个是解决资料的保密性问题。两者都可以通过双方协商解决。

第二节 统计数据的调查

一、统计调查方式

如前所述，统计调查的具体组织方式有普查、统计报表、抽样调查、重点调查和典型调查等五种具体形式。

（一）普查

普查是专门组织的一次性全面调查，用来调查属于一定时点上的现象总量。它主要用于搜集那些不能够或者不适宜用定期统计报表来搜集的统计资料。普查是国家为了详尽地了解某项重要的国情国力，从而组织的一次性全面统计调查，以弄清重要的国家基本状况，如人口普查、农业耕地普查等。普查的对象通常涉及基本的国情国力，搜集到的这些全面资料，为国家制定重大方针政策、编制社会经济发展规划提供重要的依据。普查的规模大、任务重、质量要求高，需要由政府动员组织各方面力量配合进行。

普查有较突出的特点：第一，普查比其他任何调查方式所取得的资料更全面、更系统；第二，普查主要是调查一定时点上的情况，内容要求详尽；第三，一次重大的国情国力调查，其调查登记时间虽然不长，但是复杂细微的准备工作和数量庞大的数据处理工作都需要较长的时间；第四，普查所需人力、物力和财力是较大的，因而调查的周期不能太短。

普查的组织方式有两种：一是组织专门的普查工作机构，配备相当数量的工作人员，对被调查者直接进行调查登记。这种调查能取得其他调查难以搜集到的资料，例如，中华人民共和国成立后进行的六次全国人口普查。二是利用调查单位的日常核算资料和报表资料，发放一定的调查表格，由调查单位填报，如清产核资调查。诚然，这种方式的调查，依然需要配置一定数量的专门工作人员进行组织领导和实施运作。另外，为了某项特殊的紧急需要，争取时间尽快取得资料，可以组织简易快速普查。这种方式的普查，由普查工作机构越过中间环节直接向调查单位搜集资料。这种普查登记项目较少，指标不多，所以花费时间很短，出成果快。

普查对调查的内容有较高的准确性和时效性要求。普查涉及的人多面广，所以，普查的组织工作十分关键，特别要强调统一领导、统一要求和统一行动。因而，在组织普查时，应遵循如下原则。

（1）标准时点原则。普查要规定统一的调查时点，即标准时点。普查是为了取得一定时点上的总量资料，统一确定资料所属的标准时点，可以免除因调查时点的不一致而出现的重复或遗漏。例如，我国第六次全国人口普查的标准时点规定为 2011 年 11 月 1 日零时。

（2）短期完成原则。在普查范围内，各调查单位或调查点要同时行动，尽可能在短时间内完成，保证调查资料的时效性和真实性；否则，会影响资料的汇总与分析，并且容易出错。

（3）项目统一原则。调查项目须统一，项目一经确定，不能任意改变或增删，以免影响汇总和综合。同一普查，各次的项目和指标的规定也应力求一致，便于历史比较。

（4）周期调查原则。普查工作应尽可能按一定的周期进行，以利于历次普查资料的对比分析，研究现象的发展变化趋势和规律性。例如，我国人口普查从1990年起，确定每十年进行一次。

（二）统计报表

全面统计报表简称统计报表，是我国搜集资料的一种重要组织形式。它是按照国家有关规定，自上而下地统一布置、自下而上地逐级提供基本统计资料的一种统计调查组织形式。统计报表要以一定的原始记录为基础，按照统一的表式、统一的指标、统一的报送时间和报送程序填报，统计报表可以在统计调查开展下布置，使调查单位能提前做好准备，尽量将统计调查建立在可靠的基础上，保证其效果。

统计报表有自身的特点：第一，统计报表要求各单位填报时必须依据原始记录，因此，只要各基层单位认真执行，建立健全原始记录，那么统计资料的来源和准确性就有了可靠基础；第二，由于调查内容、表式、时间都是统一规定的，这就保证了统计资料的统一性和及时性；第三，各单位在规定期限内按期填报，保证了统计资料的全面性和连续性；第四，统计报表有助于完善资料的积累工作，利于历史比较；第五，定期统计报表逐级汇总上报可以满足各级政府部门掌握有关统计资料的需要。当然，由于经济利益多元化，可能出现某些单位为了本单位利益而虚报或瞒报的情况，从而影响统计资料的质量。

按照统计报表内容的实施范围，有国家的、部门的和地方的统计报表。国家统计报表在全国范围内实施，包括有关社会经济状况的基本项目。部门统计报表在各自部门范围内实施，包括各部门本身所需要的专业统计资料。地方统计报表在各地区范围内实施。无论部门或地方的统计报表，均是国家统计报表的补充。

按照统计报表填报周期，有定期报表和年报两类。定期报表包括日报、旬报、月报、季报和半年报等，一般而言，报告周期长短与其指标繁简有密切关系，报告周期短的报表，指标应力求简明，报告周期长的报表，指标可以多一些，年报则可以更详尽一些。在及时性方面，报告周期短的报表要求高一些，年报相对可以宽松一点。在准确性、全面性和系统性方面，报告周期短的要求低一些，而年报则必须严格要求。

按照统计报表填报单位区分，有基层报表和综合报表。基本单位如企业等填报的统计报表，反映了基本单位的各项活动情况，称为基层报表，由各级主管部门根据基层或下一级提供的报表而填报的统计报表，则称为综合报表。

（三）抽样调查

抽样调查是非全面调查中的主要组织形式之一。抽样调查是严格按照随机原则，从现象总体中抽选一部分单位作为样本进行调查，然后依据所取得的样本数据，对调查总体的数量特征进行具有一定可靠程度的推算和估计。例如，对城乡居民生活情况的调查、农业产量的调查等都是抽样调查。抽样调查的目的在于推算调查现象总体的数值，所以在一定意义上起到了全面调查的作用。

抽样调查具有与其他调查相区别的特点。第一，遵循随机原则。在抽选样本单位时，排除了人们的主观意识，使现象总体中的每一个单位都有被抽中的机会。这样，就有可能使所选出的样本结构和总体结构保持一致，并且能进一步计算和控制抽样误差。实行随机原则，这是抽样推断的先决条件。第二，抽样调查取得的实际资料用作推断与估计总体的数量特征，抽样调查的任务在于通过对样本单位的调查，计算出综合指标，然后以此来推算总量和总体的水平指标。数理统计论证中，样本指标和总体指标之间存在着内在联系，样本和总体之间的误差分布是有规律可循的，因而，从部分推断总体的方法，会很大程度上提高统计的认识能力和预见性。第三，抽样误差可以事先计算和进行控制。抽样调查结果用以推算总体，免不了会出现误差，然而，这种抽样误差可以借助现有的有关资料预先计算出来，并且通过某种途径来控制误差范围，使抽样推断尽量达到预期的可靠程度。

自改革开放以来，在国家统计报表制度中，以抽样调查方式取得资料的年报、季报、月报已占有相当大的比例。对某些没有必要或不可能全面调查的客观现象，可通过抽样调查来认识和掌握其属性；抽样调查的资料还可对普查资料进行修正和补充。因为普查的涉及面广、工作量大，且容易出现登记性误差，或者重复，或者遗漏，一般是在普查工作告一段落后，进行一次小规模的抽样调查，将抽样调查的结果同普查资料加以比较核对，计算出差错率，以此作为修正系数，对普查资料进行必要的校正。

保证样本选择的随机性，才能使抽样方法符合概率论和数理统计的有关科学要求，并据此实现正确推断。因此，组织实施时应遵循如下原则。

（1）所研究的变量一定是随机变量。毋庸置疑，只有按随机原则抽取的样本单位，才能保证所研究的变量是随机变量。

（2）最大抽样效果原则。通常情况是，提高抽样结果的准确程度与节约调查费用是相矛盾的，抽样误差要求越小，所需费用会越多。但值得注意，并非任何一种抽样误差最小的方案都是最优方案，只不过是在一定误差要求下，力争选择费用最少的抽样方法。所以，在一定调查费用内，抽样估计的误差最小，换言之，在给定的精确度下使调查费用最少，即保证实现最好的抽样效果。

抽样调查的主要组织形式有纯随机抽样、机械抽样、分类抽样和整群抽样等。

（1）纯随机抽样，又称简单随机抽样。它是按随机原则，直接从总体 N 个单位中抽选 n 个单位组成样本，保证总体的 N 个单位在抽选时都有被抽中的机会。在此，最重要的是确定总体的范围,对总体单位编号,形成明确的抽样框,然后用抽签的方式或根据随机数表来抽取必要的单位数。

(2)机械抽样,又称系统随机抽样或等距抽样。这是将总体单位按某一标志排队,然后,按固定顺序和一定间隔抽取调查单位构筑抽样总体,即样本。假设总体有 N 个单位,从中抽取 n 个单位组成样本,先将总体单位按某一标志排队,将 N 个单位划分为 n 个单位数都一样的部分,每一部分的单位数为 f。f 即抽样距离或抽样间隔。在实施抽取时,先从第一部分取一个单位 i,再依次从第二部分抽取第 $i+f$ 个单位,依次继续抽取,在最后一部分抽取的是第 $i+(n-1)f$ 个单位,共抽取 n 个单位组成样本。需注意的是,为消除系统性偏差,保证样本的代表性,应尽量避免抽样间隔与现象本身的周期性波动的重合。在系统随机抽样中,作为总体单位顺序排列的标志,可以是无关标志,也可以是有关标志。无关标志是依据排列的标志和总体单位的标志值大小无关或不起主要影响。采用机械抽样可以使样本单位在总体均匀分布,因而,它的抽样误差比纯随机抽样的误差小些。

(3)分类抽样,又称分层抽样或类型抽样。它是先将总体按主要标志分组,然后,在各组中按随机抽样原则抽选一定单位组成样本。分类抽样是统计分组方法和纯随机抽样的结合运用形式。按现象的某种特征进行分组,可以使各组的分布较均匀,各标志值之间的差异相对缩小,因而,在同一组内抽取的单位的代表性会好些。所以,在现象总体中各单位的分布较分散,各标志值的大小悬殊,此种情况下,采用分类抽样比纯随机抽样,其样本的代表程度和效果会更好些,因而,应用得相当广泛。采用一定标志进行分组,各组的单位会有多有少,为了保持各组抽样的比例一致,应按各组单位数占总体单位数的比例来抽取样本单位,单位数多的组多抽,单位数少的组少抽。

(4)整群抽样是将总体单位分为若干群后,以"群"为单位,从中抽取若干群,对抽中的群的全部单位进行调查。例如,按日期抽查数天的产品的质量,按片抽查森林资源等。整群抽样是以群为单位进行抽选,抽选的单位较集中,明显地影响了各单位在总体中分布的均匀性。在抽样单位数量相同的情况下,整群抽样比前述三种抽样方式的抽样误差会大些,代表性低些。所以,在实际运作时,整群抽样所抽选的样本单位要尽量多一些,以减少误差,提高准确程度。

(四)重点调查

重点调查就是在被研究现象总体的所有组成单位中,选择出其中的重点单位进行调查的方法。重点单位是客观存在的,它们在总体的全部单位中,虽然只是少数,但在研究的总体的总量里却占有很大的比例,能够反映现象总体的基本情况。例如,要了解全国煤炭的生产情况,重点对生产规模大的煤矿进行调查,就可以基本掌握全国煤炭的生产情况。

重点单位可以是基层单位的企业,也可以是某些地区、某些行业或部门。统计研究的任务不同或者调查对象不同,就会有不同的重点。例如,当需要掌握棉花生产的基本情况时,可以将主要产棉区作为重点进行调查。

重点调查的调查单位少,调查时花费少,节省人力和物力,并且能及时提供所需资料,对各级领导部门及时了解和掌握社会经济形势,适时解决问题,指挥各项工作的运行有着很大的作用。

进行重点调查,需选择好重点单位。重点单位是指在调查对象中,具有较大标志值的那一部分调查单位。因此,在选择重点单位时,必须对现象总体有较全面的认识和了解。重点单位不是一成不变的,随着社会经济形势的发展和工作重点的转移,不同时期的重点是会变化的,即使是相同的问题,由于侧重角度不同,重点也会发生某种转变。

重点单位毕竟是少数,一次重点调查应包括多少重点单位,要考虑到重点单位的合计标志值,以能够反映所研究对象的基本情况为度。假如调查对象中调查单位的标志值都差不多,没有什么明显的差别,则重点单位就较难界定。

重点单位的运用有两个前提:一是调查对象中确实存在可以作为重点的单位;二是调查单位所取得的资料能够满足推断总体基本情况的需要。重点调查可以是专门组织的调查,也可以通过统计报表取得资料,或者两者兼而有之。

(五)典型调查

典型调查是非全面调查,是从调查对象中选择出具有代表性的调查单位,将其作为典型单位开展调查的一种方法。典型调查是一种比较灵活的调查方法,依据认识的需要,典型调查可以侧重于现象的量的方面和数量关系的研究,也可从质的研究入手分析数量和数量关系形成的深层次原因;可以从纵向展开研究,深入少数单位了解问题的历史和现状,也可从横向进行分析,了解问题在不同情况下的各自表现。

典型调查有如下特点:首先,调查单位少,可以深入实际、深入群众开展调查研究,将情况的了解和细致分析密切结合起来。其次,调查单位是根据调查目的对调查对象进行初步的定性分析,并有意识地加以选择,因而,调查的结果能很好地满足需要。最后,典型调查机动灵活,节省人力和物力,可以提高调查的时效性。

(1)典型调查能够对所研究的问题作具体深入的分析。普查、统计报表等对客观事物仅作出一般的说明,而典型调查可以具体揭示事物的发生和发展过程以及因果关系,做到有数据、有情况、有思想、有过程、有措施、有结果,利于对事物发展的一般规律做具体深入的认识与分析。

(2)典型调查可以用来研究新生事物。社会经济现象是错综复杂的,各方面的情况瞬息万变,新情况、新问题层出不穷,需要研究解决。统计工作需要从事物的萌芽状态和典型经验中,抓住真谛,抓住主流,探究出事物发展的方向和规律性。与此同时,要抓住新问题,深入调查分析,提出解决问题的建议,为指导工作提供依据。

(3)在一定条件下,验证全面调查数据与情况的真实性。

(4)典型调查可以测算和推断有关总体的数据。通过典型调查,掌握有足够代表性的典型情况,据此,可推算总体的有关情况。虽然,这种推断不一定得到完整详细的数值,却可以描绘出事物的基本轮廓或走势,便于把握事物的本质,指导实际。

从实际需要出发,确定调查题目。这关系到调查单位的选择,调查内容、调查范围的确定,具体调查方法的规定等。若调查题目不明确,将会使调查陷入盲目的泥坑,难以收到预期的效果。正确选择典型单位,这是调查成败的关键,一定要审慎。

正确选择典型单位,需注意如下几点:①事前要对研究的现象进行全面分析;②选择典型单位,要充分考虑到被调查事物的特点,因而,典型单位可以是一个或多个;③选择的典型因目的而异,如果为了近似地估算总体的数值,可以在了解总体大概情况的基础上,把总体分成若干类型,从每一类型中,按它在总体内所占比例,选出若干典型单位进行调查。若为了了解总体的一般数量表现,则可以选择中等的典型作为调查单位;若为了研究成功的经验与失败的教训,则可以选出先进的和落后的典型,或选择出上、中、下等典型,进行调查对比。

邀请熟悉情况或有丰富经验的人士座谈,搜集情况,展开讨论,共同分析,求得共识,找出办法,为此:①要进行讨论式调查;②与会者须深切了解情况;③要吸收较多的人与会;④调查提纲和所列项目要有的放矢;⑤要深入,勿浅尝辄止;⑥要自己动手,不假手于人。

二、统计调查方案设计

为保证统计数据的真实性、全面性和及时性,在具体调查之前,必须制订一个周密的、科学的调查方案,以保证调查工作的顺利进行。一个完善的有指导意义的统计调查方案,必须包括以下基本内容。

(一) 调查目的

统计调查目的就是进行统计研究活动所要解决的问题或所要达到的目的。确定调查目的是统计调查中根本性的问题。无论做什么,都要有一个目的。这个问题不明确,就会失去方向,调查工作无从开展,目的明确,才能有的放矢,即确定向谁做调查,调查些什么,用什么方式调查,以及调查经费和调查时间等一系列问题。确定调查目的,就是明确调查要解决什么问题。所以,统计调查的目的要尽可能规定得具体些,要抓住主要矛盾,突出中心问题,切忌轻重不分,"撒胡椒面"。唯如此,才能提高统计调查的质量。

统计调查目的是根据国家的方针、政策、社会经济管理的需要而确定的,调查目的决定着统计调查的内容和范围,从而也确定了统计调查的工作量及所需经费等。因此,统计调查目的的确定,一般而言,要做到力求突出重点,从研究工作的需要出发,抓住实际生活中最为重要的问题。

(二) 调查对象

调查对象是根据统计研究目的确定的,需要研究其本质特征和发展变化规律的统计总体,它是由性质相同的许多调查单位所组成的集合体。在统计资料搜集方案中,确定调查对象就是要划清总体界限，即确定统计调查范围。为了正确而科学地确定调查对象，必须对有关现象进行全面的质的分析，这种分析，要多角度说明所有使一种对象有别于其他现象的本质和特征。调查对象的选择，首先要服从调查的目的。只有明确了调查需解决什么问题，而后才可确定向谁做调查。其次，在确定调查对象时，必须考虑到调查的可行性，注意从调查对象的实际出发，把需要和可能结合起来。例如，在研究工业生产发展状况时，必须首先明确工业与其他行业的区别，特别是与其他物质生产部门的区别，而对于其中从事工业生产活动的部分是否应该划入工业统计，或者划分的标准是什么，则要根据实际情况确定。

调查单位就是组成调查对象总体的所有个别单位，即标志的承担者。例如，调查的目的是取得工业企业的工业产品产量、成本和从业人数等资料，那么，全部工业企业就是总体，即调查对象，而每个工业企业则是调查单位。

调查对象是统计研究的对象，是用统计指标和指标体系说明的对象，即统计认识的客体；说明调查对象的资料来自每个调查单位，是在每个调查单位资料的基础上进行汇总和计算取得的。调查单位的标志是调查时所要登记的资料。

统计调查常常使用填报或报告单位的概念，填报单位是负责报告调查资料的单位，填报单位和调查单位是两个概念。调查单位是调查项目的承担者，而填报单位则是负责报告调查资料的单位。例如，工业企业设备普查，工业企业的每一台设备就是一个调查单位，而每一个工业企业则是一个填报单位。有时填报单位和调查单位又是一致的，如工业企业普查，每个工业企业既是一个调查单位，又是一个填报单位。所以，就一般情况而言，当总体单位是由"人"参与的组织和机构时，调查单位就应是填报单位，两者合二为一；但是当总体单位是"物"的时候，填报单位当然就应由所在单位的人来承担，这时填报单位和调查单位就有区别，明确填报单位，即可知道调查表格发给谁，由谁来填报。

（三）调查项目

调查项目就是统计调查时所要登记的调查单位标志和有关情况。确定调查项目就是根据调查目的，对调查单位所具备的各项标志进行选择。选择的标志就是调查标志或调查项目。它要解决的问题是，向调查单位调查什么。调查方案必须依据调查目的，从现象之间的相互联系，从现象的过去、现在和发展等方面出发，提出所要调查的项目。

正确拟定调查项目，应遵循以下基本原则。

（1）所列调查项目必须与统计研究目的一致，与设计的统计指标和指标体系相适应。统计总体是运用统计指标作为工具进行分析研究形成认识的，统计研究目的通过指标体系体现。而统计综合指标对总体量的度量，必须建立在对个体量了解的基础上，所以，综合指标是确定调查项目的依据。

（2）所列调查项目应该按照需要与可能的原则来规定，有的项目虽然需要，但实际无法取得，则不应列入调查方案中，列入的项目是既需要而又能取得的项目。

（3）所列调查项目要力求做到"少而精"，只是限于调查目的所必需的项目，对于可有可无或备而不用的项目，则坚决舍弃。

（4）所列调查项目之间应该是一个彼此衔接、有机联系的整体，便于互相核对、检查资料的正确性；同时，要注意和过去同类调查项目的关系，以便进行纵向比较，观察现象的演变，反映现象变化的趋势与规律性。

（5）所列项目必须通俗易懂，提法明确。只能有一种理解，不能有其他的解释，而且项目的提法要能使答案具有确定的表达方式并且能够得到确实的答案，只有这样，大家理解一致，才能保证资料的可靠性。

（四）调查表格和问卷

在确定调查项目的基础上，必须设计调查表格和问卷，调查表格是搜集原始资料的基本工具，把调查提纲中的各个调查项目，按照一定的顺序排列在一定表格内，就构成了调查表格。利用调查表格，既便于清晰地登记资料，又便于日后的加工整理与汇总。按包括调查单位的多少，调查表格有单一表和一览表之分。单一表也称卡片，只登记一个调查单位，其特点是可以容纳较多的调查项目，取得比较详尽、丰富的资料；一览表是登记几个调查单位的资料，其特点是简明扼要，表中调查项目不能太多。

调查表格通常由表头、表体和表尾三部分组成。表头用来表明调查表格的名称，调查单位或填报单位的名称、性质、隶属关系等。这些资料一般不用来统计分析，但在复查和核实各调查单位时，是必须用到的。表体是调查表格的主要部分，包括：统计调查所要说明的现象的项目以及这些项目的具体表现；项目的栏号，利于在整理时或编写说明时引用；计算单位等。表尾包括调查者的签名和日期等，以便明确责任，若发现问题，利于及时查询和弄清情况。

问卷调查是一种特殊的调查。因为被调查者一般不署名，所以可以减轻被调查者的心理压力，他们回答问题自然就坦诚，尽量符合客观实际状况。这样能了解用调查表格所难以取得的真实情况。为获得理想的效果，问卷设计一定要注意以下事项。

（1）问卷形式要满足调查目的的要求，适合调查对象的特点。问卷提问形式多种多样，有选择法、是非法和程度分类法等。这些形式，针对具体情况，可单独运用或结合运用。

（2）问卷中备选的项目，必须具有互斥性，切忌模糊不清，模棱两可；否则，难以作出正确判断。

（3）问卷要公正客观，不能渗入调查者的主观意图。存在某种主观的倾向性或暗示自己观点的语句，会干扰被调查者，导致答案失真。

（五）调查时间

调查时间的规定有两种含义：第一，规定调查资料所属的时间。从调查资料的时间性质而言，有时期资料和时点资料。对于时点现象的调查，必须明确规定统一的标准调查登记时点；对于时期现象的调查，必须明确规定所反映的是调查对象从何年何月何日起到何年何月何日止的资料。第二，规定调查工作的期限。调查工作的期限就是从开始搜集资料到报送资料的全部工作所需的时间。规定这个工作期限，可以保证工作步调的一致，及时汇总资料，及时见效。

（六）组织实施计划

大规模的统计调查必须有严密细致的组织工作，以保证统计调查的顺利实施。统计调查工作组织的主要内容是：建立领导机构和确定调查人员，规定调查的方式与方法，宣传教育工作，干部培训，文件编印，调查资料的报送办法与程序，调查经费的预算和开支办法，提供和公布调查结果的时间，以及组织调查的试点工作等。

（七）调查报告的撰写

调查报告包括调查过程的描述、按照调查数据所作的决策和调查结果的评价，在调查方案中，应给出提交的调查报告的具体时间，调查的精度、费用等替补的具体要求。

第三节 统计数据的误差

一、概念

统计误差是指在统计过程中，统计资料与实际情况的差异。统计过程由设计、调查、整理、计算和制表所构成，各段工作难免不周或产生误差，由此产生统计误差。统计误差主要包括调查误差和样本误差。调查误差指在整个统计调查过程中由人为因素引起的各种技术性和责任性的误差，如课题选择误差、调查设计误差、分析误差等；样本误差主要指抽样过程中样本代表性误差。

二、分类

统计误差可分为登记性误差和代表性误差两种。

登记性误差是由于人员疏忽而错误判断事实或错误登记事实产生的误差。不管全面调查还是非全面调查，都会有登记性误差产生。代表性误差是非全面调查所固有的。非全面调查只对调查对象中的一部分单位进行调查，由于这部分单位不可能完全反映调查对象的性质，所以必然会产生误差。抽样调查的代表性误差是可以计算的，但重点调查和典型调查的代表性误差是不能计算的。因此，从定量角度分析，统计资料的准确性审核主要是对登记性误差的审核，即审核发生在调查登记过程中的误差。

登记性误差又可分为偶然性误差和系统性误差。偶然性误差主要是人们的无意行为造成的。由于人类的理性是有限的，人们在登记资料的过程中可能会产生一些遗忘、笔误、答非所问等现象,这是很正常的。但这种偶然性误差是随机产生的,不会具有某种倾向性,即在数量上不会一直偏向于某方,在对大量资料进行整理时,这种忽大忽小的偶然性误差往往会互相抵消。系统性误差则具有明显的倾向性,在数量上可能一直偏向于大的一方,也可能一直偏向于小的一方,所以,系统性误差又称系统偏差。产生系统性误差的原因有主观因素和客观因素两个方面,主观因素就是人们出自某种目的故意扩大或缩小统计数据;客观因素主要是由调查环境、调查条件决定的,如测量工具不准确、对指标概念的理解不清、调查范围模糊等。系统性误差对统计结果的影响较大,应尽量将它消除,以保证统计资料的准确性。

第四节 应 用 案 例

一、购买衣物时的首选因素[①]

(一) 案例目的

让学生学会分析所搜集到的数据。

(二) 案例简介

1. 案例背景

人们在购买衣物时往往会考虑很多因素,但不同的购买者首先考虑的因素可能不同。

2. 数据介绍

为了分析大学生购物时主要受哪些因素影响,中国人民大学财政金融学院6名学生组成的小组在校园内随机抽取了350名学生作为样本,调查了学生的性别、家庭所在地区及购买衣物时考虑的首选因素,其中,性别设定为男性和女性,家庭所在地区设定为乡镇地区、中小城市、大型城市三个选项,购买衣物的首选因素设定为价格、款式、品牌三个选项。共收回有效调查问卷320份,所得结构如表2-1所示。

表 2-1 分城市类型男女衣物选择偏好表

性别	家庭所在地区	首选因素	性别	家庭所在地区	首选因素
男	大型城市	款式	女	大型城市	品牌
男	大型城市	款式	女	大型城市	品牌
男	大型城市	款式	女	大型城市	品牌
男	大型城市	款式	女	大型城市	品牌

---

① 案例作者:贾俊平;摘自《统计学专业课程教学案例选编》。为了教学需要,在原案例基础上酌情修改。

续表

性别	家庭所在地区	首选因素	性别	家庭所在地区	首选因素
男	大型城市	款式	女	大型城市	品牌
男	大型城市	款式	女	大型城市	品牌
男	大型城市	品牌	女	大型城市	品牌
男	大型城市	品牌	女	大型城市	品牌
男	大型城市	品牌	女	大型城市	品牌
男	大型城市	价格	女	大型城市	品牌
男	大型城市	价格	女	大型城市	品牌
男	中小城市	价格	女	大型城市	品牌
男	中小城市	价格	女	大型城市	价格
男	中小城市	价格	女	中小城市	价格
男	中小城市	品牌	女	中小城市	价格
男	中小城市	品牌	女	中小城市	款式
男	中小城市	品牌	女	中小城市	款式
男	中小城市	款式	女	中小城市	款式
男	中小城市	款式	女	中小城市	款式
男	中小城市	款式	女	中小城市	款式
男	中小城市	款式	女	中小城市	款式
男	中小城市	款式	女	中小城市	价格
男	中小城市	款式	女	中小城市	价格
男	中小城市	款式	女	中小城市	价格
男	中小城市	款式	女	中小城市	品牌
男	中小城市	款式	女	中小城市	品牌
男	中小城市	款式	女	中小城市	品牌
男	中小城市	款式	女	乡镇地区	品牌
男	中小城市	款式	女	乡镇地区	价格
男	中小城市	款式	女	乡镇地区	价格
男	中小城市	款式	女	乡镇地区	价格
男	中小城市	款式	女	乡镇地区	价格
男	中小城市	价格	女	乡镇地区	价格
男	中小城市	价格	女	乡镇地区	价格
男	中小城市	价格	女	乡镇地区	价格
男	中小城市	价格	女	乡镇地区	价格
男	中小城市	价格	女	乡镇地区	价格
男	中小城市	价格	女	乡镇地区	价格

续表

性别	家庭所在地区	首选因素	性别	家庭所在地区	首选因素
男	中小城市	价格	女	乡镇地区	款式
男	中小城市	价格	女	乡镇地区	款式
男	中小城市	款式	女	乡镇地区	款式
男	中小城市	款式	女	乡镇地区	款式
男	中小城市	款式	女	乡镇地区	款式
男	中小城市	款式	女	乡镇地区	款式
男	中小城市	款式	女	乡镇地区	款式
男	中小城市	款式	女	乡镇地区	款式
男	中小城市	款式	女	大型城市	品牌
男	中小城市	价格	女	大型城市	品牌
男	中小城市	价格	女	大型城市	品牌
男	乡镇地区	价格	女	大型城市	品牌
男	乡镇地区	价格	女	大型城市	品牌
男	乡镇地区	价格	女	大型城市	品牌
男	乡镇地区	价格	女	大型城市	品牌
男	乡镇地区	价格	女	大型城市	品牌
男	乡镇地区	价格	女	大型城市	款式
男	乡镇地区	价格	女	大型城市	款式
男	乡镇地区	价格	女	大型城市	款式
男	乡镇地区	品牌	女	大型城市	款式
男	乡镇地区	款式	女	大型城市	款式
男	乡镇地区	款式	女	大型城市	款式
男	乡镇地区	款式	女	大型城市	款式
男	乡镇地区	款式	女	中小城市	款式
男	乡镇地区	款式	女	中小城市	款式
男	乡镇地区	款式	女	中小城市	款式
男	乡镇地区	价格	女	中小城市	款式
男	乡镇地区	价格	女	中小城市	款式
男	乡镇地区	价格	女	中小城市	款式
男	乡镇地区	价格	女	中小城市	款式
男	乡镇地区	价格	女	中小城市	款式
男	乡镇地区	价格	女	中小城市	价格
男	大型城市	价格	女	中小城市	价格
男	大型城市	品牌	女	中小城市	价格

续表

性别	家庭所在地区	首选因素	性别	家庭所在地区	首选因素
男	大型城市	品牌	女	中小城市	价格
男	大型城市	品牌	女	中小城市	价格
男	大型城市	品牌	女	中小城市	价格
男	大型城市	品牌	女	中小城市	价格
男	大型城市	品牌	女	中小城市	品牌
男	大型城市	品牌	女	中小城市	品牌
男	大型城市	品牌	女	中小城市	品牌
男	大型城市	品牌	女	中小城市	品牌
男	大型城市	品牌	女	中小城市	品牌
男	大型城市	品牌	女	中小城市	品牌
男	大型城市	品牌	女	中小城市	款式
男	大型城市	品牌	女	中小城市	款式
男	大型城市	款式	女	中小城市	款式
男	大型城市	款式	女	中小城市	款式
男	大型城市	款式	女	中小城市	款式
男	大型城市	款式	女	中小城市	款式
男	大型城市	款式	女	中小城市	款式
男	大型城市	款式	女	乡镇地区	款式
男	大型城市	款式	女	乡镇地区	款式
男	大型城市	款式	女	乡镇地区	款式
男	大型城市	款式	女	乡镇地区	款式
男	大型城市	品牌	女	乡镇地区	款式
男	大型城市	品牌	女	乡镇地区	款式
男	大型城市	品牌	女	乡镇地区	款式
男	大型城市	品牌	女	乡镇地区	款式
男	大型城市	品牌	女	乡镇地区	品牌
男	大型城市	品牌	女	乡镇地区	品牌
男	大型城市	品牌	女	乡镇地区	品牌
男	大型城市	品牌	女	乡镇地区	品牌
男	大型城市	价格	女	乡镇地区	品牌
男	大型城市	价格	女	乡镇地区	品牌
男	大型城市	价格	女	乡镇地区	品牌
男	大型城市	价格	女	乡镇地区	品牌
男	大型城市	价格	女	乡镇地区	价格

续表

性别	家庭所在地区	首选因素	性别	家庭所在地区	首选因素
男	大型城市	价格	女	乡镇地区	价格
男	大型城市	价格	女	乡镇地区	价格
男	大型城市	价格	女	乡镇地区	价格
男	大型城市	价格	女	乡镇地区	价格
男	大型城市	价格	女	乡镇地区	价格
男	大型城市	款式	女	乡镇地区	价格
男	大型城市	款式	女	大型城市	款式
男	大型城市	款式	女	大型城市	款式
男	大型城市	款式	女	大型城市	款式
男	大型城市	款式	女	大型城市	款式
男	大型城市	款式	女	大型城市	款式
男	大型城市	款式	女	大型城市	款式
男	大型城市	款式	女	大型城市	款式
男	大型城市	款式	女	大型城市	款式
男	大型城市	款式	女	大型城市	款式
男	大型城市	款式	女	大型城市	款式
男	大型城市	款式	女	大型城市	款式
男	大型城市	款式	女	大型城市	品牌
男	大型城市	品牌	女	大型城市	品牌
男	大型城市	品牌	女	大型城市	品牌
男	大型城市	品牌	女	大型城市	品牌
男	大型城市	品牌	女	大型城市	品牌
男	大型城市	品牌	女	大型城市	品牌
男	大型城市	品牌	女	大型城市	品牌
男	大型城市	品牌	女	大型城市	品牌
男	大型城市	品牌	女	大型城市	品牌
男	大型城市	品牌	女	大型城市	品牌
男	大型城市	品牌	女	大型城市	品牌
男	大型城市	价格	女	大型城市	款式
男	大型城市	价格	女	大型城市	款式
男	大型城市	价格	女	中小城市	款式
男	大型城市	价格	女	中小城市	款式
男	大型城市	价格	女	中小城市	款式
男	大型城市	价格	女	中小城市	款式

续表

性别	家庭所在地区	首选因素	性别	家庭所在地区	首选因素
男	大型城市	价格	女	中小城市	款式
男	中小城市	价格	女	中小城市	款式
男	中小城市	价格	女	中小城市	款式
男	中小城市	价格	女	中小城市	款式
男	中小城市	价格	女	中小城市	品牌
男	中小城市	价格	女	中小城市	品牌
男	中小城市	款式	女	中小城市	品牌
男	中小城市	款式	女	中小城市	品牌
男	中小城市	款式	女	中小城市	品牌
男	中小城市	款式	女	乡镇地区	品牌
男	中小城市	款式	女	乡镇地区	品牌
男	中小城市	款式	女	乡镇地区	品牌
男	中小城市	款式	女	乡镇地区	价格
男	中小城市	款式	女	乡镇地区	款式
男	中小城市	款式	女	乡镇地区	款式
男	乡镇地区	款式	女	乡镇地区	款式

（三）案例解析

通过将调查问卷收集到的数据进行采编与整理，得到选取样本的基本特征（表2-2）。有效的调查问卷刚好是 160 名男生，160 名女生。家庭所在地区在乡镇地区的男生有 23 人，女生有 49 人，中小城市的男生有 53 人，女生有 57 人，大型城市的男生有 84 人，女生有 54 人。男生中购买衣物时首选因素倾向较高的是款式，其次是价格，最后是品牌。女生购买衣物时首选因素倾向最高的也是款式，其次是品牌，最后是价格。相比较于男生，女生考虑品牌的倾向要比男生高。购买衣物的首选因素还与家庭所在地区有关，一般居住在大型城市的首选因素会考虑品牌和价格。尤其大型城市的女生首选因素一般都是品牌，这与大型城市的集中程度高、经济水平高有关。

表 2-2 样本特征

性别	人数	乡镇地区	中小城市	大型城市	价格	款式	品牌
男生	160	23	53	84	53	68	39
女生	160	49	57	54	31	71	58

二、简单和分层随机抽样调查案例①

（一）案例背景

国家广播电视总局于 2003 年发布了《我国有线电视向数字化过渡时间表》，按照规划大力推广普及数字机顶盒，分区分片地逐步将有线电视网中的模拟用户转为数字用户，然后在有线电视网中停止传送模拟信号。

近年来，P 市经济发展势头迅猛，城乡居民生活水平显著提高。按照国家规定，P 市采用分区分片逐步推进的方法，已于 2008 年奥运会前率先完成了第一阶段有线数字电视的机顶盒推广试点工作。有线数字电视开展以来，广大用户对电视画面质量、节目内容普遍反映良好。但由于有线数字电视成本较高，有用户不断反映收费高、套餐设置不合理等问题。为此，P 市广播电视局决定对已经推广有线电视的区域进行用户调查，为下一阶段的推广提供数据支持。

（二）数据介绍

样本数据来源于 P 市统计调查队的入户调查。数据为 Excel 表格形式，包括月收入、电视机台数、费用、时间等 4 个变量。其中，月收入表示每户月均收入；电视机台数表示每户拥有的电视机数；费用表示每户每月愿意为数字电视服务支付的价格；时间表示每户居民在一周内看电视的时间。

（三）案例解析

根据 P 市广播电视局第一阶段有线数字电视推广的情况，P 市的有线电视用户主要分布在市区内的 25 个居委会和近郊区的 43 个村委会。其中，25 个居委会包含 19 664 个居民用户，43 个村委会包含 7932 个居民用户，共计 27 596 个居民用户。

1. 抽样设计的原则和思路

为了表述方便，首先将调查目标所包含的 43 个村委会和 25 个居委会视为 68 个街区单位进行编号，不妨将村委会街区编号为 1～43，居委会街区编号为 44～68。

根据 P 市公安局各街道、乡镇派出所的登记注册信息，可以得到 68 个街区的 27 596 个居民用户名录信息。调查中需要估计的 4 个目标量都可以看作以居民用户为单位，不涉及居民用户内成员的个体差异，所以我们可以将抽样框的基本单元定为居民用户，以居民用户名录作为抽样框，在选中的居民用户内随机抽选一位成年人来回答问卷以及采集要调查的居民用户信息。

---

① 案例作者：金勇进；摘自《统计学专业课程教学案例选编》。为了教学需要，在原案例基础上酌情修改。

首先，最简单的抽样方法是简单随机抽样。按照规定的目标估计量的精度要求，以家庭居民用户为抽样单元，在 27 596 个居民用户内直接进行简单随机抽样。

其次，根据 P 市欲调查的居民用户的地域分布来看，其主要分布在市区和郊区。因此可以考虑按用户居住的地域进行分层随机抽样，将 68 个街区分为市区层和郊区层，郊区层由编号为 1~43 的村委会组成，市区层由编号为 44~68 的居委会组成。在确定总样本量的基础上，可按上述两层进行分层随机抽样。

2. 样本量及其分配

根据上述抽样设计思路，在简单随机抽样的条件下，当抽样精度给定时，应当抽取的用户样本量的计算公式为

$$n = \frac{t^2 S^2}{r^2 \overline{Y}^2} = \frac{t^2}{r^2} C^2$$

式中，n 为所需要的用户的信息量；t 为置信水平；S 为目标量总体标准差；$\overline{Y}$ 为目标量的总体平均数；r 为相对误差限；C 为目标量的变异系数。

我们在实际的调查研究中要综合考虑，结合以下几个方面确定样本量。

（1）调查的主要目标。

（2）分类比较的需要。

（3）根据经验确定样本量。

对于 P 市的居民用户调查估计目标，首先，考虑采用简单随机抽样，从 27 596 个居民用户中随机抽取 1‰的居民用户调查户均月收入、户均电视机台数、户均愿意支付的数字电视费用、户均每周看电视的时间这 4 个目标量的数值，用来估计 4 个目标的变异系数，这里取整，调查 30 个居民用户。

其次，分层随机抽样进行样本量分配时，如果考虑市区层和郊区层的变异情况，将简单随机抽样需要抽取的 30 个预调查用户按照市区层和郊区层的总体比例进行分配。根据已知信息，市区层和郊区层的总体用户数量之比是 2.5∶1。

最后，在市区层和郊区层分别抽取 21 个和 9 个居民用户样本。通过这 30 个分层随机样本加权计算的 4 个目标的总体变异系数估计分别是 0.23、0.56、0.55、0.55（表 2-3）。

表 2-3　4 个目标与调查的变异系数

最优分配依据的目标量	均值	标准差	变异系数
户均月收入	6034.5 元	1388.02	0.23
户均电视机台数	2.2 台	1.24	0.56
户均愿意支付的数字电视费用	22 元	12.03	0.55
户均每周看电视的时间	59.7 小时	32.94	0.55

（四）简单随机抽样与分层随机抽样的设计效应对比

为了对比简单随机抽样和分层随机抽样的效率，将上述 4 个目标估计量在按比例分配

简单随机抽样设计下的方差估计与在分层随机抽样设计下的方差估计进行比较。在调查中,若采用简单随机抽样抽取样本,会出现一些地区的入样比例过高,而另一些地区完全没有样本单元入样的情形。采用分层随机抽样就能避免这种情况出现,因此分层随机抽样的设计效应应当高于简单随机抽样。

思考与练习

1. 数据来源于哪些方面?原始资料与次级资料的主要区别有哪些?
2. 统计调查的方式是什么?
3. 如何进行具体数据的收集?
4. 什么是普查?我国进行了哪些方面的普查?
5. 什么是登记性误差和代表性误差,代表性误差的种类有哪些?
6. 统计调查方案的内容有哪些?
7. 数据质量的标准是什么?
8. 某制造厂商想要了解其新产品的广告设计的效果,已知该商品广告是在一家省级电视台晚间黄金时间播出,试问:
(1) 调查对象是什么?
(2) 反映新产品广告效果的调查项目应如何设计?

参 考 文 献

陈德购.2014. 统计数据安全问题及其对策研究[D]. 上海:华东政法大学.
陈光慧,刘建平.2010. 我国经常性抽样调查体系改革研究[J]. 统计研究,27(10):3-8.
胡帆.2010. 统计调查数据的全面质量管理[J]. 统计研究,27(11):53-56.
黄秉成,孙宗进.2010. 统计调查数据质量的甄别与控制[J]. 中国统计,(01):12-14.
黄恒君,傅德印.2009. 对统计调查质量特性的探讨[J]. 统计研究,26(11):3-7.
季晓晶.2013. 大数据时代统计调查工作的挑战与思考[J]. 统计与咨询,(05):17-19.
李金昌.2002. 对我国统计调查方法体系改革的回顾与展望[J]. 统计研究,(07):32-35.
李胜建.2015. 大数据时代政府统计数据来源渠道研究[J]. 中国国情国力,(02):77-79.
李壮壮,李耀红,武以敏.2016. 提高统计专业学生统计调查分析能力的途径[J]. 安庆师范学院学报(自然科学版),22(02):126-130.
刘铮.2010. 公开透明的数据更有公信力[N]. 新华每日电讯,2010-07-22(003).
吕利丹,段成荣.2012. 对我国流动人口统计调查的总结与思考[J]. 南方人口,27(03):73-80.
米子川,姜天英.2016. 大数据指数是否可以替代统计调查指数[J]. 统计研究,33(11):11-18.
聂晓丽.2015. 公布统计数据来源、算法同步发布[N]. 山西青年报,2015-08-12(003).
孙淼,徐一千.2012. 房地产统计数据来源分析[J]. 商业文化(下半月),(09):297.
统计与管理编辑部.2015. 打造政府统计数据来源双轨[J]. 统计与管理,(05):1.
朱琴华,崔丽丽,张金龙.2014. 本科毕业生就业能力的统计调查与研究[J]. 江苏高教,(03):111-112.

第三章 统计数据整理

第一节 统 计 分 组

一、统计分组的意义

（一）统计分组的概念

统计分组是根据事先确定的统计研究目的的要求，结合现象总体内在特点，按照一个（几个）标志，将总体单位进行划分，形成不同性质的若干组。统计分组是统计整理的关键性步骤，旨在将总体内同一标志下的各单位按照不同的性质进行区分，把同一标志下性质表现相同的单位合在一起。因此，统计分组同时具有两方面的含义：对总体而言是分，即将总体划分为性质相异的若干部分；而对个体而言是合，即将性质相同的许多单位组合为一组。统计分组的"分"，可以使人们了解同一性质总体内部在其他性质方面存在差异的各组成部分的结构和分布状况，从而据以认识事物在同一性质中存在的特殊性。统计分组的"合"，是一种特殊的综合，它把性质相同或数量差异很小的单位合并一组，集中了更多的信息量，形成一种合力，反映事物的本质，使人们认识事物在特殊性中表现的同一性。

统计研究的现象是复杂的，各种现象之间存在共性的一面，也有个性的一面。由总体单位构成的统计总体，是以各单位的共性作为总体同质性的基础。但是，总体的同质性是相对的，而总体内不同单位的变异标志表现出的各种差异性，反映了事物之间质的区别，这正是人们把总体区分为性质不同的几个组的客观依据。统计分组的目的是将总体内属性或特征具有同质性的单位进行一种定性的分类，它把总体划分为一个个性质不同的组别。这种分类的结果在各组之间自然就出现了显著的差异。例如，人口按性别、年龄、民族、受教育程度、地域等标志可以划分出各种各样的组。又如，把工业企业总体按所有制性质、产品用途、产业规模、劳动生产率等标志分为各种不同的组。分类的意义在于将量的差异和质的差异在一定程度上反映出来，体现总体内部差异所在，因而，统计总体的同质性是相对的。为了使认识深化，大总体可细分为许多小总体，小总体还可再分出许多更小的总体。统计分组是使认识深化的手段，是统计研究的基本方法。

（二）统计分组的作用

统计分组的主要作用，有以下几个方面。

（1）区分事物的类型。统计分组是确定社会经济现象同质总体，将各种研究现象分类的基础。社会经济现象是一个复杂的总体，其中包含各种不同的类型，每一种类型有着自身的特点和不同的发展规律,客观地讲,同类事物聚集在一起,组成同一类别或群体。那么,按照不同的类别区分事物,就会更清晰地体现事物的本质特征,为我们认识客观世界提供科学的帮助。这种分组方法也称类型分组。例如,按照经济类型分组,可以按不同收入水平将我国居民分为五个等级,如表3-1。

表3-1 全国居民按收入五等份分组的人均可支配收入 （单位：元）

组别	2013 年	2014 年	2015 年
低收入户（20%）	4 402.4	4 747.3	5 221.2
中等偏下户（20%）	9 653.7	10 887.4	11 894.0
中等收入户（20%）	15 698.0	17 631.0	19 320.1
中等偏上户（20%）	24 361.2	26 937.4	29 437.6
高收入户（20%）	47 456.6	50 968.0	54 543.5

资料来源：《2016 中国统计年鉴》

（2）揭示总体内部结构。客观现象作为统计研究的主体,经过科学分组之后,计算各组包含的单位数及其在总体容量中所占比例,就会得到总体的结构分布情况,从而体现总体内部结构。各组单位数在总体容量中所占比例大小不同,可以体现出它们对总体分布特征影响的重要性不同,其中比例相对较大的部分,对总体的性质或结构类型具有决定性的作用。通过总体各部分的比例在量上的差别和联系,我们就可以研究总体内部各组成部分之间的相互联系和区别。将总体的结构分组资料按时间的移动联系起来进行分析,可以反映由于各组比例变化及变化速度不同而引起各组地位改变的状况,分析各组变动的内在原因,从而认识总体由量变到质变的转化过程及其发展变化的规律性。

如表3-2所示,环境污染治理按不同行业分类,表明治理投资在各行业中的投入比例不同。

表3-2 环境污染治理投资按不同行业分类情况 （单位：亿元）

指标	2011 年	2012 年	2013 年	2014 年	2015 年
环境污染治理投资总额	7114.0	8253.5	9037.2	9575.5	8806.3
城镇环境基础设施建设投资	4557.2	5062.7	5223.0	5463.9	4946.8
燃气	444.1	551.8	607.9	574.0	463.1
集中供热	593.3	798.1	819.5	763.0	687.8
排水	971.6	934.1	1055.0	1196.1	1248.5

资料来源：《2016 中国统计年鉴》

（3）反映现象之间的数量依存关系。客观世界中现象与现象之间普遍存在着联系,从统计的视角来看,其中有一些关系比较紧密,并且存在着相互之间的依存和制约,这一类关系就是统计主要研究的数量依存关系。例如,旅游旺季时机票的价格与购买机票的需求之间的关系；新生婴儿数量与六年后小学入学需求的关系。统计方法中有很多都可以用来分析研究现象之间的依存关系，如相关与回归分析法、指数因素分析法等。在诸多方法中，统计分组分析法是其他所有分析方法的基础，因为统计分组可以直观地体现出总体在数量上的相互依存关系。

从表 3-3 可以看出，销售利润率与商品销售额之间的依存关系是，销售利润率随着商品销售额的增加而降低。

表 3-3 2018 年某市销售利润率与商品销售额之间的关系

商品销售额分组/万元	商店数/个	销售利润率/%
50 以下	3	11.2
50～100	2	10.4
100～150	4	9.5
150～200	7	7.7
200～300	8	6.4
300～400	6	5.9
400～500	3	5.2
500 以上	2	5.0

统计分组的上述三个方面的作用是相辅相成的，需要综合应用。

二、分组标志的选择和种类

（一）分组标志的选择

分组标志就是分组时作为划分各组界限的标准或根据。由于总体单位的标志有品质标志和数量标志两种，因此，分组标志也有品质标志和数量标志两种。每一种现象都有许多种特征和标志，此时出现了分组标志的选择问题即统计分组应该以什么标志为依据。分组标志的选择是统计分组理论的基本问题，正确选择分组标志成为实现分组目标的关键，是使统计研究获得正确结论的前提。

选择分组标志应当在对现象进行分析的基础上，根据研究目的，从总体单位的各个标志中选择出最能体现总体特征的标志作为分组标志。例如，在人口统计中，当研究目的是分析人口增长变化情况时，应该选择人口年龄为分组标志，将人口总体划分为 0～15 岁、15～45 岁、45 岁以上等组；当研究目的是了解人口素质，制定教育发展规划时，就要按受教育的程度将人口总体划分为大学、高中、初中、小学、文盲等组。另外，在选择分组标志时，要考虑到研究对象在不同的历史条件和经济条件下会体现出不同的特征，所选择的分组标志还应当具有现实意义。

(二) 分组标志的种类

（1）按品质标志分组。按品质标志分组可分为按对象的属性特征和空间特征分组。按分组标志的繁杂程度，可将按品质标志分组分为简单的品质标志分组和复杂的品质标志分组。总体单位的有些品质标志分组简单，往往分组标志一经确定，组名称和组数也就确定了，而且各单位应分在哪一组，比较明确稳定，不存在组与组之间界限区分的困难。例如，人口按性别分为男、女两组。复杂的品质标志分组，即按品质标志分组是比较繁杂的，既存在标志本身种类难以确定的问题，又存在各单位明确归类的问题。在我国统计实践中，对重要的品质标志分组，常编有标准的分类目录，以统一全国的分类口径，如工业部门分类目录等。

（2）按数量标志分组。按数量标志分组就是根据总体单位标志值大小来分组。例如，城市按人口规模分组，学生按成绩分组。数量标志在统计上称为变量。变量按其标志值取值特点的不同，分为离散型变量和连续型变量。一般取整数值的变量为离散型变量，如人数、设备台数等。标志值在一个区间内无限可分的变量为连续型变量，如产值、时间误差等。连续型变量在处理时可转化为离散型变量，便于实际问题的解决。

离散型变量的每一个变量值依次作为一个组的分组，就是单项式分组。其组数和变量值的项数相等，组与组之间界限分明。如果离散型变量的变量值区间过大，按单项式分组繁杂而无意义，则可采用组距式分组。连续型变量因不能一一列举其变量值，一般不能用单项式分组，只能进行组距式分组。

三、统计分组体系

统计分组体系是根据统计分析的要求，将同一总体的不同分组综合在一起形成相互联系、相互补充的体系。例如，将国民经济总体按所有制、部门、企业、地区、管理系统等多种分组，形成国民经济分组体系。

统计分组体系的形式有两种：简单分组和平行分组体系、复合分组和复合分组体系。

（一）简单分组和平行分组体系

（1）简单分组。对被研究的现象总体只按一个标志进行分组，就是简单分组，如按人口性别分组、按人口年龄分组等。简单分组只是反映现象在某一个标志特征方面的差异情况，如按人口年龄分组，可以说明各年龄组内的人数，不能说明男女比例、受教育程度等问题。

（2）平行分组体系。对同一总体选择两个和两个以上的标志分别进行简单分组，然后并列在一起就形成了平行分组体系。例如，人口统计中，为了了解人口总体的自然构成，我们选择性别、民族、年龄、教育文化程度等分组标志进行分组，将每一个分组标志并列起来就形成了平行分组体系。

又如，对工业企业可以按经济类型和规模两个标志进行简单分组，得到平行分组体系。按经济类型可分为国有及国有控股企业、集体企业、其他类型企业等。按规模可分为大型企业、中型企业、小型企业等。

平行分组体系的特点是，每一分组只能固定一个因素对差异的影响，不能固定其他因素对差异的影响。例如，男子组、女子组中的性别的差异已被固定；各民族组中民族的差异已被固定，但这些组中其他因素的差异依然存在。

（二）复合分组和复合分组体系

（1）复合分组。复合分组意在对同一总体选择两个或两个以上标志层叠运用分组。复合分组的方法是：先按主要标志第一次分组，然后按次要标志将第一次分组进行各自的第二次分组。

（2）复合分组体系。由复合分组所形成的分组体系就是复合分组体系。通过复合分组，对总体选择两个或两个以上标志层叠分组，可以从多角度对现象总体内部差别给予描述，全方面深入反映问题。但是，采用复合分组时，由于复合分组的组数随分组标志的增加而成倍增加，若分组标志过多，分组则庞大复杂，反而不利于分析。另外，如果总体单位数少，采用复合分组会使分组过细，组内特征和倾向就很难反映出来，难以表现出不同类型现象的特征。

第二节　次　数　分　布

一、次数分布的意义及分类

（一）次数分布的意义

统计资料进行分组之后，将总体的所有单位按组归类排列，形成了总体中各单位在各组间的分布，即称为次数分布或分布数列。

分布数列是统计资料整理的结果，是进行统计描述和统计分析的重要方式。它可以表明总体的分布特征及内部结构情况，并可据此研究总体某一标志的平均水平及其变动的规律性。在分布数列中，分布在各组的总体单位数称为"次数"，它表明某种标志在总体各组中出现的多少。如果次数以绝对数的形式出现，则称为"频数"，以 f 表示；若次数以结构相对数的形式出现，则称为"频率"，以 f/n 表示，频率表明各组单位在总体单位中所占的比例。

表 3-4 和表 3-5 就是次数分布数列的举例。

表 3-4 我国第五次人口普查性别分布

性别	人口数/万人	比例/%
男性	65 355	51.63
女性	61 228	48.37
合计	126 583	100.0

注：不包括在中华人民共和国境内短期停留的港澳台居民和外籍人员

表 3-5 2004 年某城镇居民家庭拥有自行车量分布

自行车拥有量/辆	居民户数/万户	比例/%
1	8.6	27.74
2	15.3	49.36
3	7.1	22.90
合计	31.0	100.0

分布数列的频率总和为 1，即所有的各组频数占总体单位比例的总和一定是 100%。

（二）次数分布的分类

根据分组标志的不同，分布数列可以分为品质数列和变量数列两种。

（1）品质数列。按品质标志分组所编制的分配数列称为品质数列，它由分组的名称和次数两个因素构成。对于品质数列，如果分组标志选择得好，分组标准定得恰当，那么事物性质的差异表现得也比较明确，总体中各组的划分也就容易解决，从而能准确地反映总体的分布特征。

（2）变量数列。变量数列是按数量标志分组编制的分布数列，用以反映不同变量值各组次数的分布情况，它由变量值和各组次数两部分组成。各组次数反映了各组变量值在总体中作用的大小。

二、变量数列的编制

对离散型变量，若总体单位数不多，可直接编制单项式数列。具体做法如下：先按各变量值分组，列于数列的左方，再将各变量值出现的次数列于数列的右方，即构成单项式数列。如果统计资料比较多，或是连续自变量，则应编制组距数列。下面简要介绍有关组距数列的几个概念。

（一）组距

组距是各组标志值变动的区间长度，即组距数列中各组变量值从小到大的差异。根据组距是否相等，分为等距数列和异距数列。

各组都按照统一的组距来划分的组距数列,称为等距数列。等距数列适用于标志变异较为均匀的现象,在这种情况下,各组性质差异由变量值的均匀增减所致。例如,公务员的工资、学生的成绩,一般都采用等距数列。

在一个组距数列中,同时采用两个及两个以上不同组距来划分资料,这样的数列称为异距数列。异距数列常常在以下场合中运用:第一,社会经济现象的分布存在明显的偏斜,标志值分布很不均匀。例如,某次考试成绩密集于60~70分,这时若采用通常的10分为组距,则无法说明学生本次考试的优劣状况,使得在这一重要分数段分布的信息损失太大。通常调整的做法是,在分数密集的这一段采用较短的组距,而在其他分布稀疏的段采用较长的组距。第二,有些社会现象的标志变异范围很大,组与组之间的性质变化是由变量值的非均匀增长造成的,这时只能采用异距分组。例如,某地区人口分布状况,应采用异距分组,可分为1岁以下(婴儿组)、1~7岁(幼儿组)、7~17岁(学龄儿童组)、17~55岁(有劳动能力人口组)和55岁以上(老年组)。这就是典型的异距分组方法的应用。

(二)组限

组距数列中,各组变量值的极端值称为组限,是组与组之间的分界线。其中,各组的最小变量值称为下限,最大变量值称为上限。

根据组限的性质不同,其表现形式有以下两种:间断式组限和连续性组限。组限不相连,相邻两组之间界限明确,为间断式组限,而相邻两组的组限是相连且有重叠的,某一个数值可作为两组共同的界限即连续性组限。

离散型变量可以一一列举数值,相邻组限是不重叠的;连续型变量在两数之间可以无限分割,不能一一列举,因此,相邻两组的上限和下限无法用不同的两个数字表示,此时组限是重叠的。对于某一组变量值,若同时具有上限与下限,称为闭口组;若仅有上限或仅有下限则称为开口组。一般情况下,尽量用闭口组,只有当资料中存在极端值时才用开口组。

例如,某班10名学生英语口语课程考试成绩资料如下(单位:分):
65,68,69,76,79,80,82,85,87,89

假设已确定分为一般、良好、优秀三个成绩组,各组组距均为10分,可以有如下两种划分组限的方法,形成两个分布特征不同的组距数列,如表3-6和表3-7所示。

表3-6 学生按考试成绩分组一

考试成绩/分	学生人数/人
60~70(不含)	3
70~80(不含)	2
80~90	5
合计	10

表 3-7 学生按考试成绩分组二

考试成绩/分	学生人数/人
65~75（不含）	3
75~85（不含）	4
85~95	3
合计	10

将表 3-6 和表 3-7 的两个组距数列分别与 10 名学生成绩的实际资料对比，可见表 3-7 的组距数列较真实地反映了总体内各单位的实际分布特征，说明其组限的划分是成功的。

（三）组中值

组距数列中每一组上限与下限之和的中点称为组中值。计算公式为

组中值 =（下限 + 上限）/2

各组的组中值反映了该组变量值的平均水平，即该组变量值的代表值，它以各组内变量值均匀变动作为其假定的先决条件，而实际上这是不可能做到的。因此，在划分组限时，应考虑使各组内变量值的分布尽量满足这一要求，以减小用组中值代表各组变量值一般水平所造成的误差。

开口组借用邻近组的组距，即假定组距内数值变化范围与相邻组是一样的，其组中值计算公式为：缺上限的开口组组中值 = 下限 + 相邻组组距的一半。组距数列的编制一般有以下几个步骤。

（1）先将各变量值按顺序排列。

缺下限的开口组组中值 = 上限−相邻组组距的一半

（2）计算全距 R。全距又称极差，是数列两端最大变量值和最小变量值的差数。

R = 最大变量值−最小变量值

（3）初步确定组数 K。确定组数时，可以参考斯特奇斯（Sturges）经验公式的计算结果。其计算公式为

$$K = 1 + 3.322 \lg N$$

式中，N 为总体单位个数。

（4）计算组距。组数的多少与组距的大小由全距来确定，设组距为 i，则

$$i = \frac{R}{K}$$

计算出的 i 若含有小数，为方便起见，将其调整为整数。

（5）根据调整后的组距，再修正组数 K'，即

$$K' = \frac{R}{i'}$$

式中，i' 为调整后的组距。

（6）确定组限与组中值。一般情况下，要求最小组下限小于或等于数列中最小变量值，而最大组上限大于或等于数列中最大变量值，并尽可能使各单位的标志值在组内分布比较均匀。

组限划分之后应遵循"不重不漏"的原则，根据总体各单位所表现出的变量值的大小，把它们分配到相应的组中，若某变量值恰好等于两个相邻组的重叠组限，则应将其归入下一组，即把它作为下限的那一组。例如，学生的成绩为60分者，应归入60~70分组内，而不是分配在50~60分组内。

例如，现有工厂108名工人的月工资收入如下：

1082	2120	1735	1105	1535	1033	1338	1407	1475	1217	1338	1223
1403	1469	1935	1469	1487	1299	1177	1284	1284	1867	1473	1177
1132	1284	1132	1082	1105	1236	1132	1086	1032	1050	1082	1050
1086	1086	1086	1081	1086	1197	1132	1148	1086	1105	1081	1127
1138	1020	1177	1050	1081	1167	1236	1284	958	1017	1129	1129
1052	1017	1129	1052	1083	982	1083	982	1083	1083	1132	1138
984	979	1020	1236	1081	1081	1147	1082	1083	1020	1652	1043
1333	1149	1096	1210	1167	1131	1652	1043	1333	1149	1096	1210
1167	1131	1083	1060	1127	989	1060	1091	1338	1138	1148	979

将以上资料顺序排列，可编制单项式分组数列，如表 3-8 所示。

表 3-8　某工厂工人的月工资收入分组表一

工资水平/元	人数/人	工资水平/元	人数/人	工资水平/元	人数/人
958	1	1091	1	1236	3
979	2	1096	2	1284	4
982	2	1105	3	1299	1
984	1	1127	2	1333	2
989	1	1129	3	1338	3
1017	2	1131	2	1403	1
1020	3	1132	5	1407	1
1032	1	1138	3	1469	2
1033	1	1147	1	1473	1
1043	2	1148	2	1475	1
1050	3	1149	2	1487	1
1052	2	1167	3	1535	1
1060	2	1177	3	1652	2
1081	5	1197	1	1735	1
1082	4	1210	2	1867	1
1083	6	1217	1	1935	1
1086	6	1223	1	2120	1

单项式数列不存在组距的问题，但是当所包含的变量值较多时，难以反映总体内不同

性质组成部分的分布特征,显得十分烦琐,这就有必要编制组距数列。若将上例以 100 元为组距分组,编制的组距数列如表 3-9 所示。

表 3-9　某工厂工人的月工资收入分组表二

工资水平/元	人数/人	比例/%
1000 以下	7	6.48
1000～1100	40	37.04
1100～1200	30	27.78
1200～1300	12	11.11
1300～1400	5	4.63
1400～1500	7	6.48
1500～1600	1	0.93
1600～1700	2	1.85
1700～1800	1	0.93
1800～1900	1	0.93
1900～2000	1	0.93
2000 以上	1	0.93
合计	108	100.00

注:表中数据相加不等于 100%,是因为进行了舍入修约

显然由于组数过多、组距过小,难以看清工人的月工资收入的分布特征。为了说明该工厂工人的月工资收入的基本情况,可将组距扩大为 500 元,编制组距数列如表 3-10 所示。

表 3-10　某工厂工人的月工资收入分组表三

工资水平/元	人数/人	比例/%
1000 以下	7	6.48
1000～1500	94	87.03
1500～2000	6	5.56
2000 以上	1	0.93
合计	108	100.00

以上组距数列也能够说明工人的月工资收入的基本情况。但是由于组数过少、组距过大,还是难以看清工人的月工资收入的分布特征。若将每组组距确定为 200 元,编制组距数列如表 3-11 所示,则基本上能够准确反映工人的月工资收入的分布特征。

表 3-11　某工厂工人的月工资收入分组表四

工资水平/元	人数/人	比例/%
1000 以下	7	6.48
1000～1200	70	64.81

续表

工资水平/元	人数/人	比例/%
1200~1400	17	15.74
1400~1600	8	7.41
1600~1800	3	2.78
1800 以上	3	2.78
合计	108	100.00

又如，假定某班学生数学考试成绩资料如表 3-12 所示。

表 3-12 某班学生数学考试成绩

学号	成绩/分	学号	成绩/分	学号	成绩/分	学号	成绩/分
1	54	11	58	21	100	31	73
2	60	12	66	22	82	32	64
3	80	13	58	23	93	33	66
4	78	14	81	24	95	34	88
5	55	15	94	25	96	35	98
6	70	16	88	26	88	36	86
7	77	17	75	27	87	37	83
8	82	18	68	28	75	38	72
9	84	19	69	29	76	39	90
10	96	20	64	30	89	40	61

（1）确定全距。本例中，最大变量为 100，最小变量为 54，则全距 = 100−54 = 46。

（2）确定组数和组距。本例所研究的对象——考试成绩的变动比较均衡，故选择等距分组。根据研究的具体要求、对实际情况的了解以及经验判断组数为 5，则组距 = 全距/组数 = 46/5 = 9.2，取整数，即组距取 10 比较合适。

（3）确定组限和组限表示法。考试成绩为连续变量，故采用上下限重叠的组限表示法，取组限为 10，如表 3-13 左栏所示。

（4）计算各组单位数及其比例。由于本例采取上下限重叠的组限表示法，故需运用"上限不在本组内"原则计算各组单位数，根据研究的需要再计算各组比例，结果如表 3-13 所示。

表 3-13 某班学生数学考试成绩分组一

考试成绩/分	人数/人	比例/%
50~60	4	10
60~70	8	20

续表

考试成绩/分	人数/人	比例/%
70~80	8	20
80~90	12	30
90~100（包括100）	8	20
合计	40	100

由此可见，编制组距数列时，确定适当的组数和组距，是准确而清晰地反映总体的分布特征的前提。在统计实践中，是采用等距数列还是异距数列，要根据研究现象的性质、特点和具体研究目的确定。

等距数列由于组距相同，各组次数的分布不受组距大小的影响，它消除了组距因素影响的次数密度，即单位组距内分布的次数，也称为频数密度同分布。

若要采用异距数列，则各组次数的数值受组距大小的影响，在研究各组次数的实际分布时，应消除组距因素的影响，按次数密度研究各组次数的实际分布情况，只有这样才能准确地反映次数实际分布情况。因此，从准确反映总体的分布特征方面考虑，编制组距数列时，应尽可能采用等距分组方法。

三、次数分布的特征

（一）次数分布的表示方法

1. 表示法

表示法是指用统计表来表示次数分布。分配数列本身只可反映总体现象的次数分布。在进行统计分析时，还可以在分配数列的基础上进一步加工，研究频数、频率的分布状况。这就需要编制累计次数表，分别就频数和频率加以累计。累计次数有以下两种计算方法。

（1）向上累计。它是将各组次数和比例，由变量值低的组向变量值高的组逐组累计。
（2）向下累计。它是将各组次数和比例，由变量值高的组向变量值低的组逐组累计。
表 3-14 和表 3-15 就是累计方法的举例。

表 3-14 某班学生数学考试成绩分组二

考试成绩/分	分布		向上累计		向下累计	
	人数/人	比例/%	人数/人	比例/%	人数/人	比例/%
50~60	4	10	4	10	40	100
60~70	8	20	12	30	36	90

续表

考试成绩/分	分布		向上累计		向下累计	
	人数/人	比例/%	人数/人	比例/%	人数/人	比例/%
70~80	8	20	20	50	28	70
80~90	12	30	32	80	20	50
90~100（含100）	8	20	40	100	8	20
合计	40	100	—	—	—	—

2017年11月，研究员在一项有关城市环境的研究中，对一个城市的300户人口进行了调查，其中一个问题是："对自己家庭住房周边的环境是否满意？"研究员将居民回答的结果用五种程度来表示：非常不满意、不满意、一般、满意、非常满意。表3-15为统计结果。

表3-15 某城市家庭对住房周边环境评价的累计次数表

回答类别	分布		向上累计		向下累计	
	户数/户	比例/%	户数/户	比例/%	户数/户	比例/%
非常不满意	21	7	21	7	300	100
不满意	108	36	129	43	279	93
一般	99	33	228	76	171	57
满意	45	15	273	91	72	24
非常满意	27	9	300	100	27	9
合计	300	100	—	—	—	—

由此可见，将频数、频率依次累计，可反映截止到某一组的次数总数，简便地概括总体各单位的分布特征。累计次数表说明总体在某一标志值的"xx以上""yy以下"共包含多少频数或比例。

2. 图示法

图示法是用统计图形来表示次数分布。常用的图形有直方图、折线图和曲线图。通过将数据反映在图形上，可以直观地看出次数分布的特征。

（二）次数分布的主要类型

各种不同性质的社会经济现象都有着特殊的次数分布，但以下三种比较常见。

（1）正态分布。这种分布又称钟形分布，形如左右对称的钟。这种分布的特征是"中间大，两头小"，即靠近中间的变量值分布的次数多，靠近两端的变量值分布的次数少，这是客观事物数量特征表现最多的一种次数曲线。社会经济现象中有很多属于钟形分布,包括右偏型、左偏型和对称型。例如,人的身高及体重、树木的高度、农作物产量、职工工资、零件公差等现象都属于正态分布。

(2) U形分布。这种分布的特征是:靠近中间的变量值分布的次数少,靠近两端的变量值分布的次数多,形成"两头大,中间小"的分布特征。动物按年龄分组的死亡率、机器产品按使用时间分组的故障率,其分布图均呈U形分布。

(3) J形分布。J形分布的特征是"一边小,一边大",即大部分变量值集中在某一端分布,它有正J形分布和反J形分布两种。正J形分布表明次数随变量值的增大而增多,如投资额随利润率分布的情况;反J形分布表明次数随变量值的增大而减少,如人口按年龄分布的情况。

图3-1 给出了上面各种情况的图形。

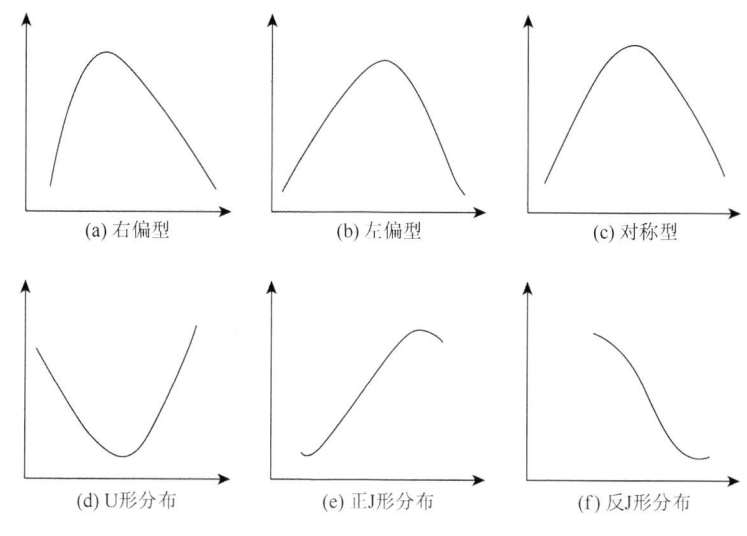

图3-1 次数分布的主要类型

次数分布的类型主要取决于社会经济现象本身的性质。编制的次数分配数列和图形有时可能会因总体所处的客观条件不同而表现不同,但其形态仍应符合该现象的分布特征。

第三节 统 计 图 表

一、统计表

(一) 统计表的定义

从广义说,任何反映统计资料的表格,都是统计表。在数据的收集、处理、描述和分析过程中,都要使用统计表。从狭义看,统计表是专指统计整理的工具和整理结果的重要表现形式的表格。统计表是统计工作提供统计资料的工具之一，它可以概括文字的叙述，使资料条理化、系统化，使数据使用者一目了然。

（二）统计表的作用

统计表的作用归纳如下。
（1）清晰易懂，系统表现总体的数量特征。
（2）方便对照比较，优于文字的叙述。
（3）检查核对资料便利。
（4）便于深入分析现象和事物。

（三）统计表的结构

从统计表的形式考察，统计表由总标题、横行标题、纵栏标题和指标数值等要素组成。总标题是统计表的名称，它表明了统计资料的全部内容，一般写在表的上端中央位置。横行标题是横行的名称，在表中列示各组的名称，它代表统计表所要说明的对象，显示了统计类别的名称，通常写在表的左方。横行标题也称横标目。纵栏标题是纵栏的名称，在统计表中，往往用来表示统计指标的名称，一般写在表的上方。纵栏标题也称纵标目。指标数值是说明所研究总体的各种综合指标的，在列表的横行和纵栏的交叉处。统计表中的指标数字，由横行标题和纵栏标题所限定。

从内容考察，统计表由主词和宾词两部分构成。主词是统计表所要说明的总体及其各个组成部分，通常在表的左方，即横行标题的位置上。宾词是指用来说明总体数量特征的各个统计指标，通常在表的上方，即纵栏标题的位置上。主词和宾词是统计表的两个组成内容，缺一不可。

统计表的各部分说明如图 3-2 所示。

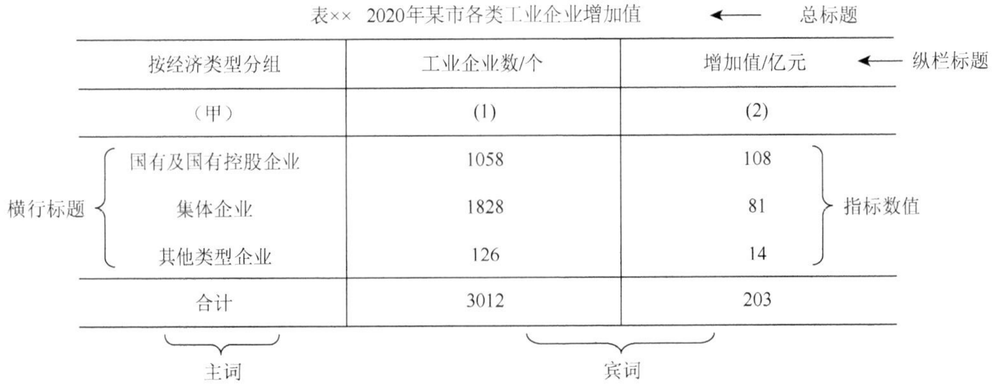

表×× 2020年某市各类工业企业增加值 ← 总标题

按经济类型分组	工业企业数/个	增加值/亿元
（甲）	(1)	(2)
国有及国有控股企业	1058	108
集体企业	1828	81
其他类型企业	126	14
合计	3012	203

横行标题指向"国有及国有控股企业、集体企业、其他类型企业"；纵栏标题指向"工业企业数/个、增加值/亿元"；指标数值指向数据；主词指向左列，宾词指向右侧两列。

图 3-2 统计表的各部分说明

（四）统计表的种类

1. 广义统计表的种类

（1）调查表：在统计调查中搜集和登记原始资料的表格。
（2）整理表：在统计整理中，用于汇总和表现资料整理结果的表格。
（3）分析表：在统计分析中，对资料进行定量分析的表格。

2. 按主词的分组情况分类

（1）简单表：是主词不经过任何分组的统计表。只罗列总体各单位名称，或按时间排列或按地区排列等。
（2）分组表：又称简单分组表，是主词按一个分组标志分组列示的表。
（3）复合表：又称复合分组表，是主词按两个及以上的分组标志分组列示的表。

3. 按宾词的设计分类

（1）宾词简单设计表：分组平衡配置指的是宾词的各个指标在表内是平行配置的。
（2）宾词复合设计表：宾词的各个指标在表内是层叠配置的，即相互之间的数值有着联系。
（3）宾词不分组设计表：宾词各指标根据说明问题的主次先后顺序排列，保持各指标之间的逻辑关系。

（五）统计表的设计

1. 设计统计表的原则

（1）根据需要设计统计表，表的种类和内容要简明扼要，便于比较。
（2）统计表的总标题要能准确反映表的内容、时间和地点。
（3）表的行列比例，要注意美观和实用，即表格的长度和宽度应当保持适当的比例。
（4）表的上下两端线，以粗线或双线绘制，表的左右两端不画线，是开口表式，列标题之间一般用竖线分开。
（5）表内各栏需编号，主词栏用"甲、乙……"，宾词栏用"1、2……"。

2. 制表时应注意的问题

（1）填表字迹工整、清晰；数字书写整齐，位数对准；计量单位一致，符合规定。
（2）表中有相同数字，均应填写，不能用"同上"之类代替；没有数字的空格填"0"，不详的格填"……"。
（3）写明对表中数字的特殊说明。
（4）制表人和负责人需签章，并注明制表上报日期。

二、统计图

统计图是利用点、线、面、体等绘制成几何图形,以表示各种数量间的关系及其变动情况的工具。统计图是统计数据直观的表现形式,表现统计数字大小和变动的各种图形总称。其中有条形统计图、扇形统计图、折线统计图、象形图等。在统计学中把利用统计图形表现统计资料的方法称为统计图示法,广泛应用于我国的各大报纸、杂志和政府报告中。

在计算机日益普及的今天,统计图的制作变得更为简单。

常见的几种统计图如下。

(一)非数值型数据的统计图

条形统计图和饼图常作为定类尺度与定序尺度这两种非数值型数据使用的统计图。

1. 条形统计图

条形统计图是用一个单位长度(如1厘米)表示一定的数量,根据数量的多少,画成长短相应成比例的直条,并按一定顺序排列起来的图形。条形统计图条状图形的高度可以是频数、频率,还可以是具体事物的具体数值。按照排列方式的不同,可分为纵式条形图和横式条形图;按照分析作用的不同,可分为条形比较图和条形结构图。图3-3给出了用户对某产品的满意度的条形图。

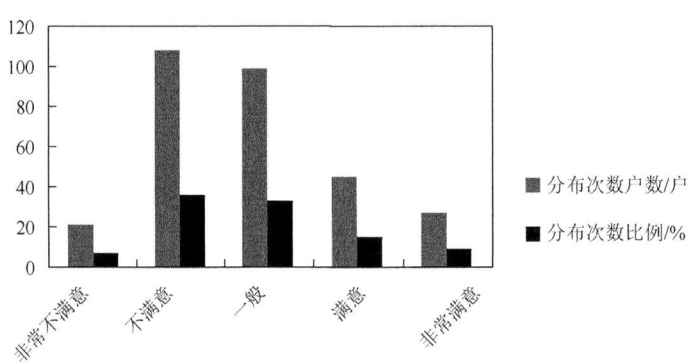

图3-3 用户对某产品的满意度

2. 饼图

饼图是以整个圆的360°代表全部数据的总和,按照各组所占的百分比(频率),把一个"饼"切割成为各个扇形,如图3-4所示。饼图主要用于表示总体中各组成部分所占的比例,对于研究结构性问题十分有用。

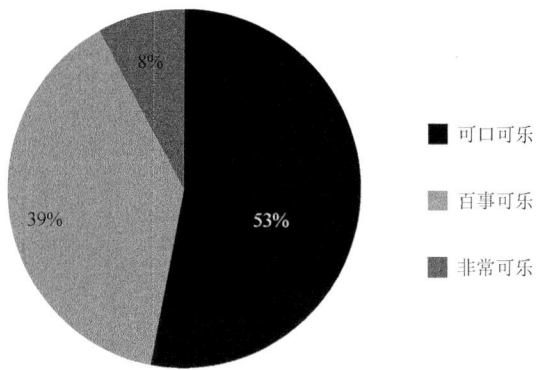

图 3-4　六一班儿童购买可乐品牌分布饼图

(二) 数值型数据的统计图

1. 直方图

直方图是用矩形的宽度和高度来表示频数分布的图形。在平面直角坐标中,横轴表示组距,纵轴表示频数或频率,这样各组与相应频数就形成了一个矩形,即直方图。根据表 3-14 的频数分布绘出的直方图如图 3-5 所示。

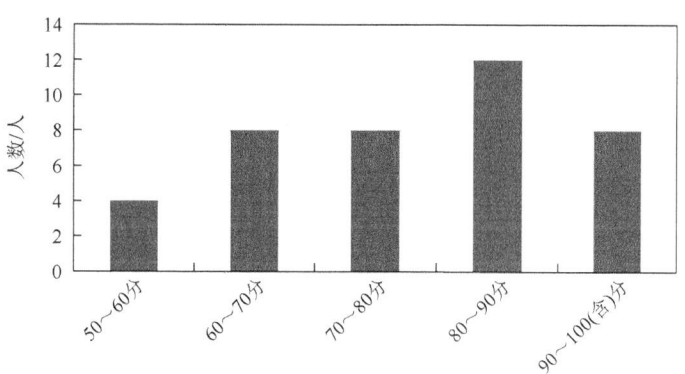

图 3-5　40 名学生数学成绩分布直方图

从直方图可以直接看出学生的数学成绩的分布情况。

2. 折线图

折线图是在直方图的基础上将每个矩形顶端中点用折线连接而成,也可以用组中值与频数求坐标点连接而成。根据表 3-14 的频数分布绘出的折线图如图 3-6 所示。

3. 茎叶图

前面讨论的直方图和折线图都是根据分组数据或频数分布绘制的,对于未分组的原始数据则可以用茎叶图来观察分布。频数分布有很多优点，例如，能清晰地展示分布的形状，告诉研究者数据的集中点在哪里以及是否有极端值存在等问题。但把原始数据组织成频数分布，以此为依据绘制直方图会造成具体信息的丢失，而用茎叶图显示数据就可以弥补这一不足。

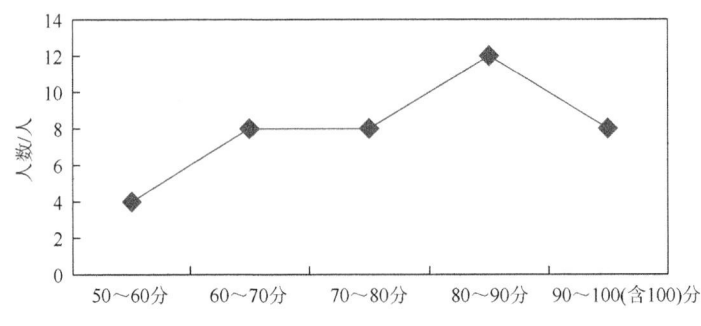

图3-6　40名学生数学成绩分布折线图

茎叶图（stem-and-leaf display）又称"枝叶图"，由统计学家阿瑟·鲍利（Arthur Bowley）设计，它的思路是将数组中的数按位数进行比较，将该组数据高位数值作为一个主干（茎），将该组数据最后一个数字作为分枝（叶），列在主干的后面，这样就可以清楚地看到每个主干后面的几个数，每个数具体是多少。茎叶图是显示数据的一种统计方法。茎需要的可以是多位数，而叶只能是一位数。茎数字按列排列，叶数字按行排列。

第四节　应 用 案 例

罗马游泳世锦赛奖牌分布及其构成分析[①]如下。

一、案例目的

使学生掌握分类数据的描述统计量及其用途，并能通过选择适当的图形对数字进行直观的分析。

二、案例简介

2009年第十三届世界游泳锦标赛在意大利罗马成功举行。在该届比赛上，中国代表团取得金牌数与美国并列第一，取得总奖牌数位列第二。该届比赛共设奖牌227枚，其中

---

① 案例作者：高敏雪、蒋妍；摘自《统计学专业课程教学案例选编》。为了教学需要，在原案例基础上酌情修改。

金牌 75 枚、银牌 75 枚、铜牌 77 枚。表 3-16 是金牌总数位居前三名的国家所获奖牌分布情况。

表 3-16　第十三届世界游泳锦标赛金牌总数位居前三名的国家的奖牌分布

排名	国家	男子获奖牌数/枚				女子获奖牌数/枚				破纪录次数		总计/枚			
		金	银	铜	总	金	银	铜	总	男	女	金	银	铜	总
1	美国	8	3	3	14	3	7	5	15	7	3	11	10	8	29
2	中国	5	2	3	10	6	5	8	19	1	4	11	7	11	29
3	俄罗斯	0	1	3	4	8	7	1	16	0	3	8	8	4	20

三、案例解析

用于描述分类数据的统计量主要有频数、比例、百分比等。因此我们可以对每个国家获得奖牌的男子、女子分别计算百分比和比例，中国队男子、女子及总计的奖牌数的构成情况，如表 3-17 所示。

表 3-17　中国队奖牌数及其构成

奖牌	男子获奖牌数/枚	百分比/%	占奖牌总数的比例/%	女子获奖牌数/枚	百分比/%	占奖牌总数的比例/%	总计/枚	百分比/%
金	5	50.00	17.24	6	31.58	20.69	11	37.93
银	2	20.00	6.90	5	26.32	17.24	7	24.14
铜	3	30.00	10.34	8	42.10	27.59	11	37.93
合计	10	100.00	34.48	19	100.00	65.52	29	100.00

（一）奖牌构成的分析

从表 3-17 中可以看出，中国队男子金牌与女子金牌占奖牌总数的差别不是很大，男子金牌占奖牌总数的 17.24%，女子金牌占奖牌总数的 20.69%。对中国的奖牌构成进行分析，从表 3-17 中可以看出，在男子获得的 10 枚奖牌中，金牌占 50.00%，银牌占 20.00%，铜牌占 30.00%；在女子获得的 19 枚奖牌中，金牌占 31.58%，银牌占 26.32%，铜牌占 42.10%。在中国队获得的 29 枚奖牌中，金牌占 37.93%，银牌占 24.14%，铜牌占 37.93%。对于美国和俄罗斯也可进行类似研究。

（二）奖牌总数的分布与分析

要描述各代表队男、女运动员获得的奖牌数的分布情况，可以选择绘制复式条形图，如图 3-7 所示。

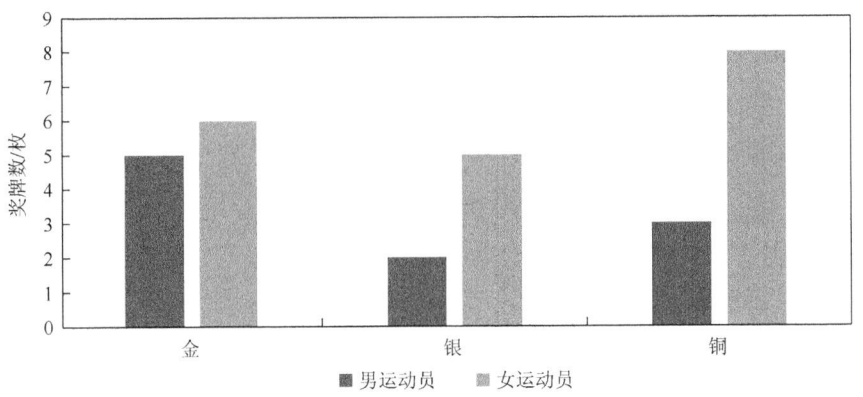

图 3-7　中国代表队男、女运动员获得的奖牌分布的复式条形图

（三）三个国家奖牌构成及比较

要想反映每个国家获得的奖牌构成情况，可以选择绘制饼图。要比较三个国家获得的奖牌的构成，可以绘制环形图，如图 3-8 所示（此图中百分比取整数）。

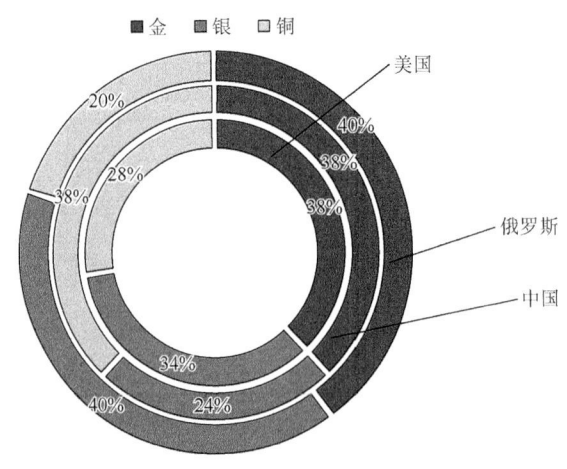

图 3-8　三个国家奖牌总数构成的环形图

反映三个国家男、女运动员破纪录情况的环形图如图 3-9 所示。

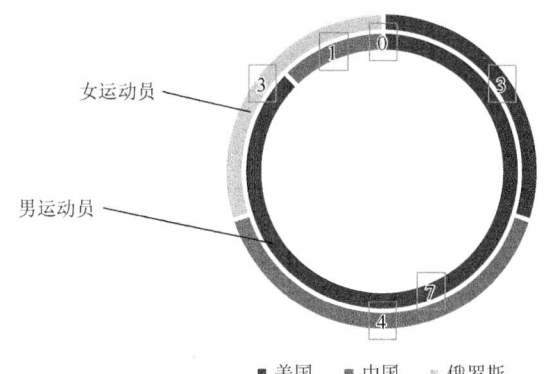

图 3-9 三个国家运动员破纪录的情况

（四）三个国家奖牌总数的相似性的比较

要比较三个国家所获得的金牌、银牌和铜牌的数量是否相似，可绘制雷达图，如图 3-10 所示。

从雷达图可以看出，三个国家所获得的金牌、银牌、铜牌的总数存在一定的相似性，但是俄罗斯的雷达图与其他两个国家的总的结构有一定的差别。

思考与练习

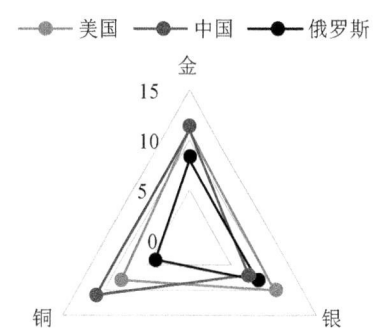

图 3-10 三个国家奖牌总数的雷达图

1. 频数分布的概念。频数与频率有什么不同？
2. 什么是简单分组和复合分组？它们各有什么特点和作用？
3. 什么是统计分组？有何作用？
4. 连续型变量适合编制什么样的数列？
5. 在编制组距数列时，如何确定组数、组距和组限？
6. 在变量数列中为什么要计算累计次数？试举例说明。
7. 统计表在内容和形式上由哪些部分组成？
8. 统计表有哪些分类？
9. 简述条形图、直方图的绘制与区别。
10. 某乡镇 2015 年、2019 年人口数量及收入情况如表 3-18 所示。

表 3-18　某乡镇 2015 年、2019 年人口数量及收入情况

按人均纯收入分组	2015 年		2019 年	
	人数/人	人均纯收入/元	人数/人	人均纯收入/元
最低收入组	5	10 200	5	42 420
低收入组	82	29 022	38	78 925

续表

按人均纯收入分组	2015 年		2019 年	
	人数/人	人均纯收入/元	人数/人	人均纯收入/元
中低收入组	16	49 171	59	131 314
中高收入组	10	72 600	7	165 400
高收入组	3	96 333	9	267 533
最高收入组	2	126 000	9	1 039 044

计算 2015 年和 2019 年的累计人数、相对累计人数、各组总收入、累计总收入和相对累计总收入。

参 考 文 献

蔡忠建. 2009. 对描述性统计量的偏度和峰度应用的研究[J]. 北京体育大学学报, 32（03）: 75-76.

陈晓兰, 刘艳芳, 方佳琳, 等. 2017. 地理国情统计图的设计与编制[J]. 地理空间信息, 15（01）: 10, 25-28.

何成. 2017. EXCEL 2010 中描述性统计函数的应用[J]. 科技视界, （35）: 51-52.

季林华. 2003. 基尼系数计算中统计分组方法的探讨[J]. 江苏统计, （08）: 11-12.

敖桂华. 1983. 怎样理解次数分配曲线图的面积[J]. 统计, （12）: 22.

林洁清, 范淑玉, 邱素芬, 等. 2014. 运用统计图管理护理不良事件的研究[J]. 中华护理教育, 11（06）: 450-453.

刘爱东. 2013. 适切儿童成长需求创生知识生长力量——"复式条形统计图"教学案例与评析[J]. 教育科学论坛, （08）: 55-58.

罗良清. 2000. 试论统计分组的基本问题[J]. 江西财经大学学报, （05）: 24-26.

吕世杰, 杜培珍, 刘红梅, 等. 2012. 描述性统计在 Excel 和 SAS 中的异同[J]. 内蒙古农业大学学报（自然科学版）, 33（Z1）: 296-299.

斯琴. 1997. 论描述性统计与推断统计特征值的关系[J]. 内蒙古统计, （04）: 25-26.

孙红卫, 赵培祯, 张中文, 等. 2013. 国内外医学期刊的统计图应用情况比较[J]. 中国科技期刊研究, 24（05）: 915-917.

王九红. 2012.《扇形统计图》教学设计[J]. 教学与管理, （14）: 54-56.

杨晓兰, 林宾. 2016. 注重数据分析培养核心素养——"折线统计图"教学实录与评析[J]. 教育科学论坛, （20）: 49-54.

张屹, 白清玉, 李晓艳, 等. 2016. 基于 APT 教学模型的移动学习对学生学习兴趣与成绩的影响研究——以小学数学"扇形统计图"为例[J]. 中国电化教育, （01）: 26-33.

钟立灿. 2005. 统计分组的理论探讨[J]. 统计与决策, （07）: 4-6.

钟世文. 2016. 小学数学"先学后教"导学案设计的实践与思考——以"扇形统计图的认识"导学案设计为例[J]. 教育实践与研究（A）, （06）: 79-80.

朱允民. 1988. 一类随机逼近问题的最优迭代次数分配[J]. 控制理论与应用, （02）: 47-59.

第四章 统计数据分布趋势测度

第一节 集中趋势的测度

一、平均数的概念和作用

（一）平均数的概念

平均数又称平均指标，是统计学中广泛应用的一种综合指标，也是数值型数据集中趋势的主要测度。平均数是总体单位某一数量标志不同的数值表现在一定时间、地点、条件下所达到的平均水平，如商品的平均价格、平均单位成本、职工平均工资、企业的平均利润和平均劳动生产率、资金的平均周转速度等。平均数可以反映一组数量的集中趋势和总体在具体条件下的一般水平。

统计研究的总体称为同质总体。同质总体包括大量的总体单位，总体单位的特征有些表现为品质标志，有些表现为数量标志。为了综合说明总体某一数量标志的一般水平，就要利用平均数。

以年龄来说，假设某中学化学教研组共有 15 名化学教师，年龄分别为 24 岁、24 岁、25 岁、25 岁、27 岁、28 岁、28 岁、30 岁、31 岁、33 岁、34 岁、36 岁、38 岁、40 岁、45 岁。要说明该中学化学教师年龄的一般水平，就不能用个别教师的年龄来代表，而应该以他们的平均年龄作为一般水平。即

(24 + 24 + 25 + 25 + 27 + 28 + 28 + 30 + 31 + 33 + 34 + 36 + 38 + 40 + 45)/15 = 31.2（岁）

这个平均值是在 15 名教师年龄基础上计算出来的，在计算过程中把教师之间年龄的差异抽象化了，结果得到了 15 名教师年龄的一般水平。

从以上的例子可以看出，平均数主要有以下两个特点：首先，平均数是对集中趋势的度量，用一次代表性数据说明总体某个指标数据的一般水平；其次，平均数将数据单位之间的差异抽象化，从而对总体单位的综合水平进行反映。

（二）平均数的作用

1. 平均数可以反映现象发展变化的规律性

利用平均数可以揭示客观现象发展变化的规律性。例如，随着生产力的发展，我国城镇化水平的不断提高，大量外来务工人员流入城市，引起了城镇人口和农村人口的规模变化，这种变化可以通过平均农村人口的减少和平均城镇人口的增加反映出来。

2. 平均数具有比较分析的作用

平均数作为一个代表数值，可使总体单位标志值的差异相互抵消，剔除总体单位数的影响，因此可以用来对总体进行比较。例如，规模不同的两个生产同种产品的工厂的生产产品数是不可比的，但是它们的平均生产产品数则是可比的，因为平均数消除了职工人数多少的影响。平均数的这种比较作用包括两种情况：一是同一总体在不同空间的对比，包括不同地区、不同部门和不同单位之间的比较，为静态平均数的对比。例如，城乡居民的收入水平，若用全部总的收入进行比较，由于人口规模不同，难以说明城乡居民的收入水平，用城镇居民的人均收入与农村人均收入对比，就可以反映出两者的差异。二是同一总体在不同时间上的比较，以反映总体一般水平的发展变化及其规律性，也就是动态平均数的对比。例如，通过收集城镇居民人均收入每一年的数值形成时间序列，就可以进行动态平均数的对比。

平均数可以作为推断事物的一种数量标准或参考。例如，评价某企业职工的生产效率，可以用该企业职工平均劳动效率来衡量。

平均数可以进行数量上的推断。在统计推断中，可以使用概率抽样所获得的部分样本单位平均数去推断总体平均数，也可以根据总体平均数来推断总体总量。

二、平均数的分类

平均数通常有以下几种：算术平均数、调和平均数、几何平均数、中位数和众数。前三种称为标志值平均数，后两种称为位置平均数。

（一）算术平均数

算术平均数是总体各个单位的标志值之和除以总体单位总数所得的商。算术平均数是应用最广的平均数。其基本公式为

$$算术平均数 = 总体标志总量/总体单位总数$$

在掌握总体标志总量和总体单位总数资料时，可以直接利用公式求出算术平均数。例如，某工厂生产一种产品，2018 年 12 个月的产量分别为 135 件、147 件、140 件、132 件、139 件、133 件、135 件、137 件、142 件、144 件、142 件、140 件，基于 12 个月的产量，可以得出该工厂每月的平均产量为

$(135 + 147 + 140 + 132 + 139 + 133 + 135 + 137 + 142 + 144 + 142 + 140)/12 \approx 138.83$（件）

此为计算算术平均数的基本形式。但在实际工作中，往往不能直接掌握上述两个数值，这就要根据我们所掌握的资料来计算。根据所掌握资料的不同，计算方法也不同，算术平均数有简单算术平均数和加权算术平均数两种具体的计算方法。

1. 简单算术平均数

简单算术平均数是将总体各单位的标志值直接相加，再除以总体单位数而求得的平均数。

简单算术平均数的计算公式如下：

$$\bar{x} = \frac{\sum x}{n}$$

式中，$\bar{x}$ 为算术平均数；x 为标志值；n 为总体单位数。

某 8 家企业拥有仿形车床资料如下（单位：台）：9、12、8、7、10、6、5、7。试计算每家企业仿形车床的平均拥有数。

解 每家企业仿形车床平均拥有数 = (9 + 12 + 8 + 7 + 10 + 6 + 5 + 7)/8 = 8（台）

计算结果为，平均每家企业拥有 8 台仿形车床。

简单算术平均数适用于总体中各变量值出现的次数为一次（或次数同为 n 次）的情况，只需要将各变量值相加，除以项数便可得到算术平均数。如果总体中各变量值出现的次数不同，那么，就要用加权算术平均数的方法计算。

2. 加权算术平均数

在计算算术平均数时，若所采用的资料是经过统计整理的按数量标志分组后编制而成的变量数列，并且每组的次数不相同时，就要采用加权算术平均数的方法计算。

加权算术平均数的计算方法是：用标志值乘以相应的各组单位数，求出各组标志总量，再将加总得到的总数除以总体标志总量。计算公式为

$$\bar{x} = \frac{\sum xf}{\sum f}$$

式中，f 为权数总体单位数。

加权算术平均数的公式也可为

$$\bar{x} = \sum x \cdot \frac{f}{\sum f}$$

1）单项式数列的加权算术平均数

例 4.1 资料如表 4-1 所列，计算工人平均日加工手机数量。

表 4-1 某车间工人按日产量分组资料

按日加工手机数量分组/(件/日)	工人人数/人
55	4
63	3
65	7
70	10
73	8
合计	32

根据表 4-1 的资料，计算该车间工人平均日加工手机数量，应先求出各组工人的总加

工量和全部工人的总加工量,然后将总加工量和工人总数相比,求得平均数。具体计算过程如表 4-2 所示。

表 4-2 加权算术平均数计算表(单项式分配数列)

按日加工手机数量分组 x/(件/日)	工人人数 f/人	日加工数量×工人人数 xf
55	4	220
63	3	189
65	7	455
70	10	700
73	8	584
合计	32	2148

$$\text{工人平均日加工手机数量} = \frac{\sum xf}{\sum f} = \frac{2148}{32} = 67.125 \text{(件)}$$

例 4.2 某企业销售部门 60 名员工按月工资收入的单项式分组资料如表 4-3 所示,计算其平均月工资水平。

表 4-3 员工月工资收入资料

工资水平 x/元	人数 f/人	工资总额 xf/元	工资水平 x/元	人数 f/人	工资总额 xf/元	工资水平 x/元	人数 f/人	工资总额 xf/元
3 958	1	3 958	4 091	1	4 091	4 736	3	14 208
3 979	2	7 958	4 096	2	8 192	4 784	4	19 136
3 982	2	7 964	4 105	3	12 315	4 899	1	4 899
3 984	1	3 984	4 127	2	8 254	4 933	2	9 866
3 989	1	3 989	4 129	3	12 387	4 938	3	14 814
4 017	2	8 034	4 131	2	8 262	5 103	1	5 103
4 220	3	12 660	4 132	5	20 660	5 307	2	10 614
4 432	1	4 432	4 138	3	12 414	5 469	2	10 938
4 533	1	4 533	4 147	1	4 147	5 673	1	5 673
4 543	2	9 086	4 148	2	8 296	5 875	1	5 875
合计	15	66 598	合计	24	99 018	合计	21	101 126

该企业销售部门员工的平均月工资水平为

$$\bar{x} = \frac{\sum xf}{\sum f} = \frac{266\ 742}{60} = 4\ 445.7 \text{(元)}$$

2)组距式数列的加权算术平均数

当我们所掌握的资料是组距式分配数列时,计算平均数的方法与单项式数列基本相同。只是首先要计算组中值,以组中值代表各组的变量值,然后计算平均数。例如,某空调公司销售量资料如表 4-4 所示,计算加权算术平均数。

表 4-4 某空调公司销售量资料

按销售量分组/台	组中值 x	频数 f	xf
120~140	130	5	650
140~160	150	9	1 350
160~180	170	12	2 040
180~200	190	15	2 850
200~220	210	20	4 200
220~240	230	12	2 760
240~260	250	8	2 000
260~280	270	5	1 350
合计	—	86	17 200

$$\bar{x} = \frac{\sum xf}{\sum f} = \frac{17\ 200}{86} = 200(台)$$

一般组的组中值计算公式为

$$组中值 = \frac{上组限 + 下组限}{2}$$

然而，对于开口组计算组中值的方法则为

$$组中值 = 下组限 + \frac{邻组上组限 - 邻组下组限}{2}$$

或者

$$组中值 = 上组限 - \frac{邻组上组限 - 邻组下组限}{2}$$

式中，邻组上组限-邻组下组限 = 邻组组距。

利用组中值计算的算术平均数，是以假定总体各单位的标志值在组内是均匀分布为条件的。实际上，总体各单位的标志值分布十分均匀的情况是极少见的，所以，计算出的组中值和实际的组平均数之间的误差是不可避免的，因而用组中值计算的平均数是一个近似值。仍以某企业销售部门的员工的月工资收入组距式分组资料为例，根据表 4-5 所示资料，计算加权算术平均数。

表 4-5 员工月工资收入资料分组表

按工资水平分组/元	组中值 x	频数 f	xf
3 500~4 000	3 750	7	26 250
4 000~4 500	4 250	30	127 500
4 500~5 000	4 750	16	76 000
5 000~5 500	5 250	7	36 750
合计	—	60	266 500

$$\bar{x} = \frac{\sum xf}{\sum f} = \frac{266\,500}{60} \approx 4\,441.7(元)$$

可见,对同一资料,采用单项式分组资料和组距式分组资料计算加权算术平均数的结果是不一致的。组距式算术平均数仅为近似值。

算术平均数由于根据的资料不同,才有简单算术平均数和加权算术平均数两种计算形式,采用简单算术平均数或加权算术平均数计算出来的结果是完全相同的,而且这两种形式有一致的计算原则,即标志总量和总体总量必须相适应。用算术平均数计算时,总体单位的次数皆为1,因此,各标志值的个数之和,也就是总体单位数之和,用标志值之和除以标志值的个数之和就等于标志总量除以总体总量。在各标志值出现的次数不是1的条件下,只有用加权算术平均数的计算公式计算才能使总体的标志总量和总体总量相适应。若平均数的权数不是1,但各组的权数均相等,无论权数是用绝对数还是用相对数表示,权数的作用也都没有任何意义。

3. 算术平均数的数学性质

1) 各个标志值与算术平均数的离差之和等于零

简单算术平均数:
$$\sum(x - \bar{x}) = 0$$

证明:
$$\sum(x - \bar{x}) = \sum x - n\bar{x}$$

$$\because \bar{x} = \frac{\sum x}{n}, \quad \sum x = n\bar{x}$$

$$\therefore \sum(x - \bar{x}) = \sum x - \sum x = 0$$

加权算术平均数 $\sum (x - \bar{x})f = 0$ 也成立。

2) 各个标志值与算术平均数的离差平方和为最小值

简单算术平均数:
$$\sum(x - \bar{x})^2 = 最小值$$

加权算术平均数:
$$\sum(x - \bar{x})^2 \cdot f = 最小值$$

以简单算术平均数为例证明。

设 x_0 为任意值,$c = \bar{x} - x_0$,$x_0 = \bar{x} - c$,则以 x_0 为中心的离差总和为

$$\sum(x - x_0)^2 = \sum[x - (\bar{x} - c)]^2$$
$$= \sum[(x - \bar{x}) + c]^2$$
$$= \sum[(x - \bar{x})^2 + 2c(x - \bar{x}) + c^2]$$
$$= \sum(x - \bar{x})^2 + nc^2$$

$$\left(\because \sum(x-\bar{x})=0, \quad \therefore 2c\sum(x-\bar{x})=0\right)$$

因为 $nc^2 \geqslant 0$，所以 $\sum(x-x_0)^2 \geqslant \sum(x-\bar{x})^2$，即 $\sum(x-\bar{x})^2$ 为最小值。

4. 算术平均数应用上的特点

在实践中，算术平均数的应用非常广泛，其含义清晰易理解，计算方法也很容易掌握，尤其是加权算术平均数，在经济统计中有重要的作用，同时算术平均数又与大量的社会经济过程相适应。算术平均数容易受极端值的影响，并且受极大值的影响大于受极小值的影响。因此，当许多标志值之间出现极大和极小的数值时，算术平均数的代表性就差。在实践中，可以采用掐头去尾的方法来消除极值对于算术平均数的影响。

对于开口组的数列，算术平均数不是很具有代表性。故当存在开口组时，假定开口组的组距与相邻组组距相等，此时计算的平均数会受到一定的影响。

（二）调和平均数

1. 调和平均数的概念

调和平均数是平均数的又一形式，它是各个标志值倒数的算术平均数的倒数，又称为倒数平均数。

根据所掌握资料的不同，调和平均数的计算方法也分为简单调和平均数和加权调和平均数两种形式。

1）简单调和平均数

对于未分组资料，调和平均数的计算公式为

$$\bar{x} = \frac{n}{\dfrac{1}{x_1}+\dfrac{1}{x_2}+\cdots+\dfrac{1}{x_n}} = \frac{n}{\sum\dfrac{1}{x}}$$

式中，$\bar{x}$ 为简单调和平均数；x 为各标志值；n 为标志值的项数。

例如，某市场西红柿每天不同时间段单价为早晨每 500 克 1.2 元，中午每 500 克 1.5 元，晚上每 500 克 1 元，如果早、中、晚各买了 1 元的西红柿，试问西红柿的平均单价是多少？

根据题意可知，1 元×3 = 3 元为购买西红柿的总金额，只需要再求出购买西红柿的数量，就可以得出西红柿的平均单价。

$$\bar{x} = \frac{n}{\dfrac{1}{x_1}+\dfrac{1}{x_2}+\cdots+\dfrac{1}{x_n}} = \frac{3}{\dfrac{1}{1.2}+\dfrac{1}{1.5}+\dfrac{1}{1.0}}$$

又如，有 3 种煤炭的价格分别为 400 元/吨、600 元/吨和 900 元/吨，现各购进 2000 元的煤炭，试问煤炭的平均单价是多少？

$$\bar{x} = \frac{n}{\frac{1}{x_1}+\frac{1}{x_2}+\cdots+\frac{1}{x_n}} = \frac{3}{\frac{1}{400}+\frac{1}{600}+\frac{1}{900}} \approx 568.42(元/吨)$$

2）加权调和平均数

加权调和平均数适用于分组资料，其计算公式为

$$\bar{x} = \frac{m_1+m_2+\cdots+m_n}{\frac{m_1}{x_1}+\frac{m_2}{x_2}+\cdots+\frac{m_n}{x_n}} = \frac{\sum m}{\sum \frac{m}{x}} = \frac{\sum m}{\sum \frac{1}{x}m}$$

式中，$\bar{x}$ 为加权调和平均数；n 为变量值的项数；m 为调和平均数的权数。

例如，某企业月销售某种材料共计 4 批，每批价格及销售金额如表 4-6 所示。

表 4-6 材料销售价格及金额

原材料	价格 x/(元/千克)	销售金额 m/元	销售量 m/x/千克
第一批	30	21 000	700
第二批	40	24 000	600
第三批	50	15 000	300
第四批	60	6 000	100
合计	—	66 000	1 700

依题意，总销售金额为 66 000 元，销售量为 1700 千克，则 4 批材料的平均价格为

$$\bar{x} = \frac{\sum m}{\sum \frac{m}{x}} = \frac{66\ 000}{1\ 700} \approx 38.82(元/千克)$$

由此可见：调和平均数的计算仍然是总体标志总量除以总体单位总数的结果。调和平均数是算术平均数的变形，其计算结果和算术平均数的计算结果是一致的，只是依据所掌握的资料不同而采取不同的计算形式计算平均指标。

采用加权平均法计算平均指标的关键是正确地确定权数。一般来讲，当所掌握的资料直接给出权数时，用加权算术平均法；当所掌握的资料没有直接给出权数，权数需要计算出来时，应采用加权调和平均数公式计算。

2. 调和平均数应用的特点

首先，因为调和平均数是算术平均数的倒数，小数值的倒数值大于大数值的倒数，所以调和平均数也易受极端值的影响，而且受极小数值的影响比受极大数值的影响要大。

其次，当组距数列有开口组时，组中值假定性对调和平均数影响同样存在。

再次，调和平均数应用范围狭小，没有算术平均数应用广泛。

最后，对于调和平均数来说，当其中一个标志值为零时，无法运用调和平均数公式进行计算。

(三) 几何平均数

几何平均数是几个变量值连乘积用项数开方所得的结果。根据所依据的资料不同,也可分为简单几何平均数和加权几何平均数。以公式表示如下。

1. 简单几何平均数

$$\bar{x} = \sqrt[n]{x_1 x_2 \cdots x_n} = \sqrt[m]{\prod x}$$

式中,$\bar{x}$ 为几何平均数;x 为标志值;n 为变量值的项数;m 为调和平均数的权数;$\prod$ 为连乘符号。

2. 加权几何平均数

$$\bar{x} = \sqrt[\sum f]{x_1^{f_1} x_2^{f_2} \cdots x_n^{f_n}}$$

式中,f 为标志值 x 重复出现的次数。

假定某地储蓄年利率(按复利计算):5%持续 1.5 年,3%持续 2.5 年,2.2%持续 1 年。求此地 5 年内的平均储蓄年利率。

解:由加权几何平均数公式可得该地年均增长倍数为

$$\bar{x} = \sqrt[1.5+2.5+1]{1.05^{1.5} \times 1.03^{2.5} \times 1.022^{1}} \approx 1.03$$

则,平均储蓄年利率约为

$$1.03 - 1 = 3\%$$

当采用几何平均方法计算平均比率时,应该运用的变量数值是比率的形式,并且比率的乘积要等于总比率。在实际统计分析中,几何平均数主要用于计算平均比率和平均发展速度这种反映特定现象的平均率。几何平均数的应用范围较窄,受极端值的影响也比较小。

(四) 中位数

位置平均数是一种按其在数列中的特殊位置而决定的平均数。具体有中位数、众数和四分位差等。下面介绍中位数的计算方法。

中位数是把总体各单位的标志值按大小顺序排列后,处于中点位置的标志值。中位数的计算要根据所掌握的资料来决定。一般有两种情况:一是资料未经分组;二是资料已经分组。

1. 未分组资料中位数的确定

资料未分组时,确定中位数首先要将标志值按大小顺序排列,然后利用下面的公式确定中位数的位置:$\frac{n+1}{2}$。

当总体单位数为奇数时,位于数列中间位置的标志值为中位数;当总体单位数为偶数时,位于数列中间两项的算术平均数为中位数。

在某城市中随机抽取了 13 个家庭,得到 2018 年每个家庭的人均月收入数据如下(单位:元)。要求计算人均月收入的中位数。

15 716.42、15 628.20、18 157.37、12 042.29、10 410.43、13 180.05、20 000.50
14 128.08、11 497.21、17 997.23、13 447.47、8 818.07、14 129.56

解 先将上面的数据排序,结果如下:

8 818.07、10 410.43、11 497.21、12 042.29、13 180.05、13 447.47、14 128.08、14 129.56、15 628.20、15 716.42、17 997.23、18 157.37、20 000.50

$$中位数位置 = \frac{13+1}{2} = 7$$

所以中位数为 14 128.08,即 $M_e = 14\ 128.08$ 元。

2. 分组资料中位数的确定

在分组资料中包括两种情况:一种是经过分组的单项变量数列;另一种是组距变量数列。按单项数列计算中位数时,首先应计算出单位数列的累计次数。累计方法有两种:从标志值最小一组的次数起逐项累计为较小制累计;从标志值最大一组的次数起逐项累计为较大制累计。通过累计次数确定中位数所在的组,其组值为中位数。

1)按单项数列计算中位数

例如,某学校 100 名学生身高资料如表 4-7 所示。

表 4-7　100 名学生身高资料

学生按身高分组/米	学生人数/人	学生人数累计/人	
		较小制累计	较大制累计
1.55	3	3	100
1.60	5	8	97
1.64	16	24	92
1.68	20	44	76
1.72	24	68	56
1.76	13	81	32
1.78	6	87	19
1.80	6	93	13
1.82	4	97	7
1.85	3	100	3
合计	100	—	—

$$中位数所在的位置 = \frac{\sum f}{2} = \frac{100}{2} = 50$$

中位数为 $M_e = 1.72$ 米,中位数的位置在 50 项数,较大制累计和较小制累计均在第五组,该组的标志值为 1.72 米。

2)按组距数列计算中位数

与单项数列计算中位数相比,组距数列计算中位数比较复杂。现以表 4-8 的某公司职工月工资水平数据为例加以说明。

表 4-8 职工月工资水平

月工资水平/元	人数/人	累计人数/人	
		较小制累计	较大制累计
3500 以下	7	7	80
3500~3700	15	22	73
3700~3900	23	45	58
3900~4100	20	65	35
4100~4300	10	75	15
4300 以上	5	80	5
合计	80	—	—

$$中位数所在的位置 = \frac{\sum f}{2} = \frac{80}{2} = 40$$

由组距数列确定中位数的基本步骤如下。

第一步:确定中位数所在组,根据资料,无论较小制累计还是较大制累计,中位数所在组都在 3700~3900 元组内。

第二步:用插补法计算中位数的近似值。

(1)算出中位数在组内中位数以下的项数为
$$40-22 = 18$$

(2)中位数以下项数与全组次数相比,计算出组内中位数项数以下的比例(系数)为
$$18/23 \approx 0.7826$$

(3)用比例推出插入值,其方法是用该组的组距乘以系数:
$$0.7826 \times 200 = 156.52$$

(4)若按下限计算,则加上这个插入值就是中位数的近似值,即
$$3700 + 156.52 = 3856.52(元)$$

从上述计算过程中可以得出上限公式和下限公式。

下限公式为

$$M_e = L + \frac{\frac{\sum f}{2} - S_{m-1}}{f_m} \cdot i$$

式中，M_e 为中位数；L 为下限；f_m 为中位数所在组的次数；S_{m-1} 为中位数所在组以下的累计次数；$\sum f$ 为总次数；i 为中位数所在组的组距。

上例用公式计算：

$$M_e = 3700 + \frac{\frac{80}{2} - 22}{23} \times 200 \approx 3856.52$$

上限公式为

$$M_e = U - \frac{\frac{\sum f}{2} - S_{m+1}}{f_m} \cdot i$$

式中，U 为中位数所在组的上限；S_{m+1} 为中位数所在组以上的累计次数。

将上例代入公式：

$$M_e = 3900 - \frac{\frac{80}{2} - 35}{23} \times 200 \approx 3856.52$$

可见，对同一资料，无论按下限或上限公式所计算的中位数是完全一致的。

（五）众数

1. 众数的特点和作用

众数也是平均数的一种。在总体中出现次数最多的那个标志变量值就是众数，它代表总体单位各标志值的一般水平。例如，有 10 名工人的日产件数（单位：件）为 18、18、19、19、19、19、19、20、20、21，由于 19 件出现的次数最多，所以 19 件就是众数；如果 10 名职工的年龄（单位：岁）为 20、21、22、23、24、25、26、27、28、29，各个标志值出现的次数相同，这组年龄中就没有众数。

在统计中，众数有时用来说明一种社会现象的一般水平。例如，为了了解某商场中某种衣服的成交价格，不必一一调查，只要将成交价格最多的价格，也就是众数价格来代表成交价格的一般水平便可以了。

众数所代表的经济现象的一般水平不受极端值的影响，也不受开口组组中值假定性的影响。众数的特殊作用和代表的一般水平，是算术平均数和调和平均数所不能代替的。

2. 众数的计算方法

根据掌握的资料不同，有两种方法。

1）根据单项数列计算

根据单项数列计算，其方法比较简单，单项数列中总体单位最多的一组的标志值便是众数。例如，某西餐厅领导为掌握职工的技术水平，将厨师的技术等级资料列成表4-9，从表中可以看出，三级有18人，在职工中人数最多，所以三级为众数。

表4-9 某西餐厅厨师技术等级表

技术等级	人数/人
三级	18
二级	12
一级	5
特级	3
合计	38

2）根据组距数列计算

根据组距数列计算众数仍以某公司职工按月工资收入分组资料为例，从表4-8中可以看出，3700~3900元的工资水平分布23人，为最多，所以该组为众数所在组。

根据组距数列，只能计算出众数的近似值，方法有以下两种。

（1）组中值法。这种方法是根据所给的组距数列资料先确定众数组，即次数出现最多的组为众数组。众数组的组中值是上限加下限除以2所得，这个组中值为众数近似值。其公式为

$$M_0 = \frac{L+U}{2}$$

式中，M_0为众数；L为下限；U为上限。

代入数据可得

$$M_0 = \frac{L+U}{2} = \frac{3700+3900}{2} = 3800(元)$$

利用组中值法计算众数有一定的局限性，只适用于众数组的组距不大、组内的变量值分布比较均匀的情况，这样众数组的组中值才可以比较实际地反映众数值；否则，众数值的代表性就不强。

（2）插补法。在计算众数时，常常所给的变量数列的资料次数分布不对称，这时计算众数要受到邻组次数的影响。当众数组前一组的次数大于众数组后一组的次数时，众数值将偏向众数组的下限。反之，当众数组前一组的次数小于众数组后一组的次数时，众数值将偏向众数组的上限。插补法就是按众数组次数与两个邻组次数的差数比例来确定众数近似值的方法。其公式如下。

下限公式：

$$M_0 = L + \frac{\Delta_1}{\Delta_1 + \Delta_2} \cdot i$$

上限公式：

$$M_0 = U - \frac{\Delta_2}{\Delta_1 + \Delta_2} \cdot i$$

仍以表 4-8 中的数据为例，则下限公式：

$$M_0 = L + \frac{\Delta_1}{\Delta_1 + \Delta_2} \cdot i = 3700 + \frac{8}{8+3} \times 200 \approx 3845.45$$

上限公式：

$$M_0 = U - \frac{\Delta_2}{\Delta_1 + \Delta_2} \cdot i = 3900 - \frac{3}{8+3} \times 200 \approx 3845.45$$

可见，对同一资料，用上限公式或下限公式所计算的众数是完全一致的。

三、计算和应用平均数指标应注意的问题

（一）平均数必须应用于同质总体

社会经济现象中，能够成为统计总体的必须具备同质性要求。基于这个前提，才能计算总体的平均指标，也才能够反映经济现象的一般规律。虽然总体各单位之间有着共同的特征，但它们还是存在差别的，而且也正是这种差别的存在，有时会使平均指标的计算结果掩盖了现象的本质。因此，这里要强调在计算和应用平均指标时，不应该只看到总体本身所具有的同质性，而忽略了事物之间的原则区别。

（二）应用组平均数补充说明总平均数

平均指标的计算和应用应该建立在统计分组的基础之上，总平均数的大小受总体内部各组变量值大小和总体内部构成的双重影响。这种结构组成往往使组平均数和总平均数的结果不一致，因此，利用组平均数对总平均数做补充说明，从而揭示现象的内部构成所产生的影响，就可以使人们在利用平均数说明问题、分析问题时避免片面性。

以表 4-10 中的资料加以说明。

表 4-10 甲、乙车间工资水平

组别	甲车间				乙车间			
	工人数	比例/%	周工资总额/元	周平均工资/元	工人数	比例/%	周工资总额/元	周平均工资/元
熟练工人	200	87	60 000	300	150	75	46 500	310
不熟练工人	30	13	4 500	150	50	25	8 000	160
合计	230	100	64 500	280.43	200	100	54 500	272.50

从表 4-10 可以看出：总平均数是甲车间周平均工资 280.43 元，乙车间周平均工资 272.50

元，甲车间高于乙车间。但是，分组计算平均数的结果恰好相反，乙车间各类工人的平均工资都高于甲车间。原因是：甲、乙两车间各类工人构成的比例不同，甲车间熟练工人为87%，乙车间熟练工人为75%；甲车间不熟练工人为13%，乙车间不熟练工人为25%。之所以甲车间总平均工资水平高于乙车间，是因为处于不同工资水平的工人数存在结构性差别。所以说，只有通过分组计算才能反映出实际的工资水平。

（三）用变量数列的资料补充总平均数

平均指标体现的是总体的一般水平和综合水平，是抽象掉总体单位差异性后的共性的体现。所以平均指标不能够反映总体单位的个别差异。因此为了有一个更深入和更具体的认识，在利用平均指标进行社会经济统计时，应该结合变量数列共同说明总平均数。例如，有 10 家工厂，平均计划完成程度为 110%，我们不能由此判断出每一家工厂都超额完成了任务，而应该进一步了解每家工厂计划完成情况，以及完成不同情况下的工厂数，结合总平均数，这样才能对 10 家工厂计划完成情况有一个全面的了解。

第二节　离中趋势的测度

现象的离中趋势是指总体中某一数量标志的变动范围和离散程度。反映现象离中趋势的统计指标称为标志变异指标。

一、标志变异指标的意义

标志变异指标是指一系列用来衡量分配数列中各标志值的变动范围或离差程度的综合指标，也称为标志变动度。

平均指标和标志变异指标分别反映事物发展在数量方面的共性集中趋势与特殊性离中趋势，通过前者只能看出经济现象的共性，因此需要后者进一步测定其差异性，两者互为补充，能够帮助我们更加全面地认识社会经济现象的数量规律。

标志变异指标的作用，主要有以下几个方面。

首先，标志变异指标是数据离散程度的测度，同时能够衡量平均数代表性的强弱。试以下列三组工人日产件数比较。

甲组：20、20、20、20、20
乙组：19、19、20、21、21
丙组：19、18、20、22、21

这三组的平均日产件数为 20 件，但各组日产件数的离散程度不一样：甲组无差异，乙组差异较小，丙组差异最大。因此，认为日产件数 20 件在甲组表现最充分，乙组其次，丙组最差。

其次，标志变异指标能够反映数据所体现出的均衡性、协调性和稳定性。标志变异指标还可以用来反映产品质量的稳定性。一般来说，标志变异指标值越小，数据所体现的性质越均衡、越稳定；反之则不均衡、不稳定。例如，某工厂下属两个车间完成计划程度如表 4-11 所示，由表可以看出：甲车间生产活动较稳定，而乙车间有明显的前松后紧的倾向，缺乏均衡性和协调性，需要更好地改革生产。

表 4-11　甲乙车间计划完成情况

车间	计划完成情况/%				
	全年	第一季度	第二季度	第三季度	第四季度
甲车间	100	25	26	26	23
乙车间	100	20	28	25	27

二、测定标志变异程度的指标

在统计中测定标志变异程度的指标主要有全距、平均差、标准差及离散系数。

（一）全距

全距是指在数中最大的标志值与最小的标志值的差，又称为极差。

$$全距 = 最大标志值 - 最小标志值$$

例如，有两组教师月工资如下。

甲组：3300 元、3200 元、4000 元、4450 元、5200 元

乙组：2900 元、4300 元、3800 元、4200 元、5000 元

$$全距甲 = 5200 - 3200 = 2000（元）$$
$$全距乙 = 5000 - 2900 = 2100（元）$$

由此可见：全距越小，说明标志变异指标越小，表示变量值越集中；相反，全距越大，标志变异指标越大，表示变量值越分散。

全距是测定标志变异指标的最简单的方法，计算容易的同时也便于理解，它仅仅利用了最大值和最小值两个数值，因此只能说明总体中两个极端值的差异范围，并不能准确反映中间部分标志值的分散程度。

（二）平均差

平均差是各单位标志值对算术平均数的离差绝对值的算术平均数，又称为平均离差，用 A.D. 表示。

平均差有两种计算方法：一种是简单算术平均得到简单平均差；另一种是加权平均得到加权平均差。

（1）简单平均差是对未分组资料采用的计算方法。其公式为

$$A.D. = \frac{\sum |x - \overline{x}|}{n}$$

（2）加权平均差是对分组资料采用的计算方法。其公式为

$$A.D. = \frac{\sum |x - \bar{x}| f}{\sum f}$$

试以表 4-12 的资料举例说明。

表 4-12 某厂工人年龄资料

按年龄段分组/岁	组中值 x	人数 f	计算栏			
			xf	$x - \bar{x}$	$\|x - \bar{x}\|$	$\|x - \bar{x}\| f$
20～30	25	70	1 750	−12.59	12.59	881.3
30～40	35	90	3 150	−2.59	2.59	233.1
40～50	45	80	3 600	7.41	7.41	592.8
50～60	55	30	1 650	17.41	17.41	522.3
合计	160	270	10 150	—	—	2 229.5

$$\bar{x} = \frac{\sum xf}{\sum f} = \frac{10\ 150}{270} \approx 37.59$$

$$A.D. = \frac{\sum |x - \bar{x}| f}{\sum f} = \frac{2\ 229.5}{270} \approx 8.26$$

总的平均年龄与各组平均年龄之间的平均离差为 8.26 岁。平均差以平均数为中心，是根据全部变量值计算出来的，受极端值的影响较小，因此能准确反映整个变量值的离散趋势。平均差越小，说明标志变异指标平均离散程度越小，此时平均数就越具有代表性；相反，平均差越大，说明标志变异指标离散程度越大，平均数的代表性就越差。

平均差虽然实际含义清晰，但是用离差绝对值表示总离差的方法不适合计算，因此在实际中其应用经常受限。

（三）标准差

标准差是各变量值与其算术平均数的离差平方的算术平均数的平方根。一般来说标准差的计算，根据所给的资料数据形式的不同，有简单式和加权式两种方法。

（1）简单式，对未分组资料计算标准差时采用此式，其公式为

$$\delta = \sqrt{\frac{\sum (x - \bar{x})^2}{n}}$$

（2）加权式，按照分组资料计算标准差时采用此式，其公式为

$$\delta = \sqrt{\frac{\sum (x - \bar{x})^2 f}{\sum f}}$$

某企业分为两组销售商品，表 4-13 为两组一天的销售量。

表 4-13 甲乙两组销售商品销售量

甲组日销售量 x	离差 $x-\bar{x}$	离差的平方 $(x-\bar{x})^2$	乙组日销售量 x	离差 $x-\bar{x}$	离差的平方 $(x-\bar{x})^2$
34	−5	25	35	−4	16
36	−3	9	32	−7	49
33	−6	36	42	3	9
45	6	36	44	5	25
46	7	49	37	−2	4
40	1	1	44	5	25
合计	—	156	合计	—	128

甲乙两组的平均数均为39。

标准差为

$$\delta_{甲}=\sqrt{\frac{\sum(x-\bar{x})^2}{n}}=\sqrt{\frac{156}{6}}\approx 5.10$$

$$\delta_{乙}=\sqrt{\frac{\sum(x-\bar{x})^2}{n}}=\sqrt{\frac{128}{6}}\approx 4.62$$

标准差在社会经济统计分析中有着重要的意义,在实际中应用广泛,标准差越大,表明标志变动程度越大,平均数的代表性越差;标准差越小,表明标志变动程度越小,平均数的代表性越好。

上例 $\delta_{甲}>\delta_{乙}$,说明甲组平均数代表性较差,而乙组平均数代表性较好。以表 4-14 中某学校教职工的月工资收入组距式分组资料为例,计算加权标准差。

表 4-14 某学校教职工月工资分组数据

月工资水平/元	人数 f	组中值 x	工资总额 X	离差 $x-\bar{x}$	离差的平方 $(x-\bar{x})^2$	加权离差平方 $(x-\bar{x})^2 f$
3 500 以下	7	3 400	23 800	−407.27	165 868.85	1 161 081.95
3 500~3 700	13	3 600	46 800	−207.27	42 960.85	558 491.05
3 700~3 900	17	3 800	64 600	−7.27	52.85	898.45
3 900~4 100	10	4 000	40 000	192.73	37 144.85	371 448.5
4 100~4 300	5	4 200	21 000	392.73	154 236.85	771 184.25
4 300 以上	3	4 400	13 200	592.73	351 328.85	1 053 986.55
合计	55	—	209 400	—	751 593.10	3 917 090.75

该学校教职工的平均月工资水平为

$$\bar{x} = \frac{\sum xf}{\sum f} = \frac{209\,400}{55} \approx 3\,807.27$$

$$\delta = \sqrt{\frac{\sum(x-\bar{x})^2 f}{\sum f}} = \sqrt{\frac{3\,917\,090.75}{55}} \approx 266.87$$

（四）离散系数

离散系数是用相对数形式表示的标志变异指标。全距、平均差和标准差是表示标志变异指标的绝对数指标，与原变量值有相同的计量单位，它们不仅取决于标志值的离散程度，其数值大小受平均数大小的影响，还取决于变量值的一般水平。对于来自不同总体和不同计量单位的标志值，其变异程度会受到数值本身水平高低的影响，以及不同计量单位的量纲影响，则需要剔除不同总体水平和不同计量单位所带来的影响，计算相对指标即离散系数。离散系数公式为

$$V = \frac{\delta}{\bar{x}} \times 100\%$$

式中，V 为离散系数。

设两个不同水平的流水线日产量（单位：件）数据资料如下。

甲：60　65　70　75　80
乙：9　9　10　12　15

$$\overline{X_{甲}} = 70(件),\quad \delta_{甲} = 7.07(件)$$

$$\overline{X_{乙}} = 11(件),\quad \delta_{乙} = 2.28(件)$$

$$V_{甲} = \frac{\delta_{甲}}{\bar{X}} \times 100\% = \frac{7.07}{70} \times 100\% = 10.1\%$$

$$V_{乙} = \frac{\delta_{乙}}{\bar{X}} \times 100\% = \frac{2.28}{11} \times 100\% \approx 20.7\%$$

从数值上看，甲的标准差大于乙的标准差，但不能断言说甲数列的离散程度大于乙数列的离散程度，更不能说明乙的平均数的代表性好于甲。应该进一步通过对标志变动系数的计算说明，并不是甲数列的标志变异程度大于乙数列，而是乙数列的标志变异程度大于甲数列。

三、是非标志的标准差

在社会经济统计实践中，经常会把某种社会经济现象的全部总体单位，分为具有某一标志值的单位和不具有某一标志值的单位两组。例如，在学生成绩中，分为及格和不及格两组；在全部耕地面积中，分为稳产高产田和非稳产高产田两组；人口总体分为成年和未成年两组等。这种用"是""否"或"有""无"来表示的标志，称为是非标志，或称为交替标志。

（一）是非标志的成数

是非标志只有两个标志值：具有所研究的标志值和不具有所研究的标志值。所以通常用成数来表示其内部结构。如果全部总体单位数用 N 来表示，具有所研究的标志值的单位数用 N_1 来表示，它在全部总体单位数中所占比重用 p 表示；不具有所研究的标志值的单位数用 N_0 来表示，它在全部总体单位数中所占比重用 q 表示。则

$$p = \frac{N_1}{N}, \quad q = \frac{N_0}{N}$$

因为 $N = N_1 + N_0$，所以 $p + q = 1$，即 $q = 1 - p$。

例如，某玩具厂批发玩具零件 1000 件，经检验，其中有 20 件是不合格品，则有

$$N_1 = N - N_0 = 1000 - 20 = 980(件)$$

合格品的成数为

$$p = \frac{N_1}{N} = \frac{980}{1000} \times 100\% = 98\%$$

不合格品的成数为

$$q = \frac{N_0}{N} = \frac{20}{1000} \times 100\% = 2\%$$

（二）是非标志的平均数和标准差

将是非标志的标志值数量化：具有所研究的标志值"是"或"有"用 1 来表示；不具有所研究的标志值"非"或"无"用 0 来表示。则是非标志的平均数和标准差可以列表计算如表 4-15 所示。

表 4-15　是非标志的平均数和标准差

是非标志值（变量值） x	单位数（成数） f	计算栏			
		xf	$x - \bar{x}$	$(x - \bar{x})^2$	$(x - \bar{x})^2 f$
1	p	p	$1 - p$	$(1 - p)^2$	$(1 - p)^2 p$
0	q	0	$0 - p$	$(0 - p)^2$	$(0 - p)^2 q$
合计	1	p	—	—	$(1-p)^2 p + (0-p)^2 q$

是非标志的平均数为

$$\bar{x} = \frac{\sum xf}{\sum f} = \frac{p}{1} = p$$

是非标志的标准差为

$$\delta = \sqrt{\frac{\sum(x-\bar{x})^2 f}{\sum f}} = \sqrt{\frac{(1-p)^2 p + (0-p)^2 q}{p+q}} = \sqrt{\frac{q^2 p + p^2 q}{1}} = \sqrt{pq(p+q)}$$
$$= \sqrt{pq} = \sqrt{p(1-p)}$$

由以上两式可知，是非标志的平均数就是具有所研究的标志值的单位数在全部总体单位数中所占的比重，即成数 p。是非标志的标准差就是具有所研究的标志值的单位数在全部总体单位数中所占比重（p）与不具有所研究的标志值的单位数在全部总体单位数中所占比重（q）两者乘积的平方根。

例如，某工厂生产产品，其中合格品的成数 p 为 97%，不合格品的成数 q 为 3%，则合格品与不合格品比例的标准差为

$$\delta = \sqrt{pq} = \sqrt{0.97 \times 0.03} \approx 0.1706$$

即合格品与不合格品比例的标志变异指标为 17.06%。

应该指出，是非标志的标准差是在一定范围以内波动的。这个范围的下限为 0，上限为 0.5，即是非标志的标准差的最小值为 0，最大值为 0.5。

第三节 分布形状的测度

一、偏态

（一）偏态的概念

平均数和标准差反映分配数列的集中趋势与离中趋势，是表明次数分布特征的两个重要指标。但是要全面了解次数分布的特征，也要看是对称还是偏斜等。次数分布的形状并非都是正态的，即次数分布的形状并非都是完全对称的。如果次数分布不是完全对称的，则称为偏态分布。所谓偏态，就是次数分布的非对称程度，是反映次数分布特征的又一重要指标。

偏态通常分为两种：右偏（或正偏）与左偏（或负偏）。它们是与对称分布标准相比较而言的。在对称分布的情况下，算术平均数与中位数、众数是一致的；在偏态分布的情况下，它们是不一致的。如果算术平均数的数值大于众数的数值，即算术平均数在众数的右边，则称为右偏（或正偏）。如果算术平均数的数值小于众数的数值，即算术平均数在众数的左边，则称为左偏（或负偏），如图 4-1 所示。

（二）偏态的测定方法

偏态的测定方法主要有两种：算术平均数和众数比较法及动差法。

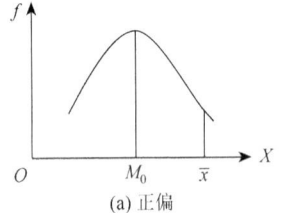
(a) 正偏
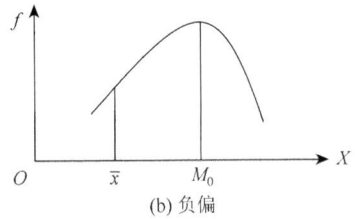
(b) 负偏

图 4-1 正偏和负偏

1. 算术平均数和众数比较法

在偏态分布中,算术平均数与众数、中位数彼此分离,中位数介于算术平均数和众数之间。可以利用三者之间的关系大体上判断出分布是对称、右偏或左偏。测定偏态则需要用算术平均数与众数的差。计算公式为

$$\mathrm{SK}_p = \frac{\bar{x} - M_0}{\delta}$$

式中,SK_p 为偏态系数。

由上式可知:当 $\bar{x} > M_0$ 时,偏态系数为正值,属于正偏;当 $\bar{x} < M_0$ 时,偏态系数为负值,属于负偏。偏态系数不仅可以说明偏态的方向,还可以说明偏态的大小:系数的绝对值越大,则偏态越大,反之亦然。

仍以表 4-14 某学校职工月工资分组数据为例,其偏态系数为

$$\mathrm{SK}_p = \frac{\bar{x} - M_0}{\delta} = \frac{3807.27 - 3800}{266.87} \approx 0.027$$

从而可以得出,该学校职工月工资分组属于正偏,但非对称程度较小。

2. 动差法

动差原来是物理学中的概念:矩表示力和力臂对重心的关系。这种关系与统计学中变量和权数对平均数的关系很相似。所以统计学中也用动差来分析次数分配。

统计动差的公式为

$$M_k = \frac{\sum (x - \bar{x})^k f}{\sum f}$$

一般而言,统计动差的应用仅限于一次、二次、三次及四次,即

$$M_1 = \frac{\sum (x - \bar{x}) f}{\sum f}, \quad M_2 = \frac{\sum (x - \bar{x})^2 f}{\sum f}$$

$$M_3 = \frac{\sum (x - \bar{x})^3 f}{\sum f}, \quad M_4 = \frac{\sum (x - \bar{x})^4 f}{\sum f}$$

这四次统计动差,实际上可以描述一个具体的次数分配的四个数量特征:
(1) 作为描述次数分配集中趋势条件下平衡中心的算术平均数;
(2) 作为描述次数分配离散倾向差异数量的方差或标准差;
(3) 作为描述整个次数分配对称与否的偏态;

(4)作为描述次数分配钟形顶峰或高或低的峰态。

3. 用动差法测定偏态

利用动差测定偏态,是将M_3与δ^3对比,用相对数形式表示的偏度α作为偏态的测定值,即

$$\alpha = \frac{M_3}{\delta^3}$$

仍以表 4-14 某学校职工月工资分组资料为例,计算其偏度:

$$\delta = 266.87$$

$$\alpha = \frac{M_3}{\delta^3} = \frac{7\,464\,492.55}{266.87^3} \approx 0.39$$

从上式计算仍可说明该学校职工月工资收入的分配是正偏分布;α的具体数值为 0.39,则表示整个分配数列的所有变量对算术平均数(3807.27 元)的偏斜程度。

二、峰度

(一)峰度的概念

峰度是指次数分配曲线顶端的尖峭程度,说明次数分配曲线与正态曲线相比较,是尖顶还是平顶及其尖顶或平顶的程度。峰度是另一种对分布状态的测度。峰度通常分为三种:正态峰度、尖顶峰度与平顶峰度。当分配数列的次数比较集中于众数的位置,使次数分配曲线较正态分配曲线更为隆起时,属于尖顶峰度;当分配数列的次数对众数来说比较分散,使次数分配曲线较正态分配曲线更为平滑时,属于平顶峰度,如图 4-2 所示。

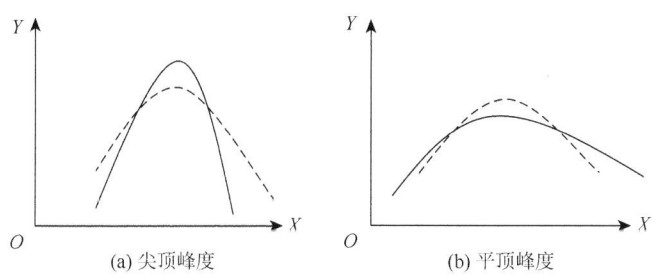

图 4-2 尖顶峰度和平顶峰度

(二)峰度的测定方法

测定峰度,通常利用四次动差。将M_4与δ^4对比的相对数作为峰度的测定值,用β表示,即

$$\beta = \frac{M_4}{\delta^4}$$

根据经验，当 $\beta=3$ 时，次数分配曲线为正态曲线；当 $\beta<3$ 时，次数分配曲线为平顶曲线；当 $\beta>3$ 时，次数分配曲线为尖顶曲线。β 的数值越小于 3，次数分配曲线的顶端越平坦；待到 β 接近 1.8 时，次数分配趋向于一条水平线，即各组包括相同次数，因而，分配形态成为矩形分配；当 β 的数值在 1.8 以下时，次数分配曲线是 U 形分配。β 的数值越大于 3，次数分配曲线的顶端越尖峭。

仍以表 4-14 某学校职工月工资分组资料为例，计算其峰度：

$$\delta=266.87, \quad M_4=13\,083\,981\,074$$

$$\beta=\frac{M_4}{\delta^4}=\frac{13\,083\,981\,074}{266.87^4}\approx 2.58$$

峰度数值为 2.58，小于 3，则该学校职工月工资收入的分配曲线是平顶曲线。

第四节 应用案例

运动员射击水平稳定性的分析[①]如下。

一、案例目的

让学生获得熟练使用图表展示数值型数据的能力。使学生熟练掌握数值型数据的图表展示方法及其用途，掌握数值型数据的一些描述统计量及其用途，并能根据这些统计量对数据进行有效的分析。

二、案例简介

在第二十九届奥运会男子 25 米手枪速射比赛中，进入决赛的运动员进行了两组比赛，每组 10 枪，获得前 6 名的运动员的决赛成绩如表 4-16 所示。

表 4-16 前 6 名运动员决赛成绩

姓名	亚历山大·彼得里夫利（乌克兰）	拉尔夫·许曼（德国）	克里斯蒂安·赖茨（德国）	列昂尼德·叶基莫夫（俄罗斯）	基思·桑德森（美国）	罗曼·邦达鲁克（乌克兰）
名次	1	2	3	4	5	6
决赛成绩/环	10.1	8.4	9.9	8.8	9.7	9.8
	8.4	9.6	10.7	10.7	10.5	9.2
	10.3	10.2	9	9.7	9	10.3
	10.2	10.8	10.5	9.6	9.6	7.2
	10.4	10.5	10.3	10	9	9.9

---

① 案例作者：贾俊平；摘自《统计学专业课程教学案例选编》。为了教学需要，在原案例基础上酌情修改。

续表

姓名	亚历山大·彼得里夫利（乌克兰）	拉尔夫·许曼（德国）	克里斯蒂安·赖茨（德国）	列昂尼德·叶基莫夫（俄罗斯）	基思·桑德森（美国）	罗曼·邦达鲁克（乌克兰）
名次	1	2	3	4	5	6
决赛成绩/环	9.6	10.3	10.6	10.2	9.9	10.5
	10.1	9.8	10	10.1	9.2	10.4
	10	10.9	7.9	10.2	9.7	10.9
	9.9	10.3	10.7	9.4	9.9	10.5
	10.2	10	10.4	10.3	8.1	10.3
	10.8	9.5	9.5	10.4	9.3	10.2
	10	10.2	9.9	9.8	10.1	10
	10.3	10.7	10.1	8.9	10.5	9.8
	10.5	10.1	9.9	10	10.2	9.2
	9.6	10.3	10.3	10	10	8.3
	9.8	9.7	9	9.1	9.9	9
	10.4	9.3	9.8	9.5	9.5	9.4
	10.3	10.3	10.8	9.8	9.7	9.8
	9.1	10	10.3	10.7	9.9	10.4
	10.2	9.6	10.7	10	9.9	9.6

三、案例解析

射击运动员的比赛成绩除了受射击水平的影响外，还受到发挥稳定性的极大影响。运动员发挥的稳定性可以通过各次射击环数的差异以及一次比赛射击成绩的分布来反映。因此，综合评价一个运动员水平的高低可以从以下几个方面入手。

1. 6名运动员射击成绩分布的比较

要比较6名运动员射击成绩的分布，则使用箱线图。图4-3中"o"标出的点是每名运动员射击成绩超过运动员四分位差1.5倍的点，视为离群点。用"*"表示运动员成绩超过四分位差3倍的点，视为极值。例如，亚历山大·彼得里夫利在第19枪射出的9.1环属于离群点，第2枪射出的8.4环属于极值。

从箱线图中可以看出，射击水平最高即中位数最大的是克里斯蒂安·赖茨，射击水平最低即中位数最小的是基思·桑德森。从离散情况看，离散程度最小的是亚历山大·彼得里夫利，表明该运动员在决赛中发挥相对稳定；离散程度最大的是罗曼·邦达鲁克，表明该运动员在6名运动员中发挥最不稳定。从分布形状看，亚历山大·彼得里夫利、克里斯蒂安·赖茨、罗曼·邦达鲁克的射击成绩分布比较对称，其他三名选手则有一定的偏斜。

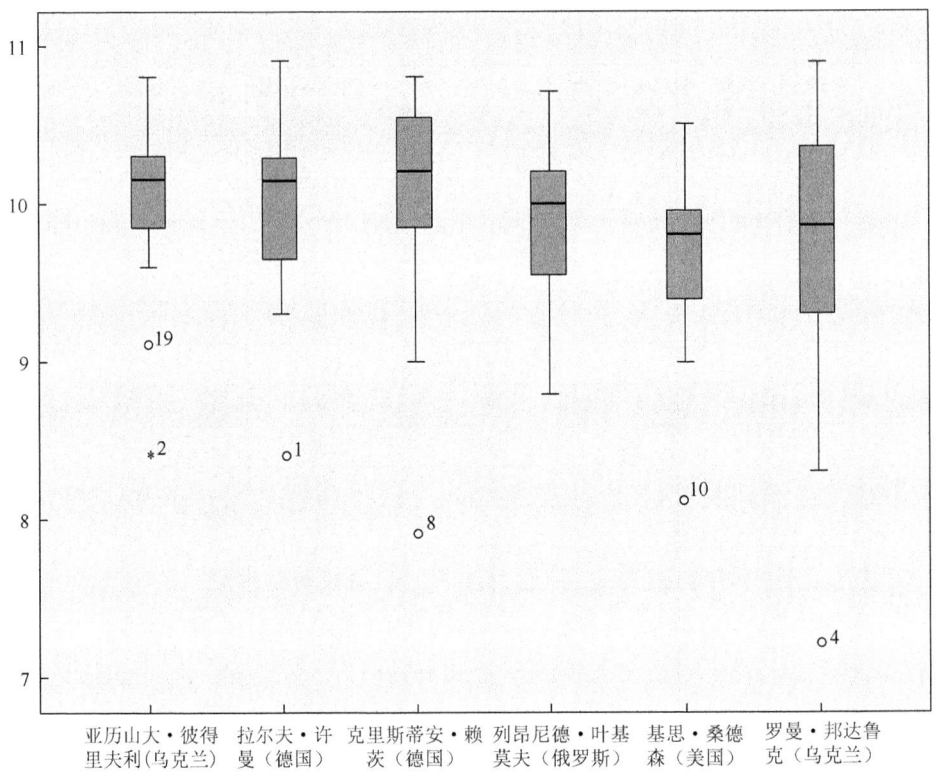

图 4-3　6 名射击运动员成绩的箱线图

2. 6 名运动员射击成绩的分析和比较

6 名射击运动员成绩的折线图如图 4-4 所示。表 4-17 为 6 名运动员射击水平分析。

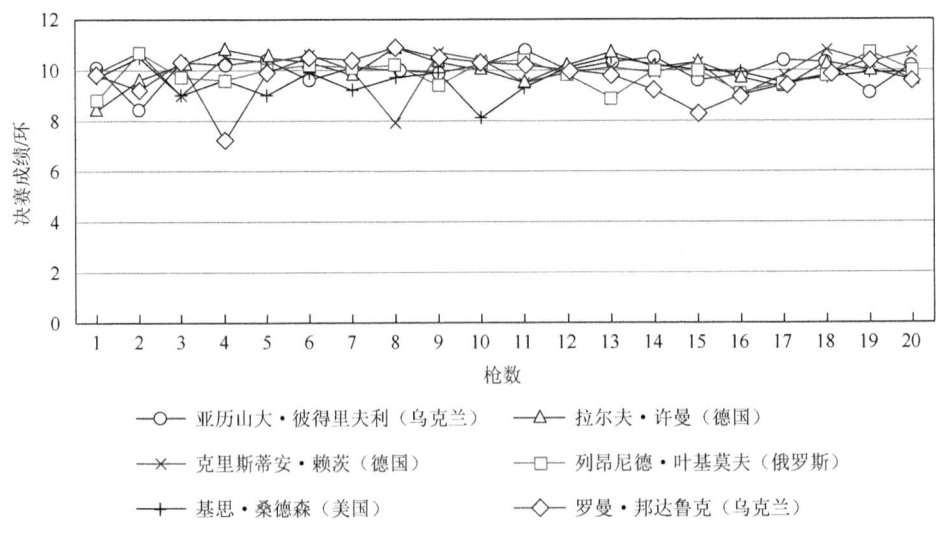

图 4-4　6 名射击运动员成绩的折线图

表 4-17 6名运动员射击水平分析

统计量	亚历山大·彼得里夫利（乌克兰）	拉尔夫·许曼（德国）	克里斯蒂安·赖茨（德国）	列昂尼德·叶基莫夫（俄罗斯）	基思·桑德森（美国）	罗曼·邦达鲁克（乌克兰）
平均数	10.010	10.025	10.015	9.860	9.680	9.735
中位数	10.15	10.15	10.20	10.00	9.80	9.85
众数	10.30	10.30	9.90	10.00	9.90	9.80
标准差	0.531	0.579	0.721	0.530	0.561	0.862
方差	0.282	0.336	0.520	0.280	0.314	0.742
离散系数	0.053	0.058	0.072	0.054	0.058	0.089
峰度	3.712	1.997	2.721	−0.175	2.139	2.907
偏态系数	−1.660	−1.014	−1.529	−0.453	−1.109	−1.503
极差	2.4	2.5	2.9	1.9	2.4	3.7
最小值	8.4	8.4	7.9	8.8	8.1	7.2
最大值	10.8	10.9	10.8	10.7	10.5	10.9
求和	200.2	200.5	200.3	197.2	193.6	194.7
观测数	20	20	20	20	20	20

从运动员发挥水平来看，平均成绩最高的是拉尔夫·许曼，为10.025环，最低的是基思·桑德森，仅为9.680环。中位数最大的是克里斯蒂安·赖茨，为10.20环，最小的是基思·桑德森，为9.80环。

从发挥稳定性看，亚历山大·彼得里夫利发挥最稳定，标准差为0.531环，离散系数为0.053；罗曼·邦达鲁克发挥最不稳定，标准差为0.862环，离散系数为0.089；罗曼·邦达鲁克极差达到3.7环。从决赛的总和成绩来看，拉尔夫·许曼成绩最好，为200.5环。

从射击分布来看，偏态系数最小的是列昂尼德·叶基莫夫，为−0.453，仅仅是轻微左偏。其他五名运动员偏态系数均小于−1，左偏较严重，说明运动员前几枪的成绩比较差，可能因为还没有进入状态，比较紧张。

思考与练习

1. 什么是平均数？为什么说平均数能够反映总体分布的集中趋势？
2. 什么是标志变异指标？意义如何？有什么作用？
3. 为什么平均数必须与标志变异指标结合使用？
4. 什么是是非标志？是非标志的算术平均数和标准差如何计算？
5. 什么是偏度和峰度？它们有什么特点？如何测定？
6. 什么是简单分组和复合分组？它们各有什么特点和作用？
7. 什么是统计分组？有何作用？
8. 连续性变量适合编制什么样的数列？
9. 在编制组距数列时，如何确定组数、组距和组限？

10. 在变量数列中为什么要计算累计次数？试举例说明。

11. 统计表从内容和形式上由哪些部分组成？

12. 统计表有哪些分类？

参 考 文 献

杜恂诚. 1990. 抗战前中国金融业的两种集中趋势[J]. 南京社会科学，（04）：52，53-59.

范赞成. 2008. 平均指标与"集中趋势"[J]. 时代文学（下半月），（04）：194.

傅祖蓓，李庚南. 2003. 银行贷款集中趋势剖析及监管思路[J]. 中国金融，（18）：26-28.

雷桂林，林文忠，郑伟强. 1999. 统计分布中集中趋势指标间的关系[J]. 甘肃教育学院学报（自然科学版），（02）：12-14.

雷静，王光俊，李霞. 2012. 银川市2004-2010年5种呼吸道传染病发病季节性集中趋势分析[J]. 宁夏医科大学学报，34（08）：796-797，801，862.

李珍刚，陈苗花. 2011. 论经济增长集中趋势与公共服务均等化张力的调适[J]. 广西民族大学学报（哲学社会科学版），33（01）：142-149.

刘国良，王蓉. 2007. 集中趋势在市场经济管理中的应用[J]. 商场现代化，（32）：57-58.

刘凯，刘荣增. 2017. 城镇化背景下中部农区县域中小学空间集中趋势与非均衡发展研究——以河南省泌阳县为例[J]. 地理研究，36（09）：1680-1696.

齐绍洲. 2000. 新技术条件下全球证券交易所的集中趋势[J]. 国际观察，（06）：29-32.

王腊芳，赖明勇，张葆君. 2008. 中国钢铁产业集中趋势的经济效应分析[J]. 湖南大学学报（自然科学版），（09）：88-92.

吴海建. 2002. 众数计算问题之我见——数值型数据集中趋势测度探讨[J]. 统计研究，（08）：58-60.

余东华. 2004. 美国制造业市场集中趋势及其作用机制[J]. 世界经济研究，（11）：65-71.

张志杰，彭文祥，周艺彪. 2008. 空间分析中的集中趋势指标研究及应用[J]. 中国卫生统计，（03）：269-272.

郑佳，毛丽颖. 2016. 市场份额集中趋势放缓 大社优势遇挑战[N]. 中国出版传媒商报，2016-07-26（042）.

钟正. 2006. 审计市场结构呈集中趋势[N]. 中国财经报，2006-09-29（004）.

第五章 统计数据对比分析

第一节 数据对比分析的一般问题

数据对比分析即通常所说的相对数分析,是将两个有关的数据加以比较而得到的一个相对数。它可以是不同空间不同时间的数据对比,也可以是不同性质或事物内部的数据对比,计算各种相对数的基础指标是绝对数。

一、数据对比分析的基础指标

(一)绝对数的概念

绝对数又称为总量指标,是现象总体在一定时间、地点、条件下的总规模、总水平或工作总量。它是最基本的统计指标,是计算相对指标和平均指标的基础。例如,一个国家或地区某一时期的国民生产总值、财政收入、一个企业的利润总额等都是总量指标。总量指标的数值随着统计范围的大小和统计涵盖时间长短而发生增减变动。表明现象总体在不同时间、地点、条件下数量增减变化的绝对离差,也是绝对数。例如,今年比去年国民生产总值的增减额,成都市与重庆市人口的差额等。

(二)绝对数的作用

统计调查研究的主要对象是有限总体,只有有限总体才能计算其绝对数。因此,绝对数在统计学中占有十分重要的地位。

首先,绝对数是认识的起点,即人们从量上认识总体的出发点。由于现象基本情况的数量首先表现为一定的总量,人们要从量上认识了解某一现象,就必须正确地掌握客观现象在一定时间、地点、条件下的发展规模和总体水平,在此基础上才能对现象进行进一步的认识。例如,要反映一个国家、一个地区、一个部门或一个企业的发展水平,首要的就是掌握其在一定时间、地点、条件下各方面指标的数量;要规划一个企业的发展,就要了解它的现有规模,企业人员数量、固定资产数额等。

其次,绝对数是计算的基础。统计指标按作用和数值表现形式分为绝对数、相对数和平均数三类。其中绝对数是基础指标,相对数和平均数一般是由两个或两个以上有关系的总量指标相对比产生的。它们是绝对数的派生指标。绝对数是否科学、正确,将直接影响相对数和平均数的准确性。

最后,绝对数是实行调控、管理的依据之一。一个国家的经济需要协调发展,就要求从宏观上进行调控,避免经济上的严重失衡,这就必须了解分析各部门之间生产、分配、消费、积累的比例关系,据此分析各部门之间的内在联系,为宏观调控提供依据。一个企业要发展,必须有从企业角度上的组织和管理,不了解企业的基本情况,就无法对其进行管理。

(三)绝对数的种类

绝对数所反映的内容主要是社会经济现象的总量,是各项资料相加之和。一般表述为

$$N = \sum n_i$$

绝对数按其说明的内容不同、反映的时间状态不同和表现的形态不同,可分为如下几种。

(1)绝对数按其说明的内容不同,可分为总体单位总量和总体标志总量。

总体单位总量用来表示总体中单位数的多少,简称单位总量;总体标志总量则表明现象总体单位某一数量标志值的总和,简称标志总量。例如,对2015年全国企业法人单位进行研究时,所有企业法人单位的数量约为1462万家,是总体单位总量,而全体企业法人的利润总额则是总体标志总量。总体单位总量和总体标志总量的地位不是一成不变的,而是随着研究目的和研究对象的不同发生变化的。上例中,如果研究目的是观察某一企业的状况,该企业职工人数为总体单位总量;全体职工所创造产品的总和为总体标志总量。明确划分总体单位总量和总体标志总量,对于绝对数的计算,尤其是对于相对数和平均数的计算具有十分重要的意义。

(2)绝对数按反映的时间状态不同,可分为时期指标和时点指标。

时期指标是反映现象总体在一段时期内发展过程结果的累计总量。例如,国民生产总值、贸易总额、工资总额、社会消费品零售总额、人口出生(死亡)数等,例如,2015年我国社会消费品零售总额约为30万亿元,是社会消费品零售一年的累计额。时点指标则是用来表明现象总体在某一时刻(瞬间)上数量状况的总量,如人口数、职工数、商品库存量、储蓄余额和在校学生人数等,如2010年第六次人口普查,根据统计指标的限定范围,我国人口在普查标准时点约为13.33亿人。时期指标和时点指标各有不同特点,主要表现在以下三个方面。

首先,一般来说,时期指标的大小直接受社会经济现象总体活动过程时间长短的制约,其数值大小与时间长短成正比。因此,对时期指标进行比较时,必须注意它们之间的可比性,时间设计上要长短一致。时点指标的数值大小与时点的间隔长短就没有直接关系。例如,某市人口年初为200万人,经过半年后可能有210万人,而到年底则可能只有198万人。

其次,作为时期指标,各个时期的数值是可以累加的,累加的结果可以说明一段较长的时间内社会经济现象总体所发生的总量。例如,把某企业某年每个月的销售量相加,得到的数值就是该年度该企业的销售总量。而时点指标的数值直接相加,除在有关指标的计算过程中需要运用之外,没有实际的意义。

最后,时期指标的数值可以连续计数,它的每一个数据都可说明社会经济现象在这一时期内发生的总量。例如,某医院某月收治的患者数,是该月每天收治患者数的累计。而时点指标则只能间断计数,它的每个数据表明社会经济现象总体发展到某一时点上所达到

的水平。例如，企业月末的商品库存量是上个月末商品库存量经过一个月的存取过程后，到该月末所达到的实有的商品库存量。

（3）绝对数根据其表现形式的不同，可分为实物量指标、价值量指标和劳动量指标。

实物量指标是反映事物使用价值的总量指标，与之相对应的实物单位是根据事物的自然属性和特点而采用的计量单位，有自然单位、度量衡单位、标准实物单位三种。

自然单位是按照被研究现象的自然属性来度量其数量的计量单位。例如，人口以"人"为单位，牲畜以"头"为单位，鞋以"双"为单位。

度量衡单位是按照统一度量衡制度的规定来度量客观事物数量的一种计量单位。例如，钢铁、粮食以"公斤""吨"为计量单位，棉布以"米"为计量单位，电机容量以"千瓦"为计量单位。度量衡单位的采用主要是由于某些现象总体无法用自然单位来计量（如水、粮食等），也有一些现象虽然有自然单位可采用，但用度量衡单位更为精确。例如，鸡蛋一般不是以"个"而是以"公斤"为计量单位的。

标准实物单位是按照统一折算的标准来度量被研究现象数量的一种计量单位。例如，多种含量不同的化肥可以折合为含量 100%的肥料计算，煤可以折合为发热量"千焦/公斤"来进行计量。

价值量指标是表明社会经济现象价值量的绝对数。它是用货币来度量社会财富和劳动成果总量的一种计量方法，其计量单位称为货币单位。例如，国民收入、商品销售总额等，都以货币为单位来进行计量。价值指标把不能直接加总的产品或商品数量过渡到可以直接加总，用以综合说明不同使用价值的物品的总水平、总规模或总速度，具有广泛的综合性和较强的概括能力。

价值量指标按其货币单位所起的作用不同，可分为按现行价格计算的价值指标和按固定价格计算的价值指标两种。价值指标的局限性在于它比较抽象，脱离了物质内容，甚至不能完全反映实物情况。

劳动量指标是除实物量指标和价值量指标外，以劳动时间为单位计量劳动量或工作量的指标。一般以"工日"或"工时"为单位进行计量。它主要应用于业务核算，往往限于单位内部使用。

计量单位既可以单独使用，又可以结合起来使用。有些事物或现象用一种计量单位难以反映其本质，此时可把两种或两种以上的单位结合起来运用，称作复合单位。例如，计算货物的运输量，只用载重量或只用运输距离都不能反映运输成果，因此就采用载重量×运输距离的方法，即"吨·公里"来计量。劳动单位实质上也是一种复合单位，它是采用人数×工作时间的"工时数"来计量工作量。除复合单位外，还有一种双重或多重单位，即同时采用两种或两种以上的计量单位来表示一种事物的数量。例如，电机可以用"台"也可以用"千瓦"来表示，同时用"台/千瓦"为单位来计量，就是双重计量单位。这样反映事物，可以使其使用价值反映得更为全面。

（四）绝对数的推算方法

确定绝对数有两种方法：直接法和推算法。直接法即通过对研究对象进行直接的计数或测量等方法,将总量计算出来。统计报表中的总量资料和普查中的总量资料基本上都是这样计算出来的。推算法是根据社会经济现象中的各种关系,或根据非全面调查的资料,对总量指标进行推算的方法。常用的推算方法有下面几种。

1. 平衡关系推算法

平衡关系推算法是一种利用社会经济现象之间存在的平衡关系,依据已知的指标来推算未知指标的方法。在现象之间互相联系的关系,有很多可以表示为平衡关系。例如,企业原材料库存的关系式表达为:期初库存+本期购进=本期领用+期末库存。根据上述关系式在已知式中其他指标的条件下,就可以对剩余的未知指标进行推算。若某企业期初原材料库存为320件,本期出于生产要求购进200件,本期生产消耗原材料235件,可计算出该企业期末原材料库存为285件。

对平衡关系推算法的应用,要注意平衡关系中的各个收支项目不能重复,也不能遗漏,且计算口径必须一致,否则就会出现误差。另外,有些收支平衡中的指标资料,要经过复杂的估算取得,而不是一下子就能得到准确、可靠的资料。如果其中有一项指标计算有误或脱离实际,就会影响整个结果的准确性,因此必须做到尽量科学、符合实际地进行估算。

2. 因素关系推算法

社会经济现象一般可分解为若干个因素指标,因素之间相互联系有些可以表现为因果关系,即现象的某项指标可以分解为若干影响因素指标,这些影响因素指标的乘积等于该项指标的总量。利用因素间的这种关系,根据已知资料推算未知的有关资料,就是因素关系推算法。

例 5.1 《ComScore:2016Q1 美国零售业电子商务报告》中数据显示,美国 2015 年第一季度个人计算机(personal computer,PC)电子商务人均网购次数为 3.8 次,人均购买额为 294.00 美元,订单平均交易额为 78.30 美元。2015 年中国电子商务零售业交易额为 38 772.44 亿元,人均购买额为 2347.0 元(折合 376.80 美元),人均网购次数为 15.5 次,网购用户数为 4.13 亿户,运算公式如下(假定每户 4 人):

$$网购总次数 = 人均网购次数 \times 网购用户数 \times 4$$
$$= 15.5 \times 4.13 \times 4 = 256.06 (亿次)$$

$$网购总交易额 = 人均购买额 \times 网购用户数 \times 4$$
$$= 2\,347.0 \times 4.13 \times 4 = 38\,772.44 (亿元)$$

$$订单平均交易额 = \frac{网购总交易额}{网购总次数} = \frac{38\,772.44}{256.06} \approx 151.42 (元/次) \approx 24.31 (美元/次)$$

以上零售电子商务报告数据均为季度数据,但核算口径不一致,必须按 2015 年美元平均汇率折算后,才可进行中美两国网购消费者指标对比。图 5-1 即美元计量的中美网购消费者指标对比。

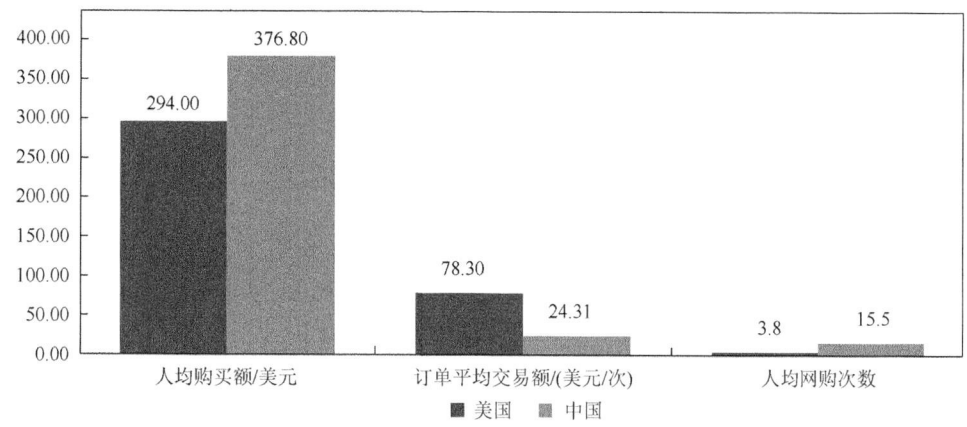

图 5-1 中美网购消费者指标对比

3. 比例关系推算法

比例关系推算法在统计中应用十分广泛。它是根据已知的某一时期、某一地区或某一单位的某种指标与其相关指标的比例关系来推算另一时期、另一地区或另一单位的指标；或者根据部分资料，利用其比例关系推算总体资料。应用这种方法时，应当注意所依据推算的资料要与所推算事物之间具有可比性，各方面的条件都比较接近或相类似。否则，得出的结果不具有任何意义。

例 5.2 某企业 2016 年产值 400 万元，利润为 120 万元，2017 年预计该企业完成产值 450 万元，则 2017 年利润可用下述方法估算：计算 2016 年利润占产值的百分比，即换算系数 $=120\div400=30\%$，按此比例估算 2017 年利润为 $450\times30\%=135$（万元）。

4. 插值估算法

插值估算法是根据若干已知项目的统计资料来估算对应关系的未知项目的数值，或者根据变量数列和动态数列的若干已知对应数值来估算其数列中间所缺的未知对应数值。方法主要有内插法、线性插值法和拉格朗日插值法等。

（1）内插法。这种方法主要是根据平均发展速度，估算逐年缺少的数字资料。例如，某地区 2013～2017 年的地区生产总值由于某种原因缺失了一部分，仅有 2013 年年报资料为 3600 亿元，2017 年年报资料为 7000 亿元，这样有最初水平 a_0（2013 年）与最末水平 a_n（2017 年）的资料，我们可以用几何平均法计算出 2014～2016 年的平均发展速度。即

$$\bar{X}=\sqrt[n]{\frac{a_n}{a_0}}=\sqrt[4]{\frac{7000}{3600}}\approx1.1808=118.08\%$$

根据平均发展速度为 118.08%，可依次估算出 2014～2016 年的工业企业产值如下：

2014年工业企业产值 $=3600\times1.1808=4250.88$（亿元）

2015年工业企业产值 $=4250.88\times1.1808\approx5019.44$（亿元）

2016年工业企业产值 $=5019.44\times1.1808\approx5926.95$（亿元）

这样就可以补全缺失的资料。

(2)线性插值法。这种方法是根据已知两项有关的对应关系资料,估计第三项对应的未知资料。它是应用两点式原理确定一个直线方程。其方程可表示为

$$\frac{y-y_0}{x-x_0} = \frac{y_1-y_0}{x_1-x_0}$$

整理后得

$$y = y_0 + \frac{(x-x_0)(y_1-y_0)}{x_1-x_0}$$

可据此利用已知数求得未知数。

根据表 5-1 中的数据,2018 年预计年产值为 700 万元,试推算其 2018 年利润(x 代表年产值,y 代表利润)。

表 5-1　企业年产值与利润资料　　　　　　　　　　（单位:万元）

年份	年产值	利润
2016	500	270
2017	540	330

$$y = y_0 + \frac{(x-x_0)(y_1-y_0)}{x_1-x_0} = 270 + \frac{(700-500)(330-270)}{540-500} = 570(万元)$$

可见,与比例推算法不同,线性插值法是依据两项对应资料进行估算,在一般情况下,它要比比例关系推算法更接近实际。

(3)拉格朗日插值法。当掌握的资料多于两项时,根据已知多项对应资料可用这种方法估计某项对应的未知数值。这种方法是线性插值多项式的推广。

线性插值多项式可表示为

$$y = y_0 + \frac{(y_1-y_0)}{x_1-x_0}(x-x_0)$$
$$= \frac{y_0(x_1-x_0)+y_1(x-x_0)-y_0(x-x_0)}{x_1-x_0}$$
$$= y_0 \frac{x-x_1}{x_0-x_1} + y_1 \frac{x-x_0}{x_1-x_0}$$

拉格朗日多项式形式如下:

$$y = L(x) = y_0 \frac{(x-x_1)(x-x_2)\cdots(x-x_n)}{(x_0-x_1)(x_0-x_2)\cdots(x_0-x_n)}$$
$$+ y_1 \frac{(x-x_0)(x-x_2)\cdots(x-x_n)}{(x_1-x_0)(x_1-x_2)\cdots(x_1-x_n)}$$
$$+ y_2 \frac{(x-x_0)(x-x_1)\cdots(x-x_n)}{(x_2-x_0)(x_2-x_1)\cdots(x_2-x_n)}$$
$$+ \cdots$$

例 5.3　某公司连续几年的产品产量及生产费用资料如表 5-2 所示。

表 5-2　某公司产品产量与生产费用

年份	产量/吨	生产费用/万元
2015	500	130
2016	530	140
2017	590	150
2018	620	155

解　估算 2019 年产品产量为 680 吨时,生产费用为多少,代入上式:

$$y = L(x) = 130 \times \frac{(680-530) \times (680-590) \times (680-620)}{(500-530) \times (500-590) \times (500-620)}$$

$$+ 140 \times \frac{(680-500) \times (680-590) \times (680-620)}{(530-500) \times (530-590) \times (530-620)}$$

$$+ 150 \times \frac{(680-500) \times (680-530) \times (680-620)}{(590-500) \times (590-530) \times (590-620)}$$

$$+ 155 \times \frac{(680-500) \times (680-530) \times (680-590)}{(620-500) \times (620-530) \times (620-590)}$$

$$= 177.5 (万元)$$

线性插值法和拉格朗日插值法的应用都是假定在所研究的范围内 x 值的变化没有特殊因素或突然因素的影响,即只能在正常条件下使用。

二、相对数的概念和作用

(一)相对数的概念

社会经济现象之间总是相互联系、相互依存的,无论从时间上、空间上、事物内部的结构上,或一事物与其他事物的关系上,都是如此。因此,要分析一种社会经济现象,仅利用总量指标是远远不够的。要对事物做深入的了解,就需要对总体的组成和其各部分之间的数量关系进行分析、比较,这就必须计算相对数。

相对数是应用对比的方法来反映某些相关事物之间数量联系程度的综合指标。相对数的表现形式有两种,即有名数和无名数。有名数主要用于强度相对指标,以表明事物的密度、强度和普遍程度等,例如,劳动的动力装备程度用"千瓦/人"表示,平均每人分摊的产品产量用"吨/人"表示。无名数是一种抽象化的数值,多用系数、倍数、成数、百分数、千分数等表示。系数、倍数是将对比基数定为 1 而计算出来的相对数;成数、百分数、千分数分别是将对比基数定为 10、100、1000 而计算出来的。在实际应用中,可根据所比较数值的不同特性而分别采取不同形式的相对数来应用。

(二)相对数的作用

(1)相对数通过数量之间的对比,可以说明事物发生发展的程度、相互关联的程度和效益,因而有助于事物的鉴别。

例如，某企业去年实现利润 20 万元，今年实现利润 21.6 万元，则今年利润增长了 8%，即 $(21.6 \div 20 - 1) \times 100\%$，这个相对数可以明确说明今年企业盈利情况比去年有所增长。这用总量指标是不易说明的。

（2）相对数可以使某些利用总量指标无法直接对比的社会经济现象，找到可比的基础。在研究问题的过程中，基础不同的总量指标是不能进行比较的，但相对数却可以做到。

例 5.4 甲、乙两个企业生产计划完成情况如表 5-3 所示，仅从总量指标看，两者都没有完成计划。若计算两个企业的计划完成程度，则

表 5-3 甲、乙企业计划产值与实际完成产值数据　　　　（单位：万元）

企业	计划产值	实际完成产值
甲	300	296
乙	500	495

甲企业为

$$\frac{296}{300} \times 100\% \approx 98.7\%$$

乙企业为

$$\frac{495}{500} \times 100\% = 99\%$$

可见，乙企业完成计划情况较甲要好一些。

相对指标根据研究目的和任务不同，对比的基础不同，可以分为计划完成程度相对指标、结构相对指标、比例相对指标、比较相对指标、强度相对指标、动态相对指标。

第二节　计划完成程度对比分析

一、计划完成程度相对数的意义及计算方法

对社会经济进行管理，计划是一个重要手段，任何一种经济体制都不例外。为掌握计划完成的进度，检查计划完成程度，需要计算计划完成程度相对指标。计划完成程度相对指标是以社会经济现象在某时期内的实际完成数与计划完成数对比的结果，一般用百分数表示。其基本计算公式为

$$\text{计划完成程度相对指标} = \frac{\text{实际完成数}}{\text{计划完成数}} \times 100\%$$

计划完成数是计算计划完成程度相对指标的基数。基数的表现形式不一样，计划完成程度相对指标在形式上也就不同。

（一）计划完成数为总量指标

可直接用实际水平和计划水平对比求得计划完成程度相对指标。它一般适用于考核社

会经济现象的规模或水平的计划完成情况。实践当中又分为两种情况,用两种方法来检查计划的完成情况。

第一种实际完成数与计划完成数是同一时期的指标。直接以实际水平与计划水平对比,可说明整个计划期内计划执行情况。

例 5.5 某企业 2018 年计划生产产品为 1200 件,实际完成为 1400 件,则该企业产品计划完成程度为

$$\text{计划完成程度} = \frac{1400}{1200} \times 100\% \approx 116.67\%$$

第二种是检查计划完成进度。此时计划期与实际完成的期限不一致,将计划期内某个时期的实际完成数值与整个计划期水平对比,可反映计划完成进度。

(二)计划完成数为相对指标

它一般是以前一期的实际完成数为基础,规定计划比基数提高或降低的百分比。计算计划完成程度相对指标时,应注意先将增减率变为完成率再进行计算。其计算公式为

$$\text{计划完成程度相对指标} = \frac{\text{实际完成数}(\%)}{\text{计划完成数}(\%)}$$

$$= \frac{100\% \pm \text{实际提高或降低百分比}}{100\% \pm \text{计划提高或降低百分比}}$$

例 5.6 某工厂计划 2018 年生产产品比 2017 年增加 8%,成本费用减少 4%,实际产量增长了 10%,成本费用减少了 2%。

$$\text{产量完成程度相对指标} = \frac{100\% + 10\%}{100\% + 8\%} \approx 101.85\%$$

$$\text{成本完成程度相对指标} = \frac{100\% - 2\%}{100\% - 4\%} \approx 102.08\%$$

从计算结果可以看出,产量超额完成 1.85%,减少成本费用计划未实现,实际成本费用比计划的成本费用增加了 2.08%。

(三)计划完成数为平均数

其计算公式为

$$\text{计划完成程度相对指标} = \frac{\text{实际平均数}}{\text{计划平均数}}$$

例 5.7 某企业计划 2018 年 3 月生产计算机 600 台,计划每台计算机的平均成本为 3200 元,而 3 月份共生产 650 台,每台计算机的平均成本为 3000 元。

$$\text{计划完成程度相对指标} = \frac{650}{600} \times 100\% \approx 108.33\%$$

$$\text{单位成本计划完成程度相对指标} = \frac{3000}{3200} \times 100\% = 93.75\%$$

计算结果表明,该企业生产总量实际完成比计划超额 8.33%,单位成本实际完成比计

划降低 6.25%（即 100% – 93.75%），企业的计划执行情况较好。

二、长期计划执行情况的考查

对于长期计划，制订的方法有两种，因而对其计划执行情况的考查，也就有两种不同的方法。

第一种，水平法。即在长期计划中，只规定计划期末应该达到的水平（如五年计划中规定最后一年应完成的产值、产量、商品销售额等指标）。此时检查计划完成程度，应用下列公式：

$$计划完成程度 = \frac{长期计划末年实际达到的水平}{长期计划末年计划达到的水平}$$

例 5.8 某公司制定了一项三年发展计划，该计划中说明在计划的最后一年要完成 1130 万件的产量，该计划于 2016 年开始实施。实际完成情况如表 5-4 所示。

表 5-4 某公司三年实际产量情况

项目	2016 年				2017 年				2018 年			
	第一季度	第二季度	第三季度	第四季度	第一季度	第二季度	第三季度	第四季度	第一季度	第二季度	第三季度	第四季度
产量/万件	260	265	267	270	273	275	278	279	283	290	295	295

$$计划完成程度 = \frac{1163}{1130} \times 100\% \approx 102.92\%$$

$$超计划完成产量 = 1163 - 1130 = 33（万件）$$

本例中，从 2017 年第三季度算起，到 2018 年第二季度末连续 12 个月就已达到了 1130 万的产量，说明提前 6 个月完成了计划产量。

采用这种方法，只要有连续一年时间（如第二年 7 月到第三年 6 月末）实际完成的水平达到了计划末年水平，就算完成了三年计划，计算完成计划时间，提前 6 个月完成了三年计划。

第二种，累计法。即在长期计划中，规定期间累计应完成的工作量或应达到的水平（如新增生产能力、造林面积等）。此时检查计划执行情况，应用下列公式：

$$计划完成程度 = \frac{长期计划期间实际累计完成量}{长期计划规定的累计数}$$

例 5.9 某公司计划三年累计完成 3000 万件的产量，该计划于 2016 年开始实施。实际完成情况如表 5-5 所示。

表 5-5 某公司三年实际产量情况

项目	2016 年	2017 年				2018 年			
		第一季度	第二季度	第三季度	第四季度	第一季度	第二季度	第三季度	第四季度
产量/万件	1060	273	275	275	275	280	280	282	285

$$计划完成程度 = \frac{3285}{3000} \times 100\% = 109.5\%$$

采用这种方法,只要从长期计划期开始至某一时期止,所累计完成的数值达到了计划数值,就是完成了计划。例如,从 2016 年到 2018 年第三季度末完成了三年的累计工作量,即 $1060+273+275+275+275+280+280+282=3000$,就是完成了三年计划,比计划时间提前 3 个月。

对长期计划进度执行情况的检查,也分为水平法和累计法两种。用水平法,是以报告年的实际完成数与长期计划完成数对比;用累计法,则是以从期初累计至报告期止的实际完成数与计划完成数对比。其计算公式为

$$计划进度执行情况 = \frac{累计完成数}{本期计划完成数}$$

例 5.10 某企业计划 2018 年生产 300 件产品,第一、二、三季度分别生产了 74 件、76 件、78 件。

解 第一、二、三季度计划进度执行情况 $= \frac{74+76+78}{300} \times 100\% = 76\%$

从执行进度和时间进度对比可以看出,目前企业超额完成 1%,但仍然需要加强管理,完成生产任务。

第三节 数据的内部对比分析

数据的内部对比分析是指同一总体中,部分与总体之间、部分与部分之间的比例关系。具体有结构相对数和比例相对数。

一、结构相对数

社会经济现象的总体一般都是由许多不同的部分构成的,并且按照不同的分类标准,可分为不同的部分,各个部分又都具有不同的性质和特征。研究总体时,了解其各个组成部分在总体中所占的地位和所起的作用有着重要的意义,这就需要利用结构相对数。

计算结构相对数是先利用统计分组的方法,将总体分为不同性质的各个部分,然后以部分的数值与总体的数值对比。结构相对数一般用百分数来表示。其计算公式如下:

$$结构相对数 = \frac{总体部分数值}{总体全部数值} \times 100\%$$

表 5-6 则说明了 GDP 各部分的比重,描述了 GDP 的内部结构。结构相对数的分子和分母,可以是总体单位数,也可以是总体标志数值。并且,由于结构相对指标是总体的部分数值与全部数值之比,每个部分所计算出的结果之和肯定为 100%。

表 5-6 中国 2017 年 GDP 构成

项目	金额/亿元	比重/%
最终消费支出	435 453.2	53.62
资本形成总额	360 626.8	44.41
货物和服务净出口	15 958.0	1.97
合计	812 038.0	100.00

数据来源：《2017 中国统计年鉴》

结构相对数常常用于分析社会经济现象总体的内部构成情况，以说明现象的性质和特征。事物的结构往往反映事物的性质，所以，因其结构不同，事物在质的方面就会有差别。对总体的结构进行分析，可以使我们分清事物的类型，掌握其特征。

在社会经济统计中，总体中某一特定部分占全体的结构相对指标（即比重）的应用也很广泛。比重可以用来说明事物的本质或者工作质量。例如，工厂中生产的合格品占全部产品的比重，可以说明企业生产的质量；出勤率可以反映企业的人力利用状况；中小学入学率可以反映我国教育事业的发展情况。

二、比例相对数

在社会经济现象总体内部，各个组成部分之间存在着一定联系，往往具有一定的比例关系。为分析这种比例关系以及各部分之间的协调平衡情况，需要计算比例相对数。其计算公式如下：

$$比例相对数 = \frac{总体中某一部分数值}{总体中另一部分数值}$$

比例相对数通常用 n 比 m 或百分数来表示。用 n 比 m 的形式表示时一般都是较简单的数值，以便让人一目了然。有时人们也习惯于把其中某部分数值定为1，用 $1:n:m$ 的形式来描述总体各部分之间的比例关系。

比例相对数所反映的比例关系是总体中结构性的比例。它同结构相对数有着极密切的联系，其作用与结构相对数相同，两者只是对比方式不同，侧重点各异。

在社会经济生活中，许多事物都是要求按比例发展的，若比例失调则会导致难以设想的后果。表 5-7 中各年龄段的人口比重应保持在合理的范围，如果老年人口比重过大，则说明进入老龄化阶段，成年人口比重过大，则说明处于人口红利阶段；男女性别比重也应维持在合理范围。对比例关系进行深入研究，可以帮助我们认识事物的发展状况，判断比例关系是否正常。例如，根据经验，有人得出积累与消费比例控制在 1:3 左右，即积累占国民收入的 25% 左右比较合适。凡是保持在这个比例左右，经济发展就比较顺利，而超过这个比例范围太多，就会给经济发展带来困难。把这种经验比例作为衡量实际比例是否恰当的参考标准，是统计实践中经常应用的一种重要方法。

表 5-7 俄罗斯两次人口普查的数据对比

分组	2002 年				2010 年			
	两性/万人	男/万人	女/万人	男女性别比/%	两性/万人	男/万人	女/万人	男女性别比/%
未成年人	2 630	1 340	1 290	103.88	2 310	1 180	1 130	104.42
成年人	8 900	4 480	4 420	101.36	8 800	4 530	4 270	106.09
老年人	2 980	930	2 050	45.37	3 170	890	2 280	39.04

第四节 数据的外部对比分析

数据的外部对比分析是指一个总体与另外一个同类或相联系的总体之间的比例关系。具体有比较相对数和强度相对数。

一、比较相对数

比较相对数反映某种社会经济现象在同一时间内的不同空间条件下发展的不均衡程度。由于社会经济现象在不同的空间条件下，发展往往是不均衡的，要了解它们之间的差异程度，就需要利用比较相对数。其计算公式为

$$比较相对数 = \frac{某条件下的某类指标数值}{另一条件下的同类指标数值}$$

例 5.11 2017 年北京市居民人均可支配收入为 57 229.83 元，天津市居民人均可支配收入为 37 022.33 元。2017 年北京市与天津市的居民人均可支配收入比较：

$$\frac{57\ 229.83}{37\ 022.33} \times 100\% \approx 154.58\%$$

2017 年天津市与北京市的居民人均可支配收入比较：

$$\frac{37\ 022.33}{57\ 229.83} \times 100\% \approx 64.69\%$$

计算表明，北京市与天津市由于经济发展水平和各种因素的影响，最终人均可支配收入水平存在较大差异。

前面所讲的比例相对数，虽然也是两个同类指标进行对比，但它同比较相对数所反映的内容很不同。比例相对数反映的比例关系，一般情况下有一个宏观标准，不符合这个标准，就会造成经济上的破坏与损失；而比较相对数，则只是反映客观事物的大小、多少以及达到某一标准的状况，不存在比例是否协调的问题。

比较相对数也可以用于平均水平和标准水平的对比，用于先进与落后的比较。在一般情况下，比较相对数的分子分母可以对换，以哪个指标作为比较的基础，可以根据研究的目标来确定，选择不同的比较基础。

二、强度相对数

社会经济生活中,研究不同事物之间的数量对比关系,即由两个性质不同而有联系的总量指标对比得到的相对数,称强度相对数。其计算公式如下:

$$强度相对数 = \frac{某一总量指标数值}{另一性质不同而有联系的总量指标数值}$$

强度相对数用来表现社会经济现象的强度、密度和普遍程度,一般以复名数来表示。例如,人口密度用"人/公里^2"来表示,反映人口与土地面积之间的比例关系;人均国民收入则以"元/人"来表示,反映国民收入与人口总量之间的关系。有些强度相对数也以百分数或千分数来表示,如人口自然增长率、商品流通费用率等。

强度相对数用途十分广泛,它可以反映经济效益情况(如每元固定资金实现产值、百元产值占用流动资金等),也可以反映生产条件和公共设施的配备情况(如劳动力的动力装备程度、劳动力的固定资产装备程度等),更重要的是,它还可以反映国民经济和社会发展的基本情况(如人口密度、每百人耐用消费品拥有量)。

由于强度相对数反映的是性质不同而又互相联系的总量指标数值的对比关系,某些指标的分子和分母是可以相互转换的,此时产生的强度相对指标就有了正逆之分。其中,数值大小与现象的发展程度或密度成正比,称为正指标;反之,与现象的发展程度或密度成反比,则是逆指标。如:

$$商业网密度 = \frac{商业机构数}{人口数}$$

$$商业点服务人口数 = \frac{人口数}{商业机构数}$$

例 5.12 2017 年全国共有医疗机构床位 794 万张,年末人口总数为 13.9008 亿人。

正指标:

$$强度相对数 = \frac{794}{13.9008} \approx 57.12(张 / 万人)$$

表示每万人有 57.12 张床位可供使用。

逆指标:

$$强度相对数 = \frac{13.9008}{794} \approx 0.0175(万人 / 张)$$

表示一张床位需要为 175 人服务。

第五节 数据的动态对比分析

动态相对数是某一指标在不同时间上的数值对比而得到的相对数。它说明同类事物在不同时间状态上的对比关系,对于分析社会经济现象的发展变化过程具有重要意义。一般情况下,把作为比较标准的时期称为基期,而把用来与基期对比的时期称为报告期。数据的动态对比分析方法有两种,即动态绝对数对比分析方法和动态相对数对比分析方法。

一、动态绝对数对比分析方法

动态绝对数对比分析方法是以增减量指标为依据的。事物的增减量是由报告期的数据减去基期数据而得到的一个差数，它是一个绝对差数，这个绝对差数可以是正的，也可以是负的。显然，正的表示增加或提高的绝对量，负的表示减少（或降低）的绝对量。由于对比时采用了不同的基期数据，增减量又可分为"累计增减量"和"逐期增减量"两种。计算方法为

$$逐期增减量 = 报告期数据 - 报告期前一期的数据$$

即 $a_1 - a_0, a_2 - a_1, \cdots, a_n - a_{n-1}$。

$$累计增减量 = 报告期数据 - 某一固定基期数据$$

即 $a_1 - a_0, a_2 - a_0, \cdots, a_n - a_0$。

两种增减量之间存在着数量联系：

$$累计增减量 = 逐期增减量之和$$

即 $a_n - a_0 = (a_1 - a_0) + (a_2 - a_1) + (a_3 - a_2) + \cdots + (a_n - a_{n-1})$。

例 5.13 2013～2017 年我国城镇居民人均可支配收入如表 5-8 所示。

表 5-8 2013～2017 年我国城镇居民人均可支配收入　　（单位：万元）

年份	收入	逐期增长量
2013	26 467.00	—
2014	28 843.85	2 376.85
2015	31 194.83	2 350.98
2016	33 616.25	2 421.42
2017	36 396.19	2 779.94

数据来源：《2017 中国统计年鉴》

解
$$\begin{aligned}a_n - a_0 &= 36\ 396.19 - 26\ 467.00 \\ &= 2\ 376.85 + 2\ 350.98 + 2\ 421.42 + 2\ 779.94 \\ &= 9\ 929.19\end{aligned}$$

二、动态相对数对比分析方法

动态相对数对比分析方法是以时间数列的速度指标为依据的，包括现象的发展速度和增减速度两种。

（一）发展速度的比较

发展速度是将两个不同时期的同一现象的数据加以对比，抽象成为一个比率，用来表示某一现象在一段时间内的发展变化方向及程度。通常用百分数表示。其计算公式如下：

$$发展速度 = \frac{报告期指标}{基期指标} \times 100\%$$

在计算发展速度时根据所采用的基期不同,具体分为环比发展速度和定基发展速度两种对比分析方法。

1. 环比发展速度

以报告前一期的数据为基期水平计算的发展速度称为环比发展速度。其计算公式如下:

$$环比发展速度 = \frac{报告期指标}{报告期前一期指标} \times 100\%$$

即 $\frac{a_1}{a_0}, \frac{a_2}{a_1}, \cdots, \frac{a_n}{a_{n-1}}$。

2. 定基发展速度

以某一固定时期数据为基期水平计算的发展速度称为定基发展速度。其计算公式如下:

$$定基发展速度 = \frac{报告期指标}{某一固定时期指标} \times 100\%$$

即 $\frac{a_1}{a_0}, \frac{a_2}{a_0}, \cdots, \frac{a_n}{a_0}$。

以上两种发展速度存在着数量联系:

$$定基发展速度 = 环比发展速度的连乘$$

即 $\frac{a_n}{a_0} = \frac{a_1}{a_0} \times \frac{a_2}{a_1} \times \cdots \times \frac{a_n}{a_{n-1}}$。

例 5.14 某企业 2013～2018 年产品销售量情况如表 5-9 所示,计算其定基发展速度。

表 5-9 2013～2018 年产品销售量情况一

年份	收入/万元	环比发展速度/%
2013	300	—
2014	325	108.33
2015	339	104.31
2016	345	101.77
2017	357	103.48
2018	355	99.44

解
$$定基发展速度 = \frac{355}{300} \times 100\%$$
$$= 108.33\% \times 104.31\% \times 101.77\% \times 103.48\% \times 99.44\%$$
$$\approx 118.33\%$$

(二) 增减速度的比较

增减速度是表明现象增减变化程度的相对指标,它可以根据增减量与基期水平对比取

得，也可以将发展速度减"1"或100%求得，即

$$增长速度 = \frac{增长量}{基期水平} = 发展水平 - 1(或100\%)$$

增减速度和发展速度相似，由于所采用的基期不同，具体有环比增减速度和定基增减速度两种对比分析方法。

$$环比增长速度 = \frac{逐期增长量}{前一期水平} = 环比发展速度 - 1(或100\%)$$

$$定基增长速度 = \frac{累计增长量}{最初水平} = 定基发展速度 - 1(或100\%)$$

在实际对比分析中，为了消除季节变动的影响，常以上一年同季、同月发展水平作为对比基期计算年距速度指标。具体有

$$年距增长速度 = \frac{报告期水平}{上一年同期水平}$$

年距增长速度 = 年度发展速度 -1(或100%)

例 5.15 根据表 5-10 的数据，可以计算出定基增长速度。

表 5-10　2013～2018 年产品销售量情况二

年份	收入/万元	环比增长速度/%
2013	300	—
2014	325	8.33
2015	339	4.31
2016	345	1.77
2017	357	3.48
2018	355	0.56

$$定基增长速度 = \frac{355}{300} - 1 \approx 18.33\%$$

第六节　应　用　案　例

一、用个人收支表分析学生日常收支状况[①]

（一）案例目的

本案例旨在帮助读者理解绝对数和相对数的具体含义与区别，并选取相应的图形对数据进行分析。

[①] 案例作者：高敏雪、周叶婷、柳洋、蒋笑婷；摘自《统计学专业课程教学案例选编》，考虑教学实际，本教材在该案例基础上酌情修改。

（二）案例简介

1. 案例背景

个人的消费支撑了整个经济活动的大部分。没有消费者的市场，不能称为市场。但是旺盛的消费又必须由稳健增长的收入作为支撑。个人收支报告能够反映出消费者的收入和支出状况，但由于个人收支状况统计工作较为复杂，发布时间不是固定的某一个时间。因此，尽管它的描述对象是刚刚过去的那个月，但是市场对它的热情不如对于就业状况报告和周期失业率报告那么高涨。但是它对于我们了解整个经济运行状况是一个非常好的窗口。

2. 数据介绍

为了解个人收支情况，随机调查了 6 名学生的收支情况，计算得出个人收支情况汇总如表 5-11 所示。

表 5-11 个人收支情况汇总

项目	收入/元	支出/元
劳动报酬	399.67	
财产性收入	65.10	
家庭转移	3387.97	
其他补助	782.46	
饮食消费		849.54
服装消费		173.05
交通通信消费		125.74
娱乐消费		112
个人清洁消费		57
学习消费		324

3. 研究思路

对于绝对数的描述多采用柱状图进行分析，对于相对数的描述可采用饼图。柱状图是一种以长方形的长度为变量的表达图形的统计报告图，由一系列高度不等的纵向条纹表示数据分布的情况，用来比较两个或两个以上的价值（不同时间或者不同条件），只有一个变量，通常用于较小的数据集分析。柱状图也可横向排列，或用多维方式表达。仅排列在工作表的一列或一行中的数据可以绘制到饼图中。饼图显示一个数据系列各项的大小与各项总和的比例。饼图中的数据点显示为整个饼图的百分比。

（三）案例解析

以柱状图对个人收入情况进行描述分析，以饼图描述消费占比情况。分组学生个人收入来源如图 5-2 所示。

从图 5-2 可以看出,个人收入来源于四个部分,且四个部分的绝对数差异较大。主要来源为家庭转移,其次是其他补助,最少收入部分为财产性收入。个人消费构成如图 5-3 所示。

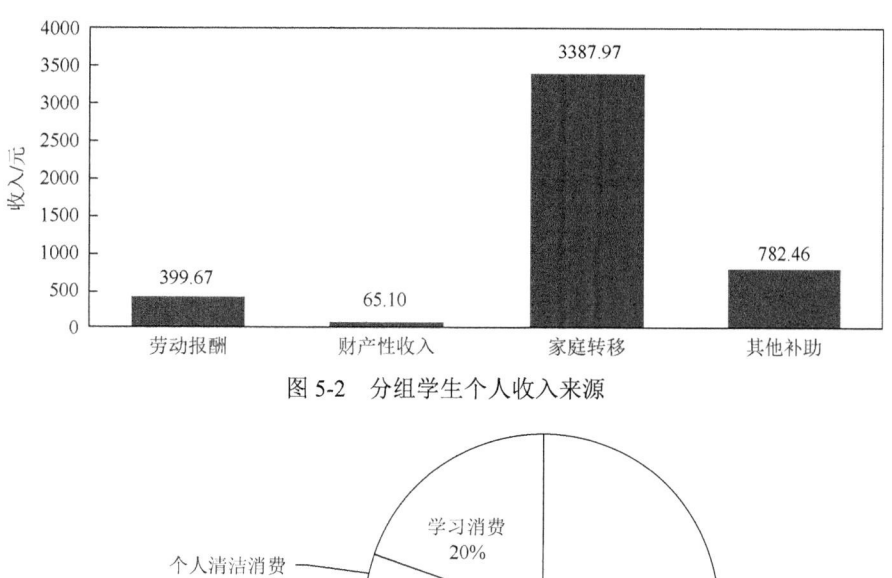

图 5-2　分组学生个人收入来源

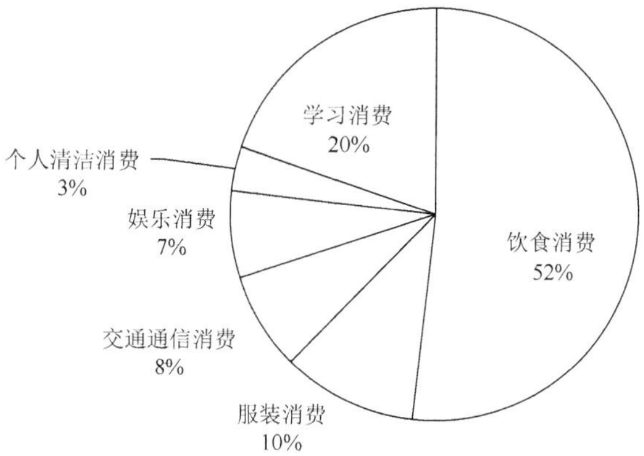

图 5-3　个人消费构成

与收入相比,对消费的描述采用的是百分比。大学生的消费比较多样,主要开销为饮食消费和学习消费,分别占总消费的 52%和 20%。其次是服装消费、交通通信消费、娱乐消费,分别占总消费的 10%、8%、7%。

二、一般公共预算收入各部分计算及比例关系

(一) 案例目的

本案例旨在帮助读者理解绝对数之间的平衡关系和相对数的计算。

(二) 案例简介

一般公共预算收入指国家财政参与社会产品分配所取得的收入,是实现国家职能的财力保证,主要包括各项税收和非税收。前者包括国内增值税、国内消费税、进口货物增值税和消费税、出口货物退增值税和消费税、营业税、企业所得税、个人所得税、资

源税、城市维护建设税、房产税、印花税、城镇土地使用税、土地增值税、车船税、船舶吨税、车辆购置税、关税、耕地占用税、契税、烟叶税等。后者包括专项收入、行政事业性收费、罚没收入和其他收入。财政收入按现行分税制财政体制划分为中央本级收入和地方本级收入。

(三) 案例解析

若已知一般公共预算收入、中央本级收入和地方本级收入中的任意两项，即可计算出剩余数值。2011~2017年国家一般公共预算收入及增长速度如表5-12所示。

表5-12 2011~2017年国家一般公共预算收入及增长速度

年份	一般公共预算收入(1)/亿元	中央本级收入(2)/亿元	地方本级收入(3)=(1)-(2)/亿元	一般公共预算收入增长速度/%
2011	103 874.43	51 327.32	52 547.11	—
2012	117 253.52	56 175.23	61 078.29	12.88
2013	129 209.64	60 198.48	69 011.16	10.20
2014	140 370.03	64 493.45	75 876.58	8.64
2015	152 269.23	69 267.19	83 002.04	8.48
2016	159 604.97	72 365.62	87 239.35	4.82
2017	172 566.57	81 119.03	91 447.54	8.12

数据来源：《2017中国统计年鉴》

国家一般公共预算收入由中央本级收入和地方本级收入构成，地方本级收入是前两项的差额。增长速度为正值，说明一般公共预算收入逐年增加。

2011~2017年国家一般公共预算构成及其比例相对数如表5-13所示。

表5-13 2011~2017年国家一般公共预算构成及其比例相对数

年份	中央占比/%	地方占比/%	中央与地方比例相对数
2011	49.41	50.59	0.98
2012	47.91	52.09	0.92
2013	46.59	53.41	0.87
2014	45.95	54.05	0.85
2015	45.49	54.51	0.83
2016	45.34	54.66	0.83
2017	47.01	52.99	0.89

由表5-12和表5-13可知，中央本级收入与地方本级收入的绝对数相比，中央本级收入略小于地方本级收入。就相对数而言，中央本级收入占比也小于地方本级收入，中央与地方比例相对数也小于1。

思考与练习

1. 什么是总量指标？它有哪些主要分类？
2. 试述各种相对数的特点、作用和计算方法。
3. 计算和运用相对数有哪些基本原则？
4. 为什么在运用相对数时必须同绝对数相结合？
5. 某企业计划生产单位产品工时消耗较上期降低5%，实际较上期降低8%；该企业劳动生产率计划在去年的基础上提高6%，而实际则比去年提高了10%，试计算该企业工时消耗计划和劳动生产率计划的完成程度。
6. 2017年我国国民生产总值及构成资料如表5-14所示。

表5-14　2017年我国国民生产总值及构成

项目	绝对数/亿元	增长率/%
国民生产总值	827 121.7	11.23
第一产业	65 467.6	2.82
第二产业	334 622.6	12.84
第三产业	427 031.5	11.39

数据来源：《2017中国统计年鉴》

要求：①计算我国各产业的结构相对数；
②根据各组增长率计算发展速度。

7. 某企业去年计划产值为240万元，各月任务是均衡安排的，而实际执行状况如表5-15所示。

表5-15　企业实际产值汇总

项目	第一季度	第二季度	第三季度	第四季度		
				10月	11月	12月
产值/万元	50	66	80	20	24	24

要求：①检查该企业全年产值计划执行情况；
②检查全年计划提前多长时间完成；
③如果按各月任务均衡安排的要求检查，全年计划提前完成的时间又为多长？

参 考 文 献

陈锐. 2011. 2010~2011赛季WCBA总决赛数据对比分析[J]. 宜宾学院学报, 11 (06): 105-108.
冯复平. 2016. 中美电子商务零售业数据对比分析[J]. 现代商业, (25): 24-25.
冯所伟. 2011. Excel数据对比的实践与研究[J]. 硅谷, (07): 56, 98.

广西财政厅课题组. 2015. 广西财政支出情况分析——基于分税制实施以来我国五个自治区的财经数据对比分析[J]. 经济研究参考,（65）：10-25.

韩全会,张军华. 2013. 俄罗斯近两次人口普查数据对比分析[J]. 西北人口, 34（01）：47-51, 56.

胡云腾. 2008. 1978～2007：30年刑事犯罪案件数据对比分析[J]. 法制资讯,（03）：22-29.

李斌. 2010. 辽阳市污染源普查与环境统计数据对比分析[J]. 科技信息,（07）：357-358.

李学军. 2009. 第29届奥运会中国男篮与对手临场技术统计数据对比分析与研究[D]. 石家庄：河北师范大学.

李玉山,任小凤. 2012. 第一次全国水利普查与全国水文统计年报数据对比分析研究[J]. 水文, 32（06）：33, 73-74.

盛巍. 2015. 如何运用Excel进行数据对比分析[J]. 科技展望, 25（14）：5.

唐德海. 2013. 小学信息技术课程自主学习效能对比研究——兼谈Excel"数据分析"工具在数据对比分析中的应用[J]. 课程·教材·教法, 33（03）：86-91.

夏喆,陈延. 2016. 我国保险行业公司治理存在着特殊性吗？——基于2012—2014年的数据对比分析[J]. 湖北经济学院学报（人文社会科学版）, 13（08）：59-61.

姚立严. 2011. 广东省森林资源与生态状况综合监测数据对比分析[J]. 黑龙江生态工程职业学院学报, 24（04）：63-64, 96.

赵禹. 2015. 试论Excel表格在数据对比分析中的应用策略[J]. 计算机光盘软件与应用, 18（03）：73-74.

郑荣卿,宋华人. 2016. 中国当前房地产市场泡沫程度研究——基于国际间数据的对比分析[J]. 当代经济,（22）：4-6.

第六章　概率基础和抽样分布

在统计学家的眼中，大自然基本上是随机的，我们对世界的认识必须基于对随机性的认识，这是统计学的世界观。天气预报、卫星上天、彩票摇奖、股市买进，甚至每天上班坐几路车，提前多少分钟去等车，这些由人来做的事情，细究起来，有哪一件事情是没有考虑到"可能性"呢？仔细观察，诸如此类的例子很多，我们不必一一列举，对可能性的认识，我们人类有很多经验，但是真正形成科学的能够称为规律性的认识，相较于整个人类历史，实在是极短的。然而，这并不妨碍统计学家对其精辟的认识与理解，"概率""随机"这些概念的定义，为我们理解这个世界，打开了不可思议又瑰丽无比的图景。本章就着重为大家讲解随机性及其规律。

第一节　随机事件及其概率

一、随机现象

根据客观现象的特征，一般可将其分为两类：一类现象在一定条件下必然出现（或不出现）某种结果的现象，我们称为确定性现象。例如，太阳东升西落，苹果从树上掉落到地上等。这类现象的共同特点是，在一定条件下其结果可以预言。另一类现象其出现什么结果无法预言，是不确定的。例如，我们无法预言收看春晚的人数确切有多少，无法预言比赛时抽签决定的比赛场次究竟是谁与谁对战，第几场相遇，无法预言某一个饭馆里一天能接待多少位客人等。这些现象的共同特点是，可以在相同条件下重复进行观察或试验，而每次观察或试验的结果不止一个，且事先无法预言确切的结果。我们把这种在给定的条件下不能确切预言其结果的现象称为随机现象。其实，在不确定的现象中，还有一类无法重复观察或试验的现象。例如，我们无法确定今年春节是否会有降雪，2050 年会不会爆发世界大战等。

虽然随机现象每次的结果具有偶然性，但在大量观察或多次重复试验后其结果常常会呈现出某种规律性。例如，多次重复抛掷同一枚立方体骰子，每个点出现的次数大约占抛掷次数的 1/6。我们称这种规律为统计规律。概率论提供了研究统计规律的思想方法与分析工具。

二、随机事件

对随机现象进行观测又称作随机试验。随机试验的每一种结果或随机现象的每一种表现称作随机事件，简称为事件，一般用大写字母 A，B，C，…（必要时加下标）来表示。有时，也可用大括号 {…} 表示事件，括号中写明事件的内容。

（一）事件种类

我们将不能再被分解的事件，称作基本事件。基本事件是试验的最基本结果：每次试验必出现一个基本事件，任何两个基本事件都不会同时出现。由两个或两个以上基本事件所组成的事件称作复合事件。如投掷骰子，{点数为1}、{点数为2}、…、{点数为6}是基本事件；{点数为偶数}是复合事件，它是由{点数为2}、{点数为4}、{点数为6}这三个基本事件复合而成的。一项随机试验的所有基本事件的集合，称作该随机试验的基本事件空间。必然事件是每次试验都一定出现的事件，记作Ω。任何一次试验都不可能出现的事件称为不可能事件，记作Φ。

（二）事件的关系和运算

事件的关系和运算包含以下几种。

（1）包含：关系式$A \subseteq B$表示"若A出现，则B也出现（反之则未必）"，称作"B包含A"，或"A导致B"。

（2）相等：关系式$A = B$表示两事件A和B要么都出现，要么都不出现，称作"事件A等于事件B"，或"事件A和事件B等价"。

（3）和（并）：运算式$A+B$或$A \cup B$读作"A加B"，称作"A与B的和（并）"，表示"A和B至少出现一个"。对于多个事件$A_i(i=1,2,3,\cdots)$、$\sum A_i$或$\cup A_i$表示"诸事件$A_i(i=1,2,3,\cdots)$中至少出现一个"。

（4）差：运算式$A-B$或$A\backslash B$读作"A减B"，称作"A与B的差"，表示"事件A出现但事件B不出现"。

（5）积（交）：运算式AB或$A \cap B$，称作"A与B的交（或积）"，表示"事件A和事件B同时出现"。对于多个事件$A_i(i=1,2,3,\cdots)$、$\cap A_i$表示"诸事件$A_i(i=1,2,3,\cdots)$同时出现"。

（6）对立事件：若$A \cap B$为不可能事件，$A \cup B$为必然事件，那么称A与B互为对立事件，其含义是事件A与事件B在任何一次试验中有且仅有一个发生。

（7）互斥事件：若事件A、B满足$A \cap B = \emptyset$，事件A与B互不相容（互斥）。

三、概率的性质和运算

（一）概率的概念

对于一个随机事件来说，它在一次试验中可能发生，也可能不发生。既然有可能性，就有可能性大小问题。事件A在随机试验中出现可能性大小的数值度量，称作概率。事件A的概率以$P(A)$表示。

(二) 随机事件的概率

假设将同一随机试验在相同条件下重复进行 n 次,事件 A 是这个试验所有可能结果中的一个,设在 n 次重复试验中 A 出现的次数为 n_A,则事件 A 的频率为

$$P(A) = \frac{n_A}{n}$$

当试验次数 n 较小时,该频率的数值有较大的波动;当 n 充分大时,频率数值的波动明显减弱,并且随着 n 的增大,频率会在某个常数 p 附近趋于稳定。通过大量观测,可以发现:随机试验的频率具有随试验次数的增加而趋向稳定的性质,而频率的稳定值可以用来反映事件发生的可能性大小。因此,可以说频率的稳定值 p 是事件 A 发生的概率,即 $P(A) = p$。

应当指出,虽然事件的频率与概率都是事件出现可能性大小的度量,但频率是试验值,依赖于试验的次数。即使试验次数相同,频率也可能取不同的值,频率具有随机性。概率则是独立于试验而客观存在的理论值,其大小取决于事件本身固有的规律性。在实际应用中,常常通过做大量重复试验,得到事件发生的频率,且以它作为概率的近似值或估计值。

例 6.1 某饮料厂商为了检查产品的合格率,抽查了一批产品,记录如表 6-1 所示。

表 6-1 产品质量抽检报告

抽检件数 (n)	20	80	100	200	500	1 000	2 000
不合格品数次数 (n_A)	1	3	4	9	27	50	98
不合格品数频率 (n_A/n)	0.05	0.0375	0.04	0.045	0.054	0.05	0.049

我们试用频率法估计任一件产品为不合格品的概率。从表中的资料可以看出不合格率在 0.05 左右徘徊,并且随着抽检件数的增多逐渐趋于 0.05。设事件 A = "任抽一件产品为不合格品",则事件 A 的概率为 $P = 0.05$,记为 $P(A) = 0.05$。

(三) 概率的性质

设事件 A 的概率记作 $P(A)$,则它应该具有如下性质。
性质 1:非负性,即 $0 \leq P(A) \leq 1$。
性质 2:规范性,即对于必然事件 Ω,有 $P(\Omega) = 1$。

(四) 概率的计算

概率的计算方法分为客观概率与主观概率。客观概率又可分为古典概率和经验概率。

1. 客观概率

1）古典概率的计算

如果一项随机试验的全部基本事件总数有限，并且各基本事件出现的可能性都相同，事件 A 由若干基本事件组成，则 A 的概率可用下式计算：

$$P(A) = \frac{A\text{所包含基本事件的个数}}{\text{基本事件总数}}$$

例 6.2（古典概率） 一个由 10 个人组成的学习小组，讨论有关"一带一路"倡议的问题，问 10 个人中一人被选中为发言人的概率是多少？

解 记 $A=\{$选为发言人$\}$。该试验总共有 10 个等可能的基本事件，A 包含其中的一个。则被选为发言人的概率为

$$P(A) = \frac{1}{10} = 0.1$$

古典概率是无须经过任何统计试验即可计算各种可能发生结果的概率。应用古典概率的方法，每个事件发生的可能性必须相等。另外，事件必须是互斥和完备的。古典概率方法是在 17 世纪、18 世纪博彩业中发展起来的，如扑克和骰子。但是，用古典概率的方法去验证每一个事件发生的概率是没有必要的。我们可以从逻辑上得到。例如，抛一个硬币得到反面的概率，或抛 10 枚硬币得到 10 个反面的概率。

2）经验概率的计算

经验概率是用事件在大量重复试验中出现的频率作为概率的估计值，即把过去事件的频率当作该事件在未来发生的预计概率。这一问题前面曾有叙述。经验概率的计算公式为

$$P(A) = \frac{\text{事件发生次数}}{\text{总次数}}$$

例 6.3 根据最新调查数据，甘肃某大学工商管理学院的 1000 名大学生中，543 名没有从事大学所学的专业。如一名财务管理专业的大学生，现在是一家公司的市场部经理。求一名工商管理专业毕业生不从事大学所学专业的概率？

解 事件发生的次数 = 没有从事大学所学专业的人数，总次数 = 被调查的工商管理专业的毕业生人数。由计算公式得

$$P(A) = \frac{543}{1000} = 0.543$$

2. 主观概率

有些情况下，试验结果既不是等可能发生的，也没有过去的频率数据可用。例如，某中学足球队要进行一场足球赛，问该足球队获胜的概率是多少？该球队比赛的可能结果：要么是获胜，要么是失利或平局，这三种结果并不一定是等可能发生的。此外，由于参赛球队队员更换频繁，且近年并未参加过比赛，所以对于将要举行的比赛没有频率数据可用。在此种既不能运用古典概率也不能运用经验概率的情况，则可以用主观概率估计出某中学

足球队获胜的概率。主观概率是根据各种信息，依据经验和判断对事件的概率作出的估计。主观概率不假定现象的可重复性，甚至可以根据一次性试验作出判断。由于主观概率表达的是某个人的置信度，不同的人对同一事件的判断结果会有不同。

主观概率应用的例子有：估计你期中考试统计学的成绩的概率；估计华为手机两年后稳居销售第一的概率。

3. 概率的运算法则

1）加法法则

（1）任意事件的加法法则。

任意两个事件 A 与 B 和（并）的概率，等于两个事件概率的和再减去两个事件同时发生的概率，即

$$P(A+B) = P(A) + P(B) - P(AB)$$

$$P(A+B+C) = P(A) + P(B) + P(C) - P(AB) - P(AC) - P(BC) + P(ABC)$$

（2）不相容事件的加法法则。

两个不相容事件 A 与 B 和（并）的概率，等于两事件概率的和，即

$$P(A+B) = P(A) + P(B)$$

例 6.4 调查某学校后勤部对学校的满意程度，不满意的员工中有 40%是因为工作强度大而产生的不满意，25%是收入不满意，另外 15%对工作强度和收入都不满意，试计算因为工作强度大或收入原因所产生的不满意的概率有多大？

解 设事件 A 为对工作强度不满意，B 为对收入不满意，根据题意得 $P(A) = 40\%$，$P(B) = 25\%$，$P(AB) = 15\%$。

运用任意事件的加法法则公式得 $P(工作强度或收入不满) = P(工作强度不满) + P(收入不满) - P(工作强度和收入都不满)$，即

$$P(A+B) = P(A) + P(B) - P(AB) = 40\% + 25\% - 15\% = 50\%$$

2）乘法法则

前面介绍的概率问题是从整个样本空间抽样时某一特定事件发生的概率，没有附加任何特殊条件，这种概率称为无条件概率。但在实际问题的研究中，除了要知道事件 A 发生的概率外，有时还需要知道在"事件 B 已发生"的条件下，事件 A 发生的概率，这种概率称为条件概率，记作 $P(A|B)$。

设 A、B 是任意两个事件，且 $P(B)>0$，A 关于 B 的条件概率的公式为

$$P(A|B) = \frac{P(AB)}{P(B)}$$

该公式反映了在事件 B 发生的条件下事件 A 发生的概率。通常把两个事件交的概率 $P(AB)$ 称为联合概率。

例 6.5 某手机维修公司从两家供货商处购买零配件，质量状况如表 6-2 所示。

表 6-2　甲、乙供货商提供零配件资料　　　　　　　　　　　（单位：个）

供货商	正品质量	次品质量	合计
甲供货商	485	15	500
乙供货商	380	20	400

从这 900 个零配件中任取一个进行检查，求：

（1）取出一个正品的概率；
（2）取出一个为甲供货商提供的零配件的概率；
（3）取出一个为甲供货商提供的正品的概率；
（4）取出一个为甲供货商提供的零部件，且是正品的概率。

解　设 A 为取出一个零配件为正品，B 为取出一个为甲供货商提供的零部件。则所求的概率分别如下。

（1）取出一个正品的概率为

$$P(A) = \frac{865}{900} = \frac{173}{180}$$

（2）取出一个为甲供货商提供的零配件的概率为

$$P(B) = \frac{500}{900} = \frac{5}{9}$$

（3）取出一个为甲供货商提供的正品的概率为

$$P(AB) = \frac{485}{900} = \frac{97}{180}$$

（4）求的是在已知事件 B 发生的条件下事件 A 发生的概率：

$$P(A|B) = \frac{P(AB)}{P(B)} = \frac{97}{100}$$

对条件概率公式做数学处理，使联合概率 $P(AB)$ 可以由一个事件的条件概率来决定。运用上面的条件概率公式，求解联合概率 $P(AB)$，可得一般乘法公式如下：

$$P(AB) = P(A|B)P(B), \quad P(AB) = P(B|A)P(A)$$

即 A 和 B 的概率等于已知 B 时 A 的概率与 B 的概率的乘积。

例 6.6　设一批羽毛球共有 80 只，其中次品有 8 只，现采用不重复抽样调查抽样抽取 2 只羽毛球，求取出的第一只是次品，第二只也是次品的概率。

解　设 A 为第一只为次品，B 为第二只是次品，因为 80 只羽毛球中有 8 只次品，则 $P(A) = 8/80$，由于取出的第一件产品是次品，剩下的 79 件中还有 7 只次品，所以 $P(B|A) = 7/79$。那么两件都为次品的概率为

$$P(AB) = P(B|A)P(A) = \frac{7}{79} \times \frac{8}{80} = \frac{7}{790}$$

3）独立事件

从条件概率可以知道，已经发生的事件 B 应与考察的事件 A 存在相关性，正因为如

此，条件概率才得以与一般概率相区别。但现实中的确有这样的两两事件，在特定实验中它们互不影响，事件 A 发生的概率不会因为事件 B 的发生而有所改变。我们把具有如此特征的事件 A 和事件 B 称为独立事件。若 $P(A|B) = P(A)$ 或 $P(B|A) = P(B)$，则称事件 A 与事件 B 独立，或称独立事件。独立事件意味着事件 A 发生与否不会影响事件 B 的发生，则这两个事件同时发生的概率等于它们各自发生的概率之积，用公式表示如下：

$$P(AB) = P(A)P(B)$$

例 6.7 在某市中，大约有40%的家庭订阅报纸，有98%的家庭有电视机。假定这两件事情是独立的。现随机抽取一个家庭，求所抽取家庭既订阅报纸又有电视机的概率是多少？

解 设 A 为事件"该家庭订阅报纸"，B 为事件"该家庭有电视机"。

$$P(A) = 0.4，P(B) = 0.98$$

因为事件 A 与事件 B 是独立的，所以

$$P(AB) = P(A)P(B) = 0.4 \times 0.98 = 0.392$$

即所抽取的家庭既订阅报纸又有电视机的概率为0.392。

4）全概率公式

有些事件很复杂，直接计算它们的概率有一定困难，在这种情况下，可以将事件分解成互不相容的一些简单事件，通过计算这些简单事件的概率，并运用全概率公式来解决所要解决的问题。

全概率公式可表述如下。

设 $A_1, A_2, \cdots, A_n$ 为 n 个互不相容事件，且 $\sum_{i=1}^{n} A_i = \Omega, P(A_i) > 0, i = 1, 2, \cdots, n$，则任一事件 B 的概率为

$$P(B) = \sum_{i=1}^{n} P(A_i)P(B|A_i)$$

例 6.8 某工厂有甲、乙、丙三台机器生产小铁钉，它们的产量各占总产量的20%、30%、50%，在各自的产品中，不合格产品各占4%、3%、2%。现从产品中任意取一个，它是不合格品的概率是多少？

解 设 A_1 为事件"任取一个产品是甲生产的"，A_2 为事件"任取一个产品是乙生产的"，A_3 为事件"任取一个产品是丙生产的"；B 为事件"任取一个产品不是合格品"。

显然，$A_1 + A_2 + A_3 = \Omega$，且 A_1、A_2、A_3 互不相容。根据题意有

$$P(A_1) = 20\%, \quad P(A_2) = 30\%, \quad P(A_3) = 50\%$$
$$P(B|A_1) = 4\%, \quad P(B|A_2) = 3\%, \quad P(B|A_3) = 2\%$$

运用全概率公式得，抽取一个产品为不合格的概率为

$$P(B) = \sum_{i=1}^{3} P(A_i)P(B|A_i)$$
$$= 20\% \times 4\% + 30\% \times 3\% + 50\% \times 2\% = 0.027$$

5）贝叶斯公式

贝叶斯公式又称贝叶斯定理，可表述如下。

设 $A_1, A_2, \cdots, A_n$ 为 n 个互不相容事件，且 $\sum_{i=1}^{n} A_i = \Omega, P(A_i) > 0, i = 1, 2, \cdots, n$。则任一事件 B，有

$$P(A_i | B) = \frac{P(A_i)P(B | A_i)}{\sum_{i=1}^{n} P(A_i)P(B | A_i)}, \quad i = 1, 2, \cdots, n$$

例 6.9 在例 6.8 中，如果从产品中任意取一个，经检验后知道它是不合格品，问此不合格品是甲生产的概率是多少？

$$\begin{aligned}
P(A_1 | B) &= \frac{P(A_1)P(B | A_1)}{\sum_{i=1}^{3} P(A_i)P(B | A_i)} \\
&= \frac{20\% \times 4\%}{20\% \times 4\% + 30\% \times 3\% + 50\% \times 2\%} \\
&\approx 0.296
\end{aligned}$$

从此例中可见：A_1、A_2、A_3 是导致实验结果的"原因"，$P(A)$ 在实验前就知道，因此习惯上称为先验概率。

第二节 随机变量及其分布

一、随机变量的概念

随机变量就是其取值带有随机性的变量，是随机事件的数量表现。在给定的条件下，这种变量取何值事先不能确定，只能由随机实验的结果来定，并且随实验的结果而变。例如，抛一枚硬币，其结果就是一个随机变量 X，因为在抛掷之前我们并不知道出现的是正面还是反面，若用 1 表示正面朝上，0 表示反面朝上，则 X 可能取 0 也可能取 1。又如，某写字楼每平方米的出租价格 X，在理论上可以取大于 0 的无穷多个数字中的任何一个，因此写字楼每平方米的出租价格也是一个随机变量。

根据随机变量取值的不同，可以将其分为离散型随机变量和连续型随机变量两种。将只能取有限个或可数个数的随机变量称为离散型随机变量。例如，一家超市每天光临的顾客人数，某地每天因饮酒处罚的驾驶员数，就是离散型随机变量。连续型变量是指可以取一个或多个区间中任何值的随机变量，例如，某写字楼的出租价格，女篮球运动员的身高，则是连续型随机变量。

二、随机变量的概率分布

随机变量具有两个特点：①取值的随机性，即事先不能确定 X 取哪个数值；②取值

的统计规律性,即可以确定 X 取某个数值或 X 在某一个区间内取值的概率。所以,研究随机变量,首先要知道它可能取哪些值,其次是它取这些值的可能性是多少。我们把随机变量的一切可能值的集合(值域)与其相应的概率称为随机变量的概率分布。随机变量的统计性质可由它的概率分布来表征。

常用的随机变量分为离散型随机变量和连续型随机变量两类。因而其概率分布也分为离散型随机变量的概率分布和连续型随机变量的概率分布两类。

(一)离散型随机变量的概率分布

离散型随机变量的概率分布由离散型随机变量 $X(X=x)$ 的取值和相应的概率 $P(X=x)$ 构成。

例 6.10 某银行在城市的分行每月批准的汽车抵押贷款笔数分布见表 6-3,问该分布是否为随机变量的概率分布?

表 6-3 每月批准的汽车抵押贷款笔数概率分布

每月批准的汽车抵押贷款笔数 X	概率 $P(X=x)$	向上累计概率
0	0.10	0.10
1	0.25	0.35
2	0.10	0.45
3	0.15	0.60
4	0.25	0.85
5	0.15	1.00

解 每月批准的汽车抵押贷款笔数是不确定的,它是一个离散型随机变量,该离散型随机变量的每一个取值与对应的概率的关系称为离散型随机变量的概率分布。因此该分布是随机变量的概率分布。它满足下面的关系:$p(x_i) \geqslant 0$ 和 $\sum_{i=1}^{\infty} p(x_i) = 1$。

例 6.11 投掷一颗骰子后出现的点数 X 是一个离散型随机变量。写出掷骰子出现点数的概率分布。

解 掷一颗骰子后出现的点数为 1,2,3,4,5,6,共 6 个数值,而且出现每一个点数的概率相等。相应的概率分布如表 6-4 所示。

表 6-4 掷一颗骰子出现点数的概率分布

$X = x_i$	1	2	3	4	5	6
$P(X = x_i) = p_i$	$\frac{1}{6}$	$\frac{1}{6}$	$\frac{1}{6}$	$\frac{1}{6}$	$\frac{1}{6}$	$\frac{1}{6}$

（二）连续型随机变量的概率分布

一个随机变量如果能在一个数值区间内取任何值，则此变量就是连续型随机变量。由于连续型随机变量的取值不能一一列出，我们不能像离散型变量那样把随机变量的取值及其概率用表的形式描述，而要用连续函数的形式描述。满足下列两个条件的函数 $f(x)$ 称作连续型随机变量 X 的概率密度函数：

$$f(x) \geqslant 0$$

$$\int_{-\infty}^{+\infty} f(x) \mathrm{d}x = 1$$

对 $f(x)$ 的积分，称作概率分布函数，用 $F(x)$ 表示：

$$F(x) = \int_{-\infty}^{x} f(\theta) \mathrm{d}\theta$$

在实际应用中，常把连续型随机变量 X 的概率密度函数 $f(x)$ 和概率分布函数 $F(x)$ 统称为随机变量 X 的概率分布。

连续型随机变量 X 在某个值域区间 (a, b) 或 $[a, b]$ 内的取值概率，等于概率密度函数 $f(x)$ 的曲线与 x 轴及由 x 轴上 a 和 b 两点引出的两条垂线所围成的面积，也就是求如下的积分：

$$P(a \leqslant x \leqslant b) = \int_{a}^{b} f(x) \mathrm{d}x = F(b) - F(a)$$

如图 6-1 所示，整个概率密度函数 $f(x)$ 曲线下的面积为 1。

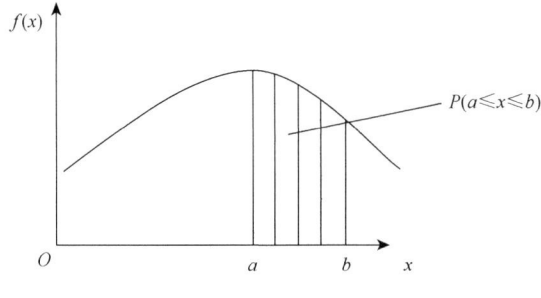

图 6-1　概率密度函数

三、随机变量的数字特征

概率分布完整地描述了随机变量的统计规律。但是为了更概括、更突出地刻画随机变量某些方面的性质与特点，还必须引进随机变量的数字特征。这里主要介绍随机变量的集中趋势特征和离散趋势特征。

(一)随机变量的数学期望

随机变量 X 的数学期望是 X 的一切可能值以相应的概率为权数的加权算术平均数。一般把 X 的数学期望记作 $E(X)$。

若 X 是离散型随机变量,则 X 的数学期望为

$$E(X) = \sum_{i=1}^{n} x_i p_i = \sum_{i=1}^{n} x_1 P(X = x_i)$$

当 X 的取值为可列无限时,其数学期望可作类似的定义,在此不作介绍。

若 X 是连续型随机变量,其概率密度函数为 $f(x)$,则 X 的数学期望为

$$E(X) = \int_{-\infty}^{+\infty} xf(x)\mathrm{d}x$$

式中的定积分应绝对收敛。

数学期望有下列性质。

性质1:常量 C 的数学期望等于该常量,即 $E(C) = C$。

性质2:随机变量与常量之和的数学期望,等于随机变量的数学期望与这个常量的和,即

$$E(X + C) = E(X) + C$$

性质3:常量 C 与随机变量乘积的数学期望,等于这个常量与随机变量数学期望的乘积,即

$$E(CX) = CE(X)$$

性质4:两个随机变量的和或差的数学期望,等于它们各自的数学期望的和或差,即

$$E(X \pm Y) = E(X) \pm E(Y)$$

这个性质可以推广为 n 个随机变量和的情形,即

$$E\left(\sum_{i=1}^{n} x_i\right) = \sum_{i=1}^{n} E(x_i)$$

性质5:两个独立随机变量乘积的数学期望等于这两个随机变量数学期望的乘积,即若 X 与 Y 独立,有 $E(XY) = E(X)E(Y)$。

(二)随机变量的方差、标准差

数学期望描述了随机变量分布的集中趋势的特征,在许多情况下,仅了解随机变量取值的平均状况是不够的,还必须了解随机变量分布的离散特征,而方差与标准差就是对随机变量离散趋势特征的较好计量。

随机变量 X 的方差是 X 与其数学期望离差平方的数学期望,记作 $D(X)$。其计算公式为 $D(X) = E[X-E(X)]^2$。

对方差取正平方根为随机变量 X 的标准差。方差还可用下式计算:

$$D(X) = E(X^2) - [E(X)]^2$$

若 X 是离散型随机变量,则 X 的方差计算公式为

$$D(X) = \sum_{i=1}^{n}[x_i - E(X)]^2 p_i$$

若 X 是连续型随机变量，其概率密度函数为 $f(x)$，则 X 的方差计算公式为

$$D(X) = \int_{-\infty}^{+\infty}[x_i - E(X)]^2 f(x)\mathrm{d}x$$

方差有下列性质。

性质 1：常量 C 的方差等于 0，即 $D(C) = 0$。

性质 2：随机变量与常量之和的方差等于随机变量的方差，即 $D(X + C) = D(X)$。

性质 3：常量 C 与随机变量乘积的方差等于该常量的平方与该随机变量方差的乘积，即

$$D(CX) = C^2 D(X)$$

性质 4：两个独立随机变量之和或差的方差等于它们各自的方差的和，即

$$D(X \pm Y) = D(X) + D(Y)$$

这个性质可以推广为 n 个随机变量和的情形。

四、几种常用的概率分布

只要确定一个随机变量的概率分布，并用一定的公式表达出来，就能根据这一分布计算出随机变量的任意一个取值的概率。下面介绍几种常用的概率分布。

（一）两点分布

如果随机变量 X 只能取 0 和 1 两个值，取 1 的概率为 p，取 0 的概率为 q 或 $1-p$，则称 X 服从参数为 p 的两点分布，也称为（0～1）分布。服从两点分布的变量一般都是定性数据，其现象的属性只有两种对立的表现。例如，产品分为合格品与不合格品；消费者对某一商品的购买意向分为想买与不想买等。只要变量的取值满足仅有两种可能结果这一条件，就可用两点分布来进行描述。统计学把这种只有两种可能结果的随机试验，称为伯努利试验。一般地，把试验结果分别看作"成功"与"失败"，用数值 1 和 0 表示。

两点分布是离散型随机变量的概率分布中最简单的一种分布类型。

例 6.12 某厂 100 件白炽灯产品中有 5 件不合格品，从中任取一件产品，求：

（1）抽中合格品与不合格品的概率；

（2）任抽一件为合格品的数学期望与方差。

解 这是一个两点分布，变量的类型为离散型。设 $X = 0$ 为取得不合格品，$X = 1$ 为取得合格品。计算如下。

（1）抽中合格品的概率

$$P(X = 1) = \frac{95}{100} = 0.95 = p$$

抽中不合格品的概率

$$P(X=0) = \frac{5}{100} = 0.05 = q$$

（2）任抽一件为合格品的数学期望：

$$E(X) = \sum_{i=0}^{1} x_i p_i = 0 \times q + 1 \times p = 0.95$$

方差为

$$D(X) = E(X^2) - [E(X)]^2 = p - p^2 = p(1-p) = 0.95 \times 0.05 = 0.0475$$

（二）二项分布

从两点分布出发，在相同条件下若将伯努利试验独立地重复 n 次，n 是一个固定数值，则称该试验为 n 重伯努利试验。二项分布是 n 重伯努利试验中出现"成功"次数的概率分布，它服从参数(n, p)，计作 $X \sim B(n, p)$。二项分布是一种常用的离散型随机变量的概率分布，它有如下4个基本性质。

（1）重复试验的次数 n 固定不变。
（2）每次试验只有"成功"和"失败"两种对立结果。
（3）每次试验"成功"的概率（p）都相等。
（4）每次试验互相独立。

我们可以把二项分布的"成功"次数计为 k，则 k 的概率为

$$P(X=k) = C_n^k p^k q^{n-k}, \quad k = 0, 1, 2, \cdots, n$$

这里在 n 次试验中成功次数的组合数，其公式为

$$C_n^k = \frac{n(n-1)\cdots(n-k+1)}{k(k-1)\cdots 1} = \frac{n!}{(n-k)!k!}$$

容易证明，当 $k=1$ 时，二项分布就等同于两点分布，因为此时只进行了一次伯努利试验。

二项分布的数学期望和方差分别为

$$E(X) = np$$
$$D(X) = npq$$

例 6.13 某种商品的不合格率为 0.3，顾客从商店买了 6 件这种商品，试求下列事件的概率：

（1）恰有4件商品不合格；
（2）至少有一件不合格品。

解 每件商品只有两种可能的结果：合格与不合格。由于本问题关注的是不合格品，可把买到不合格商品视为"成功"。买6件商品相当于做6次伯努利试验，因此 $n=6$，且各次试验互不影响。设不合格商品数为 X，显然，随机变量 X 服从二项分布，即 $X \sim B(6, 0.3)$。计算结果分别如下。

（1）有4件商品不合格的概率为

$$P(X=4) = C_6^4 \times 0.3^4 \times 0.7^2 \approx 0.0596$$

（2）至少有一件不合格品的概率为

$$P(X) \geqslant 1 - P(X=0) = 1 - C_6^0 \times 0.3^0 \times 0.7^6 \approx 0.8824$$

当 n 较大时，用二项分布的公式计算概率较复杂，为此人们编制了二项分布数值表，查表即可得到所需的结果。设 $X \sim B(n, p)$，给定不同的 n、p 和 x 值，通过查找二项分布数值表，可得到 $P(X \leqslant x)$。

（三）超几何分布

由二项分布的性质可知，二项分布只适宜重复抽样，或者是总体 N 很大，样本容量 n 很小时采用。当采用不重复抽样时，各次试验并不独立，成功的概率也互不相等，而且样本容量 n 相对于总体 N 较大时，二项分布就不再适用。这时，试验成功的次数服从超几何分布。

超几何分布的试验背景是：对有限总体进行不放回方式（每次抽取后，所抽单位不再放回）的简单随机抽样，观察样本中具有某种特征的单位数目。如果有限总体单位数目为 N，其中具有某种特征的单位数目为 M，对这个总体进行 n 次不放回简单随机抽样，用随机变量 X 表示样本中具有某种特征的单位和数目，则 X 服从参数为 (N, M) 的超几何分布。超几何分布的概率计算公式：

$$P(X=k) = \frac{C_M^k C_{N-K}^{n-k}}{C_N^n}, \quad k = 0, 1, 2, \cdots, \min\{n, M\}$$

式中，k 为样本中具有某种特征的单位的数目。

例 6.14 某金融机构计划招聘多名金融分析人员，共有 10 人应聘。公司经理决定在 10 人中随机招聘，已知 10 人中男性 6 人，女性 4 人，试求招聘 5 人中 3 人是男性的概率？

解 这个例子中的样本是 10 名应聘者，每一名应聘者只能被选择一次，因而样本是不放回的。这样男性应聘者被选中的概率随着抽取的不同将发生变化，本例适宜用超几何分布计算概率。已知 $N=10$，由于本问题关注的是男性，可把男性视为"成功"，其中，"成功"次数 $M=6$；样本容量 $n=5$，$k=3$。则可得到概率为

$$P(X=3) = \frac{C_6^3 C_4^2}{C_{10}^5} = \frac{20}{42}$$

超几何分布的数学期望和方差分别是

$$E(X) = np$$
$$D(X) = npq\left(\frac{N-n}{N-1}\right)$$

式中，$p = M/N$。

（四）正态分布

正态分布在统计学中占有非常重要的位置，它是连续型随机变量最常用的一种分布类

型。现实生活中有许多现象都可以用正态分布来描述,其他的一些分布如二项分布可以用正态分布进行近似计算,而且由正态分布也可以导出其他一些重要分布,如 χ^2 分布、F 分布和 t 分布等。

令随机变量 X 是在一个随机试验中被测量的结果,并且决定这项试验结果的是大量偶然因素作用的总和,每个因素的单独作用相对较小,那么,X 的分布就近似于正态分布。

正态分布的密度函数是

$$P(x) = \frac{1}{\sqrt{2\pi}\sigma} e^{-\frac{(x-\mu)^2}{2\sigma^2}}, \quad -\infty < x < +\infty$$

式中,μ 为随机变量 X 的均值,它可为任意实数;$\sigma^2 = D(X)$ 为随机变量 X 的方差,且 $\sigma > 0$,$\pi = 3.1415926$,$e = 2.71828$,则称 X 为正态随机变量,或称 X 服从正态分布,记作 $X \sim N(\mu, \sigma^2)$。

这是一个左右对称,以横轴为渐近线的钟形曲线。在图 6-2 中,正态随机变量 X 在区间 (x_1, x_2) 内取值的概率由区间上竖立的曲边梯形的面积给出(整个曲线下覆盖的总面积等于1)。这个面积当然可以通过对正态分布密度曲线的函数式求定积分得到。但为了方便,人们编制了"正态密度曲线下面积"表。这个表是就标准正态变量情形编制的,因此,查表时要把一般的正态变量转化成标准正态变量。

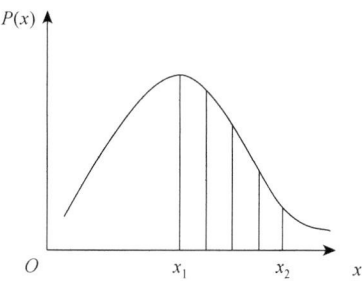

图 6-2 正态分布的密度函数

正态分布的密度函数有两个参数:μ 和 σ^2。从密度函数的图形来说,μ 决定曲线在横轴上的位置,其值越大,图形位置越靠右;σ^2 决定曲线的形状,其值越大,图形越"矮胖"。

标准正态变量是 $\mu = 0$,$\sigma^2 = 1$ 的正态变量,通常记作 $N(0, 1)$。为了和一般正态变量有所区别,我们用大写字母 Z 来表示标准正态变量,用小写字母 z 来表示它的取值。它的概率密度函数式为

$$P(Z) = \frac{1}{\sqrt{2\pi}} e^{-\frac{z^2}{2}}, \quad -\infty < z < +\infty$$

把随机变量与它的数学期望相减之差除以该随机变量的标准差(方差的平方根),称为随机变量的标准化。其计算公式为

$$Z = \frac{x - E(X)}{\sigma}$$

例 6.15 研究表明,某行业蓝领雇员每小时的酬薪服从均值为 16 元、标准差为 3 元的标准正态分布,若随机抽取一名雇员,其收入满足下列条件的概率是多少?

(1)每小时薪酬在 16~19 元;

(2)每小时薪酬高于 19 元;

(3) 每小时薪酬低于 14.7 元。

解 已知 $\mu=16$，$\sigma=3$，根据公式有：

(1) 每小时薪酬在 16～19 元的概率为

$$Z_1 = \frac{16-16}{3} = 0, \quad Z_2 = \frac{19-16}{3} = 1$$

查正态分布表，则

$$P(16 \leqslant X \leqslant 19) = 0.34$$

(2) 每小时薪酬高于 19 元的概率为

$$Z = \frac{19-16}{3} = 1$$

$$P(X > 19) = 0.5 - 0.34 = 0.16$$

(3) 每小时薪酬低于 14.7 元的概率为

$$Z = \frac{14.7-16}{3} \approx -0.43$$

查正态分布表 $Z = -0.43$ 时，其概率为 0.17，所以

$$P(X < 14.7) = 0.5 - 0.17 = 0.33$$

（五）χ^2 分布

若 n 个相互独立的随机变量 $X_1, X_2, \cdots, X_n$，均服从标准正态分布（也称独立同分布于标准正态分布），则这 n 个服从标准正态分布的随机变量的平方和 $\sum_{i=1}^{n} X_i^2$ 构成一个新的随机变量，其 χ^2 分布规律称为 $\chi^2(n)$ 分布，其中参数 n 称为自由度，自由度不同就是另一个 χ^2 分布，正如正态分布中均值或方差不同就是另一个正态分布一样。这个分布的概率密度函数的表达式略去不做介绍。χ^2 分布概率密度函数的图形如图 6-3 所示。

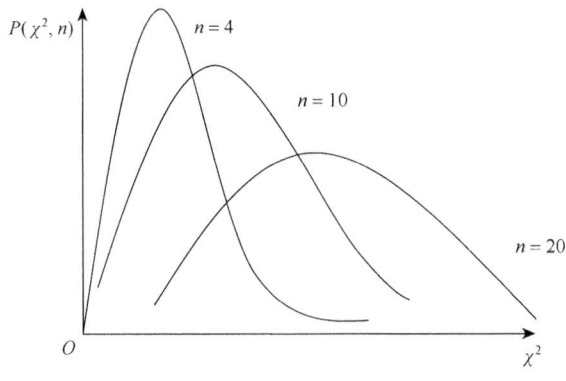

图 6-3　χ^2 分布概率密度函数

图 6-3 中表示一簇曲线，其形态随 n 值的改变而不同。n 是构成 χ^2 变量的标准正态变

量个数，称作 χ^2 变量的自由度。如图 6-3 所示的分布为不对称分布，一般为正偏分布，但随着其自由度的增大，曲线逐渐趋于对称，并趋于正态分布。

χ^2 分布可用于方差估计与检验，以及非参数统计中拟合优度检验和独立性检验等。为了计算 χ^2 分布，人们编制了"χ^2 分布上侧分位数表"。表中，横行名称是自由度 n，纵栏名称是 χ^2-密度曲线下右尾部的面积。当自由度大于 45 时，χ^2 的值可用下面的近似公式计算：

$$\chi^2_{\alpha,n} \approx \begin{cases} \frac{1}{2}(\sqrt{2n-1}+z_\alpha)^2, & \alpha \leqslant 0.5 \\ \frac{1}{2}(\sqrt{2n-1}+z_{1-\alpha})^2, & \alpha \geqslant 0.5 \end{cases}$$

式中，$z_\alpha(\alpha \leqslant 0.5)$ 和 $z_{1-\alpha}(\alpha \geqslant 0.5)$ 为标准正态分布右尾面积为 $\alpha(\alpha \leqslant 0.5)$ 和 $1-\alpha(\alpha \geqslant 0.5)$ 的右侧分位数。

（六）F 分布

这是两个相互独立的 χ^2 变量（分别除以各自的自由度之后）相除构成的随机变量所遵循的分布规律。即设 X 和 Y 是相互独立的服从 χ^2 分布的随机变量，自由度分别为 f_1、f_2，则称随机变量 $F = \dfrac{X/f_1}{Y/f_2}$，所遵循的分布规律为 F 分布，记作 $F(f_1, f_2)$。f_1 称作 F 分布的第一自由度（分子自由度），f_2 称作 F 分布的第二自由度（分母自由度）。这个分布的概率密度函数的表达式这里不做介绍，概率密度函数的图形如图 6-4 所示。图中表示一簇曲线，其形态随 f_1 和 f_2 的改变而不同。

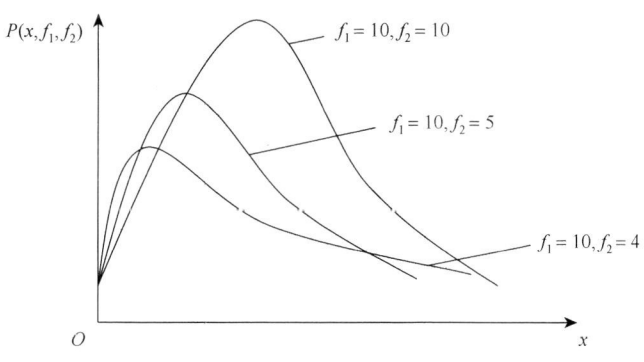

图 6-4　F 分布概率密度函数

F 分布可用于两个正态总体方差的比较、方差分析和线性回归模型的检验等方面。

为了计算 F 分布（概率密度曲线下曲边梯形的面积），人们编制了"F 分布上侧分位数表"。这种表按 F 分布曲线右尾部面积的不同数值分别编制。

（七）t 分布

设 X 是标准正态变量，Y 是自由度为 n 的 χ^2 分布的变量，且 X 和 Y 相互独立，则称随机变量 $t = \dfrac{X}{\sqrt{Y/n}}$ 所遵循的分布规律为 t 分布。n 称为它的自由度，记作 $t(n)$。t 分布的概率密度函数的表达式不做介绍。t 分布的曲线形态随 n 的改变而不同。t 分布类似于标准正态分布，其密度曲线是以纵坐标轴为对称轴的单峰曲线。当自由度 n 较小时，t 分布比标准正态分布分散些，曲线的两尾高于正态分布而峰顶低于标准正态分布。随着 n 的增大，t 分布越来越接近标准正态分布，当 $n > \infty$ 时，t 分布完全变成了标准正态分布。t 分布可用于总体方差未知时正态总体平均数的估计与检验，以及线性回归模型中回归系数的显著性检验等。为了计算 t 分布的概率（概率密度曲线下曲边梯形的面积），人们编制了"t 分布双侧分位数表"。表的横行标为自由度，纵栏标为图形两个尾部相等的阴影面积之和，横行纵栏交叉处数字为右尾阴影与非阴影交界处 t 变量的数值。

第三节　抽 样 分 布

一、抽样的基本概念

抽样推断是按照随机性原则，从研究对象中抽取一部分个体进行观察，并根据所得到的观察数据，对研究对象的数量特征作出具有一定可靠程度的估计和推断，以达到认识总体的目的的一种统计方法。例如，要检验某种产品的质量，我们只需从中抽取一小部分产品进行检验，并用计算出来的合格率来估计全部产品的合格率，或是根据合格率的变化来判断生产线是否出现了异常。

（一）总体与样本

总体是指根据研究目的确定的所要研究的事物的全体，是由客观存在的、具有某种共同性质的大量个别事物构成的整体。对于特定的问题来说，总体是唯一确定的。组成总体的个别事物称为总体单位，总体所包含的总体单位的个数称为总体的大小，通常用 N 来表示。

样本是按照随机原则从总体中抽取出来的用来代表总体的那部分单位的集合。总体是唯一确定的，而样本不是唯一的，也不是确定的，是随机的、可变的，可以有很多个。

（二）样本容量和样本个数

样本容量和样本个数是两个有联系但又完全不同的概念。样本中所包含的单位个数称为样本容量，一般用 n 表示。在抽样推断中，样本容量的大小是非常重要的，样本容量大，则抽样误差较小，但调查费用较高；样本容量小，则抽样误差就比较大。因此，在抽样设计时应该根据调查目的认真考虑合适的样本容量。通常将样本单位数不少于 30 个的样本称为大样本，不足 30 个的称为小样本。样本大小不同，抽样推断的方法也有所差异。

样本个数也称为样本可能数目，是指从一个总体中可能抽取到的样本的数目。从一个总体究竟可能抽取多少个样本，这和样本容量以及抽样方法都有关系。

（三）总体参数与样本统计量

总体参数是根据总体各单位的标志值或标志属性计算的反映总体数量特征的综合指标，是抽样推断的对象。总体参数的数值是确定的、唯一的，但通常是未知的。一个总体可以有多个参数，从不同方面反映总体的综合数量特征。常用的总体参数有总体平均数、总体成数、总体方差、总体标准差等。

以 X 表示所研究的总体变量，$X_1, X_2, \cdots, X_N$ 表示总体各单位的变量值，则总体平均数、总体方差、总体标准差如下所示：

$$\bar{X} = \frac{\sum_{i=1}^{N} X_i}{N}, \quad \sigma^2 = \frac{\sum_{i=1}^{N}(X_i - \bar{X})^2}{N}, \quad \sigma = \sqrt{\frac{\sum_{i=1}^{N}(X_i - \bar{X})^2}{N}}$$

设具有某种属性的总体单位数为 N_1，则具有某种属性的总体成数和总体成数的方差、标准差为

$$P = \frac{N_1}{N}, \quad \sigma^2 = P(1-P), \quad \sigma = \sqrt{P(1-P)}$$

样本统计量是根据样本中各单位标志值或标志属性计算的综合指标，样本变量的函数用来估计总体参数。其计算方法是确定的，但它的取值随样本的不同而发生变化，因此统计量是随机变量。与总体参数相对应，有样本平均数、样本成数、样本方差等。常用的样本统计量如下。

样本平均数：

$$\bar{x} = \frac{\sum x}{n}$$

样本方差：

$$s^2 = \frac{\sum(x - \bar{x})^2}{n - 1}$$

样本标准差：

$$s = \sqrt{\frac{\sum(x - \bar{x})^2}{n - 1}}$$

样本成数：

$$p = \frac{n_1}{n}$$

样本成数标准差：

$$s = \sqrt{p(1-p)}$$

(四)重复抽样与不重复抽样

从抽样方法来看,抽样有重复抽样和不重复抽样两种。重复抽样也称重置抽样,是指从总体 N 个单位中,随机抽取一个单位,登记之后又放回总体,第二次再从全部 N 个单位中抽取第二个单位,登记之后再放回去,依次类推,直到抽够样本容量 n。因此,重复抽样的样本是由 n 次相互独立的连续试验构成的,每次试验是在完全相同的条件下进行的,每个单位被选中的机会都完全相等。同一个单位有可能多次被抽入同一个样本。在重复抽样条件下,样本可能的个数是 N。

不重复抽样也称不重置抽样,是从总体 N 个单位中,随机抽取一个单位,登记之后不再放回总体,而是从剩下的 $N-1$ 个总体单位中抽取第二个单位,依次类推,最后从剩下的 $N-n+1$ 个单位中抽取第 n 个单位。因此,不重复抽样的样本也由 n 次连续抽选的结果构成,但连续 n 次抽选的结果不是相互独立的,每次抽取的结果都影响下一次抽取,因而每个单位被选中的机会是不相同的。同一个单位不可能 2 次或 2 次以上被抽入同一个样本。不重复抽样相当于一次性从总体中抽出 n 个单位。在不重复抽样条件下,样本可能的个数为 $\dfrac{N!}{(N-n)!n!}$。

例如,从标有号码的一箱子乒乓球(100 个)中抽取 10 个乒乓球。采用重复抽样时,由于被抽中的还要放回,每次抽样的总体中有 100 个单位,每个单位在每次抽取时总有相同 $\dfrac{1}{100}$ 的可能性被抽中;如果采用不重复抽样,每次抽取一个,连续抽 10 次,若第一次抽中的是第 8 号乒乓球,则第二次就不可能抽到第 8 号乒乓球了。第一次抽样时每个乒乓球有 $\dfrac{1}{100}$ 的可能性被抽中,第二次其余 99 个乒乓球就有 $\dfrac{1}{99}$ 的可能性被抽中。第三次、第四次、…、第十次时,每个乒乓球有 $\dfrac{1}{98}$、$\dfrac{1}{97}$、…、$\dfrac{1}{90}$ 的可能性被抽中。因此在不重复抽样条件下,每个单位在各次的中选机会是不相同的。

二、抽样概率分布

每个随机变量都有其概率分布。样本统计量是随机变量,它有很多可能取值,每个可能取值都有一定的概率,从而形成它的概率分布。抽样分布就是指样本统计量的概率分布。

由于样本是随机抽取的,事先并不能确定出现哪个结果,研究样本观测变量的全部可能取值及其出现的可能性的大小是十分必要的。抽样分布反映样本的分布特征,是抽样推断的重要依据。

（一）样本平均数的分布

样本平均数的分布是由全部样本平均数的可能取值和与之相应的概率组成的。先来看一个例子。

例 6.16 设总体由 A、B、C、D、E 五个小学生构成，他们的每周上网时长分别是 18 小时、16 小时、14 小时、12 小时、20 小时。则

总体小学生平均每周上网时长为

$$\bar{X} = \frac{\sum X}{N} = \frac{18+16+14+12+20}{5} = 16(\text{小时})$$

总体每周上网时长方差为

$$\sigma^2 = \frac{16+4+4+0+16}{5} = 8$$

现在用重复抽样的方法从五个小学生中随机抽取 2 个小学生构成样本，并求样本平均每周上网时长来代表总体的平均每周上网时长。由于是重复抽样，第 1 个单位是从总体的 5 个时长中取 1 个，第 2 个单位也是从同一总体的 5 个时长中取 1 个，共有 25 种可能的情况，各种情况下的平均每周上网时长如表 6-5 所示。

表 6-5 平均每周上网时长相关数据

样本单位	变量值	样本平均数
A，A	18，18	18
A，B	18，16	17
A，C	18，14	16
A，D	18，12	15
A，E	18，20	19
B，A	16，18	17
B，B	16，16	16
B，C	16，14	15
B，D	16，12	14
B，E	16，20	18
C，A	14，18	16
C，B	14，16	15
C，C	14，14	14
C，D	14，12	13
C，E	14，20	17
D，A	12，18	15
D，B	12，16	14
D，C	12，14	13

续表

样本单位	变量值	样本平均数
D, D	12, 12	12
D, E	12, 20	16
E, A	20, 18	19
E, B	20, 16	18
E, C	20, 14	17
E, D	20, 12	16
E, E	20, 20	20

容易看出样本平均数及其次数，可以整理列出样本平均数的分布表，如表 6-6 所示。

表 6-6　样本平均数的分布表

样本平均每周上网时长/小时	频数（f）	频率（$f/\sum f$）
12	1	1/25
13	2	2/25
14	3	3/25
15	4	4/25
16	5	5/25
17	4	4/25
18	3	3/25
19	2	2/25
20	1	1/25
合计	25	1

根据以上资料，可以计算样本平均每周上网时长的平均数和样本平均每周上网时长的方差。样本平均每周上网时长的平均数为

$$E(\bar{x}) = \frac{1}{25}(12 \times 1 + 13 \times 2 + 14 \times 3 + 15 \times 4 + 16 \times 5 + 17 \times 4 + 18 \times 3 + 19 \times 2 + 20 \times 1)$$
$$= 16(\text{小时})$$

样本每周平均上网时间的方差为

$$\sigma^2(\bar{x}) = \frac{\sum (\bar{x} - E(\bar{x}))^2 f}{\sum f}$$

$$= \frac{1}{25}\begin{bmatrix}(12-16)^2 + (13-16)^2 \times 2 + (14-16)^2 \times 3 + (15-16)^2 \times 4 \\ +(16-16)^2 \times 5 + (17-16)^2 \times 4 + (18-16)^2 \times 3 + (19-16)^2 \times 2 \\ +(20-16)^2 \end{bmatrix} = 4$$

$$\sigma(\bar{x}) = \sqrt{\sigma^2(\bar{x})} = 2 \text{（小时）}$$

从以上计算，可以得到以下两个重要的结论。

（1）重复抽样的样本平均数等于总体平均数，即 $E(\bar{x}) = \bar{X}$。例 6.16 中两者都等于 16 小时。这说明虽然每个样本平均数的取值可能与总体平均数存在差异，但平均来看，样本平均数和总体平均数是没有离差的，总体平均数是样本平均数分布的中心。

（2）样本平均数的标准差反映了样本平均数与总体平均数的平均误差程度。这是因为

$$\sigma^2(\bar{x}) = E[\bar{x} - E(\bar{x})]^2 = E(\bar{x} - \bar{X})^2$$

所以，在抽样推断中，将样本平均数的标准差定义为抽样平均误差，以 σ 表示。并且在重复抽样的情况下，抽样平均误差等于总体标准差除以样本单位数的平方根，即

$$\sigma(\bar{x}) = \frac{\sigma}{\sqrt{n}}$$

在例 6.16 中，以总体标准差和样本单位数代入上式，得 $\sigma(\bar{x}) = 2$（小时）。所得结果与前面的计算结果完全一致。这表明所有样本每周平均上网时长与总体每周平均上网时长的平均离差为 2 小时。可以看出，抽样平均误差与总体标准差成正比，与样本容量 n 的平方根成反比。因此，若抽样单位数扩大为原来的 4 倍，则抽样平均误差就缩小一半；若抽样平均误差增加一倍，则样本单位数只需原来的 1/4 即可。以上两个重要结论具有普遍的意义，这就意味着，只要是采用重复抽样的方法从总体中随机抽取样本，就适用于上述两个结论。

对于不重复抽样，也具有类似的两个重要结论。

（1）不重复抽样的样本平均数等于总体平均数，即 $E(\bar{x}) = \bar{X}$。

（2）样本平均数的标准差反映了样本平均数与总体平均数的平均误差程度。同样因为

$$\sigma^2(\bar{x}) = E[\bar{x} - E(\bar{x})]^2 = E(\bar{x} - \bar{X})^2$$

所以，在抽样推断中，不重复抽样的样本平均数的标准差也被定义为抽样平均误差，以 σ 表示。但其计算公式与重复抽样时计算公式不同，它等于重复抽样的抽样平均误差乘以修正因子，即

$$\sigma(\bar{x}) = \sqrt{\frac{\sigma^2}{n} \cdot \frac{N-n}{N-1}}$$

在 N 很大的情况下，修正因子中的分母（$N-1$）也可用 N 代替，即

$$\sigma(\bar{x}) = \sqrt{\frac{\sigma^2}{n}\left(1 - \frac{n}{N}\right)}$$

（二）样本成数的分布

样本成数的分布是由全部样本成数的可能取值和与之相应的概率组成的。

例 6.17 设总体由某校抽取的 A、B、C、D、E、F 六个学生构成，他们的性别分别是男、男、男、女、女、女。则总体中男生所占比重，即男生成数为 $p = 3/6 = 50\%$。

总体标准差为

$$\sigma = \sqrt{p(1-p)} = \sqrt{50\% \times (1-50\%)} = 0.5$$

现在从 6 个学生中分别按重复抽样和不重复抽样的方法随机抽取 2 个学生组成样本，可以得到全部可能样本的集合。下面以不重复抽样方法为例，讨论样本成数的分布。

以不重复抽样方法从 6 个学生里面抽取 2 个学生，共有 15 种可能的情况，如表 6-7 所示。

表 6-7 学生抽样数据

样本单位	样本变量	样本男生成数/%
A，B	男，男	100
A，C	男，男	100
A，D	男，女	50
A，E	男，女	50
A，F	男，女	50
B，C	男，男	100
B，D	男，女	50
B，E	男，女	50
B，F	男，女	50
C，D	男，女	50
C，E	男，女	50
C，F	男，女	50
D，E	女，女	0
D，F	女，女	0
E，F	女，女	0

样本成数的分布如表 6-8 所示。

表 6-8 样本成数的分布

样本男生成数/%	频数	频率
0	3	3/15
50	9	9/15
100	3	3/15
合计	15	1

据此计算平均数和方差，结果如下。

样本男生成数的平均数：

$$E(p) = 0 \times \frac{3}{15} + 50\% \times \frac{9}{15} + 100\% \times \frac{3}{15} = 50\%$$

样本男生成数的标准差：

$$\sigma(p) = \sqrt{(0-50\%)^2 \times \frac{3}{15} + (50\%-50\%)^2 \times \frac{9}{15} + (100\%-50\%)^2 \times \frac{3}{15}}$$

$$= \sqrt{\frac{1}{10}} \approx 32\%$$

由计算结果可知：

（1）样本成数的平均数就是总体成数：$E(p) = P$。此例中，$E(p) = P = 50\%$。

（2）样本成数的标准差反映了样本成数与总体成数的平均差异，故也称为抽样平均误差。其计算公式为

$$\sigma(p) = \sqrt{\frac{p(1-p)}{n} \cdot \frac{N-n}{N-1}}$$

在例 6.17 中，以此公式计算的结果与上述结果一致，均为 32%。在 N 很大的情况下，修正因子中的分母（$N-1$）也可用 N 代替，即

$$\sigma(p) = \sqrt{\frac{p(1-p)}{n}\left(1-\frac{p}{N}\right)}$$

抽样误差公式总结如表 6-9 所示。

表 6-9 抽样误差公式

误差	重复抽样	不重复抽样
样本平均数抽样误差	$\sigma(\bar{x}) = \dfrac{\sigma}{\sqrt{n}}$	$\sigma(\bar{x}) = \sqrt{\dfrac{\sigma^2}{n} \cdot \dfrac{N-n}{N-1}}$
样本成数抽样误差	$\sigma(p) = \sqrt{\dfrac{p(1-p)}{n}}$	$\sigma(p) = \sqrt{\dfrac{p(1-p)}{n} \cdot \dfrac{N-n}{N-1}}$

例 6.18 某贫困地区共有 5000 名学龄儿童。以不重复抽样方法随机抽取 400 名儿童，发现有 300 名儿童能入学，求样本入学率的抽样平均误差。

解 由题意知，总体方差未知，以样本方差替代，则

$$\sigma^2 = p(1-p) = \frac{300}{400} \times \left(1 - \frac{300}{400}\right) = 0.1875$$

则样本入学率的抽样平均误差为

$$\sigma(p) = \sqrt{\frac{p(1-p)}{n}\left(1-\frac{n}{N}\right)} = \sqrt{\frac{0.1875}{400}\left(1-\frac{400}{5000}\right)} \approx 0.02$$

三、抽样分布定理

（一）样本平均数的抽样分布定理

样本平均数的抽样分布和总体的分布有关，根据总体分布是否是正态分布而有两个重要定理。

1. 正态分布再生定理

若变量 X 服从总体平均数为 0、总体标准差为 σ 的正态分布，则从这个总体中抽取容量为 n 的样本，样本平均数也服从正态分布，且其平均数为 μ，其标准差为 σ/n。

正态分布再生定理表明，只要总体是正态分布，则无论样本单位数 n 是多少，样本平均数都服从正态分布，分布的中心不变，样本标准差则视抽样是重复抽样还是不重复抽样有所不同，但是它们比总体标准差都小了很多，因此样本平均数更加集中地分布在总体平均数的周围。

2. 中心极限定理

若变量 X 的分布具有有限的平均数 μ 和标准差 σ，则从这个总体中抽取容量为 n 的样本，样本平均数 $\overline{X}$ 的分布随着 n 的增大而趋于平均数为 μ、标准差为 σ/n 的正态分布。

中心极限定理并不要求总体服从正态分布，总体可以是任意分布形式，客观上存在总体平均数和总体标准差，只要样本单位数足够多，样本平均数就趋于正态分布。在实际中，一般样本单位数达到 30 即可按正态分布进行处理。

（二）样本成数的抽样分布定理

从任一总体成数为 P、方差为 $P(1-P)$ 的总体中，抽取容量为 n 的样本，其样本成数的分布随着样本单位数逐渐增大而趋于服从平均数 $E(p) = P$、标准差为 $\sigma(p) = \mu = \sqrt{P(1-P)}$ 的正态分布。

抽样分布定理是我们得到抽样分布的重要依据和原理，正因为有这样的原理支撑，我们才能够推出被广泛应用的统计推断理论，才使得通过样本认识总体的统计推断工作成为可能。

思考与练习

1. 什么是总体分布、样本分布和抽样分布？
2. 样本和总体有什么区别和联系？
3. 影响抽样单位数的主要因素有哪些？
4. 抽样误差、抽样极限误差和概率密度有什么关系？
5. 样本平均数的分布和总体分布的关系是什么？
6. 某高校的在校大学生每月的平均消费是 448 元，标准差是 24 元。现随机抽取 64 名学生，样本平均数在 440～446 的概率是多少？
7. 在其他条件同等的情况下，抽选 5%、10% 和 50% 的样本，试问重复抽样平均误差和不重复抽样平均误差对比关系如何？如果在不重复抽样中，抽样单位数从 5% 增加到 25%，试问抽样误差如何变化？

8. 某电信公司有 500 人，平均工龄为 10 年，标准差为 2 年。以不重复方法随机抽取 50 人组成样本，试计算样本平均工龄的抽样平均误差。

参 考 文 献

董晓萌.2010. 非线性广义相关系数的抽样分布、假设检验及其 R 语言实现[J].科学技术与工程，10（11）：2591-2594.

郭元恒.1965. 测量误差的概率基础[J]. 物理通报，（11）：488-497.

梁小林，曾翠英，黄创霞.2017. 抽样分布定理的简单证明与注记[J]. 湖南文理学院学报（自然科学版），29（03）：20-21, 38.

刘文丽，吕书龙，梁飞豹.2011. 关于正态总体抽样分布定理的证明和思考[J]. 宁德师专学报（自然科学版），23（01）：8-9, 28.

柳青，方积乾.1995. 随机抽样与抽样分布的电脑实验——医学统计学教学研究[J].中国卫生统计，（04）：46-48.

吕书龙，刘文丽.2017. 抽样分布渐近正态近似计算中最小自由度的估计与教学思考[J]. 大学数学，33（03）：81-88.

马朝忠，邓西云，张岩.2018. 关于抽样分布定理的一个证明[J]. 科教导刊（下旬），（01）：59-60.

潘传快，熊巍.2017. 抽样分布理论的模拟分析[J]. 高教学刊，（08）：192-194.

普映娟，李祥.2008. EXCEL 在抽样分布教学中的应用[J]. 保山师专学报，（05）：21-22.

田付友，郑永光，毛冬艳，等.2014. 基于 Γ 函数的暖季小时降水概率分布[J]. 气象，40（07）：787-795.

王国华，徐标，安佰玲.2014. 单正态总体下抽样分布的一个证明[J]. 吉林师范大学学报（自然科学版），35（02）：74-77.

王莲花，黄源涛.2017. 抽样分布及典型问题分析[J]. 河南教育学院学报（自然科学版），26（04）：46-50.

王学民.2005. 关于样本均值的抽样分布能否作正态近似的探讨[J]. 统计研究，（07）：75-78.

张宏毅，王立威，陈瑜希.2013. 概率图模型研究进展综述[J]. 软件学报，24（11）：2476-2497.

张树美.1994. 正态常相关样本的抽样分布和方差分析[J]. 广西师院学报（自然科学版），（01）：18-21, 26.

张秀娟.2001. 运用 Excel 模拟抽样分布与中心极限定理[J]. 统计教育，（02）：23-24.

张玉虎，王琛茜，刘凯利，等.2015. 不同概率分布函数降雨极值的适用性分析[J]. 地理科学，35（11）：1460-1467.

赵渊，郭胤，谢开贵.2013. 考虑参数不确定的电网可靠性概率分布特征[J]. 电网技术，37（08）：2165-2172.

第七章 参数估计

第一节 参数估计的基本原理

一、估计量与估计值

参数估计就是用样本统计量去估计总体参数,如用样本平均数估计总体平均数,用样本成数估计总体成数等,用来估计总体参数的统计量称为估计量,估计量的取值称为估计值。例如,要估计一批电子产品的平均耐用时间,这批产品的平均耐用时间是未知的,是总体参数。从中随机抽取一个样本,样本平均耐用时间是一个样本统计量,我们用样本统计量估计未知的总体产品平均耐用时间,则样本平均耐用时间就是估计量。若根据样本数据计算出来的样本平均耐用时间 j 为 4330 小时,则这个 4330 小时就是估计量的具体数值,称为估计值。

二、参数估计的分类

参数估计的方法主要有两种:一种是点估计,即选择一个适当的统计量作为总体未知参数的估计量;另一种是区间估计,即选择一个适当的区间范围,使得总体未知参数以一定的概率被这个范围所包含。

(一)点估计

点估计也称定值估计,就是以样本估计量直接代替总体参数的一种推断方法。当已知一个样本的观察值时,便可得到总体参数的一个估计值。例如,在一批产品的质量检测中,获知随机抽取的 100 件产品的平均耐用时间为 2000 小时,则我们说该批 1000 件产品的平均耐用时间也是 2000 小时。这种推断就是对总体平均数作了点估计。

点估计的优点在于它能够提供总体参数的具体估计值,可以作为行动决策的数量依据。例如,推销部门对某种产品估计出全年销售额数值,并分出每月销售额,便可传递给生产部门作为制订生产计划的依据,而生产部门又可将每月产量计划传递给采购部门作为制订原材料采购计划的依据等。点估计也有不足之处,它不能提供误差情况如何、误差程度有多大这类重要信息。

(二)区间估计

总体参数的区间估计就是依照一定的概率保证程度,用样本统计量估计总体参数取值范围的方法。

设总体参数为 θ，θ_L、θ_U 是由样本确定的两个统计量，对于给定的 $\alpha(0<\alpha<1)$，有
$$P(\theta_L \leq \theta \leq \theta_U) = 1-\alpha$$
则称 (θ_L, θ_U) 为参数置信度为 $1-\alpha$ 的置信区间。该区间的两个端点分别称为置信下限和置信上限。置信区间的直观意义：作为多次同样的抽样，将得到多个置信区间，其中有的区间包含总体参数的真值，有的区间没有包含总体参数的真值。$1-\alpha$ 为置信度，也称为置信水平或置信概率，置信度则表达了参数区间估计的可靠性。置信区间越小，说明估计的精确性越高；置信度越大，估计可靠性就越大。一般说来，在样本容量一定的前提下，精确度与置信度往往是相互矛盾的：若置信度增加，则区间必然增大，降低了精确度；若精确度提高，则区间缩小，置信度必然减小。要同时提高估计的置信度和精确度，就要增加样本容量。三种常用的置信水平的 $z_{\alpha/2}$ 值见表 7-1。

表 7-1　三种常用的置信水平的 $z_{\alpha/2}$ 值

置信水平/%	α	$\alpha/2$	$z_{\alpha/2}$
90	0.10	0.05	1.645
95	0.05	0.025	1.96
99	0.01	0.005	2.58

置信区间的概念可用图 7-1 来表示。

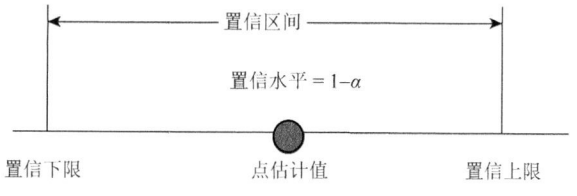

图 7-1　置信区间示意图

三、评价估计量的标准

用样本统计量去估计总体参数，并非只能用一个样本统计量，而可能有多个统计量可供选择，我们总希望选定的统计量能够推断得好一点，那么"好一点"的标准是什么呢？一般来说有三个基本的标准，满足这三个标准就可以认为该估计量是优良的。

（一）无偏性

无偏性的直观意义是没有系统性误差。虽然每个可能样本的估计值不一定恰好等于未知总体参数，但如果多次抽样，应该要求各个估计值的平均数等于总体参数，即从平均意义上，估计量的估计是没有偏差的。这一要求称为无偏性。设总体参数为 θ，所选择的估计量为 $\hat{\theta}$，如果 $E(\hat{\theta})=\theta$，则称 $\hat{\theta}$ 为 θ 的无偏估计量。

图 7-2 给出了点估计量无偏和有偏的情形。

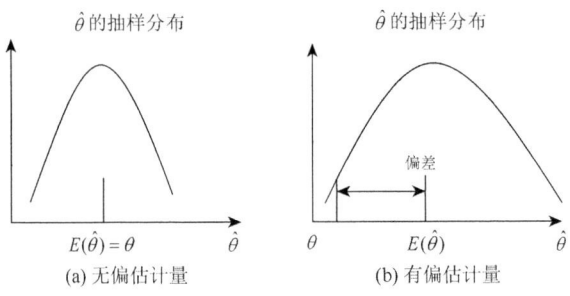

图 7-2 无偏和有偏估计量

一般来说，这是一个优良的估计量必须具备的性质。例如，样本平均数和样本成数分别满足：$E(Z) = X$，$E(p) = P$，所以样本平均数和样本成数分别是总体平均数和总体成数的无偏估计量。

例 7.1 设得到 $\hat{\theta}_1$ 和 $\hat{\theta}_2$ 为参数 θ 的两个独立的无偏估计量，且假定 $D(\hat{\theta}_1) = 2D(\hat{\theta}_2)$，求常数 c 和 d，使 $\hat{\theta} = c\hat{\theta}_1 + d\hat{\theta}_2$ 为 θ 的无偏估计，并使方差 $D(\hat{\theta})$ 最小。

解 由于 $E(\hat{\theta}) = E(c\hat{\theta}_1 + d\hat{\theta}_2) = cE(\hat{\theta}_1) + dE(\hat{\theta}_2) = (c+d)\theta$，且知 $E(\hat{\theta}) = \theta$，故得 $c + d = 1$。又由于

$$D(\hat{\theta}) = D(c\hat{\theta}_1 + d\hat{\theta}_2) = c^2 D(\hat{\theta}_1) + d^2 D(\hat{\theta}_2) = 2c^2 D(\hat{\theta}_2) + d^2 D(\hat{\theta}_2) = (2c^2 + d^2)D(\hat{\theta}_2)$$

并使其最小，即使 $f = 2c^2 + d^2$ 满足条件 $c + d = 1$ 的最小值。

令 $d = 1 - c$，代入得 $f = 2c^2 + (1-c)^2$，$f'_c = 4c - 2(1-c) = 0$，$6c - 2 = 0$，解得 $c = \dfrac{1}{3}$，$d = 1 - c = \dfrac{2}{3}$。

（二）一致性

一致性要求用样本估计量估计总体参数时要达到：样本容量 n 充分大时，样本估计量充分靠近总体参数，即随着 n 的无限增大，样本估计量与未知的总体参数之间的绝对离差任意小的可能性趋于实际的必然性。根据概率论中的大数定律可知：

对于任意给定的正数 ε 有

$$\lim_{n \to \infty}(|\bar{x} - \bar{X}| < \varepsilon) = 1, \quad \lim_{n \to \infty}(|p - P| < \varepsilon) = 1 \tag{7-1}$$

式（7-1）表明，当样本容量越来越大时，样本平均数（样本成数）与总体平均数（总体成数）的偏差小于任意给定的正数的可能性趋近于 1，即几乎是一定发生的。因此，样本估计量是总体参数的一致估计量。

（三）有效性

有效性要求样本估计量估计总体参数时，作为估计量的标准差比其他估计量的标准差

小。如果一个无偏估计量 $\hat{\theta}_1$ 在所有无偏估计量中标准差最小，即 $\sigma(\hat{\theta}_1) \leqslant \sigma(\hat{\theta})$。式中，$\hat{\theta}$ 为任意一个无偏估计量，有效估计量，或称该估计量具有有效性。显然，如果某个总体参数具有两个不同的无偏估计量，更有效的估计量应该选择标准差小的那个。估计量的标准差越小，根据它推导出近于总体参数估计的值的机会越大。可以证明：样本平均数和成数推断总体平均数与成数均能满足优良估计的三条标准。

例 7.2 设总体 X 存在阶距，$X_1, X_2, \cdots, X_n$ 是其简单样本，样本平均数为 $\bar{X}$，则对 X 期望 μ 作估计时，$(X_1 + \bar{X})/2$ 是否比 $\bar{X}$ 更有效？

解 $E[(X_1 + \bar{X})/2] = [E(X_1) + E(\bar{X})]/2 = (\mu + \mu)/2 = \mu$

$$D[(X_1 + \bar{X})/2] = \frac{1}{4} D\left[\left(1 + \frac{1}{n}\right)X_1 + \frac{1}{n}X_2 + \cdots + \frac{1}{n}X_n\right]$$

$$= \frac{1}{4}\left[\left(\frac{1+n}{n}\right)^2 + (n-1)\frac{1}{n^2}\right] D(X_1)$$

$$= \frac{1}{4}\left[\frac{(1+n)^2}{n^2} + \frac{n-1}{n^2}\right] D(X_1)$$

$$= \frac{n+3}{4n} D(X_1) < \frac{1}{n} D(X_1) = D(\bar{X}), \quad n > 1$$

故作 μ 估计时，$(X_1 + \bar{X})/2$ 不比 $\bar{X}$ 更有效，实际上 $\bar{X}$ 比 $(X_1 + \bar{X})/2$ 更有效，只要 $n > 1$。

第二节 参数估计的基本方法

一、总体平均数的估计

（一）正态总体且方差已知，或非正态总体、方差未知、大样本

当总体服从正态分布且方差已知时，根据正态分布再生定理，样本平均数服从正态分布，分布的中心为总体平均数 μ，方差为 $\sigma^2(\bar{x})$。由正态分布的性质可以得到总体平均数的 $1 - \alpha$ 置信区间为

$$\bar{x} \pm z_{\alpha/2} \sigma(\bar{x}) \tag{7-2}$$

式中，$\sigma(\bar{x})$ 分别根据重复抽样和不重复抽样用下列公式计算。

重复抽样：

$$\sigma(\bar{x}) = \frac{\sigma}{\sqrt{n}} \tag{7-3}$$

不重复抽样：

$$\sigma(\bar{x}) = \frac{\sigma}{\sqrt{n}} \cdot \sqrt{1 - \frac{n}{N}} \tag{7-4}$$

例 7.3 一个钢铁厂生产铅球，直径服从方差为 0.05^2 的正态分布。从三月份一批产品

中随机抽取 6 个,测得直径为 15 厘米、15.5 厘米、14.6 厘米、15.2 厘米、14.5 厘米、15.2 厘米。试以 95%的置信水平估计该批产品直径的均值。

解 根据题意,总体服从正态分布,方差为 0.05^2,故样本平均数服从正态分布,即

$$\bar{x} \sim N(\bar{X}, \sigma^2(\bar{x}))$$

首先计算样本平均数的估计值:

$$\bar{x} = \frac{\sum x}{n} = \frac{15+15.5+14.6+15.2+14.5+15.2}{6} = 15(\text{厘米})$$

又由于总体大小 N 未知,故可按重复抽样公式计算抽样平均误差:

$$\mu = \sigma(\bar{x}) = \frac{\sigma}{\sqrt{n}} = \frac{0.05}{\sqrt{6}} \approx 0.02(\text{厘米})$$

根据置信水平 95%查表得概率密度:

$$z_{\alpha/2} = 1.96$$

再计算抽样极限误差:

$$\Delta_{\bar{x}} = z_{\alpha/2}\mu = 1.96 \times 0.02 \approx 0.04(\text{厘米})$$

最后,得出结论,该批铅球平均直径 95%的置信区间为

$$\bar{x} \pm \Delta = 15 \pm 0.04(\text{厘米})$$

即置信区间为(14.96,15.04)。

这是一个区间估计的计算题。从上面的解法中,我们可以总结出这一类计算题的基本做法:先计算出样本指标,然后根据所给条件(重复抽样或不重复抽样)进行抽样平均误差的计算、抽样极限误差的计算,最后根据样本指标和极限误差进行区间估计。

若总体分布未知且总体方差未知,在大样本条件下,根据中心极限定理可知,样本平均数近似服从正态分布,仍可按照上述方法进行估计,但是由于总体方差未知,需要用样本方差代替总体方差,此时可以得到总体平均数的 $1-\alpha$ 置信区间为 $\bar{x} \pm z_{\alpha/2}\sigma(\bar{x})$,其中,重复抽样和不重复抽样用下列公式计算。

重复抽样:

$$\sigma(\bar{x}) = \frac{s}{\sqrt{n}} \qquad (7\text{-}5)$$

不重复抽样:

$$\sigma(\bar{x}) = \frac{s}{\sqrt{n}} \cdot \sqrt{1-\frac{n}{N}} \qquad (7\text{-}6)$$

例 7.4 一个总体参数的区间估计,36 位某银行员工年龄(单位:岁)数据为:25、37、40、30、33、44、34、40、44、40、34、35、45、55、43、55、50、22、31、26、40、35、41、40、35、50、36、30、43、52、38、40、47、52、45、30。

试求某银行员工年龄在置信水平 95%的置信区间。

解 已知 $1-\alpha = 95\%$,$n = 36$,$z_{\alpha/2} = 1.96$,σ 未知。

根据样本数据得到的样本平均数和标准差如下:

$$\bar{x} = \frac{\sum_{i=1}^{n} x_i}{n} \approx 39.36, \quad s = \sqrt{\frac{\sum_{i=1}^{n}(x_i - \bar{x})^2}{n-1}} \approx 7.87$$

根据置信区间公式得

$$\bar{x} \pm z_{\alpha/2} \frac{s}{\sqrt{n}} = 39.36 \pm 1.96 \times \frac{7.87}{\sqrt{36}} \approx 39.36 \pm 2.57$$

即某银行人员平均年龄在置信水平 95% 的置信区间为（36.79，41.93）。

（二）正态总体、方差未知、小样本

若总体服从正态分布，则无论样本容量大小，样本平均数都服从正态分布，此时，只要总体方差已知，即使小样本情况下，也可以按前述公式计算总体平均数的置信区间。但是，若总体方差未知，则需要以样本方差代替总体方差，这时就要采用 t 分布来建立总体平均数的置信区间。

t 分布是类似正态分布的一种对称分布，通常比正态分布平坦和分散。t 分布依赖于它的自由度。随着自由度的增大，t 分布也逐渐趋于正态分布。根据 t 分布建立的总体平均数的 $1-\alpha$ 置信区间如下。

重复抽样：

$$\bar{x} \pm t_{\alpha/2} \frac{s}{\sqrt{n}} \tag{7-7}$$

不重复抽样：

$$\bar{x} \pm t_{\alpha/2} \frac{s}{\sqrt{n}} \cdot \sqrt{1 - \frac{n}{N}} \tag{7-8}$$

例 7.5 已知白炽灯的寿命服从正态分布，现从一批灯泡中抽取 16 只，测得其使用寿命（单位：小时）为：1480、1510、1530、1470、1500、1520、1510、1470、1510、1450、1480、1460、1520、1480、1490、1460。

建立该批灯泡平均使用寿命在置信水平 99% 的置信区间。

解 由题意得，灯泡寿命服从正态分布，$n=16$，σ 未知，$1-\alpha = 99\%$，$t_{\alpha/2} = 2.58$。根据样本数据得到的样本平均数和标准差如下：

$$\bar{x} = \frac{\sum_{i=1}^{n} x_i}{n} = \frac{23\,840}{16} = 1\,490(\text{小时})$$

$$s = \sqrt{\frac{\sum_{i=1}^{n}(x_i - \bar{x})^2}{n-1}} = \sqrt{\frac{9200}{16-1}} \approx 24.77$$

所以根据公式可得

$$\bar{x} \pm t_{\alpha/2} \frac{s}{\sqrt{n}} = 1490 \pm 2.58 \times \frac{24.77}{\sqrt{16}} \approx 1490 \pm 15.98$$

即该种灯泡使用寿命在置信水平 99% 的置信区间为（1474.02，1505.98）。

总体平均数区间估计的公式如表 7-2 所示。

表 7-2 总体平均数区间估计的公式表

总体分布	样本容量	σ 已知	σ 未知
正态分布	大样本	$\bar{x} \pm z_{\alpha/2} \dfrac{\sigma}{\sqrt{n}}$	$\bar{x} \pm z_{\alpha/2} \dfrac{s}{\sqrt{n}}$
	小样本	$\bar{x} \pm z_{\alpha/2} \dfrac{\sigma}{\sqrt{n}}$	$\bar{x} \pm z_{\alpha/2} \dfrac{s}{\sqrt{n}}$
非正态分布	大样本	$\bar{x} \pm z_{\alpha/2} \dfrac{\sigma}{\sqrt{n}}$	$\bar{x} \pm z_{\alpha/2} \dfrac{s}{\sqrt{n}}$

二、总体比例的估计

（一）大样本重复抽样时的估计方法

当样本容量很大时，样本成数 p 的分布可用正态分布来近似。分布的中心是总体成数 P，分布的方差在重复抽样条件下为 $\sigma^2 = \dfrac{P(1-P)}{n}$。在给定概率保证程度下，总体成数的 $1-\alpha$ 置信区间为

$$p \pm z_{\alpha/2} \sqrt{\dfrac{P(1-P)}{n}} \tag{7-9}$$

通常用样本成数 p 代替公式中未知的总体成数 P：

$$p \pm z_{\alpha/2} \sqrt{\dfrac{p(1-p)}{n}} \tag{7-10}$$

例 7.6 某零件厂生产某智能手机的装卡卡槽。现随机抽取 100 只进行检验，得知一级品率为 90%，试以 95% 的置信水平估计该批卡槽的一级品率。

解 已知 $n=100$，$p=90\%$，$1-\alpha=95\%$，$z_{\alpha/2}=1.96$。

故该批卡槽一级品率的 95% 置信水平的置信区间为

$$p \pm z_{\alpha/2}\sqrt{\dfrac{p(1-p)}{n}} = 90\% \pm 1.96 \times \sqrt{\dfrac{90\% \times (1-90\%)}{100}} = 90\% \pm 5.88\%$$

即（84.12%，95.88%）。

（二）大样本不重复抽样时的估计方法

在不重复抽样条件下，p 的方差为 $\sigma^2 = \dfrac{P(1-P)}{n} \cdot \left(1 - \dfrac{n}{N}\right)$，因此总体成数的 $1-\alpha$ 置信区间为

$$p \pm z_{\alpha/2}\sqrt{\frac{P(1-P)}{n}\left(1-\frac{n}{N}\right)} \tag{7-11}$$

通常用样本成数 p 代替公式中未知的总体成数 P：

$$p \pm z_{\alpha/2}\sqrt{\frac{p(1-p)}{n}\left(1-\frac{n}{N}\right)} \tag{7-12}$$

例 7.7 对一批成品按不重复抽样随机抽取 100 件，其中废品 4 件，又知样本容量为该批成品总量的 1/10。试以 95%的概率保证程度估计废品率。

解 依题意可得 $n = 100$，$p = 4/100 = 4\%$，$n/N = 1/10$，$z_{\alpha/2} = 1.96$。

故废品率的 95%置信区间为

$$p \pm z_{\alpha/2}\sqrt{\frac{p(1-p)}{n}\left(1-\frac{n}{N}\right)} = 4\% \pm 1.96 \times \sqrt{\frac{4\% \times (1-4\%)}{100} \times \left(1-\frac{1}{10}\right)} \approx 4\% \pm 3.64\%$$

即（0.36%，7.64%）。

第三节 样本量的确定

在进行参数估计之前，首先应该确定一个适当的样本容量，也就是应该抽取一个多大的样本来估计总体参数。在进行估计时，我们总是希望提高估计的可靠程度。但在一定的样本容量下，要提高估计的可靠程度（置信水平），就应扩大置信区间，而过宽的置信区间在实际估计中往往是没有意义的。例如，我们说某天要下雨，置信区间并不宽，但可靠性相对较低，如果我们说第三季度会下一场雨，尽管可靠，但准确性又太差，也就是置信区间太宽了，这样的估计是没有意义的。如果想要缩小置信区间，又不降低置信程度，就需要增加样本容量。通常，样本容量的确定与我们愿意容忍的置信区间的宽度以及对此区间设置的置信区间有一定的关系。因此，如何确定适当的样本容量，也是抽样估计中需要考虑的一个问题。

一、估计总体平均数的样本容量

上面已经讲到，总体平均数的置信区间是由样本平均数 $\bar{x}$ 和边际误差两部分组成的。在重复抽样或无限总体抽样条件下，边际误差为 $z_{\alpha/2}\frac{\sigma}{\sqrt{n}}$。$z_{\alpha/2}$ 的值和样本容量 n 共同确定了边际误差的大小。一旦我们确定了置信水平 $1-\alpha$，$z_{\alpha/2}$ 的值就确定了。对于给定的 $z_{\alpha/2}$ 的值和总体标准差 σ，我们就可以确定任意希望的边际误差所需要的样本容量。令 E 代表所希望达到的边际误差，即

$$E = z_{\alpha/2}\frac{\sigma}{\sqrt{n}} \tag{7-13}$$

由此可以推导出样本容量的公式如下：

$$n = \frac{(z_{\alpha/2})^2 \sigma^2}{E^2} \tag{7-14}$$

式中，E 是使用者在给定的置信水平下可以接受的边际误差；$z_{\alpha/2}$ 的值可直接由区间估计中所用到的置信水平确定。如果我们能够求出 σ 的具体值，就可以用类似样本的标准差来代替，也可以用合适的调查方法，选择一个初始样本，以该样本的标准差作为 σ 的估计值。

从公式中可以看出，样本容量与置信水平成正比，在其他条件不变的情况下，置信水平越大，所需的样本容量越大；样本容量与总体方差成正比，方差越大，则所需样本容量就越大；样本容量与边际误差成反比，我们所接受的边际误差越大，所需样本容量就越小。

需要说明的是，一般我们计算出的样本容量不一定是整数，通常是将样本容量取成较大的整数，也就是将小数点后面的数值一律进成整数。

在实际抽样调查中，确定一个合适的样本容量是一个重要的问题。因为，样本容量过大，必然会增加人力、财力、物力的支出，造成不必要的浪费；而样本容量过小，又会导致抽样误差增大，达不到抽样所要求的准确程度。因此，必要样本容量就是在保证误差不超过规定范围的条件下尽可能节省人力、财力、物力的支出。为了确定必要的样本容量，首先必须分析影响样本容量的因素。影响样本容量的因素主要有：

（1）总体各单位标志变异程度，即总体方差的大小。总体标志变异程度越大，要求样本容量要大些；反之则较小。

（2）抽样极限误差的大小。抽样极限误差越大，要求样本容量越小；反之则越大。

（3）抽样方法。当其他条件相同时，重复抽样比不重复抽样要求样本容量大些。

（4）抽样推断的概率保证程度的大小。概率越大，要求样本容量越大；反之则越小。

例 7.8 根据以往的生产统计，某产品的合格率约为 90%，现要求边际误差为 5%，在求置信水平为 95% 的置信区间时，应抽取多少个产品作为样本？

解 已知 $E = 5\%$，$1 - \alpha = 95\%$，$z_{\alpha/2} = 1.96$。

$$n = \frac{(z_{\alpha/2})^2 \sigma^2}{E^2} = \frac{1.96^2 \times 0.9(1-0.9)}{0.05^2} = 138.297\,6 \approx 139$$

即应抽取 139 个产品作为样本。

（一）重复抽样

通常用 n_0 表示重复抽样时必要的样本容量。

$$n_0 = \frac{z^2 \sigma^2}{\Delta_{\bar{x}}^2}$$

从上式可以看出，如果确定了抽样极限误差、总体标准差及概率密度，就能确定必要的样本容量。

（二）不重复抽样

通常用 n_1 表示不重复抽样时必要的样本容量。

$$n_1 = \frac{Nz^2\sigma^2}{N\Delta_{\bar{x}}^2 + z^2\sigma^2}$$

上式分子、分母同时除以 $N\Delta_{\bar{x}}^2$，则可得到

$$n_1 = \frac{Nz^2\sigma^2}{N\Delta_{\bar{x}}^2 + z^2\sigma^2} = \frac{\dfrac{z^2\sigma^2}{\Delta_{\bar{x}}^2}}{1 + \dfrac{z^2\sigma^2}{N\Delta_{\bar{x}}^2}} = \frac{n_0}{1 + \dfrac{n_0}{N}}$$

可见，不重复抽样的必要样本容量可以用重复抽样的必要样本容量做调整得到。

二、估计总体比例的样本容量

（一）重复抽样

因为

$$\Delta_p = z\mu_p = z\sqrt{\frac{P(1-P)}{n}} \tag{7-15}$$

所以

$$n_0 = \frac{z^2 P(1-P)}{\Delta_p^2} \tag{7-16}$$

（二）不重复抽样

因为

$$\Delta_p = z\mu_p = z\sqrt{\frac{P(1-P)}{n}\left(1 - \frac{n}{N}\right)} \tag{7-17}$$

所以

$$n_1 = \frac{Nz^2 P(1-P)}{N\Delta_p^2 + z^2 P(1-P)} = \frac{n_0}{1 + \dfrac{n_0}{N}} \tag{7-18}$$

三、需要注意的问题

按照上述公式所计算出的结果满足给定的精确程度和可靠程度需要的最低样本容量，因此其计算结果应向上进位，而不能采用四舍五入的方法。实际中通常抽取更多一些单位以满足需要。在上述公式中，总体方差通常是未知的，可以用试抽样本的方差代替，也可

以用历史同类调查的方差数据，或全面调查的方差资料代替。若同时有多个方差数据，应该选取其中最大的，以保证精确程度和可靠程度的需求。若完全缺乏资料，可取最保守数值，即取成数总体方差的最大值 0.25。当所研究问题中涉及多个变量时，各个变量对精确程度和可靠程度的需求往往不同，所需必要样本容量也不会相同，此时应取其中最大的样本容量值以满足所有变量的要求。

例 7.9 某白石灰厂要检验本月生产的 2000 袋白石灰的重量。根据上月资料，这种白石灰每袋重量的标准差为 25 克，要求在 95% 的置信水平下，平均每袋重量的误差范围不超过 5 克，问至少应抽取多少袋产品？

解 已知 $N = 2000, \sigma = 25, \Delta = 5, 1 - \alpha = 95\%, t_{\alpha/2} = 1.96$，则重复抽样情况时必要样本容量为

$$n_0 = \frac{t_{\alpha/2}^2 \sigma^2}{\Delta_{\bar{x}}^2} = \frac{1.96^2 \times 25^2}{5^2} \approx 97$$

不重复抽样情况时必要样本容量为

$$n_1 = \frac{n_0}{1 + \frac{n_0}{N}} = \frac{97}{1 + \frac{97}{2000}} = 92.513\,114 \approx 93(袋)$$

例 7.10 对某型号铅酸电池进行电流检验，根据以往生产的经验数据可知，电流的标准差 $\sigma = 0.4$ 安，合格率 $P = 90\%$，现在采用重复抽样方法，在 99% 的置信水平下，抽样平均电流的误差范围不超过 0.08 安，抽样合格率误差范围不超过 5%，试求必要的样本容量。

解 已知 $1 - \alpha = 99\%$，$t_{\alpha/2} = 2.58$，则抽样平均电流的必要样本容量为

$$n_{01} = \frac{t_{\alpha/2}^2 \sigma^2}{\Delta_{\bar{x}}^2} = \frac{2.58^2 \times 0.4^2}{0.08^2} \approx 167(个)$$

所以，所需样本容量为 167 个。

第四节 应用案例

以大学生平均月生活费的估计和检验[①]为例。

一、案例目的

使学生熟练掌握参数估计的基本方法和应用，加深对置信区间的理解。

二、案例介绍

为了解大学生日常生活费用支出及生活费来源情况，2002 年 4 月，由中国人民大学

---

① 案例作者：贾俊平；摘自《统计学专业课程教学案例选编》。为了教学需要，在原案例基础上酌情修改。

财政金融学院 2000 级学生组成的研究小组对在校本科生的月生活费支出情况进行了抽样调查。本次问卷调查随机抽取中国人民大学 1998～2001 级在校本科生作为样本。调查采取分层抽样，共发放问卷 320 份，收回问卷 291 份，其中有效问卷 272 份。调查得到的数据如表 7-3 所示。

表 7-3 大学生平均月生活费支出的调查数据

性别	所在年级	家庭所在地区	平均月生活费/元	性别	所在年级	家庭所在地区	平均月生活费/元
男	1998 级	大型城市	1000	女	1998 级	大型城市	500
男	1998 级	大型城市	800	女	1998 级	大型城市	800
男	1998 级	大型城市	1000	女	1998 级	大型城市	500
男	1998 级	中小城市	400	女	1998 级	大型城市	1000
男	1998 级	中小城市	600	女	1998 级	大型城市	500
男	1998 级	中小城市	1000	女	1998 级	中小城市	800
男	1998 级	中小城市	600	女	1998 级	中小城市	500
男	1998 级	中小城市	600	女	1998 级	中小城市	600
男	1998 级	中小城市	800	女	1998 级	中小城市	1000
男	1998 级	中小城市	500	女	1998 级	中小城市	450
男	1998 级	中小城市	800	女	1998 级	中小城市	500
男	1998 级	中小城市	600	女	1998 级	中小城市	500
男	1998 级	中小城市	1000	女	1998 级	中小城市	300
男	1998 级	中小城市	500	女	1998 级	乡镇地区	400
男	1998 级	乡镇地区	300	女	1998 级	乡镇地区	500
男	1998 级	乡镇地区	500	女	1999 级	大型城市	500
男	1999 级	大型城市	100	女	1999 级	大型城市	600
男	1999 级	大型城市	500	女	1999 级	大型城市	500
男	1999 级	大型城市	1000	女	1999 级	大型城市	300
男	1999 级	大型城市	500	女	1999 级	大型城市	600
男	1999 级	大型城市	600	女	1999 级	大型城市	500
男	1999 级	中小城市	200	女	1999 级	大型城市	500
男	1999 级	中小城市	800	女	1999 级	大型城市	500
男	1999 级	中小城市	800	女	1999 级	大型城市	800
男	1999 级	中小城市	600	女	1999 级	大型城市	600
男	1999 级	中小城市	350	女	1999 级	大型城市	500
男	1999 级	中小城市	300	女	1999 级	大型城市	300
男	1999 级	中小城市	1200	女	1999 级	大型城市	500
男	1999 级	中小城市	400	女	1999 级	大型城市	1000
男	1999 级	中小城市	400	女	1999 级	大型城市	1000

续表

性别	所在年级	家庭所在地区	平均月生活费/元	性别	所在年级	家庭所在地区	平均月生活费/元
男	1999级	中小城市	1000	女	1999级	大型城市	600
男	1999级	中小城市	500	女	1999级	大型城市	1000
男	1999级	中小城市	800	女	1999级	大型城市	600
男	1999级	乡镇地区	500	女	1999级	大型城市	600
男	1999级	乡镇地区	1000	女	1999级	大型城市	600
男	1999级	乡镇地区	800	女	1999级	大型城市	500
男	1999级	乡镇地区	450	女	1999级	中小城市	700
男	1999级	乡镇地区	300	女	1999级	中小城市	700
男	1999级	乡镇地区	250	女	1999级	中小城市	500
男	1999级	乡镇地区	1000	女	1999级	中小城市	500
男	2000级	大型城市	500	女	1999级	中小城市	600
男	2000级	大型城市	400	女	1999级	中小城市	500
男	2000级	大型城市	600	女	1999级	中小城市	600
男	2000级	大型城市	600	女	1999级	中小城市	500
男	2000级	大型城市	500	女	1999级	中小城市	900
男	2000级	大型城市	400	女	1999级	中小城市	800
男	2000级	大型城市	300	女	1999级	中小城市	600
男	2000级	大型城市	800	女	1999级	中小城市	600
男	2000级	大型城市	400	女	1999级	中小城市	500
男	2000级	大型城市	300	女	1999级	中小城市	500
男	2000级	大型城市	400	女	1999级	中小城市	350
男	2000级	大型城市	350	女	1999级	中小城市	800
男	2000级	大型城市	600	女	1999级	中小城市	600
男	2000级	大型城市	200	女	1999级	中小城市	900
男	2000级	大型城市	800	女	1999级	中小城市	400
男	2000级	中小城市	1000	女	1999级	中小城市	600
男	2000级	中小城市	500	女	1999级	中小城市	1000
男	2000级	中小城市	600	女	1999级	中小城市	1000
男	2000级	中小城市	500	女	1999级	中小城市	600
男	2000级	中小城市	500	女	1999级	乡镇地区	800
男	2000级	中小城市	500	女	1999级	乡镇地区	500
男	2000级	中小城市	300	女	1999级	乡镇地区	600
男	2000级	中小城市	600	女	1999级	乡镇地区	1000
男	2000级	中小城市	400	女	2000级	大型城市	800
男	2000级	中小城市	400	女	2000级	大型城市	600
男	2000级	中小城市	800	女	2000级	大型城市	400

续表

性别	所在年级	家庭所在地区	平均月生活费/元	性别	所在年级	家庭所在地区	平均月生活费/元
男	2000级	中小城市	1000	女	2000级	大型城市	700
男	2000级	中小城市	700	女	2000级	大型城市	1000
男	2000级	中小城市	300	女	2000级	大型城市	800
男	2000级	中小城市	800	女	2000级	大型城市	700
男	2000级	中小城市	1000	女	2000级	大型城市	1200
男	2000级	中小城市	500	女	2000级	大型城市	500
男	2000级	中小城市	500	女	2000级	大型城市	800
男	2000级	中小城市	500	女	2000级	大型城市	500
男	2000级	中小城市	900	女	2000级	大型城市	400
男	2000级	乡镇地区	600	女	2000级	大型城市	1000
男	2000级	乡镇地区	1000	女	2000级	中小城市	1000
男	2000级	乡镇地区	400	女	2000级	中小城市	600
男	2000级	乡镇地区	300	女	2000级	中小城市	500
男	2000级	乡镇地区	400	女	2000级	中小城市	500
男	2000级	乡镇地区	400	女	2000级	中小城市	1200
男	2000级	乡镇地区	300	女	2000级	中小城市	600
男	2000级	乡镇地区	700	女	2000级	中小城市	500
男	2000级	乡镇地区	600	女	2000级	中小城市	500
男	2000级	乡镇地区	300	女	2000级	中小城市	600
男	2000级	乡镇地区	1000	女	2000级	中小城市	700
男	2000级	乡镇地区	400	女	2000级	中小城市	500
男	2000级	乡镇地区	500	女	2000级	中小城市	600
男	2000级	乡镇地区	1000	女	2000级	中小城市	800
男	2000级	乡镇地区	400	女	2000级	中小城市	700
男	2000级	乡镇地区	700	女	2000级	中小城市	500
男	2000级	乡镇地区	500	女	2000级	乡镇地区	800
男	2000级	乡镇地区	500	女	2000级	乡镇地区	500
男	2000级	乡镇地区	500	女	2000级	乡镇地区	200
男	2000级	乡镇地区	450	女	2000级	乡镇地区	450
男	2000级	乡镇地区	400	女	2000级	乡镇地区	400
男	2000级	乡镇地区	1000	女	2000级	乡镇地区	700
男	2000级	乡镇地区	500	女	2000级	乡镇地区	300
男	2000级	乡镇地区	300	女	2000级	大型城市	500
男	2000级	乡镇地区	500	女	2000级	大型城市	500
男	2000级	乡镇地区	500	女	2001级	大型城市	1000
男	2000级	乡镇地区	600	女	2001级	大型城市	400

续表

性别	所在年级	家庭所在地区	平均月生活费/元	性别	所在年级	家庭所在地区	平均月生活费/元
男	2001级	大型城市	500	女	2001级	大型城市	500
男	2001级	大型城市	400	女	2001级	大型城市	500
男	2001级	大型城市	800	女	2001级	大型城市	600
男	2001级	中小城市	400	女	2001级	大型城市	500
男	2001级	中小城市	600	女	2001级	大型城市	700
男	2001级	中小城市	600	女	2001级	大型城市	400
男	2001级	中小城市	800	女	2001级	大型城市	800
男	2001级	中小城市	300	女	2001级	大型城市	2500
男	2001级	中小城市	600	女	2001级	中小城市	500
男	2001级	中小城市	500	女	2001级	中小城市	500
男	2001级	中小城市	600	女	2001级	中小城市	700
男	2001级	中小城市	400	女	2001级	中小城市	600
男	2001级	中小城市	550	女	2001级	中小城市	700
男	2001级	中小城市	300	女	2001级	中小城市	800
男	2001级	中小城市	700	女	2001级	中小城市	800
男	2001级	乡镇地区	300	女	2001级	中小城市	500
男	2001级	乡镇地区	450	女	2001级	中小城市	800
男	2001级	乡镇地区	700	女	2001级	中小城市	1000
男	2001级	乡镇地区	600	女	2001级	中小城市	600
男	2001级	乡镇地区	300	女	2001级	中小城市	400
男	2001级	乡镇地区	400	女	2001级	中小城市	800
男	2001级	乡镇地区	1000	女	2001级	中小城市	500
男	2001级	乡镇地区	500	女	2001级	中小城市	500
男	2001级	乡镇地区	600	女	2001级	中小城市	600
男	2001级	乡镇地区	300	女	2001级	中小城市	500
女	1998级	大型城市	400	女	2001级	乡镇地区	500
女	1998级	大型城市	500	女	2001级	乡镇地区	500
女	1998级	大型城市	500	女	2001级	乡镇地区	600
女	1998级	大型城市	600	女	2001级	乡镇地区	350
女	1998级	大型城市	500	女	2001级	乡镇地区	300
女	1998级	大型城市	600	女	2001级	乡镇地区	300
女	1998级	大型城市	600	女	2001级	乡镇地区	400
女	1998级	大型城市	300	女	2001级	乡镇地区	400
女	1998级	大型城市	300	女	2001级	乡镇地区	500

三、案例分析

要求根据 95% 的置信水平估计：
（1）全校本科生平均月生活费支出的置信区间；
（2）男生、女生平均月生活费之差的置信区间；
（3）全校本科来自乡镇地区学生所占比例的置信区间。

四、案例解析

根据本次调查的数据，我们可以从很多方面对月生活费支出进行分析，如性别之间、所在年级之间、家庭所在地区之间生活费支出的差异及各因素的影响等。

首先对全校本科生、男生和女生的平均月生活费支出分别作出估计与检验。

表 7-4 给出了全部样本数据的一些描述性统计量。表 7-5 给出了原假设为全校本科生平均月生活费支出 $\mu = 500$ 的检验结果。

表 7-4　全部样本数据（272 个）的描述统计量

参数	样本量	均值	标准差	平均标准误差
平均月生活费	272	596.51	243.444	14.761

表 7-5　原假设 $\mu = 500$ 的检验结果

参数	测试值 = 500					
	t	自由度	双侧近似 P 值	平均差	95%置信区间	
					下限	上限
平均月生活费	6.438	271	0.000	95.037	65.98	124.10

检验的 P 值接近于 0，表明全校的平均月生活费支出与 500 元有显著差异。

全校学生平均月生活费支出的 95% 的置信区间为 $596.51 \pm 1.96 \times 14.761$，即 567.58～625.44 元。

将男生、女生分开来看，有关的描述统计量如表 7-6 所示。表 7-7 给出了男生、女生平均月生活费之差的置信区间，以及方差相等和方差不相等的假设条件下的检验结果。

表 7-6　按性别计算的描述统计量

性别编号	样本量	均值	标准差	平均标准误差
1	127	572.83	229.748	20.387
2	145	617.24	253.543	21.056

从表 7-7 可以看出，方差相等和方差不相等假设条件下，均没有证据表明男生、女生的平均月生活费之间有显著性差异。

表 7-7 男生、女生平均月生活费之差的检验

参数		莱文尼方差齐次性检验		均值 t 检验					95%置信区间	
		F	P	t	自由度	双侧近似 P 值	平均差	平均标准误差	下限	上限
平均月生活费	假定方差齐次	0.484	0.487	−1.612	270	0.108	−47.556	29.500	−105.635	10.523
	假定方差非齐次			−1.623	269.679	0.106	−47.556	29.308	−105.258	10.145

为了估计乡镇地区学生的比例，我们先对学生按性别和来源进行分类汇总，得到如表 7-8 所示的汇总表。

表 7-8 按性别和来源进行分类

分组			家庭所在地区			合计
			大型城市	乡镇地区	中小城市	
性别	男	个数	26	46	55	127
		占比	9.6%	16.9%	20.2%	46.7%
	女	个数	60	22	63	145
		占比	22.1%	8.1%	23.2%	53.3%
合计		个数	86	68	118	272
		占比	31.6%	25.0%	43.4%	100.0%

全校本科学生中，乡镇学生比例的 95% 的置信区间为 $0.25 \pm 1.96 \times \sqrt{\dfrac{0.25(1-0.25)}{272}}$，即 [0.1985，0.3015]。

思考与练习

一、简答题

1. 简单随机样本是什么？它有什么性质？
2. 未知参数的点估计和区间估计有什么不同？
3. 请举两个例子说明什么是无偏性、有效性？
4. 在用样本指标推断总体指标时，把握程度越高，误差范围越大还是越小？
5. 样本容量的选取需要一个合适的度吗？为什么？

二、计算题

1. 在一次统计研究中,抽取了一个容量为 62 的样本,计算得到样本平均数为 126,样本标准差为 16.07,试问总体平均数置信水平为 90% 的置信区间是多少?

2. 某高中有 2000 名走读学生,该校后勤部门想估计这些学生每天来回的平均时间。以置信水平为 95% 的置信区间估计,并使估计值处在真值附近 1 分钟的误差范围之内,一个先前抽样的小样本给出的标准差为 4.8 分钟,试问应抽取多大样本?

3. 从总体中抽取一个 $n=100$ 的简单随机样本,得到 $\bar{x}=104\,560$,假定总体标准差 $\sigma=85\,414$,构建总体平均数 μ 的 95% 的置信区间。

4. 从总体中抽取一个 $n=100$ 的简单随机样本,得到 $\bar{x}=81$,$s=12$。

(1) 构建 μ 的 90% 的置信区间。

(2) 构建 μ 的 99% 的置信区间。

5. 在电子信息非常发达的时代里,电子产品可谓无处不在,某高校为了了解学生每天上网的时间,在全校 8000 多名学生中采取不重复抽样方法随机抽取 36 名学生,调查他们每天上网的时间,得到下面的数据(单位:小时):3.3、1.9、5.8、4.3、5.4、2.3、4.4、1.4、2.6、3.5、3.5、0.8、2.1、6.2、5.1、4.1、3.6、3.6、4.7、5.4、2.9、1.8、0.5、2.3、3.1、1.2、2.3、4.2、4.5、1.5、2.0、1.2、6.4、2.4、5.7、2.5。

求置信水平分别为 95% 和 99% 时,该校大学生平均上网时间的置信区间。

参 考 文 献

白冰,陆登荣,陈学君,等.2014.兰州地区降水量正态分布特征[J].干旱气象,32(01):123-127.

蔡艳,涂冬波,丁树良.2013.五大认知诊断模型的诊断正确率比较及其影响因素:基于分布形态、属性数及样本容量的比较[J].心理学报,45(11):1295-1304.

成邦文.2005.基于对数正态分布的洛伦兹曲线与基尼系数[J].数量经济技术经济研究,(02):127-135.

方建刚,毛明策,程肖侠.2009.陕西降水的正态分布特征分析[J].西北大学学报(自然科学版),39(01):131-136.

方杰,张敏强.2012.中介效应的点估计和区间估计:乘积分布法、非参数 Bootstrap 和 MCMC 法[J].心理学报,44(10):1408-1420.

纪利霞.2009.抽样调查中样本容量设计[J].山西大同大学学报(自然科学版),25(03):7-8,16.

邵堃,罗飞,梅袅雄,等.2012.一种正态分布下的动态推荐信任模型[J].软件学报,23(12):3130-3148.

邵志强.2012.抽样调查中样本容量的确定方法[J].统计与决策,(22):12-14.

江新凡,肖满生.2010.基于正态分布区间数的信息不完全的群决策方法[J].控制与决策,25(10):1494-1498,1506.

王斌会,谢贤芬.2015.自相关过程能力指数置信区间的构建与评价[J].数量经济技术经济研究,32(10):124-138.

吴雄,王秀丽.2013.新能源组合出力的置信区间估计[J].电力系统自动化,37(16):7-12.

杨锦伟,肖新平,郭金海.2015.正态分布区间灰数灰色预测模型[J].控制与决策,30(09):1711-1716.

杨耀武,杨澄宇.2015.中国基尼系数是否真地下降了?——基于微观数据的基尼系数区间估计[J].经济研究,50(03):75-86.

姚淑霞,张铜会.2012.随机抽样必要样本容量的确定方法及其应用[J].干旱区研究,29(03):547-552.

于洋.2011.对数正态分布的几个性质及其参数估计[J].廊坊师范学院学报(自然科学版),11(05):8-11.

赵明,杨劲,魏敏吉.2015.置信区间法用于线性药代动力学特征评价[J].中国临床药理学杂志,31(03):238-240.

周洪伟.2012.正态性检验的几种常用的方法[J].南京晓庄学院学报,28(03):13-18.

第八章 假设检验

第一节 假设检验的基本问题

一、假设检验的概念

假设检验也称为显著性检验,是统计推断的重要内容之一。在实践中,我们往往会遇到这样的问题:我们根据样本观测或经验积累所得到的一些结论和认识,以及由此得到的一些判断是否成立?例如,居民的收入水平是否提高,作物的产量是否增加,居民的生活条件是否提升,地区的经济发展水平是否存在差别,现象之间的数量关系是否成立,事物的发展是否具有某种规律等,都是我们经常面对的问题。为了尽可能科学、客观地回答这些问题,避免我们的判断、选择和决策失误,我们需要借助一定的方法,即统计学的假设检验方法。因此,假设检验是一种非常有用的统计方法,运用于许多领域中,在统计学中具有重要地位。

(一)什么是统计假设

让我们先来看一个例子。

某飞机制造厂经理拟购一批铝板,共计10 000张,规定厚度为0.04寸[①](厚度过大将增加机身重量,过薄则影响应有的强度)。经检测,100张铝板的平均厚度为0.0408寸。这样,经理就面临着是否相信该批铝板的平均厚度满足0.04寸规定的问题,从而面临接收或拒收这批铝板的两种对立行动的抉择。很显然,单从样本数据看,铝板的平均厚度已经超过了规定。但实际情况是否真的如此?样本铝板平均厚度与规定之间的差异是必然存在的还是由偶然因素产生的?这就需要我们通过假设检验来判断。这时,样本平均数即总体平均数的估计值为0.0408寸,而总体平均数的假设值为0.04寸。如果该批铝板符合要求而被拒收,将丧失购货机会;如果该批铝板不合格而被接收,将会给产品带来质量问题。因此,在决定行动以前,经理要对该批铝板的平均厚度是否为0.04寸进行判断。

可见,所谓假设检验,就是事先对总体参数或总体分布形态作出规定或假设,然后利用样本提供的信息,以一定的概率来检验假设是否成立(是否合理),或者说判断总体的真实情况是否与原假设存在显著的系统性差异。因此,统计假设就是关于统计总体分布特征的某种论断。在统计中,常见的统计假设有:总体平均数(或总体成数、总体方差等)

---

① 1寸≈3.33厘米

等于（或大于、小于）某一数值，总体相关系数等于 0，两总体平均数（或两总体成数、两总体方差）相等，总体分布服从正态分布等。而这些统计假设是否正确，就是假设检验所要解决的问题。本书只讨论关于总体参数的假设检验。

（二）假设检验的基本原理

假设检验的基本原理就是所谓小概率事件原理，即小概率事件在一次试验中几乎是不会发生的。在日常生活和工作中，人们经常运用小概率事件原理。例如，飞机失事的概率很小，所以人们继续乘飞机出行；因手机爆炸而死的概率也很小，所以没有人因此不用手机。

但是，当小概率事件发生时，我们又是怎么想和怎么做的呢？例如，有一个农产品公司声称其种子出籽率很高，达到 99%，那么从一批农作物（如 100 株）中随机抽取 1 株，这 1 株恰好不出籽的概率就非常小，只有 1%，是一个小概率事件。如果这个小概率事件发生了，我们就有理由怀疑种子出籽率为 99% 的假设，就可以否定该公司的宣称，作出该公司的宣称是假的这样一个判断。也就是说，当小概率事件发生时，我们的做法是否定原来的假设，当然，这样做也有可能犯错误，因为这 100 株农作物中确实有 1 株是不出籽的，有 1% 的机会被抽到。所以犯这种错误的概率就是 1%，这意味着我们在冒 1% 的风险作出公司宣称是假的这个推断。在这个例子中，小概率的标准是 1%，不同的问题要根据实际情况分别设定小概率的标准，在假设检验中，称为显著性水平，用 α 来表示。实际中，通常取 0.05、0.01、0.001 等较小的数值。

（三）假设检验的定义

由此，假设检验可以定义为：利用样本资料来检验关于总体某个假设的真伪，并作出拒绝或接受该假设的决策的统计方法。具体来说，就是利用样本观测的数据计算出有关的检验统计量，然后与该检验统计量的抽样分布进行对照，判断样本数据对原假设是否能够在统计意义上予以支持，即在一定概率下判断是否接受原假设。

根据检验的目的不同，假设检验可以分为双侧检验和单侧检验两类。双侧检验是指同时注意总体参数估计值与其假设值相比的偏高和偏低倾向的检验（或同时注意某一总体的参数估计值与另一总体的参数估计值相比的偏高和偏低倾向的检验）。这时，总体参数估计值与其假设值之间的差异不分正负，检验目的只是判断总体参数值是否与某一假设值有显著差异，不管这种差异是正差还是负差，即双侧检验是没有特定方向性的。在上例中，若经理只关心该批铝板的平均厚度是否与 0.04 寸有显著差异而不区分是否大于或小于 0.04 寸，就要用双侧检验。单侧检验是指只注意总体参数估计值比其假设值偏高或偏低倾向的检验（或只注意某一总体的参数估计值与另一总体的参数估计值相比的偏高或偏低倾向的检验），它是单方向的。这时，总体参数估计值与其假设值之间的差异就要分正差还是负差，检验目的是判断总体参数值是否大于或小于某一假设的值。双侧检验的备择假设分布在原假设两端，单侧检验则分布在其中一端。单侧检验又分为左单侧检验和右单侧检验。若所要检验的是总体参数值是否小于某假设值,就要关心其负差,要采用左单侧检验;若所检验的是总体参数值是否大于某假设值,就要关心其正差,要采用右单侧检验。在上例中,若经理关心的是该批铝板的平均厚度是否会超过 0.04 寸,那么就属于右单侧检验的问题。

(四)原假设和备择假设

要进行假设检验,必须设立原假设和备择假设。原假设也称零假设或虚无假设,是研究者对总体参数值事先提出的假设,是被检验的假设。备择假设也称对立假设,是当原假设不成立时供选择的假设。设总体参数 θ 的假设值为 θ_0,那么原假设记为

$$H_0: \theta = \theta_0$$

它表示总体参数值与其假设值之间没有显著差异。

备择假设记为

$$H_1: \theta \neq \theta_0 \text{(双侧检验时)}$$

或

$$H_1: \theta > \theta_0 \text{(右单侧检验时)}$$

或

$$H_1: \theta < \theta_0 \text{(左单侧检验时)}$$

它们分别表示总体参数值与其假设值之间有显著差异、总体参数值大于其假设值、总体参数值小于其假设值。把原假设与备择假设合在一起就表示为

$$H_0: \theta = \theta_0$$
$$H_1: \theta \neq \theta_0 \text{ } (H_1: \theta > \theta_0 \text{或} H_1: \theta < \theta_0)$$

原假设与备择假设是互相排斥的,两者中有且只有一个正确。通常,总希望原假设 H_0 能被推翻而备择假设 H_1 能被接受,但倘若没有足够充分的依据证明原假设是错误的,就不能轻易推翻原假设。这就要求我们在一定的概率保证下,根据样本得到的信息(统计值)和样本统计量的分布规律来考虑接受原假设是否会导致不合理的结果。如果结果是合理的,就接受原假设;如果不合理,就要否定原假设。

例 8.1 某奶制品生产商声称新推出的一款产品平均净含量不少于 800 毫升。从消费者的利益出发,质检人员通过对该产品当中的若干样品进行检查来验证该生产商的声明是否属实,假定质检人员以消费者的利益为重,请陈述用于检验的原假设与备择假设。

解 该产品平均净含量的真值为 X。如果抽检的结果发现 $X < 800$,则表明该产品生产商所声称的净含量的数据是不真实的,有关部门应对其采取相应的措施。

该题的质检人员是从消费者的利益出发,对产品产生质疑,所以质检人员的观点是 $X < 800$,即生产商的声明不真实。相反,就是原假设的内容。所以质检人员的原假设与备择假设应为

$$H_0: X \geqslant 800$$
$$H_1: X < 800$$

二、假设检验的步骤

（一）建立假设

在统计学语言中,假设就是陈述总体参数的具体数值。进行假设检验首先要建立假设,假设包括两个部分:一个为原假设,另一个为备择假设。通常把研究者想要搜集证据予以支持的假设作为备择假设,用 H_1 表示;将研究者想搜集证据予以否定的假设作为原假设,也称零假设,用 H_0 表示。原假设和备择假设的设置在假设检验中非常重要,直接关系到检验的结论。

（二）确定适当的检验统计量

在建立具体的假设之后,需要提供可靠的证据来支持所提出的备择假设,这些证据主要来自于所抽取的样本。也就是说,如果样本提供的证据能够说明原假设是不合理的,那么我们就有理由拒绝它,从而选择接受备择假设。如同在参数估计中一样,需要对样本信息进行压缩和提炼。根据原假设和备择假设确定某个样本统计量,即检验统计量。在具体的问题中,选择某一统计量作为检验统计量,需要考虑的因素与参数估计中基本相同。例如,样本是大样本还是小样本,总体是否服从正态分布,总体方差是否已知等。在不同的情况下应选择不同的检验统计量。

（三）规定显著性水平

显著性水平表示原假设为真时拒绝原假设的概率,也就是拒绝原假设所承担的风险,用 α 表示。给定了显著性水平 α,也就确定了原假设的接受区域和拒绝区域,这两个区域的交界点就是临界值。临界值规则,就是先将 α 值转化为一定分布下的临界值,然后计算检验统计值,最后将检验统计值与临界值进行对比来判断是否拒绝原假设。在双侧检验时,α 平分在两侧,其临界值表示为 $\pm z_{\alpha/2}$（正态分布）或 $\pm t_{\alpha/2}(n-1)$（t 分布）。例如,在正态分布下,$\alpha = 0.05$ 时,$z_{\alpha/2} = 1.96$。在单侧检验时,α 处于分布的某一侧,左单侧检验时处于左侧,其临界值表示为 $-z_\alpha$ 或 $-t_\alpha(n-1)$；右单侧检验时处于右侧,其临界值表示为 z_α 或 $t_\alpha(n-1)$。例如,在正态分布下,$\alpha = 0.05$ 时,$z_\alpha = 1.645$。然后,把检验统计量的值与临界值进行比较。检验统计量是样本统计量的标准化形式,其构造公式为 $z = \dfrac{\hat{\theta} - \theta}{\sigma/\sqrt{n}}$（总体标准差已知）, $z = \dfrac{\hat{\theta} - \theta}{S/\sqrt{n}}$（大样本,总体标准差未知）, $t = \dfrac{\hat{\theta} - \theta}{S/\sqrt{n}}$（小样本,总体标准差未知）。若由样本数据计算的检验统计量的绝对值,其绝对值小于对应的临界值的绝对值,那么就接受原假设;反之则拒绝原假设。这样,临界值就把样本统计量的概率分布划分成了两个部分：不超过临界值的部分和超过临界值的部分。我们把不超过临界值的部分称为接受域，把超过临界值的部分称为拒绝域。应当指出，对于同样的显著性水平 α，选择不同的检验统计量，得到的临界值是不同的；对于同样的显著性水平 α 和同样的检验统计量，双侧检验和单侧检验的临界值也是不同的。

（四）计算检验统计量的值

根据样本数据计算检验统计量的值，并与临界值进行比较。

（五）作出统计决策

检验统计量的值如果落入拒绝区域，则拒绝原假设，接受备择假设；若检验统计量的值落入接受区域，则只能接受原假设。

三、双侧检验和单侧检验

在前面的假设检验步骤中，我们知道，通过确定的检验统计量和事先给出的显著性水平，可以找出一个临界值，将统计量的取值范围划分为拒绝区域与接受区域两个部分。拒绝区域是检验统计量取值的小概率区域，可以将这个小概率区域安排在检验统计量分布的两端，也可以安排在分布的一侧，分别称为双侧检验和单侧检验。单侧检验按照拒绝区域在左侧还是在右侧又可分为左单侧检验和右单侧检验两种。

假设检验究竟是使用双侧检验还是单侧检验，单侧检验时是使用左单侧检验还是右单侧检验，这取决于备择假设的性质。

（一）双侧检验

当我们关心的问题是要检验总体平均数或总体成数是否发生了变化，而不问变化的方向是正还是负，是大还是小时，应该用双侧检验。在双侧检验中，原假设取等式，而备择假设取不等式：

$$H_0: \bar{X} = \bar{X}_0$$
$$H_1: \bar{X} \neq \bar{X}_0$$
$$H_0: P = P_0$$
$$H_1: P \neq P_0$$

由于双侧检验不问差距的正负，给定的显著性水平 α 须按照对称分布的原理平均分配到左右两侧，如图 8-1 所示。

将根据样本信息计算的统计量 Z 的实际值与事先给定的临界值 $Z_{\alpha/2}$ 做比较。在双侧检验中，如果 $Z > Z_{\alpha/2}$，或 $Z < -Z_{\alpha/2}$，就拒绝原假设 H_0，而接受备择假设 H_1；如果 $-Z_{\alpha/2} \leq Z \leq Z_{\alpha/2}$，就不能否定原假设，而只能接受原假设。

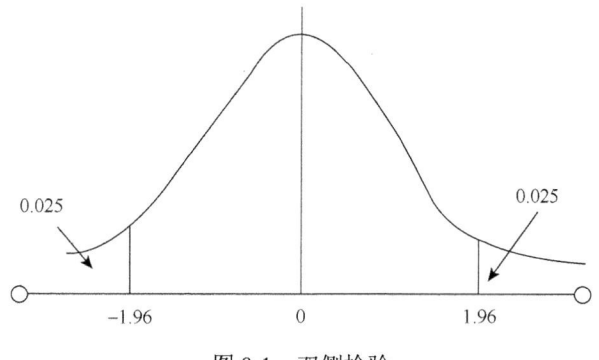

图 8-1 双侧检验

(二) 单侧检验

当我们所关心的问题不仅要检验总体平均数或总体成数是否发生了变化,而且还关心变化的方向时,就应该采用单侧检验。根据关心的是负差异还是正差异,具体采用左单侧检验或右单侧检验。平均数和成数的单侧检验,原假设和备择假设都是以不等式的形式表示的。当所关心的问题是总体平均数或总体成数是否低于预先假设时,应该采用左单侧检验(图 8-2)。原假设与备择假设为

$$H_0: \bar{X} \geqslant \bar{X}_0$$
$$H_1: \bar{X} < \bar{X}_0$$
$$H_0: P \geqslant P_0$$
$$H_1: P < P_0$$

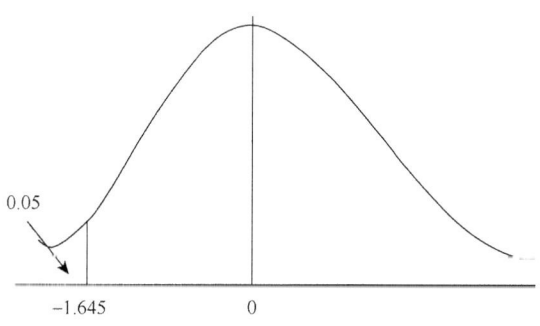

图 8-2 左单侧检验

当所关心的问题是总体平均数或总体成数是否高于预先假设时,应该采用右单侧检验(图 8-3)。原假设与备择假设为

$$H_0: \bar{X} \leqslant \bar{X}_0$$
$$H_1: \bar{X} > \bar{X}_0$$
$$H_0: P \leqslant P_0$$
$$H_1: P > P_0$$

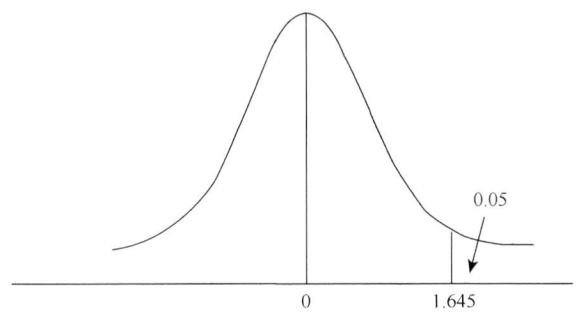

图 8-3　右单侧检验

在决定检验的显著性水平 α 及相应的临界值时，左单侧检验有左侧临界值 $-Z_\alpha$，右单侧检验有右侧临界值 Z_α。将根据样本数据求出的检验统计量的值 Z 与事先给定的 Z_α 或与 $-Z_\alpha$ 比较，在左单侧检验中，若 $Z < -Z_\alpha$，则拒绝原假设，接受备择假设；若 $Z \geqslant -Z_\alpha$，则接受原假设。在右单侧检验中，若 $Z > Z_\alpha$，则拒绝原假设，接受备择假设；若 $Z \leqslant Z_\alpha$，则接受原假设。

四、显著性水平和假设检验的两类错误

在假设检验中，原假设与备择假设是相互排斥的，两者不可能同时成立。由于我们拒绝或接受原假设，都是以随机样本的资料为依据的，这就使我们有可能会犯如下两类错误：一是当原假设正确时，却拒绝了原假设，这种错误称为"弃真"错误，属于第一类错误；二是当原假设错误时，却接受了原假设，称为"取伪"错误，属于第二类错误。显然发生弃真错误是样本观察值落入拒绝域时造成的，而其发生的概率为 α，这说明 α 越大，则犯弃真错误的可能性就越大。所以为避免弃真错误，就应把显著性水平 α 控制为很小，一般多为 0.01 或 0.05，甚至更小。但是，在缩小 α 的同时，却扩大了第二类取伪错误的可能，用 β 表示犯第二类错误的概率，则 β 越大就越有可能犯第二类错误。可见，在一定样本容量下，α 越小，β 越大，即越减少弃真的可能就越有可能接受非真的原假设，这是一对很难处理的矛盾。

我们希望犯这两类错误的概率都尽可能小，但是在一定样本容量下，这对矛盾很难解决。要同时减少 α 和 β，就必须增加样本容量，但是，样本容量增加的同时，调查费用（或检验费用）又会相应增大，所以应当综合考虑 α 和 β 水平、样本容量和费用等因素。

一般来说，如果犯第一类错误的后果比犯第二类错误的后果严重，就应当把犯第一类错误的概率减少，即规定较小的 α 值；如果犯第二类错误的后果比犯第一类错误的后果严重得多，就应当设法减少第二类错误，规定较大的 α 值，或改变假设形式。例如，某厂家想要购买一批原材料，但是想要降低成本，故选择了一批比较便宜的原材料，如果原材料的次品率达到 8% 以上，该厂家不会选择购买。若检验结果是拒绝购买则有可能出现第一类错误，这样反而使成本增加了；相反，如果公司接受这批原材料则有可能出现第二类错误，如果购入了一批不合格的原材料，产品质量会出现问题。公司决策者需要清楚哪种损失更

加小从而做出决定。又如,对进口商品的检验,如果把不合格的产品错误地当作合格产品来接收,所蒙受的经济损失将很大,就应当着重来减少第二类错误,而规定较大的 α 值。

第二节 总体平均数的检验

大样本情形下的总体平均数的检验、总体分布的类型、总体方差是否已知及样本的大小都会影响检验统计量的选择及其分布形式,本节主要讨论大样本情形下总体平均数的检验。

一、单个总体平均数的检验

(一)大样本情形下的总体平均数的检验

在大样本情形下,无论总体分布形式如何,样本平均数的抽样分布都服从或近似服从正态分布。具体来看,当总体服从正态分布时,根据正态分布再生定理,样本平均数服从正态分布;当总体分布未知时,由于样本容量足够大,根据中心极限定理,只要具有有限的总体平均数和标准差,样本平均数就近似服从正态分布。

1. 总体方差已知

总体平均数为 $\bar{X}_0$,方差为 σ^2,构造检验统计量:

$$Z = \frac{\bar{x} - \bar{X}_0}{\sigma / \sqrt{n}}$$

当 $x = X_0$ 时,检验统计量 Z 服从标准正态分布。给定显著性水平 α,则有如下情况。

(1)$H_0: \bar{X} = \bar{X}_0$,$H_1: \bar{X} \neq \bar{X}_0$。检验规则为:当 $|Z| > Z_{\alpha/2}$ 时,拒绝 H_0;当 $|Z| \leq Z_{\alpha/2}$ 时,不能拒绝 H_0。

(2)$H_0: \bar{X} \leq \bar{X}_0$,$H_1: \bar{X} > \bar{X}_0$。检验规则为:当 $Z > Z_\alpha$ 时,拒绝 H_0;当 $Z \leq Z_\alpha$ 时,不能拒绝 H_0。

(3)$H_0: \bar{X} \geq \bar{X}_0$,$H_1: \bar{X} < \bar{X}_0$。检验规则为:当 $Z < -Z_\alpha$ 时,拒绝 H_0;当 $Z \geq -Z_\alpha$ 时,不能拒绝 H_0。

例 8.2 某商品采用流水线生产,每袋的重量是 250 克,标准差为 5 克。为检验每袋重量是否符合要求,质检人员在某天生产的食品中随机抽取 40 袋进行检验,测得每袋平均重量为 250.8 克。取显著性水平为 $\alpha = 0.05$,检验该天生产的食品是否符合标准要求。

解 第一步,提出的原假设与备择假设为

$$H_0: X = 250; \quad H_1: X \neq 250$$

第二步,构造检验统计量,并计算其值:

$$Z = \frac{\bar{x} - \bar{X}_0}{\sigma / \sqrt{n}} = 1.01$$

第三步,根据给定的显著性水平 $\alpha = 0.05$,查标准正态分布表可知:

$$Z_{\alpha/2} = Z_{0.025} = 1.96$$

所以拒绝域为（$-\infty, -1.96$）和（$1.96, +\infty$）。

第四步，统计决策：由于$-1.96 < 1.01 < 1.96$，不拒绝原假设。

检验结果表明：样本提供的证据还不足以推翻原假设，因此不能证明该天生产的食品不符合标准要求。

2. 总体方差未知

根据中心极限定理，当样本容量足够大时（$n>30$），样本平均数$\bar{x}$也趋于服从数学期望为$\bar{x}$、方差为$\dfrac{S^2}{n}$的正态分布。但由于S^2未知，要以样本方差$s^2 = \dfrac{\sum(x_i - \bar{x})^2}{n-1}$来近似替代，这时统计量$Z = \dfrac{\bar{x} - \bar{X}_0}{s/\sqrt{n}}$服从标准正态分布。

所以，如果原假设H_0：$\bar{X} = \bar{X}_0$成立，我们也可以构造检验统计量为

$$Z = \dfrac{\bar{x} - \bar{X}_0}{s/\sqrt{n}}$$

通过比较Z值与临界值Z_α或$Z_{\alpha/2}$可以作出接受H_0或拒绝H_0的判断，唯一不同之处，就是以s代替了S。

此时，给定的显著性水平和上面提到的一样。

例8.3 某机床加工的零件直径绝对平均误差为1.05毫米。后来采用一种新的机床进行加工以期待进一步降低误差。为检验新机床加工的零件平均误差与旧机床相比是否显著降低，从某天生产的零件中随机抽取50个进行检验，其绝对误差的平均数为$\bar{x} = 0.9125$毫米，标准差$s = 0.365749$毫米，试检验新机床加工的零件尺寸的平均误差与旧机床相比是否显著降低（$\alpha = 0.01$）。

解 第一步，提出原假设与备择假设：

$$H_0: X \geq 1.05; \quad H_1: X < 1.05$$

第二步，构造检验统计量，并计算其值：

$$Z = \dfrac{\bar{x} - \bar{X}_0}{s/\sqrt{n}} = -2.6583$$

第三步，根据给定的显著水平$\alpha = 0.01$，查标准正态分布表可知：

$$Z_\alpha = Z_{0.01} = 2.33$$

所以拒绝域为（$-\infty, -2.33$）。

第四步，统计决策：由于$Z = -2.6583 < -Z_{0.01} = -2.33$，拒绝原假设。

检验结果表明：新机床加工的零件尺寸的平均误差与旧机床相比有显著降低。

例8.4 根据历年来的数据计算得知，幼儿园小朋友的平均身高为100厘米。今年随机抽取100个幼儿园小朋友，测得平均身高为102厘米，标准差为11厘米。给定显著性水平为0.05，问今年幼儿园小朋友的平均身高是否有明显提高？

解 第一步，提出原假设和备择假设：

$$H_0: X \leq 100; \quad H_1: X > 100$$

第二步，构造检验统计量，并计算其值：
$$Z = \frac{\bar{x} - \bar{X}_0}{s/\sqrt{n}} = \frac{102 - 100}{11/\sqrt{100}} \approx 1.82$$

第三步，根据给定的显著水平 $\alpha = 0.05$，查标准正态分布表可知：
$$Z_\alpha = Z_{0.05} = 1.645$$

所以拒绝域为（1.645, $+\infty$）。

第四步，统计决策：比较检验统计量的值与临界值，因为 $Z = 1.82 > Z_\alpha = 1.645$，故样本落入拒绝区域，所以拒绝原假设 H_0，接受 H_1，即在 $\alpha = 0.05$ 的显著性水平下，可以认为今年幼儿园小朋友的平均身高有明显增长。

（二）小样本情形下总体平均数的检验

在小样本情况下，无法简单地构造服从标准正态分布的检验统计量，因此都是在假定总体服从正态分布的前提下进行讨论的。

1. 总体方差已知

在总体服从正态分布的条件下，根据正态分布再生定理，样本平均数也服从正态分布。此时，构造检验统计量：

$$Z = \frac{\bar{x} - \bar{X}_0}{\sigma/\sqrt{n}}$$

当 $\bar{X}_1 = \bar{X}_0$ 时，检验统计量 Z 服从标准正态分布。给定显著性水平 α，根据上面的检验规则进行检验。

例8.5 完成生产线上某件工作的平均时间不少于 15 分钟，标准差为 3 分钟，对随机抽取的 16 名工人讲授一种新方法，训练期结束后这 16 名工人完成此项工作的平均时间为 13 分钟。这个结果是否说明用新方法比用老方法所需时间短？取 $\alpha = 0.05$，并假定完成这件工作的时间服从正态分布。

解 第一步，提出原假设和备择假：
$$H_0: X \geq 15 ; \quad H_1: X < 15$$

第二步，构造检验统计量，并计算其值：
$$Z = \frac{\bar{x} - \bar{X}_0}{\sigma/\sqrt{n}} = \frac{13 - 15}{3/\sqrt{16}} \approx -2.67$$

第三步，根据给定的显著水平 $\alpha = 0.05$，查标准正态分布表可知：
$$Z_\alpha = Z_{0.05} = 1.645$$

所以拒绝域为（$-\infty, -1.645$）。

第四步，统计决策：比较检验统计量的值与临界值，因为 $Z = -2.67 < -Z_\alpha = -1.645$，故样本落入拒绝区域，所以拒绝原假设 H_0，接受 H_1，即在 $\alpha = 0.05$ 的显著性水平下，可以认为新方法比用老方法所需时间短。

2. 总体方差未知

由于总体方差未知，构造检验统计量：

$$t = \frac{\bar{x} - \bar{X}_0}{s/\sqrt{n}}$$

当 $\bar{X}_1 = \bar{X}_0$ 时，根据抽样分布理论，统计量 t 服从自由度为 $n-1$ 的 t 分布。

例 8.6 一种汽车加工的零件尺寸平均长度要求为 10 厘米，否则认为是不合格的。购买该零件的企业在购进零件时，通常是对选定的零件进行检验，以决定是否采购。某汽车生产企业对一个零件提供商提供的 12 个样本进行检验，其结果为（单位：厘米）：10.2、8.8、10.0、9.8、9.9、10.4、9.3、10.2、10.0、10.3、9.9、10.4。

假设该供货商的零件长度服从正态分布，那么在 $\alpha = 0.05$ 的显著性水平下，检验该供货商提供的零件是否符合要求。

解 第一步，提出原假设和备择假设：

$$H_0: X = 10 \;; \quad H_1: X \neq 10$$

第二步，构造检验统计量，并计算其值：

$$t = \frac{\bar{x} - \bar{X}_0}{s/\sqrt{n}} = \frac{9.9 - 10}{0.471/\sqrt{12}} \approx -0.737\,5$$

第三步，显著性水平 $\alpha = 0.05$，根据自由度 $n-1 = 12-1 = 11$，查 t 分布表可知：

$$t_{\alpha/2}(n-1) = t_{0.025}(11) = 2.201$$

所以拒绝原假设的区域为（$-\infty, -2.201$）和（$2.201, +\infty$）。

第四步，统计决策：由于 $|t| = 0.7375 < t_{0.025}(11) = 2.201$，不能拒绝原假设。

检验结果表明：样本提供的证据还不足以推翻原假设。

二、两个总体平均数的检验

设 X_1、X_2 两个总体平均数分别为 $\bar{X}_1$ 和 $\bar{X}_2$，两个总体的方差分别为 σ_1^2 和 σ_2^2，来自两个总体的样本容量分别为 n_1 和 n_2，样本平均数分别为 μ_1 和 μ_2。检验的目的是两个总体平均数是否相等，或两个总体平均数之差是否为零。我们可以建立如下假设。

（1）（双侧检验） $H_0: \bar{X}_1 = \bar{X}_2$；$H_1: \bar{X}_1 \neq \bar{X}_2$。
（2）（左单侧检验） $H_0: \bar{X}_1 = \bar{X}_2$；$H_1: \bar{X}_1 < \bar{X}_2$。
（3）（右单侧检验） $H_0: \bar{X}_1 = \bar{X}_2$；$H_1: \bar{X}_1 > \bar{X}_2$。

（一）两个总体方差 σ_1^2 和 σ_2^2 已知

两个样本平均数之差的抽样分布近似服从正态分布，构造检验统计量（假设两个总体平均数相等）：

$$Z = \frac{\bar{x}_1 - \bar{x}_2}{\sqrt{\dfrac{\sigma_1^2}{n_1} + \dfrac{\sigma_2^2}{n_2}}}$$

当 $\mu_1 = \mu_2$ 时，Z 服从 $N(0, 1)$。因此，可采用 Z 检验。

例 8.7 某企业公司对男女职员每天的平均工资进行了调查，男职员总体的方差为 $\sigma_1^2 = 64$，女职员总体的方差为 $\sigma_2^2 = 42.25$。独立抽取了具有同类工作经验的男女职员的两个随机样本，并记录下两个样本的均值、样本容量，数据如表 8-1 所示。在显著性水平 $\alpha = 0.05$ 的条件下，能否认为男职员与女职员的每天平均工资存在显著性差异。

表 8-1 两样本的数据结果

男职员	女职员
$n_1 = 44$	$n_2 = 32$
$\bar{x}_1 = 81$	$\bar{x}_2 = 76$

解 设 $\mu_1 =$ 男职员的每天平均工资；$\mu_2 =$ 女职员的每天平均工资。

第一步，提出原假设和备择假设：
$$H_0: \mu_1 = \mu_2; \quad H_1: \mu_1 \neq \mu_2$$

第二步，构造检验的统计量，并计算其值。由于两个样本是相互独立的，且方差已知，所以检验的统计量为

$$Z = \frac{(\bar{x}_1 - \bar{x}_2) - (\mu_1 - \mu_2)}{\sqrt{\frac{1}{n_1}\sigma_1^2 + \frac{1}{n_2}\sigma_2^2}} = \frac{(81-76)-0}{\sqrt{\frac{1}{44} \times 64 + \frac{1}{32} \times 42.25}} \approx 3.002$$

第三步，根据显著性水平 $\alpha = 0.05$，拒绝原假设的区域为
$$(-\infty, -Z_{0.025}) \text{ 和 } (Z_{0.025}, +\infty)$$

查标准正态分布表得 $Z_{0.025} = 1.96$，所以拒绝域为 $(-\infty, -1.96)$ 和 $(1.96, +\infty)$。

第四步，统计决策：因为有 $Z = 3.002 > Z_{0.025} = 1.96$，所以拒绝原假设，即认为男职员与女职员的每天平均工资存在显著差异。

（二）两个总体方差未知但相等

若两个总体服从正态分布，方差未知且相等，当 n_1 和 n_2 都不够大时，那么下列统计量服从自由度为 $n_1 + n_2 - 2$ 的 t 分布，即构造检验统计量：

$$Z = \frac{\bar{x} - \bar{y}}{s_p \sqrt{\frac{1}{n_1} + \frac{1}{n_2}}}$$

$$s_p = \sqrt{\frac{(n_1-1)s_1^2 + (n_2-1)s_2^2}{n_1 + n_2 - 2}}$$

例 8.8 用甲、乙两种方法同时加工某种同类型的汽车零件，已知两种方法加工的零件直径分别服从正态分布 $N(\mu_1, \sigma_1^2)$ 和 $N(\mu_2, \sigma_2^2)$。为比较两种零件的加工精度有无显著差

异，分别独立抽取了甲种方法加工的 8 个零件和乙种方法加工的 7 个零件，通过测量得到的直径数据如下（单位：厘米）。在 $\alpha=0.05$ 的显著性水平下，检验两种方法加工的零件是否一致：$\sigma_1^2=\sigma_2^2$；$\sigma_2^2\neq\sigma_2^2$。

零件直径

甲方法：8.5、7.8、7.7、8.4、8.1、8.0、7.0、7.9

乙方法：8.7、7.8、7.5、8.8、8.4、7.6、8.2

解 第一种情况：$\sigma_1^2=\sigma_2^2$。

第一步，提出原假设和备择假设：

$$H_0: \mu_1=\mu_2; \quad H_1: \mu_1\neq\mu_2$$

第二步，构造检验的统计量，并计算其值：

$$t=\frac{(\bar{x}_1-\bar{x}_2)-(\mu_1-\mu_2)}{\sqrt{\left(\frac{1}{n_1}+\frac{1}{n_2}\right)\frac{(n_1-1)s_1^2+(n_2-1)s_2^2}{(n_1+n_2-2)}}}\sim t(n_1+n_2-2)$$

其中，根据样本可计算出 $\bar{x}_1=7.925$，$\bar{x}_2=8.143$，$s_1^2=0.2164$，$s_2^2=0.2729$。

代入检验的统计量中，有

$$t=\frac{7.925-8.143}{\sqrt{(1/8+1/7)\times 0.2425}}\approx -0.855$$

第三步，$\alpha=0.05$，所以拒绝原假设的区域为

$$(-\infty,-t_{0.025}(13))\text{ 和 }(t_{0.025}(13),+\infty)$$

查 t 分布表得 $t_{0.025}(13)=2.533$，所以拒绝域为 $(-\infty,-2.533)$ 和 $(2.533,+\infty)$。

第四步，统计决策：因为有 $|t|=0.855<t_{0.025}(13)=2.533$，所以不拒绝原假设。

第二种情况：$\sigma_1^2\neq\sigma_2^2$。

第一步，提出原假设和备择假设：

$$H_0: \mu_1=\mu_2; \quad H_1: \mu_1\neq\mu_2$$

第二步：构造检验的统计量，并计算其值：

$$z=\frac{(\bar{x}_1-\bar{x}_2)-(\mu_1-\mu_2)}{\sqrt{\frac{1}{n_1}s_1^2+\frac{1}{n_2}s_2^2}}\sim t(v)$$

式中，

$$v=\frac{\left(\dfrac{s_1^2}{n_1}+\dfrac{s_2^2}{n_2}\right)^2}{\dfrac{\left(\dfrac{s_1^2}{n_1}\right)^2}{n_1-1}+\dfrac{\left(\dfrac{s_2^2}{n_2}\right)^2}{n_2-1}}$$

$$t = \frac{7.925 - 8.143}{\sqrt{\frac{1}{8} \times 0.216\ 4 + \frac{1}{7} \times 0.272\ 9}} = \frac{-0.218}{\sqrt{0.066\ 035\ 71}} \approx -0.848$$

其中，

$$v = \frac{\left(\frac{s_1^2}{n_1} + \frac{s_2^2}{n_2}\right)^2}{\frac{\left(\frac{s_1^2}{n_1}\right)^2}{n_1 - 1} + \frac{\left(\frac{s_2^2}{n_2}\right)^2}{n_2 - 1}} = \frac{\left(\frac{0.2164}{8} + \frac{0.2729}{7}\right)^2}{\frac{\left(\frac{0.2164}{8}\right)^2}{8 - 1} + \frac{\left(\frac{0.2729}{7}\right)^2}{7 - 1}} \approx 12.186$$

所以自由度为 12。

第三步，$\alpha = 0.05$，所以拒绝原假设的区域为

$$(-\infty, -t_{0.025}(12)) \text{ 和 } (t_{0.025}(12), +\infty)$$

查 t 分布表得 $t_{0.025}(12) = 2.1788$，所以拒绝域为 $(-\infty, -2.1788)$ 和 $(2.1788, +\infty)$。

第四步，统计决策：因为有 $|t| = 0.848 < t_{0.025}(12) = 2.1788$，所以不拒绝原假设。

第三节 总体比例的检验

一、单个总体比例的检验

总体比例是指总体中具有某种相同特征的个体所占的比值。总体比例与总体平均数的主要差别是参数和检验统计量的不同。根据抽样分布定理可知，当样本容量足够大，即 np 和 $n(1-p)$ 都大于 5 时，样本成数 p 的抽样分布近似服从正态分布，而统计量 $Z = \frac{p - P}{\sqrt{\frac{P(1-P)}{n}}}$ 服从标准正态分布。其中，由于 N 一般都很大，总体方差 $\frac{NP(1-P)}{N-1}$ 简化为 $P(1-P)$。

因此，当原假设为真时，我们可以构造检验统计量为

$$Z = \frac{p_0 - P_0}{\sqrt{\frac{P_0(1 - P_0)}{n}}}$$

对于给定的显著性水平 α，可查得临界值 $Z_{\alpha/2}$ 或 Z_α，通过比较 Z 与 $Z_{\alpha/2}$ 或 Z_α，可作出拒绝原假设 H_0 或接受原假设 H_0 的判断。因此，总体成数的检验采用 Z 检验。给定显著性水平 α，则有以下情况。

（1）H_0：$P = P_0$，H_1：$P \neq P_0$。检验规则为：当 $|Z| > Z_{\alpha/2}$ 时，拒绝 H_0；当 $|Z| \leqslant Z_{\alpha/2}$ 时，不能拒绝 H_0。

（2）H_0：$P \leqslant P_0$，H_1：$P > P_0$。检验规则为：当 $Z > Z_\alpha$ 时，拒绝 H_0；当 $Z \leqslant Z_\alpha$ 时，不能拒绝 H_0。

(3) H_0: $P \geq P_0$, H_1: $P < P_0$。检验规则为：当$Z < -Z_\alpha$时，拒绝H_0；当$Z \geq -Z_\alpha$时，不能拒绝H_0。

例 8.9 某城市通过研究表明：拥有房产的人口比例超过50%。为验证这一说法是否属实，这家研究机构抽取了由200个人组成的一个随机样本，发现有107个人拥有房产。取显著性水平$\alpha = 0.05$，检验该城市拥有房产的人的比例是否超过50%。

解 第一步，提出原假设和备择假设：
$$H_0: P \leq 50\%; \quad H_1: P > 50\%$$

第二步，依据题意，检验统计量为
$$Z = \frac{p - P_0}{\sqrt{\frac{P_0(1 - P_0)}{n}}}$$

根据样本结果计算得$p = \frac{107}{200} = 53.5\%$，检验统计量为
$$Z = \frac{0.535 - 0.5}{\sqrt{\frac{0.5(1-0.5)}{200}}} \approx \frac{0.035}{0.035} = 1$$

第三步，根据显著性水平$\alpha = 0.05$，查标准正态分布表可得$Z_\alpha = Z_{0.05} = 1.645$。所以拒绝域为$(1.645, +\infty)$。

第四步，统计决策：由于$|Z| = 1 < Z_\alpha = 1.645$，不拒绝原假设。在显著性水平$\alpha = 0.05$的条件下，样本提供的证据表明该机构的说法并不属实。

二、两个总体比例的检验

在大样本条件下，设两个总体成数分别为P_1和P_2，来自两个总体的样本容量分别为n_1和n_2，样本成数分别为p_1和p_2，两个样本成数之差的抽样分布近似为正态分布。若令
$$Z^* = \frac{p_1 - p_2}{\sqrt{\frac{\pi_1(1-\pi_1)}{n_1} + \frac{\pi_2(1-\pi_2)}{n_2}}}$$

由于Z^*含有未知参数π_1和π_2，不能成为检验统计量。

当$p_1 = p_2$时，有$p = \frac{n_1 p_1 + n_2 p_2}{n_1 + n_2}$，则比例之差的标准差的估计为$\sqrt{\frac{p(1-p)}{n_1} + \frac{p(1-p)}{n_2}}$。

取检验统计量：
$$Z = \frac{p_1 - p_2}{\sqrt{\frac{p(1-p)}{n_1} + \frac{p(1-p)}{n_2}}}$$

于是，在大样本条件下，当$p_1 = p_2$时，Z近似服从标准正态分布$N(0, 1)$。因此，两个总体成数之差的检验可采用Z检验。

例 8.10 为了研究大学毕业生是否认为自己在大学中实现了自己的目标，在随机抽取的200名女大学生中，认为自己成功的人数为48人；而在对95名男大学生的调查中，认

为自己成功的人数为 39 人。在 $\alpha = 0.05$ 的显著性水平下，检验男、女大学生认为自己实现了目标的人数比例是否有显著差异。

解 设 P_1 = 女大学生认为自己成功的比例；P_2 = 男大学生认为自己成功的比例。

第一步，提出原假设和备择假设：
$$H_0: P_1 = P_2;\ H_1: P_1 \neq P_2$$

第二步，构造检验的统计量，并计算其值。

根据题意，是检验两个总体比例之差是否相等，所以检验的统计量为
$$Z = \frac{p_1 - p_2}{\sqrt{\frac{p(1-p)}{n_1} + \frac{p(1-p)}{n_2}}}$$

其中，根据样本的数据，有 $p_1 = 48/200 = 0.24$；$p_2 = 39/95 \approx 0.41$；$p = \frac{48+39}{200+95} \approx 0.295$，所以有

$$Z = \frac{0.24 - 0.41}{\sqrt{\frac{0.295(1-0.295)}{200} + \frac{0.295(1-0.295)}{95}}} \approx \frac{-0.17}{0.057} = -2.98$$

第三步，$\alpha = 0.05$，确定拒绝原假设的区域为 $(-\infty, -Z_{\alpha/2})$ 和 $(Z_{\alpha/2}, +\infty)$。

查标准正态分布表得 $Z_{0.025} = 1.96$，所以拒绝域为 $(-\infty, -1.96)$ 和 $(1.96, +\infty)$。

第四步，统计决策：$|Z| = 2.98 > Z_{0.025} = 1.96$，所以拒绝原假设，即男、女大学生认为自己成功的人数比例有显著差异。

例 8.11 承例 8.10，在 $\alpha = 0.05$ 的显著水平下，检验男大学生比女大学生认为自己成功的人数比例是否高于 15%。

解 设 P_1 = 女大学生认为自己成功的比例；P_2 = 男大学生认为自己成功的比例。

第一步，提出原假设和备择假设：
$$H_0: P_1 - P_2 \leq 0.15;\ H_1: P_1 - P_2 > 0.15$$

第二步，构造检验的统计量，并计算其值。

根据题意，是检验两个总体比例之差是否等于一个常数，所以检验的统计量为
$$Z = \frac{(p_1 - p_2) - (P_1 - P_2)}{\sqrt{\frac{p_1(1-p_1)}{n_1} + \frac{p_2(1-p_2)}{n_2}}}$$

其中，根据样本的数据，有 $p_1 = 48/200 = 0.24$；$p_2 = 39/95 \approx 0.41$。

所以有

$$Z = \frac{(0.24 - 0.41) - 0.15}{\sqrt{\frac{0.24 \times (1-0.24)}{200} + \frac{0.41 \times (1-0.41)}{95}}} \approx \frac{-0.32}{0.059} \approx -5.4237$$

第三步，$\alpha = 0.05$，确定拒绝原假设的区域为 $(Z_\alpha, +\infty)$。

查标准正态分布表得 $Z_{0.05} = 1.645$，所以拒绝域为 $(1.645, +\infty)$。

第四步，统计决策：$|Z| = 5.4237 > Z_{0.05} = 1.645$，所以拒绝原假设。

第四节 总体方差的检验

一、单个总体方差的检验

设单个总体方差为 S^2，相应的样本方差为 s_0^2，检验目的是判断正态总体方差 S^2 是否等于 s_0^2，我们可建立假设如下。

(1)（双侧检验）H_0：$S^2 = s_0^2$；H_1：$S^2 \neq s_0^2$。
(2)（左单侧检验）H_0：$S^2 \geqslant s_0^2$；H_1：$S^2 < s_0^2$。
(3)（右单侧检验）H_0：$S^2 \leqslant s_0^2$；H_1：$S^2 > s_0^2$。

当原假设为真时，我们可构造服从自由度为 $n-1$ 的 χ^2 分布的检验统计量：

$$\chi^2 = \frac{(n-1)s_0^2}{S^2}$$

对于给定的显著性水平 α，在双侧检验时，χ^2 分布的左临界值为 $\chi_{1-\alpha/2}^2(n-1)$，右临界值为 $\chi_{\alpha/2}^2(n-1)$。若 $\chi_{1-\alpha/2}^2 \leqslant \chi^2 \leqslant \chi_{\alpha/2}^2$，则接受原假设 H_0；若 $\chi^2 < \chi_{1-\alpha/2}^2$ 或 $\chi^2 > \chi_{\alpha/2}^2$，则要拒绝原假设 H_0。在左单侧检验时，临界值为 $\chi_{1-\alpha}^2(n-1)$，若 $\chi^2 \geqslant \chi_{1-\alpha}^2$，则接受原假设 H_0；若 $\chi^2 < \chi_{1-\alpha}^2$，则拒绝原假设 H_0。在右单侧检验时，临界值为 $\chi_\alpha^2(n-1)$，若 $\chi^2 \leqslant \chi_\alpha^2$，则接受原假设 H_0；若 $\chi^2 > \chi_\alpha^2$，则拒绝原假设 H_0。

例 8.12 某零件直径的方差本来是 0.001 56。后来为削减成本，从采用新方法制造的零件中随机抽取 200 个作样本，测得零件直径的方差为 0.002 11。在显著性水平 $\alpha = 0.05$ 下，检验新方法生产零件的方差是否比旧方法大。

解 第一步，提出原假设和备择假设：

$$H_0：s_0^2 \leqslant 0.001\,56;\quad H_1：s_0^2 > 0.001\,56$$

第二步，构造检验的统计量，并计算其值：

$$\chi^2 = \frac{(n-1)s_0^2}{S^2} \sim \chi^2(n-1)$$

式中，$S^2 = 0.001\,56$；$s_0^2 = 0.002\,11$。

所以有

$$\chi^2 = \frac{(200-1) \times 0.002\,11}{0.001\,56} \approx 269.16$$

第三步，$\alpha = 0.05$，确定拒绝原假设的区域为 $(\chi_{0.05}^2(199), +\infty)$，查 χ^2 分布表得 $\chi_{0.05}^2(199) = 232.9118$，所以拒绝域为 $(232.9118, +\infty)$。

第四步，统计决策：$\chi^2 = 269.16 > \chi_{0.05}^2(199) = 232.9118$，所以拒绝原假设，即新方法比旧方法的方差大。

二、两个总体方差的检验

设两个总体方差分别为 S_1^2 和 S_2^2，相应的样本方差分别为 s_1^2 和 s_2^2，检验目的是判断两个总体方差是否相等，我们可建立如下假设。

(1)（双侧检验）$H_0: S_1^2 = S_2^2$；$H_1: S_1^2 \neq S_2^2$。
(2)（左单侧检验）$H_0: S_1^2 \geq S_2^2$；$H_1: S_1^2 < S_2^2$。
(3)（右单侧检验）$H_0: S_1^2 \leq S_2^2$；$H_1: S_1^2 > S_2^2$。

如果原假设成立，那么来自两个总体的两个样本方差之比应接近 1。因此当两个总体为正态总体时，我们可构造检验统计量为

$$F = \frac{s_1^2}{s_2^2}$$

它服从分子自由度为 $n_1 - 1$、分母自由度为 $n_2 - 1$ 的 F 分布。

对于给定的显著性水平 α，在双侧检验时，F 分布的左临界值为 $F_{1-\alpha/2}(n_1-1, n_2-1)$，右临界值为 $F_{\alpha/2}(n_1-1, n_2-1)$，$F_{1-\alpha/2}(n_1-1, n_2-1) = \dfrac{1}{F_{\alpha/2}(n_1-1, n_2-1)}$。若 $F_{1-\alpha/2} \leq F \leq F_{\alpha/2}$，则接受原假设 H_0；若 $F < F_{1-\alpha/2}$ 或 $F > F_{\alpha/2}$，则要拒绝原假设 H_0 而接受 H_1。在左单侧检验时，临界值为 $F_{1-\alpha}(n_1-1, n_2-1)$，若 $F \geq F_{1-\alpha}$，则要接受原假设；若 $F < F_{1-\alpha}$，则拒绝原假设 H_0 而接受 H_1。在右单侧检验时，临界值为 $F_\alpha(n_1-1, n_2-1)$，若 $F \leq F_\alpha$，则要接受 H_0；若 $F > F_\alpha$，则要拒绝 H_0 而接受 H_1。

例 8.13 已知现有一台旧机器和一台新机器，两台机器生产的袋装食品重量数据如下（单位：千克）。

旧机器：2.95、3.45、3.50、3.75、3.48、3.26、3.33、3.20、3.16、3.20、3.23、3.37、3.90、3.36、3.25、3.27、3.20、3.22、2.98、3.45、3.70、3.34、3.18、3.35、3.12。

新机器：3.22、3.30、3.34、3.28、3.29、3.25、3.30、3.27、3.38、3.34、3.35、3.19、3.35、3.05、3.36、3.28、3.30、3.28、3.30、3.20、3.16、3.33。

在显著性水平 $\alpha = 0.05$ 下，检验新机器生产的袋装食品的重量与旧机器生产的袋装食品重量是否有显著的差异。

解 第一步，提出原假设和备择假设：

$$H_0: \frac{s_1^2}{s_2^2} = 1; \quad H_1: \frac{s_1^2}{s_2^2} \neq 1$$

第二步，构造检验的统计量，并计算其值：

$$F = \frac{S_1^2}{S_2^2}\left(\frac{s_1^2}{s_2^2}\right) \sim F(n_1-1, n_2-1)$$

式中，$\frac{s_1^2}{s_2^2}=1$。根据样本的数据可得 $S_1^2 = 0.048\,808$，$S_2^2 = 0.005\,901$。

所以有

$$F = \frac{0.048\,808}{0.005\,901} \approx 8.271\,1$$

第三步，$\alpha = 0.05$，确定拒绝原假设的区域为（0，$F_{1-\alpha/2}(24,21)$）和（$F_{\alpha/2}(24,21), +\infty$）。查 F 分布表得 $F_{0.975}(24,21) = 0.432\,728$，$F_{0.025}(24,21) = 2.310\,919$。所以拒绝域为（0，0.432 728）和（2.310 919，$+\infty$）。

第四步，统计决策：由于 $F = 8.2711 > F_{0.025}(24,21) = 2.310\,919$，拒绝原假设，即新旧机器生产的袋装食品重量方差有显著性差异。

第五节 应 用 案 例

以大学生平均日常生活费的分析[①]为例。

一、案例目的

使学生熟练掌握假设检验的基本方法及其应用，加深学生对假设检验的理解。

二、案例简介

参见第七章第四节的案例，数据如表 7-3 所示。
要求：
根据 $\alpha = 0.05$ 的显著性水平检验：
（1）全校学生平均月生活费支出是否等于 500 元；
（2）男生、女生的平均月生活费是否有显著差异。

二、案例解析

对全校本科生、男生和女生的平均月生活费支出分别作估计和检验。

在表 7-4 中给出了全部样本数据的一些描述性统计量。表 7-5 给出了原假设为全校本科生平均月生活费支出 $\mu = 500$ 的检验结果。

检验的 P 值接近于 0，表明全校的平均月生活费支出与 500 元有显著差异。
将男生、女生分开来看，有关的描述统计量如表 7-6 所示。表 7-7 给出了男生、女

---

① 案例作者：贾俊平；摘自《统计学专业课程教学案例选编》。为了教学需要，在原案例基础上酌情修改。

生平均生活费之差的置信区间，以及方差相等和方差不相等的假设条件下的检验结果。从表 7-7 可以看出，方差齐性和方差非齐性假设条件下，均没有证据表明男生、女生的平均月生活费之间有显著性差异。

思考与练习

一、单项选择题

如果检验的假设为 $H_0: \mu \geq \mu_0$，$H_1: \mu < \mu_0$，则拒绝域为（　　）。

A. $z > z_\alpha$　　　　B. $z < -z_\alpha$　　　　C. A 或 B　　　　D. $z < -z_{\alpha/2}$

二、多项选择题

1. 下列关于假设检验的陈述正确的是（　　）。

A. 假设检验实质上是对原假设进行检验

B. 假设检验实质上是对备择假设进行检验

C. 当拒绝原假设时，只能认为肯定它的根据尚不充分，而不是认为它绝对错误

D. 假设检验并不是根据样本结果简单地或直接地判断原假设和备择假设哪一个更有可能正确

E. 当接受原假设时，只能认为否定它的根据尚不充分，而不是认为它绝对正确

2. 在假设检验中，α 与 β 的关系是（　　）。

A. 在其他条件不变的情况下，增大 α，必然会减少 β

B. α 和 β 不可能同时减少

C. 在其他条件不变的情况下，增大 α，必然会增大 β

D. 只能控制 α 不能控制 β

E. 增加样本容量可以同时减少 α 和 β

3. 设总体为正态总体，总体方差未知，在小样本条件下，对总体平均数进行如下的假设检验：$H_0: \mu = \mu_0$（μ_0 为已知数）；$H_1: \mu \neq \mu_0$。$\alpha = 0.1$，则下列说法正确的有（　　）。

A. $(-\infty, -Z_{0.1})$ 和 $(Z_{0.1}, +\infty)$ 为原假设的拒绝区域

B. $(-\infty, -Z_{0.05})$ 和 $(Z_{0.05}, +\infty)$ 为原假设的拒绝区域

C. $(-\infty, -t_{0.1})$ 和 $(t_{0.1}, +\infty)$ 为原假设的拒绝区域

D. $(-\infty, -t_{0.05})$ 和 $(t_{0.05}, +\infty)$ 为原假设的拒绝区域

E. 若检验统计量的绝对值越大，则原假设越容易被拒绝

4. 某一批原材料的质量实际上不符合生产标准，检验部门抽取 1% 的原材料检验，得出结论是该批原材料的质量符合生产标准，说明（　　）。

A. 检验部门犯了第一类错误

B. 检验部门犯了第二类错误

C. 犯这种错误的概率是 α

D. 犯这种错误的概率是 β

E. 犯这种错误的原因是检验部门没有遵循随机原则

三、简答题

1. 简述参数估计和假设检验的联系与区别。
2. 某牛奶加工厂生产一种容量为 1000 毫升的盒装牛奶,随机取样 50 盒,测得平均容量为 986 毫升,标准差为 12 毫升。若要求根据这些数据判断该厂牛奶的容量是否符合生产标准,问:

   (1) 在该问题中,原假设和备择假设是什么?

   (2) 在假设检验的一般步骤中,除(1)提出假设外,还有哪些步骤?
3. 什么是假设检验中的两类错误?
4. 假设检验中的小概率原理是什么?
5. 确定检验统计量时应考虑哪些因素?

四、计算题

从某批食品中随机抽取 12 袋,测定其蛋白质的含量(%),测定结果如下:

    18,20,21,17,14,22,17,18,21,19,20,17

假定该食品每袋蛋白质的含量 X 服从正态分布 $N(\mu,\sigma^2)$,包装袋上标明蛋白质的含量为 20%。

(1) 问该批食品是否存在质量问题($\alpha = 0.05$)?

(2) 你的判断结果可能会发生哪一类错误?说明该错误的实际含义。

参 考 文 献

蔡越江. 1999. 论假设检验中的两类错误[J]. 数理统计与管理,(03):31-35,66.

陈乃辉. 2002. 关于区间估计与假设检验的最优性[J]. 工科数学,(02):59-63.

樊明智,王芬玲. 2006. 区间估计与假设检验[J]. 统计与决策,(12):141-143.

韩兆洲,魏章进. 2005. 假设检验的一个常见误区[J]. 统计与信息论坛,(01):9-11.

胡菊华. 2013. 假设检验中的原假设选取问题[J]. 大学数学,29(05):140-143.

焦璨,张敏强. 2014. 迷失的边界:心理学虚无假设检验方法探究[J]. 中国社会科学,(02):148-163,207.

吕小康. 2014. 从工具到范式:假设检验争议的知识社会学反思[J]. 社会,34(06):216-236.

马凤鸣,王忠礼. 2012. 假设检验方法分析及应用[J]. 长春大学学报,22(02):188-192,196.

倪延延,张晋昕. 2011. 假设检验时样本含量估计中容许误差 δ 的合理选取[J]. 循证医学,11(06):370-372.

潘高田,胡军峰. 2002. 小样本的均匀分布参数的区间估计和假设检验[J]. 数学的实践与认识,(04):629-631.

潘素娟,谢伟. 2014. 假设检验的案例与应用[J]. 长春工业大学学报(自然科学版),35(06):612-615.

时仅,廖和平,李涛,等. 2015. 假设检验在土地整治效益评估中的应用[J]. 西南大学学报(自然科学版),37(11):155-162.

孙红卫,董兆举,赵拥军. 2012. 对统计假设检验的误解与误用[J]. 中国卫生统计,29(01):147-148,150.

王芳,王景东. 2010. 统计假设检验在审计抽样工作中的应用研究[J]. 审计研究,(05):48-52.

王志福,潘旭,金姝,等. 2013. 假设检验的原理及其应用[J]. 渤海大学学报(自然科学版),34(02):101-105.

苟鹏程,赵杨,易洪刚,等. 2006. Permutation Test 在假设检验中的应用[J]. 数理统计与管理,(05):616-621.

仲晓波. 2016. 关于假设检验的争议:问题的澄清与解决[J]. 心理科学进展,24(10):1670-1676.

第九章　分类数据分析

第一节　分类数据概述

一、分类数据的概念

分类数据是统计数据中最基础、最普遍使用的一种数据类型，是反映事物类别的非数值型数据，例如，人按性别分为男、女两类；了解人们的婚姻状况，可以分为未婚、已婚、离异等。一般情况下分类数据调查结果虽然用数值表示，但不同数值描述了调查对象的不同特征。例如，根据种族可以分为白种人、黄种人、黑种人，调查结果分别表示为"1、2、3"。

二、分类数据的划分原则

根据不同的划分标准会得到不同的分类数据，例如，对中国企业可以按照所有制性质划分为全民所有制企业、集体所有制企业、私营企业、外商投资企业等；按照企业规模可以划分为大型企业、中型企业、小型企业、微型企业。因此，必须根据所研究的问题得出相应的分类数据，进而得出该分类数据的频数进行分析研究。

在实际的研究工作中，对连续变量也可以处理为分类变量，这种处理被称作连续数据的类别化或离散化。例如，居民收入是一个连续变量，在对其进行特定研究时，可以将其分为高收入、中等收入、低收入。年龄理论上也是一个连续变量，基于研究目的，一般会进行分组。

对数据进行分类时，应注意两个原则：一是类型之间不能包含，必须相互排斥，即一个观测值只能是一个类别，不能同时符合两个类别。人的性别分为男性和女性，每一个被调查者都只能归属于其中一个，不能同时选择两种答案。二是要穷尽所有可能的类别，不能存在不属于所有类别的观测值。也就是说，所有的被调查者都能根据自身的特点找到符合自身的归类。例如，人的性别可以分为男性和女性，就是包括了所有的可能。在一些社会问题的研究中，一般很难做到包括所有可能的类型。因此，如果不能确定已包括所有类型，可以在调查中或者研究时增加"其他"这一类型，这一类型包含除已包括类型外的剩余类型，或者所研究的问题的分类取值较多且其中一些类型对应的情况较少发生，也可以将较少发生的类型归属于"其他"这一类型。

三、χ^2检验

由上述内容可知，分类数据的表现形式是频数，χ^2检验是对分类数据的频数进行分析的统计方法。χ^2是英国统计学家卡尔·皮尔逊于1900年提出的一个检验统计量,读作卡方。χ^2检验就是利用样本数据计算χ^2值来检验总体中的定类变量之间是否存在相关关系,主要是检验观察值与期望值之间的紧密程度。基本原理是在给定原假设的条件下,根据样本值落在总体的各个区间的频数与总体落在各个区间的频数的差值构造统计量。

χ^2检验的首要步骤是给出原假设与备择假设,之后通过计算统计量,得到某一置信水平相对应的临界值,通过统计值和临界值的对比,判断是否接受原假设。当我们研究$K(K \geqslant 2)$个变量值与其相对应的期望值之间的差异时,需要构造χ^2统计量。用f_0表示样本的观察值频数,用f_e表示期望值频数。期望值频数需要利用样本规模、样本频数、总体分布等信息计算。χ^2统计量可以表示为

$$\chi^2 = \sum \frac{(f_0 - f_e)^2}{f_e} \text{且服从分布} \chi^2(K-1)$$

式中,$K-1$为自由度。

χ^2统计量具有以下特点。

(1) 非负性。从统计量的计算公式就可以看出$\chi^2 \geqslant 0$。从等式的分子可以看出,它是平方结果的汇总,最小值为0。只有当观察频数与期望频数相等时,χ^2值才等于0。从分母上可知,计算量均是某一事物的期望频数(不存在小于0的情况)。所以,χ^2统计量大于等于0。

(2) χ^2统计量的分布与自由度($K-1$)有关,当自由度不同时,χ^2分布的形状也不同。χ^2分布的自由度越小,χ^2曲线就越向左边倾斜,随着自由度的不断增大,χ^2分布越趋近正态分布,χ^2曲线越向右边倾斜。不同自由度的χ^2分布如图9-1所示。

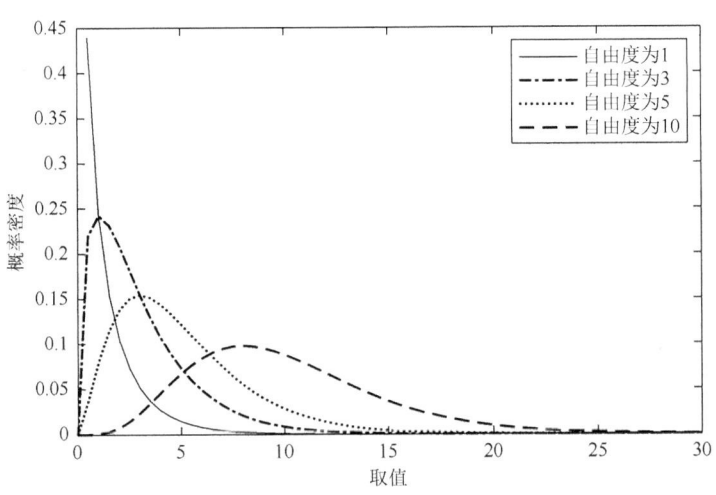

图9-1 不同自由度的χ^2分布

(3) χ^2统计量的值越小,说明观察值与期望值越接近,原假设成立的概率就较大;统计量的值越大,说明观察值与期望值的差异越明显,备择假设成立的概率越大。

χ^2 分布本身是连续型分布,但是在分类数据的统计分析中,频数均以整数的形式出现,因此计算的统计量是非连续的。少量的样本量将可能导致较大的偏差,只有当样本量比较充足时,才可以忽略两者间的差异。具体而言,一般认为对于 χ^2 检验中的每一个单元格,要求单元格期望频数大于 5,此时使用 χ^2 分布计算出的概率值才是准确的。

根据样本资料计算得出的 χ^2 统计量需要和相应的临界值进行比较,作出是否拒绝原假设的判断。若 $\chi^2 > \chi^2_\alpha$,则说明 χ^2 落在拒绝域,拒绝原假设,接受备择假设,即可以得出所研究的分类变量之间存在显著的相关性;若 $\chi^2 \leq \chi^2_\alpha$,则说明 χ^2 落在接受域,应该接受原假设。变量之间是相互独立的。

第二节 拟合优度检验

一、拟合优度检验的原理

拟合优度检验是根据总体的分布情况,计算出分类数据中各类别对应的期望频数,判断期望频数与观察频数是否存在显著性差异,进而对分类数据进行分析。简单地说,就是用于检验总体是否服从某个特定分布。例如,为了了解某电影观众的性别的差异,就一个影院一周的调查得出,总的观影人数为 816 人,其中男性为 452 人,女性为 364 人。其中给予好评的人数为 718 人,男性给予好评的有 435 人,女性给予好评的有 283 人。好评人数占总人数的比例为 87.99%。如果对这一电影的喜欢程度与性别无关,则在 452 位观影男性中给予好评的男性人数应为 398 人,在 364 位观影女性中给予好评的人数应为 320 人。其中 398 和 320 均为期望值,435 和 283 为观察值。通过对观察值与期望值的计算对比,可以判断不同性别的观影者对同一部电影的评价是存在差异的,说明总体数据的观察数据与期望数据不一致。

二、拟合优度检验的步骤及应用

(一)拟合优度检验步骤

(1)确定研究问题的原假设与备择假设。原假设 H_0:观察频数与期望频数一致。备择假设 H_1:观察频数与期望频数不一致。同时确定拒绝原假设的显著性水平 α。

(2)得到所研究的分类数据各类别观察值的频数,根据总体分布情况,计算得出各类别期望频数。期望频数一般是根据研究问题所提出的数据分布特征,计算每个类别出现的概率,概率和样本总数的乘积即所属类别的期望频数。

(3)对观察频数与期望频数进行比较,计算 χ^2 统计量的值。

(4)根据自由度和置信水平要求,查 χ^2 分布表,得出的 χ^2 统计量的值与临界值对比,判断是否拒绝原假设。

若 $\chi^2 > \chi_\alpha^2$，表明实际观察频数与期望频数差异显著，或者可以说明检验总体并非服从原假设提出的特定分布；若 $\chi^2 \leqslant \chi_\alpha^2$，表明实际观察频数与期望频数的差异不显著，可以认为实际观察的类别分布符合已知类别分布。

（二）拟合优度检验的应用

1. 均匀分布

例9.1 某商家想确定市场上的 4 种型号的电器的受欢迎程度，该商家随机抽取了 1000 名消费者调查电器的受欢迎程度，喜欢各类型号电器的人数具体如表 9-1 所示。

表 9-1 各种型号电器受欢迎的频数分布

最喜欢的型号	人数/人
A	243
B	200
C	250
D	307
合计	1000

解 如果各种型号电器的受欢迎程度没有差别，我们应该预期各型号所对应的人数呈均匀分布，即各型号的爱好者占总人数的比重均为 25%，据此可以提出以下假设。

H_0：不同型号的电器的受欢迎程度一致；

H_1：不同型号的电器的受欢迎程度不一致。

设定显著性水平为 $\alpha = 0.05$。

根据原假设，各个型号的受欢迎人数应为 $1000 \times 0.25 = 250$，现在可以计算 χ^2 统计量的值：

$$\chi^2 = \sum \frac{(f_0 - f_e)^2}{f_e}$$
$$= \frac{(243-250)^2}{250} + \frac{(200-250)^2}{250} + \frac{(250-250)^2}{250} + \frac{(307-250)^2}{250}$$
$$= 23.192$$

自由度为 $K - 1 = 3$，根据 $\alpha = 0.05$ 和自由度为 3，查 χ^2 分布表得知 χ^2 临界值 $\chi_{0.05}^2(3) = 7.815$，由于计算的 χ^2 统计量的值大于相应的临界值，在 0.05 的置信水平下，拒绝原假设，即不同型号的电器的受欢迎程度不一致，均匀分布不是最佳的拟合。

2. 正态分布

例9.2 一家机械制造厂为了控制零件的质量，对目前生产的一批零件进行测量，得出与标准零件直径的误差,通过这些数据的计算,判断观察值是否来自正态分布总体。

解 首先,提出如下假设。

H_0:观测数据来自正态分布总体;

H_1:观测数据并非来自正态分布总体。

设定显著性水平 $\alpha = 0.05$。

其次,经计算 $\bar{x} = 54.8714$,$S = 27.6160$。因此 Z 统计量如表 9-2 所示,根据 Z 统计量查出正态分布下的面积,即得到各组的理论频率,通过理论频率和总数的乘积得到理论频数,根据 χ^2 统计量的计算公式得出 χ^2。

表 9-2 700 个零件直径误差的频数分布

直径误差/毫米	组中值	频数	$Z = \dfrac{X - \bar{x}}{S}$	理论频率	理论频数	$\dfrac{(f_0 - f_e)^2}{f_e}$
0~9.99	5	37	−1.81	0.0351	24.57	6.2884
10~19.99	15	51	−1.44	0.0398	27.86	19.2197
20~29.99	25	62	−1.08	0.0652	45.64	5.8644
30~39.99	35	74	−0.72	0.0957	66.99	0.7335
40~49.99	45	83	−0.36	0.1274	89.18	0.4283
50~59.99	55	91	0.00	0.1766	123.62	8.6075
60~69.99	65	80	0.37	0.1045	73.15	0.6415
70~79.99	75	73	0.73	0.123	86.1	1.9931
80~89.99	85	61	1.09	0.097	67.9	0.7012
90~99.99	95	52	1.45	0.0636	44.52	1.2567
100~109.99	105	36	1.82	0.0721	50.47	4.1486

$$\chi^2 = \sum \dfrac{(f_0 - f_e)^2}{f_e} = 49.8829$$

最后,χ^2 的自由度为 $K - r$,其中 K 为组数,本例中 $K = 11$,r 为约束条件,此例中 $r = 3$,所以自由度为 8。查 χ^2 分布临界值表,得出 $\chi^2_{0.05}(8) = 15.5073$,由于 χ^2 统计量的值大于相应的临界值,拒绝原假设,接受备择假设,表明该厂的零件直径误差不服从正态分布。

3. 二项分布

抛掷硬币实验是一个典型的二项分布实验,通过抛掷硬币 100 次,得到表 9-3 中的数据(其中正面朝上表示为"1",反面朝上表示为"0")。

表 9-3 抛掷硬币结果汇总

硬币结果	频数
0	54
1	46
合计	100

检验硬币正反面出现的次数是否服从概率为 0.5 的二项分布。

提出如下假设。

H_0：观测数据服从概率为 0.5 的二项分布；

H_1：观测数据不服从概率为 0.5 的二项分布。

设定显著性水平为 $\alpha = 0.05$。

由于原假设中说明正反面出现的次数的概率均为 0.5，可以得出抛掷 100 次硬币正反面期望频数均为 50 次。根据 χ^2 值的计算公式，可以计算 χ^2 统计量的值为 0.64，查 χ^2 分布临界值表可知，$\chi^2_{0.05}(1) = 3.8415$。

由于计算的 χ^2 统计量的值小于相应的临界值，可以得出，在 0.05 的置信水平下，硬币正反面出现的次数服从概率为 0.5 的二项分布。

第三节 列联分析

一、列联表

拟合优度检验只针对一个分类变量的不同取值与期望频数是否存在差异进行检验。很多时候，我们需要分析两个分类变量的关系问题，列联分析就可以解决这一类问题。列联表是由两个变量进行交叉分类的频数分布表。列联表分析首先应根据观察到的样本数据，产生二维或多维列联表，之后，在列联表的基础上，对两两变量之间的相关性进行检验。

例 9.3 研究性别与喜欢文学书籍是否有关，随机抽取了 195 名在校大学生调查他们是否喜欢文学书籍，得到调查数据构造列联表如表 9-4 所示。

表 9-4 性别与是否喜欢文学类书籍一 （单位：人）

分组		男	女	合计
是否喜欢文学书籍	是	22	45	67
	否	75	53	128
合计		97	98	195

列联表与单变量分布表一样，也需要包括统计表的所有构成要素，列联表的构造需要注意因变量与自变量的区分。我们研究的变量之间不一定存在因果关系，但如果变量之间确实存在因果关系，在构造列联表时就需要注意因果关系的行列位置，一般应将自变量的

取值作为纵栏标题，把因变量的取值作为横行标题，在表 9-4 中，性别作为自变量，它的取值被作为纵栏标题放在表的上方，是否喜欢文学书籍的取值被作为横行标题放在表的左侧。自变量和因变量的区分应根据经济理论和社会理论、时间顺序、变量取值的稳定性等来确定。

列联表中的列是性别，行为是否喜欢文学书籍的人数。为了分析两个变量之间的关系，可以计算在被调查者中喜欢文学书籍男生在所有男生中所占比重为 $(22 \div 97) \times 100\% \approx 23\%$，不喜欢文学书籍的占比为 $(75 \div 97) \times 100\% \approx 77\%$。计算女生喜欢文学书籍在所有女生被调查者中所占比重为 $(45 \div 98) \times 100\% \approx 46\%$，不喜欢文学书籍所占的比重为 $(53 \div 98) \times 100\% \approx 54\%$。将各个比重以表格呈现如表 9-5 所示。性别与是喜欢文学书籍的比例关系如图 9-2 所示。

表 9-5　性别与是否喜欢文学类书籍二（%）

分组		男	女
是否喜欢文学书籍	是	23	46
	否	77	54
合计		100	100

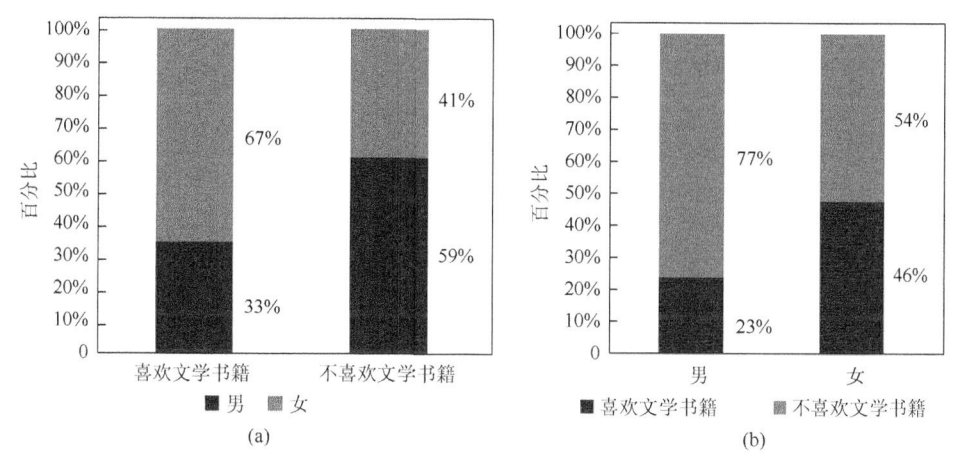

图 9-2　性别与是否喜欢文学书籍比例关系

从表 9-5 和图 9-2 中的数据可以看出，在男生和女生被调查者中，喜欢文学书籍所占的比重是不同的，从男生到女生，喜欢文学书籍所占比重从 23%变为 46%，与女生相比，男生喜欢文学书籍和不喜欢文学书籍的比重差异较大，可以说明性别与是否喜欢文学书籍有关联。

表 9-4 中的行合计和列合计被称为边缘分布，若只研究性别的频数分布，不管与它相关的是否喜欢文学书籍这一变量的取值，都可得到性别的边缘分布，即在 195 人中，男生 97 人，女生 98 人。若只研究是否喜欢文学书籍这一变量，则可得到，在 195 人中，有 67 人喜欢文学书籍，128 人不喜欢文学书籍。

如果将分类变量中的一个变量控制不变，再看另一个变量的分布，就可以得到关于另一个变量的条件分布。从表 9-5 中可以看出，如果控制性别变量为男生，可以得出是否喜欢文学书籍的分布：喜欢文学书籍的占 23%，不喜欢文学书籍的占 77%。同理可得性别变量为女生的占比。当性别变量取不同值时，其是否喜欢文学书籍的条件频率分布是不同的，就说明性别与是否喜欢文学书籍是有关联的。

由于列联表中的数值是由分类变量的不同取值共同决定的，可得出联合分布。从表 9-4 中可以得出四种不同的数据，即喜欢文学书籍的男生、不喜欢文学书籍的男生、喜欢文学书籍的女生、不喜欢文学书籍的女生。这四种类型的人数是由分类变量联合决定的，是联合分布。

由于列联表中的每个变量都有两个或两个以上的类别，一般将横向变量（行）表示的类别记为 R，纵向变量表示的类别记为 C，将一个具体的列联表称为 $R \times C$ 列联表，如表 9-6 所示。

表 9-6　$R \times C$ 列联表

分组		列					合计
		1	2	3	…	C	
行	1	O_{11}	O_{12}	O_{13}	…	O_{1c}	$O_{1.}$
	2	O_{21}	O_{22}	O_{23}	…	O_{2c}	$O_{2.}$
	3	O_{31}	O_{32}	O_{33}	…	O_{3c}	$O_{3.}$
	⋮	⋮	⋮	⋮		⋮	⋮
	R	O_{r1}	O_{r2}	O_{r3}	…	O_{rc}	$O_{r.}$
合计		$O_{.1}$	$O_{.2}$	$O_{.3}$	…	$O_{.c}$	N

表 9-6 中的理论值用以下公式求得

$$E_{ij} = \frac{n_j \times n_i}{n}$$

χ^2 的公式可以写成：

$$\chi^2 = \sum_{i=1}^{r} \sum_{j=1}^{c} \frac{(O_{ij} - E_{ij})^2}{E_{ij}}$$

χ^2 的自由度为

$$K = (R-1)(C-1)$$

二、独立性检验

独立性检验就是分析列联表中的行变量和列变量之间是否相互独立，如果变量之间彼此不关联，则称两变量之间独立。对这类问题的研究也称为独立性检验。独立性检验必须同时处理两变量之间的关系，判断两个变量之间的相关性是否显著。

例 9.4 为研究各生产地与各类粮食作物产量之间的关系，判断出各生产地更适合生产哪种粮食作物，基于表 9-7 中的数据进行变量间的独立性检验。

表 9-7 各生产地不同粮食作物产量　　　　　　（单位：吨）

地号	玉米	小麦	水稻	合计
1 号地	42	55	33	130
2 号地	45	53	65	163
3 号地	53	62	72	187
合计	140	170	170	480

解 首先，提出如下假设。

H_0：地区与各种类粮食作物之间是相互独立的；

H_1：地区与各种类粮食作物之间不是相互独立的。

其次，利用理论值的计算公式得出频数的期望值：

$$E_{11} = \frac{n_{.1} \times n_{1.}}{n} = \frac{140 \times 130}{480} \approx 37.92$$

$$E_{12} = \frac{n_{.2} \times n_{1.}}{n} = \frac{170 \times 130}{480} \approx 46.04$$

$$E_{13} = \frac{n_{.3} \times n_{1.}}{n} = \frac{170 \times 130}{480} \approx 46.04$$

$$E_{21} = \frac{n_{.1} \times n_{2.}}{n} = \frac{140 \times 163}{480} \approx 47.54$$

$$E_{22} = \frac{n_{.2} \times n_{2.}}{n} = \frac{170 \times 163}{480} \approx 57.73$$

$$E_{23} = \frac{n_{.3} \times n_{2.}}{n} = \frac{170 \times 163}{480} \approx 57.73$$

$$E_{31} = \frac{n_{.1} \times n_{3.}}{n} = \frac{140 \times 187}{480} \approx 54.54$$

$$E_{32} = \frac{n_{.2} \times n_{3.}}{n} = \frac{170 \times 187}{480} \approx 66.23$$

$$F_{32} = \frac{n_{.3} \times n_{3.}}{n} = \frac{170 \times 187}{480} \approx 66.23$$

即可得到表 9-8 中的数据。

表 9-8 列联表期望值及 χ^2 计算结果

行	列	f_0	f_e	$f_0 - f_e$	$(f_0 - f_e)^2$	$(f_0 - f_e)^2 / f_e$
1 号地	玉米	42	37.92	4.08	16.6464	0.44
1 号地	小麦	55	46.04	8.96	80.2816	1.74
1 号地	水稻	33	46.04	−13.04	170.0416	3.69
2 号地	玉米	45	47.54	−2.54	6.4516	0.14

续表

行	列	f_0	f_e	$f_0 - f_e$	$(f_0 - f_e)^2$	$(f_0 - f_e)^2 / f_e$
2号地	小麦	53	57.73	−4.73	22.3729	0.39
2号地	水稻	65	57.73	7.27	52.8529	0.92
3号地	玉米	53	54.54	−1.54	2.3716	0.04
3号地	小麦	62	66.23	−4.23	17.8929	0.27
3号地	水稻	72	66.23	5.77	33.2929	0.50

$$\chi^2 = \sum \frac{(f_0 - f_e)^2}{f_e} = 8.13$$

χ^2的自由度$K = (R-1)(C-1) = 4$，令$\alpha = 0.05$，查表知$\chi^2_{0.05}(4) = 9.4877$，由于$\chi^2 < \chi^2_{0.05}(4)$，所以应该接受原假设，拒绝备择假设，即不同地区和各类粮食作物产量之间不存在依赖关系，粮食作物的产量不会受到地区的影响。

三、列联表中的相关测量

前面讨论了分类变量之间的独立性检验，如果接受原假设表明分类变量之间是独立的，没有关联性；如果接受备择假设只能说明变量之间存在相关性，但不能得出变量之间的相关程度的强弱。若通过独立性检验得出分类变量之间存在联系，就需要用相关系数测定变量之间的相关程度。对于分类数据经常用到的相关系数有以下几种。

1. ϕ相关系数

ϕ相关系数用来反映两分类变量的2×2列联表（表9-9）的相关程度，ϕ相关系数是交叉单元格频数乘积的差与各边缘分布的乘积的平方根的商。其公式表示为

$$\phi = \frac{ad - bc}{\sqrt{(a+b)(c+d)(a+c)(b+d)}}$$

表9-9　2×2列联表

分组		X		合计
		1	2	
Y	1	a	b	a+b
	2	c	d	c+d
合计		a+c	b+d	a+b+c+d=N

根据上述公式，两个变量之间的相关程度越高，则$ad - bc$的绝对值就会越大，ϕ相关系数就会越大；两个变量之间的相关程度越低，则$ad - bc$的绝对值就会越小，ϕ相关系数就会越小。ϕ相关系数若为正值，则分类变量具有相同的变动方向，若为负值，则说明分类变量的变动方向相反。

ϕ相关系数与χ^2值之间有如下关系：

$$\phi = \sqrt{\frac{\chi^2}{N}}$$

若$ad = bc$，则$\phi = 0$，说明两变量相互独立；若$|\phi| = 1$，说明两变量之间完全相关。ϕ相关系数的值介于$(-1, 1)$，数值越接近于1，说明变量间的相关程度越高。

例 9.5 为了解男女对某一商场基础设施是否满意，对不同时段在商场购物的410人进行拦截式的访问得出数据如表9-10所示。

表9-10 对商场基本设施是否满意情况 （单位：人）

性别	满意	不满意	合计
男	101	86	187
女	103	120	223
合计	204	206	410

解
$$\phi = \frac{ad - bc}{\sqrt{(a+b)(c+d)(a+c)(b+d)}}$$
$$= \frac{101 \times 120 - 86 \times 103}{\sqrt{(101+86)(103+120)(101+103)(86+120)}}$$
$$\approx 0.0779$$

从ϕ相关系数的值可以看出，ϕ大于0，小于1，说明两分类变量之间并不相互独立也不完全相关，但ϕ比较接近于0，表示变量之间的相关性较弱。

2. C系数

由于ϕ相关系数局限于2×2的列联表，当两个分类变量任意一个的类别超过两个水平时，χ^2值就存在大于样本量的情况，使得ϕ相关系数大于1，因此将上述ϕ相关系数的计算公式做如下修正，可改善系数大于1的问题。由此公式计算得到的系数称为列联系数。

$$C = \sqrt{\frac{\chi^2}{\chi^2 + N}}$$

当分类变量中的两个变量相互独立时，系数$C = 0$，从计算公式可以看出，C值的大小在一定程度上受列联表的行数和列数的影响，随着样本数的增加，C值会变小。

上述例题中研究各生产地与各类粮食作物产量之间的关系，利用表9-7中的数据，可以得出C值为

$$C = \sqrt{\frac{\chi^2}{\chi^2 + N}}$$
$$= \sqrt{\frac{8.13}{8.13 + 480}}$$
$$\approx 0.1291$$

上述例题计算的 χ^2 值与临界值的比较得出各生产地与各类粮食作物是相互依赖的，从 C 系数的值也得出相同的结果，两分类变量之间具有一定的相关性。

3. V 相关系数

以列联系数公式所求出的数值虽然不会大于 1，但很难接近 1，尤其是当样本数增大时，列联系数会减少。基于这种情况，克莱姆提出 V 相关系数，计算公式为

$$V = \sqrt{\frac{\chi^2}{N \times \min[(R-1),(C-1)]}}$$

该计算公式仍然以 χ^2 值为基础，其中 N 为样本量总和，$\min[(R-1),(C-1)]$ 表示的是取 $R-1$ 和 $C-1$ 中的较小值。当变量相互独立时，V 值为 0，当变量之间完全相关时，V 值为 1，因此 V 值介于（0,1）。当为 2×2 的列联表时，$R-1=C-1=1$，V 相关系数等于 ϕ 相关系数。

例 9.6　某厂商有两种不同的原材料，用于生产四种产品，为研究两种原材料生产各产品是否存在差异，以便更好地安排生产计划，对生产结果（表 9-11）进行如下分析。

表 9-11　两种原材料生产各产品的差异

材料	A	B	C	D	合计
X 原材料	3	12	15	2	32
Y 原材料	9	18	9	2	38
合计	12	30	24	4	70

解　首先，计算各频数对应的期望值。

$$E_{11} = \frac{n_{.1} \times n_{1.}}{n} = \frac{12 \times 32}{70} \approx 5.49$$

$$E_{12} = \frac{n_{.2} \times n_{1.}}{n} = \frac{30 \times 32}{70} \approx 13.71$$

$$E_{13} = \frac{n_{.3} \times n_{1.}}{n} = \frac{24 \times 32}{70} \approx 10.97$$

$$E_{14} = \frac{n_{.4} \times n_{1.}}{n} = \frac{4 \times 32}{70} \approx 1.83$$

$$E_{21} = \frac{n_{.1} \times n_{2.}}{n} = \frac{12 \times 38}{70} \approx 6.51$$

$$E_{22} = \frac{n_{.2} \times n_{2.}}{n} = \frac{30 \times 38}{70} \approx 16.29$$

$$E_{23} = \frac{n_{.3} \times n_{2.}}{n} = \frac{24 \times 38}{70} \approx 13.03$$

$$E_{24} = \frac{n_{.4} \times n_{2.}}{n} = \frac{4 \times 38}{70} \approx 2.17$$

列联表期望及 χ^2 计算结果如表 9-12 所示。

表 9-12 列联表期望值及 χ^2 计算结果

行	列	f_0	f_e	$f_0 - f_e$	$(f_0 - f_e)^2$	$(f_0 - f_e)^2 / f_e$
X	A	3	5.49	−2.49	6.20	1.13
X	B	12	13.71	−1.71	2.92	0.21
X	C	15	10.97	4.03	16.24	1.48
X	D	2	1.83	0.17	0.03	0.02
Y	A	9	6.51	2.49	6.20	0.95
Y	B	18	16.29	1.71	2.92	0.18
Y	C	9	13.03	−4.03	16.24	1.25
Y	D	2	2.17	−0.17	0.03	0.01

$$\chi^2 = \sum \frac{(f_0 - f_e)^2}{f_e} = 5.23$$

$$V = \sqrt{\frac{\chi^2}{N \times \min[(R-1),(C-1)]}}$$

$$= \sqrt{\frac{5.23}{70 \times 1}}$$

$$\approx 0.2733$$

从计算结果可以看出，两种原材料与生产产品的种类之间存在较强的相关性，V 值介于 (−1, 0.5)，所以应该将不同的原材料用于生产适合的产品。

对于 ϕ 相关系数、C 系数和 V 相关系数的理解，应注意以下几点。

（1）不能直接简单对比其数值的大小。因为三个系数的计算方法不同，利用同样的样本数据计算不同相关系数会得到不同的结果。因此，就同一样本数据计算的不同的相关系数的值不能直接比较其大小。

（2）在其他条件相同的情况下（相同样本规模、相同计算方法等），相关系数越大说明变量之间的相关程度越大。例如，在其他条件都相同的情况下，计算得出 $C_1 = 0.35$，$C_2 = 0.76$，可以说明 C_2 所代表的相关程度比 C_1 所代表的相关程度高，但不能得出相关程度之间的具体差异。相关系数与相关程度的大致描述如表 9-13 所示。

表 9-13 相关系数与相关程度的对应关系

相关系数的范围	相关程度
0.01~0.09	微弱相关
0.10~0.29	低度相关
0.30~0.49	中度相关
0.50~0.69	高度相关
0.70~0.89	非常高度相关
0.90~0.99	接近于完全相关

（3）不能只根据相关系数的值的大小判断变量间相关程度的强弱。由于社会科学所研究的问题的复杂性，影响变量变化的因素有很多，两个变量之间的相关程度受很多因素的制约。研究者不仅要根据相关系数判断其相关程度，更要注意从相对意义出发，不能脱离变量的研究背景。

第四节 应用案例

一、罗马游泳世锦赛奖牌分布及构成分析[①]

（一）案例目的

本案例旨在帮助读者理解分类数据的描述统计量及其用途，并通过选择相应的图形对分类数据进行分析。

（二）案例简介

2009年7～8月第十三届世界游泳锦标赛在意大利罗马举行，在该届比赛上，中国代表团取得金牌数和美国并列第一、奖牌榜排名第二的好成绩，该届比赛共设奖牌数227枚，其中金牌75枚、银牌75枚、铜牌77枚。金牌总数位居前三名的国家所获奖牌分布及破纪录情况如表3-16所示。

要求：①选择合适的统计量对上述数据进行描述和分析。
②选择适当的图形对数据进行展示和分析。
③对相关的描述统计量进行适当的分析。

（三）案例解析

选择何种统计量和图形分析一组数据，取决于分析的目的和所掌握的数据的特征，案例主要涉及分类变量和分类数据，如国家、奖牌、性别等。对分类标准可以从以下几个方面进行描述和分析。

1. 奖牌构成的分析

适宜描述分类数据的统计量主要有频数、百分比、比例等。据此对上述数据进行分析。三个国家奖牌数构成情况如表3-17、表9-14和表9-15所示。

[①] 案例作者：高敏雪、蒋妍；摘自《统计学专业课程教学案例选编》。

表 9-14　美国队的奖牌及其构成

奖牌	男子获奖牌数/枚	百分比/%	占奖牌总数比例/%	女子获奖牌数/枚	百分比/%	占奖牌总数比例/%	总计/枚	百分比/%
金	8	57.14	27.59	3	20.00	10.34	11	37.93
银	3	21.43	10.34	7	46.67	24.14	10	34.48
铜	3	21.43	10.34	5	33.33	17.26	8	27.59
合计	14	100.00	48.27	15	100.00	51.74	29	100.00

表 9-15　俄罗斯队的奖牌及其构成

奖牌	男子获奖牌数/枚	百分比/%	占奖牌总数比例/%	女子获奖牌数/枚	百分比/%	占奖牌总数比例/%	总计/枚	百分比/%
金	0	0.00	0.00	8	50.00	40.00	8	40.00
银	1	25.00	5.00	7	43.75	35.00	8	40.00
铜	3	75.00	15.00	1	6.25	5.00	4	20.00
合计	4	100.00	20.00	16	100.00	80.00	20	100.00

中国队奖牌总数及构成在表 3-17 已交代，此处不再重复举例。可以看出，中国队男子金牌数最多，占奖牌总数的 17.24%，银牌数最少，占奖牌总数的 6.90%。中国队女子铜牌数最多，其次是金牌。女子奖牌总数多于男子，男子奖牌总数占中国队奖牌总数的 34.48%，女子奖牌总数占中国队奖牌总数的 65.52%。中国队金牌与铜牌数量相同，占奖牌总数的 37.93%，银牌占奖牌总数的比例为 24.14%。

相比中国队的奖牌，美国队男子金牌数占比较高，银牌与铜牌占比一致。美国队女子奖牌中银牌最多，占奖牌总数的 24.14%，其次是铜牌，金牌数占比最小。美国队女子奖牌总数多于男子奖牌总数，但相差不大。美国队奖牌总数与中国队奖牌总数相同，美国队金牌总数与中国队相同，银牌总数多于中国队，铜牌总数少于中国队。

俄罗斯队男子的金牌数为零，铜牌数最多，占奖牌总数的 15%。俄罗斯队女子的金牌数最多，占奖牌总数的 40%，其次是银牌，占奖牌总数的 35%，男子奖牌数与女子奖牌数相差较大。就各奖牌总数而言，俄罗斯队金牌与银牌数量相同，占奖牌总数的 40%，铜牌数量占奖牌总数的 20%。

从表 3-17、表 9-14 和表 9-15 可以看出，男子所得金牌在所得奖牌中占比最高的是美国队，说明美国队中男子运动员的综合实力在世界范围内是最强的。中国队男子金牌与女子金牌在奖牌中所占比例差别不大，说明中国队男女运动员的实力比较均衡。

2. 三个国家奖牌总数分布及其分析

从条形图 9-3 可以看出，美国与中国的各类奖牌数相差不大，俄罗斯与中美相比各类奖牌数较少。中美金牌数相同，美国银牌数较多，铜牌较少，中国则相反。

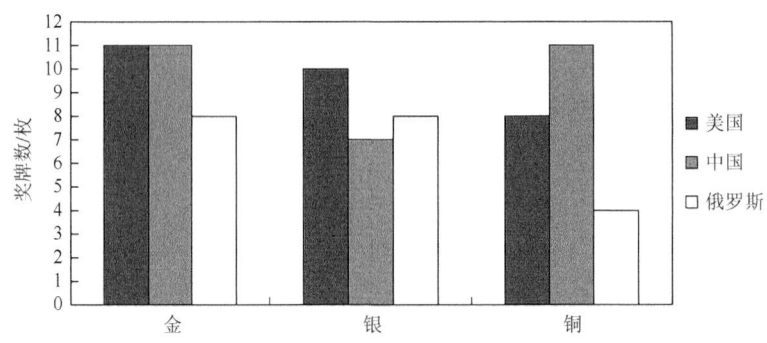

图 9-3 三个国家奖牌总数的复式条形图

如图 3-7 所示，中国队男女运动员所获得的各类奖牌数差异较大，金牌获得数相差较少，铜牌获得数相差较多。女运动员获得各类奖牌数均高于男运动员，可见中国队的女运动员的实力较强。

如图 9-4 所示，美国队的男女运动员实力相当，男运动员获得的金牌数多于女运动员，女运动员获得的银牌和铜牌数多于男运动员，这表明美国队运动员的实力比较均衡。

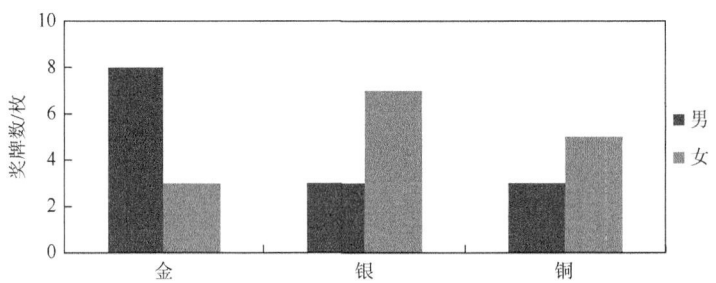

图 9-4 美国代表队男、女运动员获得奖牌分布的复式条形图

如图 9-5 所示，从俄罗斯队运动员获得的奖牌来看，女运动员的整体实力较强，奖牌获得总数多于男运动员。男运动员的整体实力较弱。

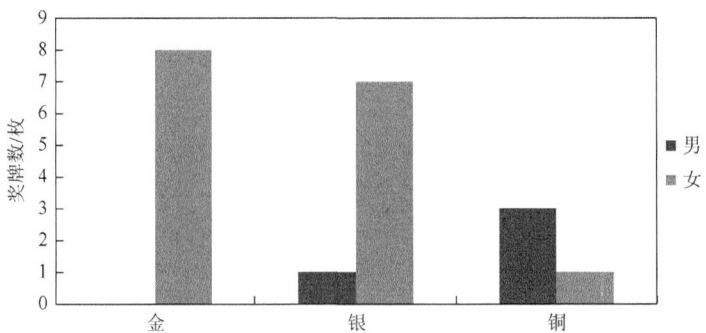

图 9-5 俄罗斯代表队男、女运动员获得奖牌分布的复式条形图

中国、美国、俄罗斯三个国家的奖牌总数构成的环形图同图 3-8。从环形图可以看出，三个国家获得的各类奖牌差异较大，美国金牌数占所获得奖牌的比重与中国相同，均为 38%，俄罗斯所获得金牌数占比较大，为 40%，但是俄罗斯所获得总奖牌数较少，相比之下金牌数占比较大。获得银牌占比最大的为俄罗斯，其次是美国。铜牌占比最大的是中国，占比最小的为俄罗斯，仅为 20%。该案例应用了部分第三章数据，三个国家奖牌总数雷达图同图 3-10。

如图 3-10 所示，中国获得金牌数与美国相同，俄罗斯获得金牌数略少。美国获得银牌最多，其次是俄罗斯，中国获得的银牌最少。就获得的铜牌而言，俄罗斯获得的最少，中国获得的最多。

二、购买衣物的首选因素与学生的性别及家庭所在地区是否有关系[①]

（一）案例目的

本案例旨在帮助读者理解分类数据的 χ^2 检验及其用途，并利用相关系数分析分类数据的相关性。

（二）案例简介

1. 案例背景

人们在购买衣物时会考虑很多因素，但不同的购买者考虑的首要因素可能存在差异。

2. 数据介绍

为分析影响大学生购买衣物的因素，随机抽取 260 名大学生作为样本，调查了学生的性别（男、女），家庭所在地区（乡镇地区、中小城市、大型城市），购买衣物首选因素（价格、品牌、款式）。共回收有效问卷 240 份，所得结果如表 9-16 所示。

表 9-16　大学生购买衣物首选因素部分调查结果

性别	家庭所在地区	首选因素	性别	家庭所在地区	首选因素
男	大型城市	品牌	女	中小城市	品牌
男	大型城市	品牌	女	中小城市	品牌
男	大型城市	款式	女	乡镇地区	款式
男	大型城市	款式	女	乡镇地区	款式
男	中小城市	款式	女	乡镇地区	款式
男	中小城市	品牌	女	乡镇地区	品牌
男	中小城市	价格	女	乡镇地区	款式
男	中小城市	价格	女	乡镇地区	款式

---

①案例作者：贾俊平；摘自《统计学专业课程教学案例选编》，考虑教学实际，本教材在该案例基础上酌情修改。

续表

性别	家庭所在地区	首选因素	性别	家庭所在地区	首选因素
男	中小城市	价格	女	大型城市	价格
男	中小城市	价格	女	大型城市	价格
男	中小城市	款式	女	大型城市	款式
男	中小城市	款式	女	大型城市	款式
男	中小城市	款式	女	中小城市	款式
男	中小城市	品牌	女	中小城市	品牌
男	乡镇地区	价格	女	中小城市	价格
男	乡镇地区	款式	女	中小城市	款式
男	大型城市	价格	女	中小城市	价格
男	大型城市	品牌	女	中小城市	品牌
男	大型城市	款式	女	中小城市	款式
男	中小城市	品牌	女	中小城市	品牌
男	中小城市	品牌	女	中小城市	品牌
男	中小城市	款式	女	中小城市	款式
男	中小城市	款式	女	乡镇地区	款式
男	中小城市	款式	女	乡镇地区	款式
男	中小城市	品牌	女	大型城市	品牌
男	中小城市	价格	女	大型城市	款式
男	乡镇地区	价格	女	大型城市	款式
男	乡镇地区	价格	女	中小城市	价格
男	乡镇地区	价格	女	中小城市	价格
男	乡镇地区	价格	女	中小城市	价格
男	大型城市	价格	女	中小城市	款式
男	大型城市	价格	女	中小城市	款式
男	大型城市	价格	女	中小城市	价格
男	大型城市	款式	女	中小城市	款式
男	大型城市	价格	女	乡镇地区	价格
男	中小城市	价格	女	乡镇地区	品牌
男	中小城市	价格	女	乡镇地区	品牌
男	中小城市	价格	女	乡镇地区	款式
男	中小城市	品牌	女	大型城市	款式
男	中小城市	品牌	女	大型城市	款式
男	中小城市	款式	女	大型城市	品牌
男	中小城市	款式	女	大型城市	款式
男	中小城市	款式	女	大型城市	款式
男	中小城市	品牌	女	中小城市	价格
男	乡镇地区	价格	女	中小城市	价格
男	乡镇地区	价格	女	中小城市	款式

续表

性别	家庭所在地区	首选因素	性别	家庭所在地区	首选因素
男	乡镇地区	价格	女	中小城市	款式
男	乡镇地区	价格	女	中小城市	款式
男	乡镇地区	款式	女	中小城市	品牌
男	乡镇地区	价格	女	中小城市	价格
男	大型城市	价格	女	中小城市	款式
男	大型城市	价格	女	中小城市	价格
男	大型城市	款式	女	乡镇地区	品牌
男	大型城市	款式	女	乡镇地区	款式
男	大型城市	款式	女	乡镇地区	品牌
男	大型城市	品牌	女	乡镇地区	品牌
男	大型城市	价格	女	乡镇地区	款式
男	大型城市	价格	女	乡镇地区	款式
男	中小城市	价格	女	大型城市	款式
男	中小城市	价格	女	大型城市	品牌
男	中小城市	款式	女	中小城市	款式
男	中小城市	款式	女	中小城市	款式
男	中小城市	款式	女	中小城市	款式
男	中小城市	品牌	女	中小城市	价格
男	中小城市	价格	女	中小城市	价格
男	中小城市	款式	女	中小城市	价格
男	乡镇地区	价格	女	中小城市	价格
男	乡镇地区	品牌	女	乡镇地区	价格
男	乡镇地区	价格	女	乡镇地区	款式
男	乡镇地区	价格	女	乡镇地区	价格
男	乡镇地区	价格	女	乡镇地区	品牌
男	大型城市	款式	女	大型城市	品牌
男	大型城市	款式	女	大型城市	款式
男	大型城市	款式	女	大型城市	款式
男	大型城市	品牌	女	大型城市	款式
男	中小城市	价格	女	中小城市	品牌
男	中小城市	价格	女	中小城市	价格
男	中小城市	价格	女	中小城市	款式
男	中小城市	价格	女	中小城市	款式
男	中小城市	价格	女	中小城市	款式
男	中小城市	价格	女	中小城市	款式
男	中小城市	价格	女	中小城市	款式
男	中小城市	款式	女	中小城市	品牌

续表

性别	家庭所在地区	首选因素	性别	家庭所在地区	首选因素
男	中小城市	价格	女	中小城市	价格
男	中小城市	品牌	女	中小城市	款式
男	乡镇地区	品牌	女	中小城市	价格
男	乡镇地区	款式	女	乡镇地区	品牌
男	乡镇地区	款式	女	乡镇地区	款式
男	乡镇地区	款式	女	乡镇地区	品牌
男	大型城市	品牌	女	乡镇地区	品牌
男	大型城市	价格	女	大型城市	款式
男	大型城市	价格	女	大型城市	款式
男	大型城市	价格	女	大型城市	款式
男	中小城市	价格	女	大型城市	品牌
男	中小城市	款式	女	中小城市	价格
男	中小城市	价格	女	中小城市	价格
男	中小城市	价格	女	中小城市	款式
男	中小城市	价格	女	中小城市	款式
男	中小城市	价格	女	中小城市	款式
男	中小城市	款式	女	中小城市	价格
男	中小城市	价格	女	乡镇地区	价格
男	中小城市	品牌	女	乡镇地区	价格
男	中小城市	款式	女	大型城市	款式
男	中小城市	价格	女	大型城市	价格
男	乡镇地区	价格	女	大型城市	品牌
男	乡镇地区	价格	女	大型城市	品牌
女	大型城市	款式	女	大型城市	款式
女	大型城市	款式	女	大型城市	款式
女	大型城市	品牌	女	大型城市	款式
女	大型城市	价格	女	大型城市	品牌
女	中小城市	价格	女	大型城市	品牌
女	中小城市	价格	女	大型城市	价格
女	中小城市	价格	女	大型城市	品牌
女	中小城市	价格	女	大型城市	价格
女	中小城市	价格	女	中小城市	款式
女	中小城市	价格	女	中小城市	款式
女	中小城市	价格	女	中小城市	款式
女	中小城市	款式	女	中小城市	品牌
女	中小城市	价格	女	中小城市	价格

要求：①分析学生性别与购买衣物的首选因素是否有关系？

②分析学生家庭所在地区与购买衣物的首选因素是否有关系?

3. 分析思路

分析学生购买衣物的首选因素是否与性别和家庭所在地区有关系,首先需要弄清所面对的数据类型,本案例中的数据信息属于分类变量,可先进行描述性分析,如果对变量间的关系进行分析,则可采用 χ^2 检验。

(三) 案例解析

1. 频数分布表及百分比分析

首先利用 SPSS 软件[①]生成购买衣物首选因素与性别及家庭所在地区的频数分布表(列联表),并计算相应百分比,进行描述性分析。

从首选因素与性别的列联表 9-17 可以看出,男性更注重价格因素,女性更注重款式和价格。男性首选价格的人数占总计的 22.9%,女性占 16.7%,这种差异较明显。把款式和品牌作为首选因素的男性占比显著低于女性。

表 9-17 购买衣物的首选因素与性别的列联表及其百分比

项目			性别		总计
			男	女	
首选因素	价格	计数/人	55	40	95
		占首选因素的百分比/%	57.9	42.1	100.0
		占性别的百分比/%	51.4	30.1	81.5
		占总计的百分比/%	22.9	16.7	39.6
	款式	计数/人	33	62	95
		占首选因素的百分比/%	34.7	65.3	100.0
		占性别的百分比/%	30.8	46.6	77.4
		占总计的百分比/%	13.8	25.8	39.6
	品牌	计数/人	19	31	50
		占首选因素的百分比/%	38.0	62.0	100.0
		占性别的百分比/%	17.8	23.3	41.1
		占总计的百分比/%	7.9	12.9	20.8
总计		计数/人	107	133	240
		占首选因素的百分比/%	44.6	55.4	100.0
		占性别的百分比/%	100.0	100.0	100.0
		占总计的百分比/%	44.6	55.4	100.0

[①] 为 IBM 公司推出的一系列用于统计学分析运算、数据挖掘、预测分析和决策支持任务的软件产品及相关服务的总称,有 Windows 和 Mac OS X 等版本。

从首选因素与家庭所在地区的列联表 9-18 可以看出,来自中小城市的大学生最多,共有 123 人,因此在三个首选因素中,中小城市占比均高于大型城市和乡镇地区。来自大型城市与乡镇地区的大学生购买衣物首选因素差异不大。

表 9-18　购买衣物的首选因素与家庭所在地区的列联表及其百分比

项目			家庭所在地区			总计
			大型城市	乡镇地区	中小城市	
首选因素	价格	计数/人	18	21	56	95
		占首选因素的百分比/%	18.9	22.2	58.9	100.0
		占家庭所在地区的百分比/%	27.3	41.2	45.5	114
		占总计的百分比/%	7.5	8.8	23.3	39.6
	款式	计数/人	31	18	46	95
		占首选因素的百分比/%	32.6	18.9	48.5	100.0
		占家庭所在地区的百分比/%	47.0	35.3	37.4	119.7
		占总计的百分比/%	12.9	7.5	19.2	39.6
	品牌	计数/人	17	12	21	50
		占首选因素的百分比/%	34.0	24.0	42.0	100.0
		占家庭所在地区的百分比/%	25.8	23.5	17.1	66.4
		占总计的百分比/%	7.1	5.0	8.8	20.9
总计		计数/人	66	51	123	240
		占首选因素的百分比/%	27.5	21.3	51.2	100.0
		占家庭所在地区的百分比/%	100.0	100.0	100.0	100.0
		占总计的百分比/%	27.5	21.3	51.2	100.0

2. 购买衣物的首选因素与性别的关系分析

从列联表可以看出,不同性别的学生在价格、款式、品牌之间有差异。要分析购买衣物的首选因素与性别之间是否有关系,可采用 χ^2 检验。

提出原假设和备择假设如下。

H_0:学生购买衣物的首选因素与性别之间是独立的;

H_1:学生购买衣物的首选因素与性别之间不是独立的。

如表 9-19 所示,由于显著性水平接近于 0,拒绝原假设,表明购买衣物的首选因素与性别有关。

表 9-19 χ^2 检验

参数	值	自由度	渐近显著性
χ^2	11.418[a]	2	0.003
似然比	11.460	2	0.003
有效个案数	240		

a. 0个单元格（0.0）的期望计数小于5。最小期望计数为22.29。

进一步分析购买衣物的首选因素与性别的相关性测度，如表9-20所示。

表 9-20 购买衣物的首选因素与性别的相关性测度

项目	值	渐近显著性
ϕ 相关系数	0.218	0.003
V 相关系数	0.218	0.003
C 系数	0.213	0.003
有效个案数	240	

虽然三个相关系数的值不是很大，但检验结果均显著，表明购买衣物的首选因素与性别有显著关系。

购买衣物的首选因素与家庭所在地的关系分析如下。

提出原假设和备择假设如下。

H_0：学生购买衣物首选因素与家庭所在地区之间是独立的；

H_1：学生购买衣物首选因素与家庭所在地区之间不是独立的。

如表9-21所示，由于显著性水平大于0.05，接受原假设，表明购买衣物的首选因素和家庭所在地区独立，不存在相关关系。

表 9-21 购买衣物的首选因素与家庭所在地区的检验

项目	值	自由度	渐近显著性（双侧）
χ^2	6.734[a]	4	0.151
似然比	6.948	4	0.139
有效个案数	240		

a. 0个单元格（0.0）的期望计数小于5。最小期望计数为10.63。

思考与练习

1. 什么是分类数据？举例说明。
2. 说明进行拟合优度检验的步骤。
3. 说明 ϕ 相关系数、C 系数和 V 相关系数的联系与区别。

4. 构造 3×4 列联表，并说明 χ^2 检验的自由度。

5. 说明 χ^2 统计量中期望频数的计算。

6. 对某家银行 46 名雇员进行了调查，得到如表 9-22 所示的数据。

表 9-22　银行雇员情况汇总　　　　　　　　　　　　（单位：人）

性别	经理	保安及清洁人员	办事员	合计
男	3	5	10	18
女	1	6	21	28
合计	4	11	31	46

判断岗位和性别之间是否相关。

7. 某学院共有学生 300 名，其性别与来自城市和乡村的人数如表 9-23 所示。

表 9-23　学生基本情况汇总　　　　　　　　　　　　（单位：人）

性别	家庭所在地		合计
	城市	乡村	
男	102	63	165
女	77	58	135
合计	179	121	300

（1）提出假设。

（2）计算 χ^2 统计量。判断其性别分布是否与来自城市和乡村有关联。

（3）计算 ϕ 相关系数。

8. 为研究不同施肥量与不同种植物产量之间的关系，通过观察不同施肥量的生产地（亩）的植物的产量，得到以下数据（单位：千克），如表 9-24 所示。

表 9-24　不同施肥量与植物产量的情况　　　　　　　（单位：千克）

施肥量	A	B	C	合计
0	15	12	18	45
10	20	18	23	61
20	23	20	26	69
30	16	22	25	63
合计	74	72	92	238

（1）计算 χ^2 统计量，判断施肥量与各产地植物的关系。

（2）计算 C 系数与 V 相关系数。

9. 某报社为了解不同专业学生更喜欢通过哪一种途径获取知识，随机调查了 530 名在校大学生，结果如表 9-25 所示。

表 9-25 不同专业学生获取知识的途径汇总　　　　（单位：人）

专业	书籍	电子媒体	合计
经济学	22	45	67
管理学	32	28	60
教育学	37	28	75
艺术学	25	57	82
历史学	44	25	69
工学	37	20	57
理学	35	23	58
文学	24	38	62
合计	256	264	530

以 0.05 的显著性水平检验专业类别与获得知识的途径之间是否存在相关性。

参 考 文 献

杜本峰, 石晓. 2009. 有序变量列联表的统计分析方法及其在人口学中的应用——基于教育与生育态度相关测度方法的比较分析[J]. 人口研究, 33（05）：94-99.

高建来, 赵占平, 史开泉. 2011. 2×2 列联表中二属性相关的 Bayes 检验[J]. 数学的实践与认识, 41（11）：171-178.

何利平, 石磊. 2011. 列联表数据的局部影响分析[J]. 数学物理学报, 31（02）：518-527.

何棋. 2016. 独立性检验再讨论[J]. 数学通报, 55（02）：40-43，50.

胡良平, 王琪. 2009. 2×C 列联表与 R×2 列联表资料的统计分析与 SAS 软件实现[J]. 中西医结合学报, 7（10）：991-994.

黄基廷. 2015. 基于秩方法的列联表数据独立性检验[J]. 河池学院学报, 35（02）：57-60.

黎婉玲. 2003. 运用 SPSS10.0 进行列联表频数据的统计分析[J]. 中国热带医学, （04）：516-519.

李永红. 2008. 现况调查列联表资料的 SPSS 分析[J]. 循证医学, （01）：46-48，59.

鲁庆云, 刘红霞. 2008. 关于列联表卡方检验在数学教育研究中的使用方法分析[J]. 统计与决策, （02）：156-158.

陆运清. 2010. 列联表资料检验的几种常见错误辨析[J]. 统计与决策, （15）：161-163.

吕世杰, 许茂发, 任佳, 等. 2015. 卡方独立性检验的实践与可操作性研究[J]. 统计与管理, （05）：41-44.

聂思明, 李梦花. 2014. 几个条件独立性检验统计量的构造与比较分析[J]. 数量经济技术经济研究, 31（02）：137-147.

孙红艳. 2014. 分类数据中高维列联表可压缩性研究[D]. 厦门：厦门大学.

孙华香, 张书玲, 毛俊超. 2010. 在 EXCEL 中实现双向列联表的独立性检验[J]. 科技信息, （11）：83，127.

陶育纯. 2005. 对数线性模型在大学生营养知识、态度及行为研究中的应用[D]. 长春：吉林大学.

汪继波. 2013. "独立性检验的基本思想及其初步应用"教材与教学解析[J]. 中国数学教育, （12）：19-21.

王伏虎, 赵喜仓. 2009. 名义变量列联表的相关统计量分析[J]. 统计与决策, （14）：164-165.

王鹏. 2001. 定性资料与列联表的统计分析[D]. 西安：陕西师范大学.

隗金水, 潘慧文. 2000. 对 r×C 列联表的若干问题探讨[J]. 广州体育学院学报, （03）：77-81.

文赟, 高安明, 蒙琴英, 等. 2017. 列联表与卡方检验在卷烟消费市场调研中的应用[J]. 中国商论, （08）：164-167.

夏帆, 钟韵. 2016. 基于回归模型的列联表独立性检验[J]. 数量经济技术经济研究, 33（12）：78-95.

徐文青. 2011. 随机向量独立性检验的研究[J]. 河南工程学院学报（自然科学版）, 23（03）：64-67.

薛允莲, 姜世强, 刘贵浩, 等. 2011. 列联表资料的关联强度[J]. 中国卫生统计, 28（03）：244-246.

禹建奇. 2015. 列联表的两种抽样模型以及齐性和独立性的检验问题[J]. 教育教学论坛, （14）：71-72.

赵博娟,吴喜之.1997.形成过程不同的列联表的检验[J].数理统计与应用概率,(02):78-85,86.
赵黎明,黄卫华.2005.资本结构行业特征的列联表检验[J].北京科技大学学报(社会科学版),(02):66-69.
赵占平,张振坤.2009.2×2列联表中归因风险的统计推断[J].数学的实践与认识,39(08):188-196.
周源泉,翁朝曦.1995.2×2列联表的统计分析[J].系统工程与电子技术,(10):71-81.
朱源,何小亚,蔡倩.2016.独立性检验的困难、对策与价值[J].中学数学杂志,(01):13-16.

第十章 方差分析

第一节 方差分析的基本问题

一、问题的提出

在科学实验和生产实践过程中,人们经常需要对影响观测对象的各种主要因素进行分析,以便找出各个因素在什么状态下能够使观测对象达到最佳效果。例如,在农业科学实验和农业生产活动中,影响农作物产量的主要因素有土地、品种、施肥量等。为了提高农作物的产量,就需要在不同的土地上比较不同的品种、施不同种类和不同数量的肥料对农作物产量的影响,并从中找出最适宜于各种类型土地种植的农作物品种、施用肥料的种类和数量,以便因地制宜地选择农作物品种和肥料,发展农业生产。又如,在市场研究中,在价格一定的条件下,影响商品销售量的因素有商品的包装和促销方式等,这就需要比较商品的不同包装方式和促销方式对商品销售量的影响,找出最佳的包装和促销方式,以提高销售业绩。为了解决此类问题,首先需要在各种主要影响因素的不同状态下对人们所研究的变量的取值进行观测,然后再对观测数据进行比较分析。方差分析就是分析推断各种因素的不同状态对所观测对象(变量)的影响效应是否显著的一种统计分析方法。

二、方差分析的意义

在对客观世界的研究中,通过大量观察会发现某些现象的数值表现往往受到不止一个因素的影响,这样的情况普遍存在于我们的客观世界中。例如,一个地区的粮食产量取决于当地的气候、环境、生产力发展水平、土质、自然灾害因素等;一个学生的学习成绩会受到先天智力、后天培养和训练、所处学校环境、结交朋友等因素的影响;某个电影的票房取决于电影的题材、制作水平、演员和导演的水平及观众的接受程度等因素;某种药品的疗效会受到患者的年龄、性别、健康水平、疾病严重程度、所接受治疗手段的影响。诸如此类的情况,在现实中屡见不鲜,客观世界中现象与现象之间的联系是普遍存在的,因此这种影响因素的关系也同样非常普遍。从统计的角度来看,我们感兴趣的是这些影响因素对我们所关心的研究问题的关键指标都具有什么样的影响?影响的程度如何?这些影响是彼此简单地叠加互不干扰,还是会有交互作用?能够回答这些问题的统计技术就是方差分析。

方差分析(analysis of variance,ANOVA)是著名统计学家费雪在20世纪20年代前后提出并系统阐述的,早期在农业、生物领域获得应用,后来逐渐推广到医学、教育、心理、经济等众多学科领域,目前它已经成为数理统计中应用最广泛的几个研究方向之一,也是人文社科与自然科学研究及实践中分析调查和实验数据的重要工具之一。一般来说，我们所关心的现象的数量表现称为"因变量"或"响应变量"（dependent variable，通常用 x 或 y 表示），如上述诸例中的粮食产量、学生学习成绩、电影票房、新药品的疗效等。针对我们所关心的现象的数量表现，对其产生影响的我们可以控制的条件或影响因素称为因素或因子 [factor，也称"自变量"（independent variable），通常用 A、B、C 等大写字母表示]，因素所处的不同状态（即自变量的不同取值）称为水平 [level，通常用 $A_i(i=1,2,\cdots,k), B_i(i=1,2,\cdots,l)$ 等表示]。显然，每个因素的每一水平的数值表现构成"组"，可以计算各组内因变量的均值与方差，还可以计算因素之下全部观察结果的总平均以及组与组之间的方差。方差分析的基本思想就是在一定统计理论的指导下，通过从不同角度计算均值与方差，区分出方差中哪些是随机误差导致的，哪些是在可控条件下导致的，进而分析或判断出我们所关心的变量的数值变化所受的影响哪些是由必然因素导致的，哪些是由偶然因素导致的。

三、方差分析中的基本思想

下面我们通过一个实例来说明方差分析的基本原理。

例 10.1 某种奶制品生产商为了满足不同消费者的需求，提供了三种不同容量的产品：100 毫升、200 毫升、300 毫升。该厂商采取市场调查的方式取得消费者在 8 个超市反馈的数据。在收集数据的过程中，要求各超市的货架陈列一致、排列顺序随机变化，销售人员不作诱导性推销，以避免对销售结果产生影响，本次市场调查的产品的销售量数据如表 10-1 所示。

表 10-1 某种奶制品试销量统计 （单位：件）

产品容量类型	商品（试销店）							
	I	II	III	IV	V	VI	VII	VIII
100 毫升（A_1）	152	188	238	192	180	115	125	100
200 毫升（A_2）	208	256	300	280	270	210	185	165
300 毫升（A_3）	182	198	268	220	200	128	110	105

研究人员需要回答：三种不同容量的产品销售量之间有没有显著差异？应该如何安排生产？

此例属于单因素方差分析问题。容量差异为因素（因子）A，相应的三种容量类型作为因子的三种不同状态即"水平"，记为 $A_i(i=1,2,3)$。在同一种状态 A_i 下，调查了 8 个超市的销售量。销售量即"试验指标"或"因变量"。显然，表 10-1 中 24 个数据的差异可以从两个角度解释：容量不同导致的销售量差异（如果存在，这需要统计上的检验）、超市之间条件的差异（这对于每种容量的产品而言是公平的），这可以看作随机因素引起的误差。接下来需要回答的是：导致差异的主要因素是哪一个？

假设三种不同容量的产品为三个不同的总体，即三组数据，假定销售量（试验指标）

服从正态分布，则表 10-1 中三组数据分别来自正态总体的三组观测值。要辨别随机因素和包装方式这两个因素中哪一个是造成销售量有显著差异的主要因素，这一问题可归结于判断三个总体是否具有相同分布的问题，从而有以下三种情况。

假设 1：三组数据来自具有相同均值的正态总体（假设方差相等）。
假设 2：三组数据来自具有相同均值与方差的正态总体。
假设 3：三组数据来自具有相同方差的总体。

实践中，人们通常只对假设 1、假设 2 进行统计检验，特别是假设 1 的检验，即人们通常所说的"单因素方差分析"。

第二节 单因素方差分析

一、单因素方差分析的统计建设

单因素方差分析是只考虑一个因素 A 对观察（试验）指标的影响的方差分析，设因素 A 的 r 个水平记为 $A_1, A_2, \cdots, A_r$，在水平 A_i 下进行 n 次重复试验（或观察 n 个样本单位），可获得观察（试验）指标的 n 个数据：$x_{i1}, x_{i2}, \cdots, x_{in} (i=1,2,\cdots,r)$。第 $A_i\ (i=1,2,\cdots,r)$ 水平之下各观察值可视为来自总体 $X_i(i=1,2,\cdots,r)$，且 X_i 服从正态分布，X_i 与 $X_j(i \neq j)$ 相互独立，即 $X_i \sim N(\mu, \sigma^2)$。$X_{i1}, X_{i2}, \cdots, X_{in}$ 表示从总体 X_i 中抽取的样本，$x_{i1}, x_{i2}, \cdots, x_{in}$ 是相应的观察值，于是就有表 10-2 所示的数据结构。

表 10-2 单因素方差分析数据结构表

观察序号	因素 A 的水平			
	A_1	A_2	$\cdots$	A_r
1	X_{11}	X_{21}	$\cdots$	X_{r1}
2	X_{12}	X_{22}	$\cdots$	X_{r2}
$\vdots$	$\vdots$	$\vdots$	$\vdots$	$\vdots$
n	X_{1n}	X_{2n}	$\cdots$	X_{rn}
合计	T_1	T_2	$\cdots$	T_r
平均值	$\overline{X_1}$	$\overline{X_2}$	$\cdots$	$\overline{X_r}$

表 10-2 中最后两行，一行是合计，另一行是平均值，即

$$T_i = \sum_{j=1}^{n} X_{ij}, \quad \overline{X_i} = \frac{1}{n}\sum_{j=1}^{n} X_{ij} = \frac{T_i}{n}$$

总共进行了 $r \times n$ 次观测，令 $N = rn$，用 T 表示 N 个观测值的总和，即

$$T = \sum_{i=1}^{r} T_i = \sum_{i=1}^{r}\sum_{j=1}^{n} X_{ij}$$

用 $\bar{X}$ 表示 N 个观测值的总平均数，即

$$\bar{X} = \frac{1}{r}\sum_{i=1}^{r}\overline{X_i} = \frac{1}{rn}\sum_{i=1}^{r}\sum_{j=1}^{n}X_{ij} = \frac{T}{N}$$

在完全相同的条件下取得的表中每列的各个观测值，应视为来自同一总体的随机变量，故同列各观测值之间的差异，可视为随机误差。如果因素 A 的各水平对各列观测值的变异没有影响，各列观测值均可视为来自同一总体，则各列的平均数应基本相等，若有差异，也是随机误差。反之，如果因素 A 的各水平对各列观测值的变异有显著影响，就不能认为是由观测的随机因素作用的结果，而应该是系统性的，即由于因素 A 的变异而引起了观测结果的数量差异，可认为因素 A 变动的影响就是显著的。

因此，如果我们将表中的 r 列分别代表从 r 个独立的总体中抽取出来的容量为 m 的随机样本，而且这 r 个独立的总体分别服从平均数为 μ，方差为 σ^2 的正态分布，则可以提出下面的统计假设：

$$H_0 : \mu_1 = \mu_2 = \cdots = \mu_r = \mu$$

H_1：各 $\mu_i (i = 1, 2, \cdots, r)$ 至少有两个不相等

原假设 H_0 表示各个样本所来自的总体的平均数，数值相等，并等于同一正态总体平均数，实际上是假设各列的样本均来自同一正态总体。备择假设 H_1 可认为各样本并不都是来自同一总体。我们围绕着一定的显著性水平来检验这个统计假设，以接受 H_0 或接受 H_1 展开方差分析，所以方差分析是检验两个或两个以上总体的平均数间差异是否显著的统计方法。虽然方差分析通常用于均值比较，但是因为比较时采用两个方差估计量的比值进行分析，即使用 F 统计量进行检验，所以称为方差分析是有道理的。

二、单因素方差分析的程序和方法

（一）分解总离差平方和

所有观测值 X_{ij} 对总平均数的离差平方和称为总离差平方和（sum of squares of total deviations，SST）。则

$$SST = \sum_{i=1}^{r}\sum_{j=1}^{n}(X_{ij} - \bar{X})^2 = \sum_{i=1}^{r}\sum_{j=1}^{n}X_{ij}^{2} - N\bar{X}^2$$

式中，

$$\bar{X} = \frac{1}{r}\sum_{i=1}^{r}\overline{X_i} = \frac{1}{rn}\sum_{i=1}^{r}\sum_{j=1}^{n}X_{ij} = \frac{T}{N}$$

将 SST 进一步分解为组间平方和（sum of squares between groups，简称 SSA）与组内平方和（sum of squares for error，SSE），而 SST = SSA + SSE，有

$$\text{SSA} = \sum_{i=1}^{r}\sum_{j=1}^{n}(\overline{X_i} - \overline{X})^2 = n\sum_{i=1}^{r}(\overline{X_i} - \overline{X})^2$$

$$\text{SSE} = \sum_{i=1}^{r}\sum_{j=1}^{n}(X_{ij} - \overline{X_i})^2$$

(二) 计算方差，进行 F 检验

总离差平方和 SST 是描述所有样本观测数据 X_{ij} 离散程度的指标，可以反映全部数据误差大小。SSE 是每个样本数据与其组的平均值 $\overline{X_i}$ 离差的平方和，反映了数据 X_{ij} 的组内误差，是一种随机误差，又称为误差平方和。SSA 是各组平均值 $\overline{X_i}(i=1,2,\cdots,r)$ 与总平均值离差的平方和，反映了各样本平均数之间的差异程度。若原假设 H_0 成立，即 $\mu_1 = \mu_2 = \cdots = \mu_r = \mu$ 被接受了，表明没有系统误差，可以认为自变量与因变量之间没有显著关系，各样本平均数之间的差异是由随机因素产生的，那么 SSA 与 SSE 的差异也不会太大；若 SSA 显著地大于 SSE，说明各 $\overline{X_i}$ 之间的差异与随机误差显著不同，或者说差异不是随机因素产生的，自变量对因变量有显著影响，这时，H_0 就可能不成立。那么 SSA 与 SSE 的比值大到什么程度才可以拒绝 H_0 呢？这就要构造检验的统计量。为此，将 SSA 与 SSE 分别除以它们各自的自由度，得

$$S_A^2 = \frac{\text{SSA}}{r-1}, \quad S_e^2 = \frac{\text{SSE}}{r(n-1)}$$

由于

$$\frac{S_A^2}{S_e^2} = \frac{\text{SSA}/(r-1)}{\text{SSE}/r(n-1)} \sim F[(r-1), r(n-1)]$$

可以定义统计量 F 如下：

$$F = \frac{S_A^2}{S_e^2}$$

于是 $F \sim F[(r-1), r(n-1)]$，即统计量 F 服从第一自由度为 $r-1$，第二自由度为 $r(n-1)$ 的 F 分布。统计量 F 就是方差分析中判断 H_0 是否成立的检验统计量。对于给定的显著性水平 α，在 F 分布表中查找第一自由度为 $r-1$，第二自由度为 $r(n-1)$ 的对应的临界值 $F_\alpha[(r-1), r(n-1)]$，若统计量 $F > F_\alpha$，则拒绝原假设，即 $\mu_1 = \mu_2 = \cdots = \mu_r$ 不成立，表明 $\mu_i(i=1,2,\cdots,r)$ 之间的差异是显著的。若 $F \leq F_\alpha$，则不能拒绝 H_0，即不认为各个 μ_i 之间有显著差异。通常取 α 等于 0.05 或 0.01。

(三) 列出方差分析表

实际应用中，为方便起见，常用方差分析表代替上述计算过程，如表 10-3 所示。

表 10-3　单因素方差分析表

方差来源	离差平方和	自由度	方差	F值
组间（因素影响）	$\mathrm{SSA} = \sum_{i=1}^{r}\sum_{j=1}^{n}(\overline{X_i}-\overline{X})^2$	$r-1$	$S_A^2 = \dfrac{\mathrm{SSA}}{r-1}$	$F = \dfrac{S_A^2}{S_e^2}$
组内（误差）	$\mathrm{SSE} = \sum_{i=1}^{r}\sum_{j=1}^{n}(X_{ij}-\overline{X_i})^2$	$r(n-1)$	$S_e^2 = \dfrac{\mathrm{SSE}}{r(n-1)}$	
总和	$\mathrm{SST} = \sum_{i=1}^{r}\sum_{j=1}^{n}(X_{ij}-\overline{X})^2$	$N-1$	$S^2 = \dfrac{\mathrm{SST}}{N-1}$	

例 10.2 为扩大某产品的销售量，某企业开展广告促销活动。为此，该企业拟定了三种广告模式，即在网页上刊登广告，在电视上插播广告，在广播中播放广告，并且选择了三个人口规模和经济发展水平与该产品之前销售量差不多的地区，然后随机地将这三种广告模式安排在其中的一个地区进行试验，试验进行了 40 天，各地区每 10 天的销售资料见表 10-4。试判断各种广告方式的效果与显著性差异。

表 10-4　各种广告方式的销售量

地区和广告方式	观测序号			
	1	2	3	4
甲地区：网页 A_1	50	66	68	60
乙地区：电视 A_2	46	55	50	58
丙地区：广播 A_3	45	40	55	48

解 考察不同广告方式对销售量的影响是否存在差异，这是单因素方差分析问题。对表 10-4 进行整理得到表 10-5。

表 10-5　方差分析计算表

观测序号	因素（广告方式）A 的状态		
	A_1	A_2	A_3
1	50	46	45
2	66	55	40
3	68	50	55
4	60	58	48
合计	244	209	188
平均数	61	52.25	47

总共有 $3 \times 4 = 12$ 个观测数据，12 个数据的总平均数为

$$\overline{X} = \frac{244 + 209 + 188}{12} \approx 53.42$$

则可得到离差平方和 SST、SSA 为

$$\text{SST} = \sum_{i=1}^{m}\sum_{j=1}^{n} X_{ij}^2 - N\overline{X}^2 = 35\,039 - 12 \times 53.42^2 \approx 794.64$$

$$\begin{aligned}\text{SSA} &= \sum_{i=1}^{m}\sum_{j=1}^{n}(\overline{X_i} - \overline{X})^2 = n\sum_{i=1}^{m}(\overline{X_i} - \overline{X})^2 \\ &= 4[(61 - 53.42)^2 + (52.25 - 53.42)^2 + (47 - 53.42)^2] \\ &\approx 400.17\end{aligned}$$

由 SST = SSA + SSE，得 SSE = SST−SSA = 794.64−400.17 = 394.47。
则组间方差为

$$S_A^2 = \frac{\text{SSA}}{m-1} = \frac{400.17}{2} \approx 200.09$$

组内方差为

$$S_e^2 = \frac{\text{SSE}}{m(n-1)} = \frac{394.47}{3(4-1)} = 43.83$$

$$F = \frac{S_A^2}{S_e^2} = \frac{200.09}{43.83} \approx 4.57$$

若给定的显著性水平为 $\alpha = 0.05$，则由 F 分布表可查出临界值 $F_{0.05}(2,9) = 4.26$。因为统计量 $F = 4.57$ 大于 4.26，所以拒绝原假设 H_0，即认为不同的广告宣传方式对该产品的销售量有显著影响。

根据上面的计算得出方差分析表 10-6。

表 10-6 各种广告方差分析表

方差来源	平方和	自由度	方差	F 值
组间	SSA = 400.17	2	200.09	$F = 4.57$
组内	SSE = 394.47	9	43.83	
总和	SST = 794.64	11	—	—

同时，由表 10-5 可知，各种广告的销售量平均值分别为

$$\overline{X_1} = 61, \quad \overline{X_2} = 52.25, \quad \overline{X_3} = 47$$

式中，$\overline{X_1} = 61$ 为最大值，表明采用网页上刊登广告的形式效果最好。

第三节 双因素方差分析

一、问题的提出

在单因素方差分析中，除去所考察的因素可取不同的水平以外，其他因素必须固定在某种特定水平，即必须保持不变，所考察的因素对观测变量的效应也只有在这种情况下才能成立。由于客观现象彼此之间的交互影响非常复杂，需要考虑的影响因素往往不是一种，也就是说在调查或实验中，我们需要观察多个与影响因素有关的指标。例如，奶制品的销售量与产品本身的容量有关，但是和相应的定价策略也不无关系，特别是大容量的产品往往倾向于薄利多销，对于奶制品这样典型的日常生活用品而言，消费者的购买行为所受影响就更加复杂，导致销售量出现了不同。如果更进一步地考虑消费者的年龄、性别、收入、家庭情况（是否有小孩、孩子的年龄）等方面的差异和不同，那么，关于奶制品销售量的研究会更加复杂，因此双（多）因素方差分析方法就是研究两种（或多种）因素对试验（调查）观察指标影响程度的统计分析方法。本节只讨论两个因素的情形。

由于存在两个因素对观察指标的影响，各个因素的不同水平的搭配可能对观察指标产生新的影响，这种现象称为交互效应（interaction effect）。例如，任何一个产品的销售量（观察指标）都会受到该产品所属品牌、销售地区的经济发展水平、人们的消费观念等的影响，而由于不同地区居民收入水平、消费者偏好与社会经济水平所处阶段有关，居民收入水平与该产品品牌的交互状态也会影响该产品的销售量。

在单因素方差分析中没有交互作用问题，但是在多因素方差分析中交互作用的效应不能忽略。当然，多因素方差分析中最简单的情况，就是无交互作用的双因素方差分析。

例 10.3 某健身俱乐部为了能够了解新开业门店的会员消费需求，对开业 8 周的消费额按消费时段进行了复合分类统计，结果如表 10-7 所示。调查过程中，该俱乐部假设调查时段内没有季节性的差异，也假设所面对的消费群体没有大的结构变动，并进一步假设其他因素可以忽略。最终将问题归结为：一周之内的消费额是否存在周期性的差异？这种差异主要表现为哪几天之间的差异？一天之内三个不同时段之间是否存在显著性的差异？工作日与周末是否存在交互影响？本例从两个角度对"时段"进行了划分，因此属于"双因素方差分析"。由于是否考虑交互作用对方差分析结果的解释会存在较大差异，下面分别加以讨论。

表 10-7 某健身俱乐部 8 周分时段营业收入统计

时段	周次	日期						
		周一	周二	周三	周四	周五	周六	周日
上午	1	4 152	4 852	3 546	5 456	3 426	6 124	5 846
	2	3 968	4 568	5 541	4 879	3 895	6 123	5 680
	3	4 944	4 795	5 687	4 598	3 678	6 856	5 982
	4	4 852	4 132	4 752	5 123	4 894	7 102	6 892
	5	4 454	5 423	5 124	6 811	3 987	8 951	8 123
	6	5 914	5 684	6 412	5 132	4 102	9 102	8 741
	7	4 745	3 654	5 612	5 456	4 243	9 581	8 210
	8	5 981	3 986	5 781	4 925	4 410	9 451	8 652

续表

时段	周次	日期						
		周一	周二	周三	周四	周五	周六	周日
中午	1	6 852	5 112	5 786	6 105	3 998	10 124	9 789
	2	7 167	5 418	8 841	5 912	4 213	12 563	11 752
	3	5 144	5 958	7 682	5 109	4 318	10 986	11 012
	4	4 888	5 702	5 556	6 200	5 209	12 107	13 785
	5	5 784	6 582	5 879	6 941	4 125	13 958	14 843
	6	6 584	6 511	6 987	6 100	4 942	14 129	12 874
	7	6 475	6 845	6 555	7 812	5 109	13 891	13 290
	8	7 581	6 124	7 001	5 261	5 097	14 121	14 589
晚上	1	9 852	8 912	9 978	9 105	15 918	16 124	10 100
	2	10 165	9 741	11 049	11 591	15 983	17 569	10 222
	3	9 142	9 898	10 054	9 751	15 719	14 902	9 055
	4	9 888	10 095	9 941	8 912	15 303	16 139	11 019
	5	9 912	11 081	9 875	8 754	14 789	13 988	11 980
	6	10 109	10 055	9 002	8 288	14 105	14 373	11 274
	7	11 075	11 286	9 915	10 112	15 666	14 590	12 290
	8	12 781	11 029	9 989	9 123	16 444	16 879	11 589

二、无交互作用的双因素方差分析

（一）无交互作用双因素方差分析的数据结构和模型

设所考察的两个因素分别为 A、B，将因素 A 安排在行的位置上，行因素 A 有 r 个不同的水平 $A_1, A_2, \cdots, A_r$，因素 B 安排在列的位置上，则列因素 B 有 n 个不同的水平 $B_1, B_2, \cdots, B_n$。

因素 A 的每一个水平和因素 B 的每一个水平都可以搭配成一组，观察它们对观测变量（或试验指标）的影响，共取得了 $r \times n$ 个观察数据，其结构如表 10-8 所示。

表 10-8 双因素方差分析的数据结构

因素 A	因素 B				平均值 $\overline{X_{i\cdot}}$
	B_1	B_2	$\cdots$	B_n	
A_1	X_{11}	X_{12}	$\cdots$	X_{1n}	$\overline{X_{1\cdot}}$
A_2	X_{21}	X_{22}	$\cdots$	X_{2n}	$\overline{X_{2\cdot}}$
$\vdots$	$\vdots$	$\vdots$	$\vdots$	$\vdots$	$\vdots$
A_r	X_{r1}	X_{r2}	$\cdots$	X_{rn}	$\overline{X_{r\cdot}}$
平均值 $\overline{X_{\cdot j}}$	$\overline{X_{\cdot 1}}$	$\overline{X_{\cdot 2}}$	$\cdots$	$\overline{X_{\cdot n}}$	$\overline{X}$

其中，

$$\overline{X_{i\cdot}} = \frac{1}{n}\sum_{j=1}^{n}X_{ij}, \quad i=1,2,\cdots,r$$

$$\overline{X_{\cdot j}} = \frac{1}{r}\sum_{i=1}^{r}X_{ij}, \quad j=1,2,\cdots,n$$

$$\overline{X} = \frac{1}{rn}\sum_{i=1}^{r}\sum_{j=1}^{n}X_{ij}$$

式中，$\overline{X_{i\cdot}}$ 为行因素 A 的第 i 个水平下的所有观测值的平均数；$\overline{X_{\cdot j}}$ 为列因素 B 的第 j 个水平下的所有观测值的平均数；$\overline{X}$ 为所有观察数据（$r \times n$）的平均数。

为了方便分析，我们将因素 A 第 i 个水平对观测变量（或试验指标）的影响记作 α_i，也称为第 i 个效应；将因素 B 第 j 个水平对观测变量（或试验指标）的影响记作 β_j，称为第 j 个效应。显然

$$\alpha_i = \overline{X_{i\cdot}} - \overline{X}, \quad i=1,2,\cdots,r$$
$$\beta_j = \overline{X_{\cdot j}} - \overline{X}, \quad j=1,2,\cdots,n$$

若将试验随机误差记作 e_{ij}，那么对于每一个观察数据，有下列等式：

$$X_{ij} = \overline{X} + \alpha_i + \beta_j + e_{ij}, \quad i=1,2,\cdots,r; j=1,2,\cdots,n$$

式中，

$$\sum_{i=1}^{r}\alpha_i = 0, \quad \sum_{j=1}^{n}\beta_j = 0$$

假设随机误差服从均值为零、方差为 σ^2 的正态分布。这就是无交互作用的双因素方差分析模型，它表达了观测变量（或试验指标）的每一个观测值与因素 A 的第 i 个效应和因素 B 的第 j 个效应之间的数量关系。

（二）假设检验

无交互作用的双因素方差分析是检验和判断因素 A 与因素 B 分别对观测变量的影响是否显著的统计方法。其假设检验原理与单因素方差分析相同。判断因素 A 和因素 B 分别对观测变量的影响是否显著就是检验下列假设是否成立：

$$H_{01}: \alpha_1 = \alpha_2 = \cdots = \alpha_r = 0$$
$$H_{02}: \beta_1 = \beta_2 = \cdots = \beta_n = 0$$

H_{01} 用于检验因素 A 的影响，H_{02} 用于检验因素 B 的影响。

为了检验这些假设，需要确定适当的统计量。类似于单因素方差分析方法，从总离差平方和 SST 的分解入手。设 $r \times n$ 个样本数据的平均数为 $\overline{X}$；因素 A 和因素 B 的作用下的每一个样本数据为 $X_{ij}(i=1,2,\cdots,r; j=1,2,\cdots,n)$，$\overline{X_{i\cdot}}$ 是因素 A 的第 i 个水平下的各观察数据的平均数，$\overline{X_{\cdot j}}$ 是因素 B 的第 j 个水平下的各观察数据的平均数，则 X_{ij} 与所有样本观测数据的平均数之间的离差平方和就是总离差平方和 SST。有

$$\text{SST} = \sum_{i=1}^{r}\sum_{j=1}^{n}(X_{ij} - \bar{X})^2$$

$$= \sum_{i=1}^{r}\sum_{j=1}^{n}(\overline{X_{i\cdot}} - \bar{X})^2 + \sum_{i=1}^{r}\sum_{j=1}^{n}(\overline{X_{\cdot j}} - \bar{X})^2$$

$$+ \sum_{i=1}^{r}\sum_{j=1}^{n}(X_{ij} - \overline{X_{\cdot j}} - \overline{X_{i\cdot}} + \bar{X})^2$$

令

$$\text{SSA} = \sum_{i=1}^{r}\sum_{j=1}^{n}(\overline{X_{i\cdot}} - \bar{X})^2 = n\sum_{i=1}^{r}(\overline{X_{i\cdot}} - \bar{X})^2$$

$$\text{SSB} = \sum_{i=1}^{r}\sum_{j=1}^{n}(\overline{X_{\cdot j}} - \bar{X})^2 = r\sum_{j=1}^{n}(\overline{X_{\cdot j}} - \bar{X})^2$$

$$\text{SSE} = \sum_{i=1}^{r}\sum_{j=1}^{n}(X_{ij} - \overline{X_{\cdot j}} - \overline{X_{i\cdot}} + \bar{X})^2$$

$$\text{SST} = \text{SSA} + \text{SSB} + \text{SSE}$$

SSA 是因素 A 对观测变量发生作用所产生的离差平方和，SSB 是因素 B 对观测变量发生作用所产生的离差平方和，SSE 是除去因素 A 和因素 B 外的剩余因素影响产生的离差平方和，也称为随机误差平方和。为了判断因素 A 的影响是否显著，即判断 H_{01} 是否成立，可以构造下列检验统计量：

$$F_A = \frac{\text{SSA}/(r-1)}{\text{SSE}/(r-1)(n-1)} = \frac{S_A^2}{S_e^2}$$

同理，为了判断因素 B 的影响是否显著，即判断 H_{02} 是否成立，检验统计量为

$$F_B = \frac{\text{SSB}/(n-1)}{\text{SSE}/(r-1)(n-1)} = \frac{S_B^2}{S_e^2}$$

由于 F_A 服从第一自由度为 $r-1$，第二自由度为 $(r-1)(n-1)$ 的 F 分布，F_B 服从第一自由度为 $n-1$，第二自由度为 $(r-1)(n-1)$ 的 F 分布，即 $F_B \sim F[(n-1),(r-1)(n-1)]$，$F_A \sim F[(r-1),(r-1)(n-1)]$。因此，对于给定的显著性水平和两个自由度，可以在 F 分布表中查得临界 F_α，若 F_B、F_A 分别大于 F_α，则拒绝 H_{01}、H_{02}；若 F_B、F_A 分别小于 F_α，则接受原假设 H_{01}、H_{02}。

（三）双因素方差分析表

和单因素方差分析一样，可以将双因素方差分析计算结果列入一张表中，如表 10-9 所示。

表 10-9 双因素方差分析表

方差来源	离差平方和	自由度	方差	F 值
A 因素	SSA	$r-1$	$S_A^2 = \dfrac{\text{SSA}}{r-1}$	$F_A = \dfrac{S_A^2}{S_e^2}$
B 因素	SSB	$n-1$	$S_B^2 = \dfrac{\text{SSB}}{n-1}$	$F_B = \dfrac{S_B^2}{S_e^2}$
误差	SSE	$(r-1)(n-1)$	$S_e^2 = \dfrac{\text{SSE}}{(r-1)(n-1)}$	
总和	SST	N	$S^2 = \dfrac{\text{SST}}{N-1}$	

例 10.4 在某家服装厂,从 3 名工人管理的 2 间车间每小时的产量中分别抽取一个不同时段的产量,观测得到的产量如表 10-10 所示。试进行产量是否依赖于车间类型和管理者的方差分析。

表 10-10 3 名工人管理的 2 间车间的产量数据

车间	工人1:(A_1)	工人2:(A_2)	工人3:(A_3)	平均数 $\overline{X_{i.}}$
车间1:(B_1)	50	46	54	50
车间2:(B_2)	56	52	48	52
平均数 $\overline{X_{.j}}$	53	49	51	$\overline{X} = 51$

解 设工人为因素 A,车间类型为因素 B,因素 A 有 3 个不同的水平,分别用 A_1、A_2、A_3 表示;因素 B 有 2 个不同的水平,分别用 B_1、B_2 表示。记因素 A 第 j 个水平对产量的影响为 $\beta_j (j=1,2,3)$,因素 B 第 i 个水平对产量的影响为 $\alpha_i (i=1,2)$。原假设为

$$H_{01}: \beta_1 = \beta_2 = \beta_3 = 0$$
$$H_{02}: \alpha_1 = \alpha_2 = 0$$

工人和车间共构成了 6 个数据。代表每间车间的平均产量的各行平均数 $\overline{X_{i.}}$ 和代表每个工人平均产量的各列平均数 $\overline{X_{.j}}$ 已经计算出来,显示在表 10-10 中。所有的 6 个数的平均数 $\overline{X} = 51$。现在需计算 SST、SSA、SSE 和 SSB。

$$\text{SST} = \sum_{i=1}^{m}\sum_{j=1}^{n}(X_{ij} - \overline{X})^2 = (50-51)^2 + (56-51)^2 + \cdots + (48-51)^2 = 70$$

$$\text{SSB} = n\sum_{i=1}^{m}(\overline{X_i} - \overline{X})^2 = 3[(50-51)^2 + (52-51)^2] = 6$$

$$\text{SSA} = m\sum_{j=1}^{n}(\overline{X_j} - \overline{X})^2 = 2[(53-51)^2 + (49-51)^2 + (51-51)^2] = 16$$

$$SSE = SST - SSB - SSA = 70 - 6 - 16 = 48$$

$$S_A^2 = \frac{SSA}{n-1} = \frac{16}{2} = 8$$

$$S_B^2 = \frac{SSB}{m-1} = \frac{6}{1} = 6$$

$$S_e^2 = \frac{SSE}{(n-1)(m-1)} = \frac{48}{2} = 24$$

将计算结果列入方差分析表，得到表 10-11。若取显著性水平为 0.05，根据第一自由度为 2，第二自由度为 2，查 F 分布表，得到临界值 $F_{0.05}(2,2) = 19$。又根据第一自由度为 1，第二自由度为 2，查 F 分布表，得到临界值 $F_{0.05}(1,2) = 18.51$。

表 10-11　双因素方差分析表

方差来源	离差平方和	自由度	方差	F 值
A 因素	SSA = 16	2	$S_A^2 = 8$	$F_A = \frac{S_A^2}{S_e^2} = \frac{1}{3}$
B 因素	SSB = 6	1	$S_B^2 = 6$	$F_B = \frac{S_B^2}{S_e^2} = \frac{1}{4}$
误差	SSE = 48	2	$S_e^2 = 24$	
总和	SST = 70	5	—	—

由于 $F_A = \frac{1}{3} < F_{0.05}(2,2) = 19$，$F_B = \frac{1}{4} < F_{0.05}(1,2) = 18.51$，所以原假设都成立，即车间和工人因素对产量影响较小。

这是一个比较简单的无交互作用双因素方差分析的题目，可以对表 10-7 所示的某健身俱乐部营业情况进行分析，将时间段（上午、中午、晚上）作为 A 因素，把日期（周一至周日）作为 B 因素，计算对销售量的影响。

第四节　应用案例

以大学生日常生活费的分析[①]为例。

一、案例目的

使学生熟练掌握方差分析的基本方法及其应用，加深学生对方差分析的理解。

二、案例简介

同第七章第四节分析性别、年级和家庭所在地区平均月生活费支出的影响。

---

① 案例作者：贾俊平；摘自《统计学专业课程教学案例选编》。

三、案例解析

分析各因素对平均生活费支出的影响,可以单独分析某一因素(性别、家庭所在地区、年级)的影响,也可以考虑多个因素的影响。分析一个因素的影响可采用单因素方差分析的方法,同时分析两个因素,可采用双因素方差分析的方法。

先考虑所在年级对消费支出的影响,也许低年级时消费水平较低,到高年级时消费水平会提高。年级对平均月生活费支出的影响的分析结果如表10-12和表10-13所示。

表10-12 年级对支出影响的方差齐性检验

莱文尼统计量	自由度1	自由度2	P值
0.068	3	268	0.977

表10-13 年级对支出影响的方差分析表

参数	平方和	自由度	方差	F	P值
校正模型	75 378.112	3	25 126.037	0.421	0.738
截距	8.726×10^6	1	8.726×10^7	1.463×10^3	0.000
所在年级	75 378.112	3	25 126.037	0.421	0.738
误差	1.599×10^7	268	59 647.095		
组内	1.124×10^8	272	59 647.095		
总计	1.606×10^7	271			

从上述结果可知,该方差分析满足方差齐性的假设。假设的 $P=0.738$,没有证据表明年级高低对生活费支出有显著影响。表10-14给出的各 P 值表明,各年级之间的平均月生活费支出之间没有显著性。

表10-14 年级对支出影响的多重比较

所在年级(I)	所在年级(J)	平均值差值($I-J$)	标准误差	P值	95%置信区间	
					下限	上限
1998级	1999级	−15.69	48.162	0.745	−110.52	79.13
	2000级	24.46	45.757	0.593	−65.63	114.55
	2001级	17.68	49.689	0.722	−80.15	115.51
1999级	1998级	15.69	48.162	0.745	−79.13	110.52
	2000级	40.15	37.828	0.289	−34.33	114.63
	2001级	33.38	42.500	0.433	−50.30	117.06
2000级	1998级	−20.46	45.757	0.593	−114.55	65.63
	1999级	−40.15	37.828	0.289	−114.63	34.33
	2001级	−6.77	39.753	0.865	−85.04	71.50

续表

所在年级（I）	所在年级（J）	平均值差值（I-J）	标准误差	P值	95%置信区间	
					下限	上限
2001级	1998级	−17.68	49.689	0.722	−115.51	80.15
	1999级	−33.38	42.500	0.433	−117.06	50.30
	2000级	6.77	39.753	0.865	−71.50	85.04

再看学生家庭所在地区对消费支出水平的影响，也许来自城市的学生的消费水平会高于来自乡镇的学生，来自大型城市的学生的消费水平会高于来自中小城市的学生，家庭所在地区对平均月生活费支出的影响的分析结果如表10-15和表10-16所示。

表10-15 家庭所在地区对支出影响的方差齐性检验

莱文尼统计量	自由度1	自由度2	P值
1.282	2	269	0.279

表10-16 家庭所在地区对支出影响的多重比较

参数	平方和	自由度	方差	F	P值
校正模型	391 308.716	2	195 654.358	3.359	0.036
截距	$8.925\,17\times10^7$	1	8.925×10^7	1.532×10^3	0.000
家庭所在地区	391 308.716	2	195 654.358	3.359	0.036
误差	1.567×10^7	269	58 250.896		
组内	1.124×10^8	272			
总计	1.606×10^7	271			

从上述结果可知，该方差分析满足方差齐性的假设。检验的P值等于0.036，有证据表明家庭所在地区对生活费支出有显著影响。表10-17给出的各P值表明，乡镇地区与大型城市和中小城市之间的平均月生活费支出之间均有显著差异，大型城市与中小城市之间的差异则不显著。

表10-17 家庭所在地区对支出影响的方差分析表

家庭所在地区（I）	家庭所在地区（J）	平均值差值（I-J）	标准误差	P值	95%置信区间	
					下限	上限
1 大型城市	2 中小城市	−4.11	34.220	0.905	−71.48	63.26
	3 乡镇地区	85.12*	39.166	0.031	8.01	162.23
2 中小城市	1 大型城市	4.11	34.220	0.905	−63.26	71.48
	3 乡镇地区	89.23*	36.746	0.016	16.89	161.58
3 乡镇地区	1 大型城市	−85.12*	39.166	0.031	−162.23	−8.01
	2 中小城市	−89.23*	36.746	0.016	−161.58	−16.89

* 平均值差值的显著性水平为0.05。

如果同时考虑性别和家庭所在地区这两个因素，结果会如何？表 10-18 和表 10-19 给出了同时考虑性别和家庭所在地区的影响但不考虑交互效应的分析结果。

表 10-18　考虑性别和家庭所在地区影响（只考虑主效应）的方差齐性检验

F	自由度 1	自由度 2	P 值
0.698	5	266	0.625

注：检验"各个组中的因变量误差方差相等"这一原假设

表 10-19　考虑性别和家庭所在地区影响（只考虑主效应）的方差分析表

源	III 类平方和	自由度	方差	F	P 值
修正模型	455 828.125	3	151 942.708	2.609	0.052
截距	8.895×10^7	1	8.895×10^7	1.528×10^3	0.000
性别	64 519.409	1	64 519.409	1.108	0.293
家庭所在地区	302 712.446	2	151 356.223	2.599	0.076
误差	1.560×10^7	268	58 227.506		
总计	1.124×10^8	272			
修正后总计	1.606×10^7	271			

从表 10-19 可以看出，检验的 P 值均大于 0.05，表明同时考虑两个因素时，没有证据表明二者对生活费支出有显著影响。

在同时考虑性别和家庭所在地区这两个因素的影响的基础上，还可进一步考虑二者对平均月生活费支出的交互效应，得到的分析结果如表 10-20 和表 10-21 所示。

表 10-20　考虑性别和家庭所在地区影响（考虑交互效应）的方差齐性检验

F	自由度 1	自由度 2	P 值
1.030	5	266	0.400

注：检验"各个组中的因变量误差方差相等"这一原假设

表 10-21　考虑性别和家庭所在地区影响（考虑交互效应）的方差分析表

源	III 类平方和	自由度	方差	F	P 值
修正模型	601 344.371	5	120 268.874	2.069	0.070
截距	7.709×10^7	1	7.709×10^7	1.326×10^3	0.000
性别	42 149.247	1	42 149.247	0.725	0.395
家庭所在地区	368 824.045	2	184 412.022	3.173	0.043
性别×家庭所在地区	145 516.247	2	72 758.123	1.252	0.288
误差	1.546×10^7	266	58 118.253		
总计	1.124×10^8	272			
修正后总计	1.606×10^7	271			

从表 10-21 可以看出，家庭所在地区对平均月生活费支出有显著影响，而性别的影响、性别与家庭所在地区的交互效应均不显著。

思考与练习

一、判断题

1. 方差分析的基本思想是把总方差分解成各个方差的和，然后分析各项方差的大小与占比。
2. 在单因素方差分析中，随机误差项的偏差平方和除以总体方差之后是服从正态分布的。
3. 在因素方差分析中，若拒绝原假设，则表明各总体平均数相互之间均不相同。
4. 双因素无重复观察的数据，通常是假设不存在交互影响的，此时误差项平方和的自由度等于 A 因素平方和的自由度与 B 因素平方和自由度的乘积。

二、简答题

1. 方差分析的含义是什么？有哪些类型？
2. 单因素方差分析的变差平方和分解式是如何推导出来的？各项的分布是什么？
3. 如何应用双因素方差分析？试举例说明。
4. 双因素分析中无交互影响与有交互影响分析有什么区别？试举例说明。

三、计算题

1. 某会计师事务所承接了多个企业的会计记账工作。由于业务发展迅速，2019 年初从某大学会计专业硕士研究生毕业生中招收了 3 名新员工，并且每人独立担任三家企业（事业单位、工业企业、商业企业）的会计记账工作。半年后，事务所主管对这 3 名新员工的记账情况进行检查，计算相关的差错率（%）。经过两周的检查，结果如表 10-22 所示。

表 10-22 3 名新员工的记账差错率 （单位：%）

员工	事业单位	工业企业	商业企业
A	1.3	2.5	1.6
B	3.5	6.8	2.8
C	5.8	10.2	4.5

请问：三位员工记账的差错率是否存在显著差异？不同类型单位的会计记账工作的差错率是否存在区别？（取显著性水平为 5%）

参 考 文 献

戴金辉，袁靖. 2016. 单因素方差分析与多元线性回归分析检验方法的比较[J]. 统计与决策，（09）：23-26.
高卓. 2014. 单因素方差分析应用的实证研究[J]. 赤峰学院学报（自然科学版），30（06）：4-6.
郭萍. 2014. 单因素方差分析在数理统计中的应用[J]. 长春大学学报，24（10）：1370-1373.

郭萍.2014.双因素方差分析的应用及Matlab实现[J].长沙大学学报,28(05):138-140.
胡竹菁,戴海琦.2011.方差分析的统计检验力和效果大小的常用方法比较[J].心理学探新,31(03):254-259.
黄创绵,蔡汝山.2010.单因素方差分析方法在环境试验中的应用[J].电子产品可靠性与环境试验,28(06):21-26.
李玉毛.2012.单因素方差分析在经济数据分析中的应用[J].赤峰学院学报(自然科学版),28(03):18-19.
乔克林,吕佳.2009.方差分析与回归分析之比较[J].延安大学学报(自然科学版),28(02):34-36.
史占国,李晓娜.2010.单因素方差分析在车辆主观评价中的应用[J].汽车科技,(02):64-67.
田兵.2013.单因素方差分析的数学模型及其应用[J].阴山学刊(自然科学),27(02):24-27.
吴俊奇,李庚,马龙友.2015.运用双因素方差分析法分析水处理实验数据[J].实验技术与管理,32(05):42-44,58.
武兆云.2014.应用Excel进行方差分析和多重比较[J].安徽农业科学,42(14):4172-4174,4182.
杨小勇.2013.方差分析法浅析——单因素的方差分析[J].实验科学与技术,11(01):41-43.
印德中.2011.Excel在方差分析中的应用[J].中国现代教育装备,(17):23-25.
张素娟,王砚玲,王芳,等.2018.方差分析用于农宅供热能耗影响因素研究[J].节能技术,31(06):526-530.
邹祎.2016.SPSS软件单因素方差分析的应用[J].价值工程,35(34):219-222.

第十一章 变量关系与回归分析

第一节 变量间的关系

一、相关关系的概念

世界上的事物往往存在着相互联系、相互制约的关系。客观现象间的互相联系,可以通过一定变量间的数量关系反映出来。所谓相关关系,从广义而言,是社会经济现象普遍存在的依存联系和制约关系,即客观现象之间互相关联的某种形式。例如,产品产量与产品成本之间、居民收入水平与消费品需求量之间、商品销售量与流通费用之间、投入与产出之间都存在一定的相关关系。

社会经济现象之间的依存制约关系,具体表现出来的形态是多种多样的,但可区分为两种类型。

（一）函数关系

函数关系又称确定性关系,是指现象之间存在确定的数量依存关系。它表明某一变量的数值大小,完全取决于另外一个或数个变量的数值的大小。例如,正方形面积的大小变动,完全取决于正方形的边长的变化,即正方形面积 s 与其边长 a 的平方成正比：$s = a^2$。这里,对于 a 的每一个确定值,必然有正方形面积 s 的唯一确定值与之对应。

在生产经营活动中,销售收入的多少,取决于销售量的多少与销售价格的高低,即销售收入 = 销售量×销售价格。假定销售量不变,那么销售价格的升降就将完全左右销售收入的增减。又如,某种原材料费用的多少,受到消耗此种原材料的产品产量、单位产品的原材料消耗量和原材料价格等变动的影响。这些现象之间的确定性关系,称为函数关系,一般表述是 $y = f(x)$。

（二）相关关系

相关关系又称不确定关系,是指现象之间确实存在的,而关系数值不固定的相互依存关系。其特点如下。

1. 相关关系是客观现象之间确实存在的数量的相互依存关系

在现实生活中,身材高的人,体重就重些；商品零售价格下降,往往销售量就会增加；能源生产发展速度快,会使工业生产的发展速度也快等。

在具有相互依存关系的一对变量中,作为依据的变量称为自变量,通常用 x 表示;由此引起相应变化的变量称为因变量,通常用 y 表示。如身高、零售价格和能源生产发展,就是自变量;体重、销售量和工业生产发展,乃为因变量。

2. 现象之间数量依存关系的具体关系值不是固定的

在工业生产活动中,工业产品的单位成本和人工费之间存在着相互制约关系,人工费的增减会使单位成本或升或降,但两者之间的关系值是不固定的,而且单位成本的升降还受到了材料费、折旧费和其他费用变化的影响。

值得注意的是:作为研究客体的社会现象、事物之间的关系,在任何情况下,应该是真实的、具有内在机制的关系,而绝非臆造的或者仅是形式上的偶然巧合。

例 11.1 对于某种商品的销售额与销售量之间的关系。设销售额为 y,销售量为 x,销售价格为 p,则它们之间的关系可以表示为 $y = px$。即在销售价格不变的情况下,对于任意商品销售量,总有唯一一个销售额与之对应,即二者存在一一对应关系,故这种关系称为线性函数关系。

例 11.2 企业产品能耗额 y 与产品数量 x_1、单位产品能耗 x_2、原材料价格 x_3 之间的关系可表示为 $y = x_1 x_2 x_3$。这里的 y 与 x_1、x_2、x_3 之间是一种确定的函数关系,但它们不是线性函数关系。

二、相关关系的种类

客观现象之间的相互关系是错综复杂的,表现出多种具体形式,因此,根据研究方法的不同,可以从以下几方面进行分类。

(一)从相关关系涉及因素的多少分为一元相关和多元相关

一元相关即单相关,相关关系只涉及两个因素的依存关系:一个是自变量,另一个是因变量。多元相关也称复相关,是多个因素之间的复杂依存关系,即一个因变量和两个及以上自变量的相关关系。例如,研究原材料总费用与产量、单位产品原材料消耗量及原材料单价的相关关系。

(二)从相关关系的方向分为正相关和负相关

当自变量 x 的值增加时,因变量 y 的值也相应增加,属于正相关;反之,x 值减少,y 值也随之减少,这样的相关关系也是正相关。例如,劳动生产率和产量就存在这种相关关系。

当自变量 x 的值增加时,因变量 y 的值却在减少,属于负相关;反之,x 值减少,y 值反而增加,这种相关关系也是负相关。例如,劳动生产率和产品单位成本就存在这样的相关关系。

（三）从相关关系的表现形式分为线性相关和非线性相关

相关的两个变量的对应值在坐标图上，如果其散布点近似地表现为直线形式，则称为线性相关或直线相关；如果其散布点趋向于某种曲线的形式，则称为非线性相关或曲线相关。例如，施肥量在一定数量界限内，与亩①产量的相关关系表现为线性相关；但超过一定数量界限，亩产量会下降或减少，即非线性相关。

（四）从相关的程度分为完全相关、不完全相关和不相关

完全相关是一个变量的值完全由另一个或另一组变量的值所决定。不完全相关是一个变量的值与另一个或一组变量的值有关，但受随机因素的影响。不相关是一个变量的值与另一个变量或一组变量的值没有关系，彼此独立。

三、相关关系的内容与步骤

相关分析要反映和说明社会经济现象之间相互依存关系的数量关系，主要是了解现象间相互关系的密切程度和变化方向。进行相关分析先从定性分析开始，然后定量测定相关密切程度。

（一）相关关系的一般判断

对客观现象之间相关关系的研究，表明它们之间相互关系的数量表现，应根据对客观事物的定性认识来判断。任何现象或事物都有质的规定性，它显示了事物自身和其他事物的本质联系。对现象和事物的这种质的规定性的认识与分析，就是定性分析。按照人们认识的一般顺序，先有对事物和现象的定性判断，才能依此作出量的分析和界定。

对现象和事物之间有无相关关系的判断，首先应根据定性来决定，然后，据此来开展下一步的分析。这是相关分析的重要一步。

（二）相关表

定性分析之后，把握了事物之间的相关关系，根据研究的具体目的，搜集一系列相关数据，分别进行分组整理，罗列在一定表格内。依据观察单位和标志，编出相关表，从而初步了解相关关系的形式和程度。

---

① 1亩≈666.7米^2

1. 简 0 单相关表

将总体中各单位的原始资料或整理资料,按自变量和因变量的关系,由小到大列表排列,就形成了简单相关表。表 11-1 是产品产量及其劳动消耗量的简单相关表。

表 11-1 产品产量及其劳动消耗量的简单相关表

劳动消耗量/工时	5	10	15	20	25	30	35	40
产品产量/件	4	13	13	22	18	27	25	35

从表 11-1 中看到,随着投入劳动消耗量的增加,产品产量也就相应增加。在这里,劳动消耗量是自变量,它的变化影响着产品产量的变化,所以产品产量是因变量。

简单相关表的作用是:可作为进一步计算和分析的根据,根据相关表可绘制相关图,便于明显地看出相关关系的趋势。

2. 分组相关表

在所分析的现象比较复杂时,就需要编制分组相关表。分组相关表是将众多数据按某一标志进行分组而编制的。依据分组标志的数量,可以将分组相关表分为单变量分组相关表和双变量分组相关表两种。

(1)单变量分组相关表,是指在具有相关关系的两个变量中,只对一个变量进行分组而另一个变量不分组的分组相关表。表 11-2 反映某公司各企业随着产量规模的扩大,产品的单位成本呈下降趋势,表现出了规模效益。

表 11-2 某工业公司产量和成本情况

按产量分组 x/万件	企业数 f	实际成本 y/(元/件)
5～6	2	73
6～7	3	72
7～8	3	68
8～9	4	67
9～10	2	64

(2)双变量分组相关表。对两个相关变量都进行分组,计算出次数,列成相关表的形式,称为双变量分组相关表,如表 11-3 所示。

表 11-3 某行业劳动生产率与工资双变量分组情况 (单位:个)

平均劳动生产率分组/(件/小时)	工资平均水平分组/万元						
	5～7	7～9	9～11	11～13	13～15	15 以上	合计
7～9	1	1	1				3
9～11	1		3	2			6

续表

平均劳动生产率分组/(件/小时)	工资平均水平分组/万元						合计
	5~7	7~9	9~11	11~13	13~15	15以上	
11~13	1	2	6	3	2		14
13~15			3	5	2	1	11
15~17				1	2	2	5
17~19						1	1
合计	3	3	13	11	6	4	40

表 11-3 的资料说明劳动生产率与工资水平的相关关系。相比于平行数列对比方法，能将问题说得更清楚，将变动的态势与规律显示得更鲜明。双变量分组相关表是作为进一步计算和分析的依据，同时有独立作用。例如，将人的身高和胸围分组，可以研究上衣的型号；将人的足长与足宽分组，分析鞋的不同规格型号等。

双变量分组相关表较复杂，计算加权工作量相应繁重，因而其使用范围受到一定限制。

（三）相关图

运用相关表反映现象之间的相关关系，比平行数列对比法前进了一步。如果将相关表上的资料图示化，其效果会更好些。因此，客观现象之间的相关关系资料，采用图像来显示时，这种图像称为相关图。

相关图上的横坐标代表自变量 x，纵坐标代表因变量 y。把观察所取得的有关资料，依次以相关点标在图上，从相关点在图像上的分布，可以掌握变量之间的相关关系的状况。这种相关图，又称散点图。

相关图的图形有如下几种表示（图 11-1）。

（1）强正相关。当变量 x 的值增大时，变量 y 的值也相应增大，相关点的分布集中呈直线变化趋势，如图 11-1（a）所示。

（2）弱正相关。当变量 x 的值增大时，变量 y 的值也随之增大。相关点的分布及趋势，虽呈现直线变化，然而显得松散和分散，如图 11-1（b）所示。

（3）强负相关。当变量 x 的值增大时，变量 y 的值却显著减小，在图像上相关点的分布集中呈直线状，如图 11-1（c）所示。

（4）弱负相关。若变量 x 的值增大时，变量 y 的值趋于减小，相关点的分布及趋势，虽呈直线状，但却相当分散，如图 11-1（d）所示。

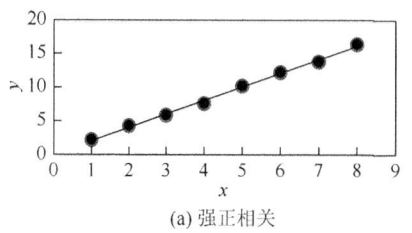
(a) 强正相关

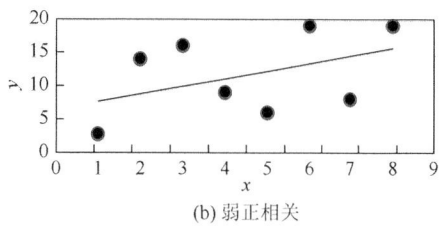
(b) 弱正相关

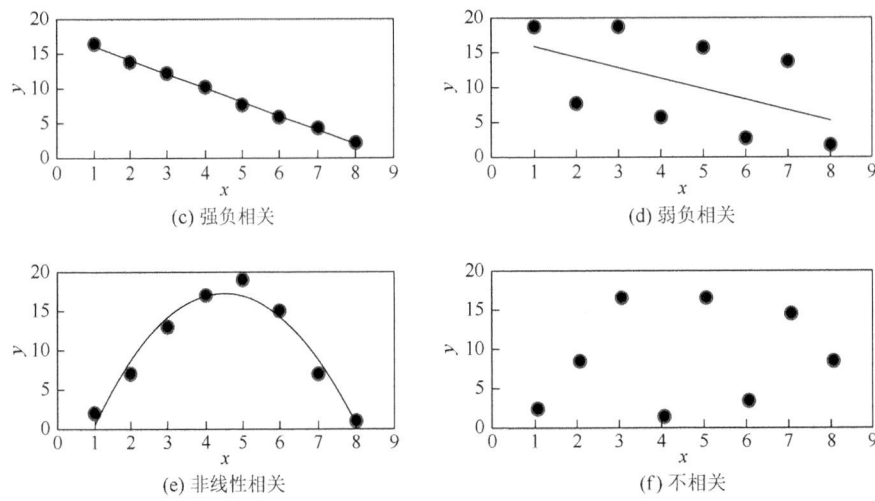

图 11-1 不同形态的散点图

(5) 非线性相关。变量 x 的值增大时,变量 y 的值也增大,随之又呈现下降趋势,相关点的分布显出曲线状,如图 11-1 (e) 所示。

(6) 不相关。如果两变量 x 与 y 的观测点很分散,无任何规律,则表示变量之间没有相关关系,如图 11-1 (f) 所示。

(四) 相关系数

相关表和相关图大体说明变量之间有无关系,但它们的相关关系的紧密程度却无法表达,因此,需运用数学解析方法,构筑一个恰当的数学模型来表现相关关系及其密切程度。对现象之间的相关关系的紧密程度作出确切的数量说明,就需要计算相关系数。

1. 相关系数的计算

相关系数的基本计算公式是

$$r = \frac{\delta_{xy}^2}{\delta_x \delta_y}$$

式中,r 为相关系数;δ_x 为自变量 x 数列的标准差;δ_y 为自变量 y 数列的标准差;δ_{xy} 为两个变量数列的协方差。

相关系数通过将各个离差相乘来表明现象的相关程度,称这种计算方法为"积差法"。

(1) 对于未分组资料,由于

$$\delta_x = \sqrt{\frac{\sum(x-\bar{x})^2}{n}} = \sqrt{\frac{1}{n}\sum(x-\bar{x})^2}$$

$$\delta_y = \sqrt{\frac{\sum(y-\bar{y})^2}{n}} = \sqrt{\frac{1}{n}\sum(y-\bar{y})^2}$$

$$\delta_{xy} = \sqrt{\frac{\sum(x-\bar{x})(y-\bar{y})}{n}} = \sqrt{\frac{1}{n}\sum(x-\bar{x})(y-\bar{y})}$$

所以，相关系数的基本计算公式可以是

$$r = \frac{\sum(x-\bar{x})(y-\bar{y})}{\sqrt{\sum(x-\bar{x})^2 \sum(y-\bar{y})^2}}$$

而又由于

$$\sum(x-\bar{x})^2 = \sum x^2 - \frac{(\sum x)^2}{n} = \frac{n\sum x^2 - (\sum x)^2}{n}$$

$$\sum(y-\bar{y})^2 = \sum y^2 - \frac{(\sum y)^2}{n} = \frac{n\sum y^2 - (\sum y)^2}{n}$$

$$\sum(x-\bar{x})(y-\bar{y}) = \sum xy - \frac{(\sum x)(\sum y)}{n} = \frac{n\sum xy - (\sum x)(\sum y)}{n}$$

所以，相关系数的简捷计算公式为

$$r = \frac{n\sum xy - (\sum x)(\sum y)}{\sqrt{n\sum x^2 - (\sum x)^2}\sqrt{n\sum y^2 - (\sum y)^2}}$$

例如，某工业企业在6年内，每年的平均月劳动生产率和固定资产装备程度的资料如表11-4所示。

表11-4 平均月劳动生产率和固定资产装备程度资料

年序数	每人占有固定资产 x /万元	平均月劳动生产率 y /($\times 10^2$元)	$(x-\bar{x})^2$（1）	$(y-\bar{y})^2$（2）	$(x-\bar{x})\cdot(y-\bar{y})$（3）	x^2（4）	y^2（5）	xy（6）
1	9.2	5.8	3.24	0.04	0.36	84.64	33.64	53.36
2	9.0	5.8	4.00	0.04	0.40	81.00	33.64	52.20
3	8.8	5.6	4.84	0.16	0.88	77.44	31.36	49.28
4	9.1	5.7	3.61	0.09	0.57	82.81	32.49	51.87
5	13.3	6.1	5.29	0.01	0.23	176.89	37.21	81.13
6	16.7	6.8	32.49	0.64	4.56	278.89	46.24	113.56
合计	66.1	35.8	53.47	0.98	7.00	781.67	214.58	401.40

根据表11-4中第（1）（2）（3）栏数据计算：

$$r = \frac{\sum(x-\bar{x})(y-\bar{y})}{\sqrt{\sum(x-\bar{x})^2 \sum(y-\bar{y})^2}} = \frac{7.00}{\sqrt{53.47 \times 0.98}} \approx 0.9670$$

根据表11-4中第（4）（5）（6）栏数据计算：

$$r = \frac{n\sum xy - (\sum x)(\sum y)}{\sqrt{n\sum x^2 - (\sum x)^2}\sqrt{n\sum y^2 - (\sum y)^2}}$$

$$= \frac{6 \times 401.40 - 66.1 \times 35.8}{\sqrt{6 \times 781.67 - 66.1^2} \times \sqrt{6 \times 214.58 - 35.8^2}} \approx 0.9699$$

（2）对于分组资料，就必须用各组的次数 f 加权计算相关系数。计算公式的基本表述是

$$r = \frac{\frac{1}{\sum f}\sum(x-\bar{x})(y-\bar{y})f}{\sqrt{\frac{1}{\sum f}\sum(x-\bar{x})^2 f}\sqrt{\frac{1}{\sum f}\sum(y-\bar{y})^2 f}}$$

可以简化为

$$r = \frac{\sum(x-\bar{x})(y-\bar{y})f}{\sqrt{\sum(x-\bar{x})^2 f}\sqrt{\sum(y-\bar{y})^2 f}}$$

2. 相关关系密切程度的划分

相关系数的取值范围，是 $-1 \sim +1$，即 $-1 \leqslant r \leqslant +1$。当 x 和 y 同时增加或减少时，x 和 y 呈正方向变化，这称为正相关。例如，前例的固定资产装备程度与劳动生产率的关系是正相关。r 的值渐近于 1，正相关加强，当 $r=+1$ 时，说明 x 和 y 存在完全的正相关，用图像表示，x 和 y 的数值都在斜率是 $+1$ 的一条直线上。r 为负值时，x 和 y 的值增减呈相反方向变化，是负相关。例如，产品产量和单位成本的关系。r 的值渐近于 -1，则负相关加强，当 $r=-1$ 时，x 和 y 存在着完全的负相关，用图像表示，x 和 y 的所有值都在斜率等于 -1 的一条直线上。当 $r=0$ 时，表示 x 和 y 完全不相关。

依据相关系数值的大小，判断其相关的紧密程度，通常是按相关系数值的多少来确定等级。一种是划分为三级 r 的绝对值，倘若在 0.7~1，称为高度相关，介于 0.3~0.7，是中度相关，0.3 以下是低度相关。另一种是划分为四级 r 的绝对值，在 0.3 以下是不相关，0.3~0.5 是低度相关，0.5~0.8 是显著相关，0.8 以上是高度相关。须知，按三级或按四级划分相关程度的等级，一定要遵守一条原则，就是计算相关系数的原始数据应是大量的，这样，计算出的相关系数是可信的。

例 11.3 通过国家统计局的国家数据获得的 2002~2015 年全国禽蛋产量数据，设定为 Y（单位：万吨），获得了蛋类生产价格指数（2001 年 =100）作为对禽蛋价格的替代，并对该指数进行标准化处理，设定为 X（单位：%），处理结果见表 11-5。

表 11-5 2002~2015 年禽蛋产量与生产价格指数情况

年份	禽蛋产量 Y /万吨	蛋类生产价格指数（2001 年 =100）	蛋类生产价格标准化后指数 X（以 2002 年为 100）
2002	2 265.70	102.8	100.0
2003	2 333.10	101.1	101.1
2004	2 370.60	112.6	113.8

续表

年份	禽蛋产量 Y /万吨	蛋类生产价格指数 (2001年=100)	蛋类生产价格标准化后指数 X (以2002年为100)
2005	2 438.12	106.4	121.1
2006	2 424.00	96.0	116.3
2007	2 528.98	115.9	134.8
2008	2 702.20	112.2	151.2
2009	2 742.47	102.8	155.4
2010	2 762.74	107.5	167.1
2011	2 811.42	112.6	188.2
2012	2 861.17	100.5	189.1
2013	2 876.06	105.8	200.1
2014	2 893.89	105.7	211.5
2015	2 999.22	96.9	204.9

数据来源：国家统计局网站

基于"整体距离最小"的最小二乘法对方程进行估计，得到了回归方程的截距 $\hat{a}$ 和斜率 $\hat{b}$。运用 Excel 软件进行回归，回归结果为 $\hat{b}=5.9$，$\hat{a}=1732.3$，可决系数 $R^2=0.95$。

通过上述的结果，得到了禽蛋价格指数与禽蛋产量两变量之间的相关关系。那么这种关系是否可靠呢？根据 $R^2=0.95$，判定二者之间存在关系是可以认定成立的。生产常识也说明价格高会带来产量的增加。

第二节 线性回归分析

一、回归分析的概念

相关分析研究变量之间的相互关系表明其变动的规律性。但它只能回答变量之间相关的紧密程度和方向，而不能说明变量之间的数量关系。回归分析就是根据变量之间的主从或因果的回归关系，对变量之间的数量变化进行测定，建立一定的数学模型，对因变量进行预测或估计的统计分析方法。进行回归分析，是将变量之间的相关关系在一定情况下转化为函数关系而展开的，用这一函数公式来反映自变量和因变量之间的数量关系。

回归分析建立的数学表达式称为回归方程（或回归模型），根据回归方程配合的曲线，称配合曲线，其表现形式有直线和曲线等。

二、简单线性回归分析的特点

两个变量之间的关系，一个是自变量，另一个是因变量，分析时，必须根据研究目的，具体确定哪个是自变量，哪个是因变量。

x 和 y 两个变量,从方程式看,存在两个关系式:一是以 x 为自变量,y 为因变量的关系式;另一个是以 y 为自变量,x 为因变量的关系式。从图像上观察是两条不同的关系直线。因此,若分析的现象之间,不存在明显的因果关系或主从关系,两个变量的地位可以互换,画出的是两条直线;否则,只能是一条关系直线。

在直线回归方程中的回归系数,表明因变量 y 对自变量 x 的回归关系,它有正负之分,与相关系数的正负是一致的。正的系数表明直线上升,两个变量同方向变化;负的系数表明直线下降,两个变量反方向变化。

直线回归方程中,要求自变量是非随机的,是给定的值,将自变量值引入方程,求出估计的因变量值,这个估计值就是众多因变量实际值的平均值,又称理论值或趋势值。因此,可以计算估计值的标准误差。

在回归问题中,有以下几个主要假设。

(1)因变量 y 与自变量 x 之间存在线性关系。

(2)在重复抽样中,自变量 x 的取值是固定的,即假定 x 是非随机的。

在上述两个假定下,对于任何一个给定的 x 值,y 的取值都对应着一个分布,因此,$E(y) = \beta_0 + \beta_1 x$ 代表一条直线。但单个的数据点是从 y 的分布中抽出来的,可能不在这条直线上,因此,必须包含一个误差项 ε 来描述模型的数据点。

(1)误差项 ε 是一个期望值为 0 的随机变量,即 $E(\varepsilon) = 0$。这意味着,β_0 和 β_1 都是常数,所以有 $E(\beta_0) = \beta_0$,$E(\beta_1) = \beta_1$,因此对于任何一个随机给定的 x 值,都有 y 的期望值为 $E(y) = \beta_0 + \beta_1 x$。这实际上等于模型的形式为一条直线。

(2)对于所有的 x 值,ε 的方差 σ^2 都相同。这意味着对于一个特定的 x 值,y 的方差也都等于 σ^2。

(3)误差项 ε 是一个服从正态分布的随机变量,且独立,即 $\varepsilon \sim N(0, \sigma^2)$。独立性意味着对于一个特定的 x 值,它所对应的 ε 值与其他 x 值所对应的 ε 不相关。因此,对于一个特定的 x 值,它所对应的 y 值与其他 x 所对应的 y 值也不相关。这表明,在 x 取某个确定值的情况下,y 的变化由误差项 ε 的方差 σ^2 来决定。当 σ^2 较小时,y 的观测值非常靠近直线;当 σ^2 较大时,y 的观测值将偏离直线。由于 σ^2 是常数,所以 y 的取值不受 x 取值的影响。由于自变量 x 在数据收集前假设是固定的,对于任何一个给定的 x 值,y 都服从期望值为 $\beta_0 + \beta_1 x$、方差为 σ^2 的正态分布,且对于不同的 x 具有相同的方差。关于回归模型的假设,如图 11-2 所示。

三、直线回归方程的确定

直线回归方程一般表达式为

$$y_c = a + bx$$

式中,y_c 为对应于自变量 x 的因变量 y 的变动平均数(即估计值);a 为直线的截距;b 为直线的斜率,即回归系数。

上式中的 a 和 b 是方程中的待定参数,估计这些参数可有不同的方法,统计中使用最

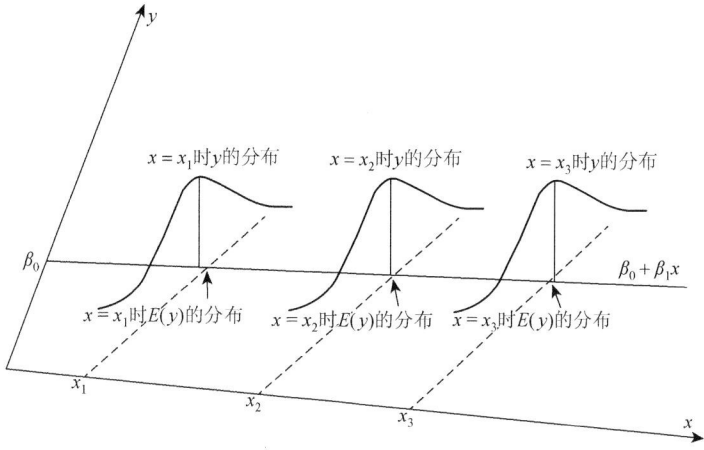

图 11-2 对应不同 x 的 y 和 ε 的分布

多的是"最小二乘法",即参数 a、b 应满足 $\sum(y-\overline{y_c})^2 =$ 最小值,或者 $\sum(y-a-bx)^2 =$ 最小值。用这种方法求出的回归线是最符合原资料的。

令 $\text{SSE} = \sum(y-y_c)^2 = \sum(y-a-bx)^2$,根据微分学中求极值的原理,分别求出 SSE 对 a 和 b 的偏微分,并根据 SSE 是极小值的要求,使其一阶偏导数等于零。从而计算整理出两个标准方程式:

$$\begin{cases} \dfrac{\partial Q(a,b)}{\partial a} = \dfrac{\partial[\Sigma(y-a-bx)^2]}{\partial a} = -2\Sigma(y-a-bx) = 0 \\ \dfrac{\partial Q(a,b)}{\partial b} = \dfrac{\partial[\Sigma(y-a-bx)^2]}{\partial b} = -2\Sigma(y-a-bx)x = 0 \end{cases}$$

$$\begin{cases} na + b\sum x = \sum y \\ a\sum x + b\sum x^2 = \sum xy \end{cases}$$

依据上述两个标准方程,可以分别求解出如下两个参数值:

$$b = \frac{n\sum xy - \sum x \sum y}{n\sum x^2 - (\sum x)^2}$$

$$a = \overline{y} - b\overline{x}$$

如果已用积差法计算了相关系数,有相应的资料,也可用如下方法求解:

$$b = \frac{\sum(x-\overline{x})(y-\overline{y})}{\sum(x-\overline{x})^2}$$

$$a = \overline{y} - b\overline{x}$$

现依据表 11-6 的资料,建立工人的工龄与劳动生产率的回归方程,进行相应的回归分析。

表 11-6 工人的工龄与劳动生产率相关数据

工号	工龄 x/年	劳动生产率 y/（件/小时）	x^2	xy	y_c
1	8	3	64	24	3.5
2	9	5	81	45	4.0
3	10	4	100	40	4.5
4	13	6	169	78	6.0
5	15	7	225	105	7.0
合计	55	25	639	292	25.0

将表 11-6 的有关数值代入公式：

$$b = \frac{n\sum xy - \sum x \sum y}{n\sum x^2 - (\sum x)^2} = \frac{5 \times 292 - 55 \times 25}{5 \times 639 - 55^2} = 0.5$$

$$a = \bar{y} - b\bar{x} = \frac{\sum y}{n} - b\frac{\sum x}{n} = \frac{25}{5} - 0.5 \times \frac{55}{5} = -0.5$$

参数 a、b 代入回归方程 $y_c = a + bx$，得到反映工龄与劳动生产率的一般回归关系的方程式，即 $y_c = -0.5 + 0.5x$。

这里的数值和符号说明：$a = -0.5$，即劳动生产率的起点，在图像中表现为 y 轴与回归直线的交点；$b = 0.5$，回归系数为正值，说明工龄每增加一年，每人每小时可多生产 0.5 件，工龄越长，工效越高。当然，这种变化有一个区间范围。

如运用分组相关表，同样可用前述方法建立直线回归方程和配合一条直线。与之不同的是，在计算过程中，需用次数加权的方法。即直线回归方程 $y_c = a + bx$ 中的参数 a 和 b 的求解方程组是

$$\begin{cases} a\sum f + b\sum xf = \sum yf \\ a\sum xf + b\sum x^2 f = \sum xyf \end{cases}$$

因此，推导出求参数 a、b 值的公式为

$$b = \frac{\sum f \sum xyf - (\sum xf)(\sum yf)}{\sum f \sum x^2 f - (\sum xf)^2}$$

$$a = \bar{y} - b\bar{x}$$

例如，某股份公司各厂的劳动生产率和创利水平如表 11-7 所示。

表 11-7 劳动生产率和创利水平相关资料

x	y	f	xf	yf	x^2	x^2f	xy	xyf	y_c
8	3	2	16	6	64	128	24	48	3.716
9	5	4	36	20	81	324	45	180	4.176
10	4	3	30	12	100	300	40	120	4.636
13	6	5	65	30	169	845	78	390	6.016
15	7	2	30	14	225	450	105	210	6.936
合计	—	16	177	82	—	2047	—	948	—

将表中的有关数值代入公式，得

$$b = \frac{\sum f \sum xyf - (\sum xf)(\sum yf)}{\sum f \sum x^2 f - (\sum xf)^2} = \frac{16 \times 948 - 177 \times 82}{16 \times 2047 - 177^2} \approx 0.46$$

$$a = \bar{y} - b\bar{x} = \frac{\sum yf}{\sum f} - b\frac{\sum xf}{\sum f} = \frac{82}{16} - 0.46 \times \frac{177}{16} \approx 0.036$$

建立直线回归方程：

$$y_c = 0.036 + 0.46x$$

式中，$a = 0.036$ 为人均创利的起始点，$b = 0.46$ 说明劳动生产率每提高 1000，可多创利 460 元。

四、估计标准误差

（一）估计标准误差的概念

回归方程根据自变量的已知值推算出的因变量的估计值和实际值之间是有离差的。估计标准误差就是衡量 y 的实际值和估计值离差一般水平的分析指标。它可以说明回归方程推算结果的准确程度，或者说反映回归直线代表性的大小。

一般情况是，其值越小，即 y_c 值与 y 值越接近，表明推断越准确，估计值的代表性高；值越大，即 y_c 值与 y 值相距甚远，表明推断不够准确，估计值的代表性就越低。

估计标准误差是用来说明回归方程代表性大小的统计分析指标，它与标准差的性质相近。但不同的是，估计标准误差是说明平均线的代表性的，而标准差是说明平均数的代表程度。

（二）估计标准误差的计算

1. 离差法

根据因变量实际值和估计值的离差，计算估计标准误差的方法，称为离差计算法。其计算方式为

$$S_{yx} = \sqrt{\frac{\sum (y - y_c)^2}{n - 2}}$$

式中，$n-2$ 为自由度。因为在公式 $\sum(y - y_c)^2 = \sum(y - a - bx)^2$ 中，参数 a、b 为由实际资料计算出的，所以就丧失了 2 个自由度。S_{yx} 为估计标准误差，其下标 yx 为 y 依 x 而回归的方程。y 为因变量实际值，y_c 为根据回归方程推算出来的因变量估计值。估计标准误差还有另一种表示，S_{xy} 为表示 x 依 y 而回归的方程。因为同一现象会存在两条回归直线，两个变量互为因果，所以，能计算两个估计标准误差。根据表 11-6 的资料，可计算得 $\sum(y - y_c)^2 = 1.50$，又 $n = 5$，则

$$S_{yx} = \sqrt{\frac{\sum(y-y_c)^2}{n-2}} = \sqrt{\frac{1.50}{5-2}} \approx 0.707 \text{（件）}$$

2. 参数法

利用参数 a、b 的已知值，可以计算出估计标准误差，此方法称为参数法。其计算公式的表述是

$$S_{yx} = \sqrt{\frac{\sum y^2 - a\sum y - b\sum xy}{n-2}}$$

仍以表 11-6 的资料为例，可计算得 $\sum y = 25$，$\sum xy = 292$，$\sum y^2 = 135$，又已知参数 $a = -0.5$，$b = 0.5$，因此

$$S_{yx} = \sqrt{\frac{\sum y^2 - a\sum y - b\sum xy}{n-2}} = \sqrt{\frac{135-(-0.5)\times 25 - 0.5\times 292}{5-2}} \approx 0.707 \text{（件）}$$

（三）估计标准误差和相关系数的关系

估计标准误差和相关系数存在紧密的关系，用公式表示为

$$S_{yx} = \delta_y \sqrt{1-r^2}$$

$$r = \sqrt{\frac{\delta_y^2 - \delta_{yx}^2}{\delta_y^2}} = \sqrt{1 - \frac{S_{yx}^2}{\delta_y^2}}$$

S_{yx} 值越小，说明各相关点离回归直线越近，相应的 x 就越接近 ± 1，表明相关关系越密切。若 $S_{yx} = 0$，r 值就是 ± 1，此时，是完全相关。若 $S_{yx} = \delta_y$，则 $r = 0$，变量 x 与变量 y 完全不相关。

但是二者的关系不能反映相关的正负性质，则要借助回归方程式中 x 的系数的正负号来判定。

从表 11-6 的资料可计算出：$\sum(y-\bar{y})^2 = 10$，则

$$\delta_y^2 = \frac{\sum(y-\bar{y})^2}{n} = \frac{10}{5} = 2$$

而 $S_{yx} = 0.707$，所以

$$r = \sqrt{1 - \frac{S_{yx}^2}{\delta_y^2}} = \sqrt{1 - \frac{(0.707)^2}{2}} \approx 0.87$$

又由于直线回归方程中，x 的系数 $b = 0.5$，为正值。则此相关系数是正值，表明显著正相关。

例 11.4 为了研究产品产量与费用支出之间的关系，某管理机构随机选取了 12 家家电生产企业，得到产量与费用支出的数据，如表 11-8 所示。

表 11-8 12 家家电生产企业的产量与费用支出数据

企业编号	产量/台	费用/万元	企业编号	产量/台	费用/万元
1	20	66	7	45	84
2	23	76	8	50	88
3	25	76	9	58	83
4	24	70	10	62	91
5	31	75	11	66	88
6	39	78	12	71	92

计算产量与费用支出的相关系数，求解二者之间的相关关系是否显著（显著性水平 $\alpha = 0.05$）并计算产量与费用支出之间的回归方程。

解 （1）样本相关系数的公式为

$$r = \frac{\sum(x-\bar{x})(y-\bar{y})}{\sqrt{\sum(x-\bar{x})^2 \sum(y-\bar{y})^2}} = 0.9271$$

由上面的计算结果可得到产量与费用支出的相关系数为 0.9271，具有较强的正线性相关关系。

（2）显著性检验过程如下。

提出原假设和备择假设。

$$H_0: \rho = 0; \quad H_1: \rho \neq 0$$

构造检验的统计量，并计算其值。

$$t = |r|\sqrt{\frac{n-2}{1-r^2}} \sim t(n-2)$$

$$= |0.9271|\sqrt{\frac{12-2}{1-0.9271^2}} = 0.9271 \times \sqrt{71.1817}$$

$$= 0.9271 \times 8.4369 \approx 7.8219$$

根据给出的显著性水平 $\alpha = 0.05$，确定拒绝原假设的区域。

$$(-\infty, -t_{0.025}(10)) \bigcup (t_{0.025}(10), +\infty)$$

通过查 t 分布表，可查出 $t_{0.025}(10) = 2.633\,767$ 的临界值。

因为 $|t| = 7.8219 > t_{0.025}(10) = 2.633\,767$，所以拒绝原假设，表明样本所反映的变量之间的关系能够代表总体变量之间的关系，即产量与费用支出两个变量存在线性关系。

（3）因为最小二乘法的公式为

$$\hat{\beta}_1 = \frac{\sum xy - n\bar{x}\bar{y}}{\sum x^2 - n\bar{x}^2} = 0.421\,7$$

$$\hat{\beta}_0 = \bar{y} - \hat{\beta}_1\bar{x} = 80.5833 - 0.4217 \times 42.8333 \approx 62.52$$

所以样本回归方程为

$$\hat{y} = 62.52 + 0.4217x$$

五、多元线性回归方程

客观经济现象相当错综复杂，影响因变量变化的自变量往往不止一个，为了对它们进行全面测定与估计，就需要将一个因变量和多个自变量联系起来分析与推算。例如，企业产品的成本，取决于原材料的消耗、产量、产品质量、技术水平以及经营状况等。欲测定产品成本的变化和产量等如何相互影响，这就面临着测定多因素的相关和回归的问题。

在研究线性相关的情况下，使用两个或两个以上的自变量估计因变量，称为多元线性回归，建立的数学模型，称为多元线性回归方程。它是建立在简单回归所使用的假设和方法的基础之上的，计算复杂，但其基本原理与一元线性回归模型相类似。

（一）多元直线回归方程的建立

假定 y 代表被研究的社会经济现象，x 代表引起该现象变化的各个变量，共有 n 个，即 $x_1, x_2, \cdots, x_n$，y 是由 $x_1, x_2, \cdots, x_n$ 的变化所引起的经济现象。因此，多元线性回归方程的一般表述是

$$y_c = a + b_1 x_1 + b_2 x_2 + \cdots + b_n x_n$$

这里以二元回归方程为例说明。二元回归就是只用两个自变量来计算因变量的变化，它是多元回归的最简单的表现形式。其二元线性回归方程为

$$y_c = a + b_1 x_1 + b_2 x_2$$

式中，y_c 为二元回归估计值；a 为常数项；b_1 与 b_2 分别为 y 对 x_1 和 x_2 的回归系数。

从方程中可以看到，若 x_1 和 x_2 都是零，常数 a 就是 y_c 值；参数 b_1 与 b_2 描述了 x_1 和 x_2 的变化对 y_c 值的影响。仍然运用最小二乘法，分别求 x_1 和 x_2 的偏导，整理可以得到如下三个标准方程式：

$$\begin{cases} na + b_1 \sum x_1 + b_2 \sum x_2 = \sum y \\ a \sum x_1 + b_1 \sum x_1^2 + b_2 \sum x_1 x_2 = \sum x_1 y \\ a \sum x_2 + b_1 \sum x_1 x_2 + b_2 \sum x_2^2 = \sum x_2 y \end{cases}$$

例如，某地区玻璃销售与该地区汽车制造业和建筑业的关系相当密切，现有表 11-9 的资料，估计玻璃销售的趋势。

表 11-9　某地区玻璃销售与汽车产量、建筑业产值资料

序号	玻璃销售额 y/万元	汽车产量 x_1/万辆	建筑业产值 x_2/($\times 10^3$ 万元)
1	130.0	1.909	5.78
2	151.5	3.119	6.82
3	187.5	4.666	8.40
4	254.5	3.338	9.35
5	202.1	2.321	10.78

续表

序号	玻璃销售额 y/万元	汽车产量 x_1/万辆	建筑业产值 x_2 /($\times 10^3$ 万元)
6	302.0	4.117	12.33
7	281.7	3.559	13.57
8	432.4	5.920	15.02
9	446.6	3.816	16.61
10	470.8	4.113	17.17
11	363.6	2.248	20.09
12	456.9	3.591	21.42
13	479.0	4.675	21.58
14	452.7	3.543	22.14
15	506.7	4.933	26.30
16	628.5	5.683	30.62
17	727.6	5.752	32.38
合计	6474.1	67.303	290.36

根据表 11-9 的资料计算可得

$$\sum x_1 y = 27\,918.32, \quad \sum x_2 y = 131\,042.17, \quad \sum x_1 x_2 = 1\,241.12$$
$$\sum x_1^2 = 289.89, \quad \sum x_2^2 = 5\,982.63$$

代入参数求解联立方程式：

$$\begin{cases} 17a + 67.303 b_1 + 290.36 b_2 = 6474.1 \\ 67.303a + 289.89 b_1 + 1\,241.12 b_2 = 27\,918.32 \\ 290.36a + 1241.12 b_1 + 5\,982.63 b_2 = 131\,042.17 \end{cases}$$

解联立方程后得

$$a = -33.43, \quad b_1 = 29.91, \quad b_2 = 17.32$$

将参数值代入回归方程式，得

$$y_c = -33.43 + 29.91 x_1 + 17.32 x_2$$

在多元回归分析中，需注意多重共线（multi collinearity）问题的发生。当多个自变量的相关度表现很高时，多次重复其相关关系会使回归系数被歪曲，丧失可靠性，所以，在选择自变量估计因变量时，应十分慎重，在进行多元回归分析之前，认真对众多要用的自变量进行相关分析，尽量降低多重共线现象的影响。

（二）多元回归的估计标准误差

围绕多元回归方程的建立，观察其估计值与实际值的离散程度，离散程度越低，表明所配合的多元回归方程越接近实际，用以进行预测估计，准确性就相应高些；反之，其准确程度就会低些。因此，测定多元回归平面的离散程度，测定多元回归方程推算结果的准确程度，就需要运用多元回归估计标准误差分析指标。

二元回归标准误差的基本公式是

$$S_{y\cdot 12} = \sqrt{\frac{\sum(y-y_c)^2}{n-3}}$$

式中，$S_{y\cdot 12}$ 为二元回归估计标准误差，其他符号与前面是一致的。

基本公式计算较复杂，因此，推导出一个简捷计算公式，充分利用已计算出来的数据来确定估计标准误差：

$$S_{y\cdot 12} = \sqrt{\frac{\sum y^2 - a\sum y - b_1 \sum x_1 y - b_2 \sum x_2 y}{n-3}}$$

根据表 11-9 的资料可得

$$\sum y^2 = 2\,915\,755.77; \quad a = -33.43$$
$$\sum y = 6\,474.1; \quad b_1 = 29.91$$
$$\sum x_1 y = 27\,918.32; \quad b_2 = 17.32$$
$$\sum x_2 y = 131\,042.17; \quad n = 17$$

计算该例二元回归估计标准误差为

$$\begin{aligned} S_{y\cdot 12} &= \sqrt{\frac{\sum y^2 - a\sum y - b_1 \sum x_1 y - b_2 \sum x_2 y}{n-3}} \\ &= \sqrt{\frac{2\,915\,755.77 + 33.43 \times 6\,474.1 - 29.91 \times 27\,918.32 - 17.32 \times 131\,042.17}{17-3}} \approx 130.19(万元) \end{aligned}$$

（三）多元回归估计标准误差和复相关系数的关联

在多元相关分析中，需要测定多元变量之间的相关关系密切程度。运用的计算方法和简单相关系数的原理是一致的。二元回归的复相关系数与其回归估计标准差之间的关系用公式表述如下：

$$r_{y\cdot 12} = \sqrt{1 - \frac{S_{y\cdot 12}^2}{\delta_y^2}}$$

仍以表 11-9 的资料可计算得

$$\delta_y^2 = \frac{\sum(y-\bar{y})^2}{n} = 26\,484$$

而 $S_{y\cdot 12} = 130.19$，则有

$$r_{y\cdot 12} = \sqrt{1 - \frac{130.19^2}{26\,484}} \approx 0.60$$

计算结果表明，该地区玻璃销售量、汽车产量和建筑业产值之间有高度的相关性。

第三节 非线性回归分析

一、非线性回归分析的意义

在研究现象的相关关系时,并不完全呈线性关系,还会反映出某种非线性的曲线关系,如抛物线相关、双曲线相关、指数相关和幂函数相关等。这就应配合适当的曲线形式,为两个变量拟合一条相应的曲线作为回归线,进行非线性的相关和回归分析。

非线性相关和回归分析一般是通过变量的变换将非线性模型线性化,再按照线性回归分析的方法处理。而在变量变换的过程中,要注意新的变量之间是否具有多重共线性,以免造成回归可靠性下降。

二、非线性回归方程

(一)指数曲线方程

当因变量与自变量的关系存在等比级数的模式时,可以建立指数曲线方程进行回归分析。指数曲线方程为

$$y_c = ab^x$$

改变成对数模式:

$$\lg y_c = \lg a + x \lg b$$

令 $\lg y_c = y_c'$,$\lg a = a'$,$\lg b = b'$,则有线性方程:

$$y_c' = a' + b'x$$

求解 a'、b' 的值后,引入替代式,可找出曲线方程的参数 a 与 b 的值。

现以表 11-10 为例,建立指数型回归模型。

表 11-10　12 个同类企业月产量和单位产品成本曲线回归计算表

企业编号	月产量 x/吨	单位产品成本 y/元	$y' = \lg y$	x^2	xy'
1	10	160	2.204 12	100	22.041 20
2	16	151	2.178 98	256	34.863 68
3	20	114	2.056 90	400	41.138 00
4	25	128	2.107 21	625	52.680 25
5	31	85	1.929 42	961	59.812 02
6	36	91	1.959 04	1 296	70.525 44
7	40	75	1.875 06	1 600	75.002 40
8	45	76	1.880 81	2 025	84.636 45
9	51	66	1.819 54	2 601	92.796 54

续表

企业编号	月产量 x/吨	单位产品成本 y/元	$y' = \lg y$	x^2	xy'
10	56	60	1.778 15	3 136	99.576 40
11	60	61	1.785 33	3 600	107.119 80
12	65	60	1.778 15	4 225	115.579 75
合计	455	1127	23.352 71	20 825	855.771 93

仍用线性回归的最小二乘法的参数公式计算：

$$b' = \frac{n\sum xy' - \sum x \sum y'}{n\sum x^2 - (\sum x)^2} = \frac{12 \times 855.771\,93 - 455 \times 23.352\,71}{12 \times 20\,825 - 455^2} \approx -0.008\,31$$

$$a' = \bar{y}' - b'x = 2.261\,14$$

然后分别求它们的反对数，可得

$$a = 182.45, \quad b = 0.981$$

将上述两个参数代入原方程，就得到了该例的指数回归方程：

$$y_c = 182.45 \times 0.981^x$$

（二）双曲线方程

当因变量随着自变量而增加，最初增加很快，以后渐趋减慢而后呈现平稳之势，这种相关关系，可以采用双曲线配合，建立双曲线回归方程，进行回归分析。

双曲线回归方程是

$$\frac{1}{y_c} = a + b \cdot \frac{1}{x}$$

令 $y'_c = \dfrac{1}{y_c}$，$x' = \dfrac{1}{x}$，则原方程变换为

$$y'_c = a + bx'$$

这样就可运用线性方程，求解 a 与 b 的值。

（三）抛物线方程

许多社会经济现象的变化关系，往往是近似于抛物线的形状，它的回归方程的表述是

$$y_c = a + bx + cx^2$$

式中，a、b、c 为待定参数。

由于 x 和 x^2 具有明显的共线性，不能如上两种形式那样变换变量，而要用"最小二乘法"。令

$$SSE = \sum(y - y_c)^2 = \sum[y - (a + bx + cx^2)]^2$$

欲使SSE取最小值，需求SSE的偏微分，并令其等于零，从而整理得如下三个标准方程组：

$$\begin{cases} na + b\sum x + c\sum x^2 = \sum y \\ a\sum x + b\sum x^2 + c\sum x^3 = \sum xy \\ a\sum x^2 + b\sum x^3 + c\sum x^4 = \sum x^2 y \end{cases}$$

求解此方程组，可得到唯一的一组解，就是抛物线方程的参数 a、b、c 的值。

（四）其他曲线方程

研究社会经济生活现象的非线性相关与回归问题，除了前述三种较常运用外，有时还可运用幂函数曲线、龚帕兹（Compertz）曲线和逻辑斯谛（Logistic）曲线等。这些曲线方程简列如下。

1. 幂函数曲线方程

$$y_c = dx^b$$

$$\lg y_c = \lg d + b \lg x$$

令 $y'_c = \lg y_c$，$x' = \lg x$，$a = \lg d$，则改变为线性方程：

$$y'_c = a + bx'$$

2. 龚帕兹曲线方程

$$y_c = de^{bx}$$

$$\ln y_c = \ln d + bx$$

令 $y'_c = \ln y_c$，$a = \ln d$，则改变为线性方程：

$$y'_c = a + bx$$

3. 逻辑斯谛曲线方程

$$y_c = \frac{1}{a + be^{-x}}$$

令 $y'_c = \frac{1}{y_c}$，$x' = e^{-x}$，则改变为线性方程：

$$y'_c = a + bx'$$

第四节 应 用 案 例

一、国内消费市场规模影响因素的探究[①]

(一) 案例目的

让学生学会用回归分析方法分析经济现象的关系,建立回归模型分析变量间的数量关系,正确诊断并处理经济变量的季节变动性,以及自变量间的多重共线性。

(二) 案例简介

1. 案例背景

自 2007 年逐步蔓延开来的经济和金融危机导致各个行业的衰退,给世界经济以沉重的打击。中国面临对外贸易总额大幅度缩水的风险,欧美市场的严重萎缩也给中国经济带来一系列的不利影响。这些影响已初步显露,长江三角洲、珠江三角洲地区大批外贸企业倒闭或者停产就是最明显的例证。中央政府适时地明确了扩大内需的方针,希望通过繁荣疲软的国内消费市场来弥补进出口贸易减少所产生的经济缺口。如何使国内消费市场繁荣便成为一个非常重要却不那么简单的问题。为了探究影响国内消费市场规模的各个要素,作出较为精确的总量设计,继而给出一些政策建议,本案例从国内消费总量的各个相关因素入手选取一系列潜在影响变量,在经过可靠的统计处理之后得到了一系列结论。

2. 数据介绍

选取社会消费品零售总额作为反映国内消费市场总量的衡量指标,并从零售总额的资金来源、产品来源、总体价格水平等方面选取七个变量:消费者满意指数、货币供应量(M_1)、在岗职工工资总额、农村家庭人均现金收入、城镇家庭人均可支配收入、GDP、CPI 等。其中,消费者满意指数作为反映居民对整个消费现状所持态度的心理因素而被引入。所有指标的具体数据如表 11-11 所示。

表 11-11 变量数据表

年份	季度	社会消费品零售总额/亿元	消费者满意指数	货币供应量(M_1)/亿元	在岗职工工资总额/亿元	农村家庭人均现金收入/元	城镇家庭人均可支配收入/元	GDP/亿元	CPI (2005年1月为100)
2005	第一季度	15 112.2	92.9	94 879	4 301	967	2 938	38 764	100.89
	第二季度	14 497.2	93.4	96 332	4 242	619	2 435	42 443	100.18

[①] 案例作者:刘文卿,杨龑;摘自《统计学专业课程教学案例选编》。

续表

年份	季度	社会消费品零售总额/亿元	消费者满意指数	货币供应量（M_1）/亿元	在岗职工工资总额/亿元	农村家庭人均现金收入/元	城镇家庭人均可支配收入/元	GDP/亿元	CPI（2005年1月为100）
2005	第三季度	15 470.7	93.1	99 339	4 447	864	2 528	44 371	99.94
	第四季度	18 606.0	91.6	104 385	6 800	1 466	2 591	57 640	100.81
2006	第一季度	18 440.2	91.3	106 115	5 065	1 094	3 293	44 420	102.32
	第二季度	18 008.0	90.0	109 317	5 007	703	2 703	49 192	101.84
	第三季度	18 643.2	90.7	114 771	5 220	965	2 802	50 958	101.53
	第四季度	21 318.6	92.1	122 011	7 974	1 540	2 961	67 354	102.76
2007	第一季度	21 187.8	91.9	127 541	6 120	1 261	3 935	53 058	105.13
	第二季度	20 856.0	93.3	131 267	6 115	850	3 117	59 400	105.52
	第三季度	21 783.2	93.1	139 941	6 385	1 210	3 294	61 969	107.82
	第四季度	25 383.0	92.5	148 393	6 898	1 352	3 440	82 878	109.66
2008	第一季度	25 555.2	90.8	151 973	7 411	1 494	4 386	63 475	113.64
	第二季度	25 478.5	90.3	153 287	7 376	1 034	3 679	71 251	113.81
	第三季度	26 843.0	90.3	155 877	7 795	1 443	3 800	73 300	113.55

资料来源：中经网统计数据库

（三）案例解析

（1）首先，对所有自变量进行全体的逐步回归，结果见表11-12。

表 11-12 逐步回归系数表 [a]

模型	未标准化系数 B[b]	标准误差	标准化系数 Beta[c]	t[d]	P值	共线性统计 容差	VIF[e]
1（Constant）	−1 479.808	1 396.192		−1.060	0.308		
货币供应量（M_1）	0.178	0.011	0.975	15.959	0.000	1.000	1.000
2（Constant）	−2 076.911	1 011.757		−2.053	0.063		
货币供应量（M_1）	0.159	0.009	0.875	16.933	0.000	0.716	1.396
农村家庭人均现金收入	2.550	0.696	0.189	3.663	0.003	0.716	1.396
3（Constant）	32 802.46	11 151.790		2.943	0.013		
货币供应量（M_1）	0.153	0.007	0.839	20.580	0.000	0.662	1.551
农村家庭人均现金收入	2.466	0.529	0.183	4.661	0.001	0.714	1.400
消费者满意指数	−370.200	118.081	−0.111	−3.135	0.009	0.877	1.140
4（Constant）	37 063.88	9 206.097		4.026	0.002		
货币供应量（M_1）	0.131	0.010	0.718	12.462	0.000	0.219	4.568
农村家庭人均现金收入	1.933	0.477	0.143	4.056	0.002	0.581	1.723
消费者满意指数	−411.363	97.216	−0.123	−4.231	0.002	0.854	1.171
GDP	0.050	0.019	0.159	2.584	0.027	0.192	5.208

续表

模型	未标准化系数		标准化系数	t^d	P 值	共线性统计	
	B^b	标准误差	Beta^c			容差	VIF^e
5（Constant）	35 432.27	6 796.714		5.213	0.001		
货币供应量（M_1）	0.080	0.018	0.441	4.435	0.002	0.040	25.14
农村家庭人均现金收入	0.835	0.500	0.062	1.669	0.129	0.285	3.505
消费者满意指数	−396.325	71.721	−0.119	−5.526	0.000	0.850	1.177
GDP	0.111	0.024	0.353	4.546	0.001	0.065	15.31
城镇家庭人均可支配收入	1.323	0.430	0.188	3.076	0.013	0.105	9.514
6（Constant）	35 847.15	7 374.073		4.861	0.001		
货币供应量（M_1）	0.060	0.015	0.329	4.126	0.002	0.073	13.72
消费者满意指数	−400.197	77.825	−0.120	−5.142	0.000	0.851	1.176
GDP	0.141	0.017	0.451	8.177	0.000	0.153	6.555
城镇家庭人均可支配收入	1.835	0.327	0.261	5.605	0.000	0.214	4.675

a. 因变量：社会消费品零售总额
b. 未标准化系数
c. 标准化系数
d. t 检验统计量
e. 方差扩大因子，是表征自变量观察值之间复共线性程度的数值

经过五次选入和一次退出，最终留下的四个变量是：消费者满意指数、货币供应量（M_1）、城镇家庭人均可支配收入、GDP。最终回归方程的调整 R^2 为 0.994，D-W 值为 2.011，可以说获得的结果非常好。但是通过 VIF 值（>10）可以看出，货币供应量（M_1）可能和其他变量存在较为严重的多重共线性，这也可以从相关系数表（表 11-13）看出。

表 11-13 相关系数表

参数		消费者满意指数	货币供应量（M_1）	城镇家庭人均可支配收入	GDP
消费者满意指数	皮尔逊相关				
	显著性（双侧）				
	N				
货币供应量（M_1）	皮尔逊相关	−0.347			
	显著性（双侧）	0.205			
	N	15			
城镇家庭人均可支配收入	皮尔逊相关	−0.380	0.811		
	显著性（双侧）	0.162	0.000		
	N	15	15		
GDP	皮尔逊相关	−0.244	0.872	0.534	
	显著性（双侧）	380	0.000	0.040	
	N	15	15	15	

由表 11-13 中相关系数的显著程度可知，货币供应量（M_1）与城镇家庭人均可支配收入及 GDP 确实存在显著的相关性，最初的逐步回归结果存在严重的多重共线性。而多重共线性的存在会给回归系数的估计带来非常大的不良影响，必须消除，所以要尝试剔除不太重要的变量。考虑到货币供应量（M_1）是消费总值绝对额度的根本制约因素，会存在根本上的影响，但是相对于其他因素来说，它与社会消费品零售总额的联系并不是非常直接而紧密的，并且可以由城镇家庭人均可支配收入和 GDP 的组合来替代，所以尽管它在逐步回归阶段因简单相关系数最高而被第一个选入，但仍应首先被剔除。

（2）剔除货币供应量后部分回归结果如表 11-14 和表 11-15 所示。

表 11-14　模型总结一 [a]

模型	复相关系数（R）	R^2	调整 R^2	估计值的标准误差	D-W 检验
1	0.994[b]	0.987	0.984	506.568 69	1.917

a. 因变量：社会消费品零售总额
b. 自变量：(Constant)，GDP，消费者满意指数，城镇家庭人均可支配收入

表 11-15　系数

| 模型 | 未标准化系数 | | 标准性统计 | t | P 值 | 共线性统计 | |
	B	标准误差	Beta			容差	VIF
1（Constant）	37 697.88	11 537.27		3.267	0.007		
消费者满意指数	−417.623	121.81	−0.125	−3.429	0.006	0.853	1.172
城镇家庭人均可支配收入	2.941	0.295	0.418	9.981	0.000	0.649	1.542
GDP	0.205	0.013	0.652	16.322	0.000	0.713	1.403

a. 因变量：社会消费品零售总额

剔除货币供应量后的回归方程在拟合程度方面非常好，从 VIF 值可以看到基本不存在多重共线性。但是我们可以发现一个问题——消费者满意指数的系数为负，与实践中的"消费者满意程度越高，消费就越高"相悖。根据经验，当回归系数的正负性与定性分析的结果相反时，通常是由多重共线性造成的。尽管这时的 VIF 值很小，但是不妨尝试消除多重共线性，得到正的消费者满意指数的系数。

考虑到此时不宜再剔除变量，同时由于数据局限而无法增加样本数量，尝试使用主成分分析法和岭回归方法。

（3）主成分分析。首先利用数据缩减抽取三个因子，然后对前两个因子进行回归分析，最终结果如表 11-16 所示。

表 11-16　模型总结二 [a]

模型	R	R^2	调整 R^2	估计值的标准误差	D-W 检验
1	0.991[b]	0.982	0.978	588.274 28	1.847

a. 因变量：社会消费品零售总额
b. 自变量：(Constant)，因子 2，三变量提取出的因子 1

首先由主成分分析的结果可知：
$$y = 2.048 + 0.382 \times \text{Factor}_1 + 0.108 \times \text{Factor}_2 \tag{11-1}$$

但是，该回归方程的自变量是抽取出来的两个主成分因子，为了获得可供实际分析的结果，必须将其还原成原始的变量。借助线性回归功能得到 Factor_1 与三个变量的线性关系式如下：

$$\text{Factor}_1 = 23.526 - 30.696 \times 消费者满意指数$$
$$+ 0.84 \times 城镇家庭人均可支配收入 + 0.345 \times \text{GDP}$$

同样可得

$$\text{Factor}_2 = -76.117 + 78.873 \times 消费者满意指数$$
$$+ 0.316 \times 城镇家庭人均可支配收入 + 0.469 \times \text{GDP}$$

代入式（11-1）可以得到最终的回归方程：

$$y = 2.814\,29 - 3.207\,59 \times 消费者满意指数$$
$$+ 0.355\,01 \times 城镇家庭人均可支配收入 + 0.182\,44 \times \text{GDP}$$

尽管这个回归结果的统计性质很好，但是消费者满意指数的系数符号仍然为负，没有达到预期的效果。

（4）岭回归。对三个变量采用有偏的岭回归分析得到同样的结果，消费者满意指数系数始终为负。

二、中国粮食产量影响因素分析[①]

（一）案例目的

让学生学会用回归分析方法分析粮食产量的影响因素，建立回归模型反映变量间的数量关系，正确诊断并处理经济变量的多重共线性。

（二）案例简介

影响中国粮食产量的主要因素有农业化肥使用量、粮食播种面积、成灾面积、农业机械总动力、农业劳动力等。根据《中国统计年鉴》选择 1983～2004 年的数据进行分析。选取的变量、单位及各项数据见表 11-17。

表 11-17　粮食产量及若干影响因素相关数据

年份	粮食产量 Y/万吨	农业化肥使用量 X_1/万千克	粮食播种面积 X_2/($\times 10^3$ 公顷)	成灾面积 X_3/公顷	农业机械总动力 X_4/万千瓦	农业劳动力 X_5/万人
1983	38 728	1 659.8	114 047	16 209.3	18 022	31 645.1
1984	40 731	1 739.8	112 884	15 264.0	19 497	31 685.0

---

① 案例作者：刘文卿，薛立波；摘自《统计学专业课程教学案例选编》。

续表

年份	粮食产量 Y/万吨	农业化肥使用量 X_1/万千克	粮食播种面积 X_2/($\times 10^3$公顷)	成灾面积 X_3/公顷	农业机械总动力 X_4/万千瓦	农业劳动力 X_5/万人
1985	37 911	1 775.8	108 845	22 705.3	20 913	30 351.5
1986	39 151	1 930.6	110 933	23 656.0	22 950	30 467.0
1987	40 208	1 999.3	111 268	20 392.7	24 836	30 870.0
1988	39 408	2 141.5	110 123	23 944.7	26 575	31 455.7
1989	40 755	2 357.1	112 205	24 448.7	28 067	32 440.5
1990	44 624	2 590.3	113 466	17 819.3	28 708	33 330.4
1991	43 529	2 806.1	112 314	27 814.0	29 389	34 186.3
1992	44 264	2 930.2	110 560	25 894.7	30 308	34 037.0
1993	45 649	3 151.9	110 509	23 133.0	31 817	33 258.2
1994	44 510	3 317.9	109 544	31 383.0	33 802	32 690.3
1995	46 662	3 593.7	110 060	22 267.0	36 118	32 334.5
1996	50 454	3 827.9	112 548	21 233.0	38 547	32 260.4
1997	49 417	3 980.7	112 912	30 309.0	42 016	32 434.9
1998	51 230	4 083.7	113 787	25 181.0	45 208	32 626.4
1999	50 839	4 124.3	113 161	26 731.0	48 996	32 911.8
2000	46 218	4 146.4	108 463	34 374.0	52 574	32 797.5
2001	45 264	4 253.8	106 080	31 793.0	55 172	32 451.0
2002	45 706	4 339.4	103 891	27 319.0	57 930	31 990.6
2003	43 070	4 411.6	99 410	32 516.0	60 387	31 259.6
2004	46 947	4 636.6	101 606	16 297.0	64 028	30 596.0

(三)案例解析

(1)在SPSS[①]中计算增广相关矩阵,分析变量间的相关性,输出结果如表11-18所示。

表11-18 相关性

参数		粮食产量 Y	农业化肥使用量 X_1	粮食播种面积 X_2	成灾面积 X_3	农业机械总动力 X_4	农业劳动力 X_5
粮食产量 Y	皮尔逊相关	1	0.817	0.027	0.284	0.634	0.460
	显著性(双侧)		0.000	0.903	0.201	0.002	0.031
	N	22	22	22	22	22	22
农业化肥使用量 X_1	皮尔逊相关	0.817	1	−0.523	0.525	0.950	0.224
	显著性(双侧)	0.000		0.013	0.012	0.000	0.316
	N	22	22	22	22	22	22

① 薛薇:《统计分析与SPSS的应用》(第三版)。

续表

参数		粮食产量 Y	农业化肥使用量 X_1	粮食播种面积 X_2	成灾面积 X_3	农业机械总动力 X_4	农业劳动力 X_5
粮食播种面积 X_2	皮尔逊相关	0.027	−0.523	1	−0.312	−0.698	0.370
	显著性（双侧）	0.903	0.013		0.157	0.000	0.090
	N	22	22	22	22	22	22
成灾面积 X_3	皮尔逊相关	0.284	0.525	−0.312	1	0.488	0.318
	显著性（双侧）	0.201	0.012	0.157		0.021	0.149
	N	22	22	22	22	22	22
农业机械总动力 X_4	皮尔逊相关	0.634	0.950	−0.698	0.488	1	0.028
	显著性（双侧）	0.002	0.000	0.000	0.021		0.901
	N	22	22	22	22	22	22
农业劳动力 X_5	皮尔逊相关	0.460	0.224	0.370	0.318	0.028	1
	显著性（双侧）	0.031	0.316	0.090	0.149	0.901	
	N	22	22	22	22	22	22

从相关矩阵发现，Y 与 X_2 的相关系数仅为 0.027，很小；显著性 $P=0.903$，很大。这些数据说明，多年来粮食播种面积对粮食产量无显著影响。Y 与 X_3 的相关系数为 0.284，$P=0.201$，说明二者关系也不太显著。Y 与 X_1、X_4、X_5 的相关系数较大。但从实际情况来看，粮食是土地密集型农产品，我们还没有不依赖土地的粮食大规模生产技术，与这里的分析有很大出入，不能仅凭相关系数来判断效果的好坏。

（2）选用多元线性回归模型进行分析。用 SPSS 对原始数据进行全部 5 个自变量的线性回归，输出结果如表 11-19～表 11-21 所示。

表 11-19 模型概述

模型	R	R^2	调整 R^2	估计值的标准误差
1	0.990	0.981	0.975	642.439 11

表 11-20 方差分析

模型	平方和	df	均方差	F	P 值
1 回归	3×10^8	5	67 164 422.13	162.733	0.000
残差	6 603 648	16	412 728.008		
总和	3×10^8	21			

表 11-21 回归系数一 [a]

模型	未标准化系数		标准化系数	t	P 值
	B	标准误差	Beta		
1（Constant）	−20 522.0	8 068.645		−2.543	0.022
农业化肥使用量 X_1	6.544	0.637	1.645	10.270	0.000

续表

模型	未标准化系数		标准化系数	t	P 值
	B	标准误差	Beta		
粮食播种面积 X_2	0.500	0.067	0.490	7.449	0.000
成灾面积 X_3	−0.131	0.032	−0.177	−4.088	0.001
农业机械总动力 X_4	−0.143	0.051	−0.500	−2.797	0.013
农业劳动力 X_5	−0.074	0.184	−0.020	−0.402	0.693

a. 因变量：粮食产量

复相关系数 $R = 0.990$，判定系数 $R^2 = 0.981$，由判定系数看，回归方程高度显著。

方差分析表 11-20 中，$F = 162.733$，$P = 0.000$，表明回归方程高度显著，X_1、X_2、X_3、X_4、X_5 在整体上对 Y 有非常显著的线性影响。

进行回归系数的显著性检验，从回归系数表 11-21 中可看到：X_2 的 P 值为 0.000，对因变量的影响显著；X_3 的 P 值为 0.001，对因变量的影响显著。这充分说明，在多元线性回归中不能仅凭简单相关系数的大小决定变量的取舍。X_1 的 P 值为 0.022，X_4 的 P 值为 0.013，影响都很显著。而农业劳动力 X_5 的 P 值为 0.693 > 0.05，影响不显著，剔除。中国是人口大国，农业劳动力一直过剩，所以农业劳动力因素对粮食产量的影响不显著，非常符合数据分析的结果。

剔除 X_5 后线性回归结果为：复相关系数 $R = 0.990$，判定系数 $R^2 = 0.981$，由判定系数看，回归方程高度显著。方差分析表中，$F = 213.929$，$P = 0.000$，回归方程仍然高度显著。回归系数表如表 11-22 所示。

表 11-22 回归系数二 [a]

模型	未标准化系数		标准化系数	t	P 值
	B	标准误差	Beta		
1（Constant）	−21 831.2	7 196.927		−3.033	0.008
农业化肥使用量 X_1	6.445	0.573	1.620	11.248	0.000
粮食播种面积 X_2	0.492	0.063	0.482	7.866	0.000
成灾面积 X_3	−0.135	0.030	−0.183	−4.557	0.000
农业机械总动力 X_4	−0.137	0.048	0.480	−2.870	0.011

a. 因变量：粮食产量

从显著性检验看，X_1、X_2、X_3 的 P 值都接近 0，X_4 的 P 值为 0.011 < 0.05，都通过了显著性检验。所以剔除 X_5 后得到多元线性回归方程为

$$Y = -21831.2 + 6.445X_1 + 0.492X_2 - 0.135X_3 - 0.137X_4$$

从实际角度进行分析，农业化肥使用量和粮食播种面积都应该对粮食产量有正相关的影响，我们从公式中可以看到，X_1 与 X_2 的系数都为正，符合实际情况。成灾面积 X_3 对粮食产量有负面影响，系数为负且小，也符合实际情况。但我们看到农业机械总动力 X_4 的系数为负，与实际情况有些不符，从实际情况来看，农业机械总动力的增加应该有利于粮

食的增产。下面继续进行分析。

上面提到 X_4 的系数符号不能较好地反映实际情况,我们考虑回归模型的基本假设是否有违实际情况,即是否存在自相关性、异方差或多重共线性。通过检验发现不存在自相关性和异方差性,下面分析是否存在多重共线性。

(3) 讨论自变量之间是否存在多重共线性,检验是否多重共线导致回归方程 X_4 的系数未得到合理的解释。

用方差扩大因子法进行诊断,用 SPSS 软件进行分析计算,输出结果如表 11-23 所示。

表 11-23 回归系数三 [a]

模型	未标准化系数		标准化系数	t	P 值	共线性统计	
	B	标准误差	Beta			容差	VIF
1 (Constant)	−21 831.2	7 196.927		−3.033	0.008		
农业化肥使用量 X_1	6.445	0.573	1.620	11.248	0.000	0.055	18.113
粮食播种面积 X_2	0.492	0.063	0.482	7.866	0.000	0.305	3.279
成灾面积 X_3	−0.135	0.030	−0.183	−4.557	0.000	0.711	1.407
农业机械总动力 X_4	−0.137	0.048	−0.480	−2.870	0.011	0.041	24.388

a. 因变量:粮食产量

从结果来看,X_1 的方差扩大因子 $VIF_1 = 18.113$,X_4 的方差扩大因子 $VIF_4 = 24.388$,都超过了 10,说明两者之间存在多重共线性。X_1 是农业化肥使用量,X_4 是农业机械总动力,两者之间的简单相关系数 $r_{14} = 0.95$,高度相关。

下面用岭回归的方法拟合回归方程,消除共线性的影响。用 SPSS 的 Syntax 录入命令:
INCLUDE'D:\Program Files\SPSSEVAL\Ridge regression.sps'.
RIDGEREG DEP=Y/ENTER X1 X2 X3 X4.
然后运行,得到分析的数据表如表 11-24 所示。

表 11-24 分析的数据表

K	RSQ	X_1	X_2	X_3	X_4
0.000 00	0.980 52	1.620 393	0.482 112	−0.182 967	−0.479 766
0.050 00	0.956 59	0.997 550	0.582 875	−0.123 332	0.145 846
0.100 00	0.935 38	0.840 103	0.550 834	−0.094 243	0.241 948
0.150 00	0.913 98	0.751 428	0.509 874	−0.072 993	0.270 797
0.200 00	0.892 12	0.688 923	0.470 806	−0.056 277	0.279 468
0.250 00	0.870 27	0.640 369	0.435 441	−0.042 715	0.280 144
0.300 00	0.848 81	0.600 645	0.403 850	−0.031 510	0.277 227
0.350 00	0.828 01	0.567 094	0.375 691	−0.022 133	0.272 617

续表

K	RSQ	X_1	X_2	X_3	X_4
0.400 00	0.808 00	0.538 137	0.350 546	−0.014 205	0.267 227
0.450 00	0.788 85	0.512 750	0.328 019	−0.007 449	0.261 524
0.500 00	0.770 58	0.490 221	0.307 761	−0.001 652	0.255 760

根据岭回归分析数据，可以认为岭参数 $K = 0.10$ 时岭迹基本稳定，取岭参数 $K = 0.10$ 进行岭回归，得到的输出结果如表 11-25～表 11-27 所示。

表 11-25 $K = 0.10$ 的岭回归

R	R^2	调整 R^2	标准误差
967 150	0.935 379	0.920 174	1 140.892 71

表 11-26 方差分析表

模型	自由度	平方和	均方差	F	F 显著性
回归	4.000	320 297 944	80 074 486	61.518 331 68	0.000 000 00
残差	17.000	22 127 815	1 301 636.2		

表 11-27 公式中的变量

模型	B	SE(B)	Beta	B/SE(B)
X_1	3.341 36	0.261 77	0.840 10	12.764 49
X_2	0.562 46	0.066 48	0.550 83	8.460 44
X_3	−0.069 66	0.046 09	−0.094 24	−1.511 28
X_4	0.069 12	0.018 57	0.241 95	3.723 02
常量	−28 957.47	7 825.137 17	0.000 00	−3.700 57

未标准化的岭回归方程为

$$Y = -28\,957.47 + 3.341\,36X_1 + 0.562\,46X_2 - 0.069\,66X_3 + 0.069\,12X_4$$

通过岭回归成功得到农业机械总动力 X_4 的正的回归系数 0.069 12，与实际情况相符。

三、GDP 趋势模型拟合精度分析[①]

（一）案例目的

让学生掌握针对经济现象拟合的时间趋势模型，正确解决自相关的影响，提高拟合精度。

[①] 案例作者：刘文卿，薛立波；摘自《统计学专业课程教学案例选编》。

（二）案例简介

1. 案例背景

在建立经济现象的时间趋势模型时，拟合精度会受到多方面因素的影响。本案例以拟合 GDP 趋势模型为例，说明提高拟合精度的方法。

在 GDP 每年的增长速度差别不大的情况下，可以用指数趋势模型拟合 GDP 发展趋势。记 GDP 对时间的趋势回归模型为

$$\text{GDP} = b_0 b_1^t$$

式中，对误差没有明确表示，在使用线性化方法进行回归时，默认采用的是乘数误差。

2. 数据介绍

GDP 的数据有现值和不变价格两种形式，用这两种不同形式的数据进行时间趋势拟合时，拟合精度会有很大不同。表 11-28 给出了两种形式的 GDP 数值。

表 11-28　回归原始数据表

年份	t	现值 GDP	CPI	定基 CPI	不变价格 GDPA
1978	1	3 624.1	100.0	100.00	3 624.1
1979	2	4 038.2	101.9	101.90	3 962.9
1980	3	4 517.8	107.5	109.54	4 124.2
1981	4	4 862.4	102.5	112.28	4 330.6
1982	5	5 294.7	102.0	114.53	4 623.1
1983	6	5 934.5	102.0	116.82	5 080.2
1984	7	7 171.0	102.7	119.97	5 977.3
1985	8	8 964.4	109.3	131.13	6 836.3
1986	9	10 202.2	106.5	139.65	7 305.4
1987	10	11 962.5	107.3	1 498.5	7 983.2
1988	11	14 928.3	118.8	178.02	8 385.9
1989	12	16 909.2	118.0	210.06	8 049.7
1990	13	18 547.9	103.1	216.57	8 564.3
1991	14	21 617.8	103.4	223.94	9 653.5
1992	15	26 638.1	106.4	238.27	11 179.9
1993	16	34 634.4	114.7	273.29	12 673.0
1994	17	46 759.4	124.1	339.16	13 786.9
1995	18	58 478.1	117.1	397.15	14 724.3
1996	19	67 884.6	108.3	430.12	15 782.8
1997	20	74 462.6	102.8	442.16	16 840.6
1998	21	78 345.2	99.2	438.62	17 861.6
1999	22	82 067.5	98.6	432.48	18 975.9

续表

年份	t	现值 GDP	CPI	定基 CPI	不变价格 GDPA
2000	23	89 468.1	100.4	434.21	20 604.7
2001	24	97 314.8	100.7	437.25	22 256.0
2002	25	105 172.3	99.2	433.75	24 247.0
2003	26	117 390.2	101.2	438.96	26 743.1
2004	27	136 875.9	103.9	456.07	30 011.8

资料来源：数据来源于《2005 中国统计年鉴》，未经 2005 年经济普查数据修正。其中，CPI 以 1998 年为基期，取值 100

（三）案例解析

1. 现值 GDP 的指数趋势模型——模型 1

利用 SPSS 软件的 Curve Estimation 功能，得到回归结果：$GDP = 2\,785.21 \times 1.164^t$，式中，$b_1 = 1.164$，表示 GDP 的现值以年均 16.4% 的速度增长。用几何平均数计算，年均增长速度是

$$\sqrt[26]{\frac{136\,875.9}{3\,624.1}} - 1 \approx 0.150 = 15.0\%$$

此增长速度既包括经济水平的增长，也包括物价水平的增长。

从回归的统计指标看，判定系数 $R^2 = 0.985$，$F = 1697.4$，$P = 0.000$，回归标准误差 $= 0.149$，回归效果非常好。注意，输出结果是以线性化后的 ln(GDP) 为因变量计算的。但是从现值 GDP 时间趋势图来看，拟合效果并不好。

2. 不变价格 GDP 的指数趋势模型——模型 2

采用 CPI 对 GDP 做缩减，记为 GDPA，此时 GDPA 的数值相当于不变价格。可得到回归结果：$GDPA = 3303.02 \times 1.084^t$，式中，$b_1 = 1.084$，表示 GDP 的缩减值以年均 8.4% 的速度增长。如果用几何平均数计算，年均增长速度是

$$\sqrt[26]{\frac{30\,011.8}{3\,624.1}} - 1 \approx 0.085 = 8.5\%$$

两种结果很接近。

从回归的统计指标看，判定系数 $R^2 = 0.994$，$F = 4299.1$，$P = 0.000$，回归标准误差 $= 0.050$，回归效果非常好，比现值 GDP 回归效果更好。同样需要注意的是，输出结果是以线性化后的 ln(GDP) 为因变量计算的。从不变价格 GDP 时间趋势图来看，拟合效果很好，明显好于现值 GDP 的趋势拟合结果。

3. 误差项自相关的修正模型——模型 3

经济发展往往呈现循环波动的特征，体现为回归模型误差项自相关。对模型 2 绘制相

邻残差项 (e_{t-1}, e_t) 的散点图，可以看出有明显的趋势性（图形略），说明误差项存在一阶自相关。进一步计算 $n-1$ 个数据对 (e_{t-1}, e_t) 的简单相关系数，得到 $r = 0.683$，这也就是误差项的自相关系数。一阶自相关模型的误差项可以表示为 $\varepsilon_t = \rho \varepsilon_{t-1} + \mu_t (t = 1, 2, \cdots, n)$，式中，$\mu_t$ 是独立随机序列，即白噪声；ρ 是自相关系数，$r = 0.683$ 是其样本估计值。此时对由模型 2 得到的 GDPA 的拟合值 FIT_2 做如下修正：

$$\text{FIT}_3 = \text{FIT}_2 + 0.683 \text{ERR}_{t-1}$$

4. 三个趋势模型的比较

在前述三个趋势回归模型中，对回归的拟合效果分别做了一些分析，但是由于使用的因变量不尽相同，有时用现值 GDP，有时用不变价格 GDPA，有时用原始数据，有时用取对数后的数据，缺乏可比性。三个模型对 GDP 原始数据的回归拟合值和拟合残差如表 11-29 所示。

表 11-29　回归拟合效果数据表

年份	t	GDP	FIT$_1$	ERR$_1$	FIT$_2$	ERR$_2$	FIT$_3$	ERR$_3$
1978	1	3 624	3 243	381	3 581	43	3 581	43
1979	2	4 038	3 776	262	3 956	82	3 985	53
1980	3	4 518	4 397	121	4 611	−93	4 671	−153
1981	4	4 862	5 119	−257	5 122	−260	5 058	−196
1982	5	5 295	5 960	−665	5 665	−370	5 484	−189
1983	6	5 935	6 939	−1 005	6 264	−329	6 006	−71
1984	7	7 171	8 079	−908	6 974	197	6 742	429
1985	8	8 964	9 407	−442	8 264	700	8 411	553
1986	9	10 202	10 952	−750	9 541	661	10 051	151
1987	10	11 963	12 752	−789	11 099	864	11 583	380
1988	11	14 928	14 847	81	14 295	633	14 995	−67
1989	12	16 909	17 287	−377	18 286	−1 377	18 796	−1 887
1990	13	18 548	20 127	−1 579	20 438	−1 890	19 470	−992
1991	14	21 618	23 434	−1 816	22 911	−1 293	21 577	41
1992	15	26 638	27 284	−646	26 429	209	25 490	1 148
1993	16	34 634	31 767	2 868	32 860	1 774	33 024	1 610
1994	17	46 759	36 986	9 773	44 213	2 546	45 715	1 044
1995	18	58 478	43 063	15 415	56 125	2 353	58 163	315
1996	19	67 885	50 138	17 746	65 899	1 986	67 636	249
1997	20	74 463	58 376	16 086	73 438	1 025	74 836	−373
1998	21	78 345	67 968	10 378	78 978	−633	79 671	−1 326
1999	22	82 068	79 135	2 933	84 424	−2 356	83 996	−1 928
2000	23	89 468	92 137	−2 669	91 892	−2 424	90 277	−809
2001	24	97 315	107 275	−9 961	100 314	−2 999	98 648	−1 333

续表

年份	t	GDP	FIT$_1$	ERR$_1$	FIT$_2$	ERR$_2$	FIT$_3$	ERR$_3$
2002	25	105 172	124 901	−19 729	107 882	−2 710	105 848	−676
2003	26	117 390	145 423	−28 032	118 361	−971	116 487	903
2004	27	136 876	169 316	−32 440	133 318	3 558	132 630	4 245

根据表 11-29 中数据计算出三个模型的判定系数和回归标准误差如下。

$$模型 1: R^2 = 0.924, \quad \hat{\sigma} = 11576$$

$$模型 2: R^2 = 0.998, \quad \hat{\sigma} = 1691$$

$$模型 3: R^2 = 0.999, \quad \hat{\sigma} = 1226$$

式中，$R^2 = 1 - SSE/SST$。

可以看出，三个时间趋势模型的拟合效果差异很大。模型 1 是最简单的 GDP 现值趋势模型，拟合效果最差。模型 2 使用缩减后的 GDP 数值作为因变量，拟合效果得到很大改善。模型 3 对模型 2 做了进一步自相关处理，拟合效果比模型 2 又有明显改善。但用模型 2 和模型 3 做预测时，需要知道 CPI 的数值，这限制了使用的条件。

思考与练习

一、单项选择题

1. 变量之间所存在的不确定数量关系，称为（　　）。
   A. 相关关系　　　　B. 函数关系　　　　C. 线性关系　　　　D. 非线性关系
2. 两变量的相关系数为 0.9，则其回归直线的判定系数为（　　）。
   A. 0.10　　　　　　B. 1.00　　　　　　C. 0.81　　　　　　D. 0.90
3. 根据线性回归方程求出下述指标，其中错误的是（　　）。
   A. 可决系数为 0.64　B. 回归系数为 0.2　C. 相关指数为 0.8　D. 相关系数为 0.8
4. 在相关系数的显著性检验中，检验的统计量是（　　）。
   A. 标准正态　　　　B. t　　　　　　　C. F　　　　　　　D. χ^2
5. 某多元线性回归模型中，在多个自变量中有两个自变量的相关系数高达 0.95，此现象为（　　）。
   A. 同方差　　　　　B. 异方差　　　　　C. 自相关　　　　　D. 多重共线
6. 可决系数是指（　　）。
   A. $\sum(y-y_c)^2$ 占 $\sum(y-\bar{y})^2$ 的比重　　B. $\sum(y-\bar{y})^2$ 占 $\sum(y_c-\bar{y})^2$ 的比重
   C. $\sum(y_c-\bar{y})^2$ 占 $\sum(y-y_c)^2$ 的比重　　D. $\sum(y_c-\bar{y})^2$ 占 $\sum(y-\bar{y})^2$ 的比重
7. 在线性回归分析中，残差平方和服从 χ^2 分布，其自由度为（　　）。
   A. $n-1$　　　　　　B. n　　　　　　　C. 2　　　　　　　　D. $n-2$

8. 就单相关而言，相关系数 r 与判定系数 r^2（　　）。
   A. 无关系　　　　B. 可以以 r 推断 r^2　　C. 可以相互推导　　D. 完全相同
9. 如果两个相关变量之间只有一条回归直线的可能，那么这两个变量之间的关系是（　　）。
   A. 明显因果关系　　　　　　　　B. 自身相关关系
   C. 完全相关关系　　　　　　　　D. 不存在明显的因果关系而存在相关关系
10. 在线性关系的检验中检验的统计量是（　　）分布。
    A. 标准正态　　　B. t　　　C. F　　　D. χ^2

二、多项选择题

1. 判定系数 r^2 的计算公式（　　）。
   A. $r^2 = \dfrac{\text{SSR}}{\text{SST}}$　　B. $r^2 = 1 - \dfrac{\text{SSE}}{\text{SST}}$　　C. $r^2 = \dfrac{\text{SSE}}{\text{SST}}$　　D. $r^2 = \dfrac{\text{SSR}}{\text{SSE}}$
2. 在线性回归模型中，假定随机误差 ε（　　）。
   A. 同方差　　　B. 独立性　　　C. 零期望　　　D. 同分布
3. 相关系数 r 和估计标准误差 $S_{y \cdot x}$ 的联系表现为（　　）。
   A. r 越小，$S_{y \cdot x}$ 越大　　　　　　B. r 越小，$S_{y \cdot x}$ 越小
   C. $r = 0$，$S_{y \cdot x} = 1$　　　　　　D. $r = 1$，$S_{y \cdot x} = 0$
4. 回归方程的统计检验主要有（　　）。
   A. 线性关系的检验　　　　　　　B. 回归系数的检验
   C. 判定系数的检验　　　　　　　D. 相关系数的检验
5. 多元回归中可进行相关分析的指标有（　　）。
   A. 复相关系数　　B. 偏相关系数　　C. 判定系数 r^2　　D. 估计标准误差
6. 反映线性回归方程拟合优度的指标有（　　）。
   A. 相关指数　　B. 相关系数　　C. 回归标准差　　D. 可决系数

三、判断题

1. 相关系数 $r = 0$，说明两变量之间不存在相关关系。（　　）
2. 相关及回归分析问题是在定性分析的基础上进行的定量分析。（　　）
3. 回归方程中，回归系数 b 的绝对值大小与变量所用计量单位的大小有关。（　　）
4. 由直线回归方程 $y = -4 + 2x$ 可知变量 x 与 y 之间存在正相关关系。（　　）
5. 可决系数 $r^2 = 0.9$，表明 y 的总变差有 10% 是由随机因素引起的。（　　）

四、简答题

1. 什么是相关关系？它与函数关系有何区别与联系？
2. 相关关系有哪些种类？
3. 如何计算相关系数？怎样用它来判定相关程度？
4. 如何用最小二乘法决定回归方程？
5. 什么是估计标准误差？它与相关系数有何关系？

五、计算题

1. 已知有两个变量 y 和 x。假定两变量间存在线性关系，并已知：$n=10$，$\bar{x}=27$，$\bar{y}=380$，$\sigma_{xy}=985.5$，$\sigma_x^2=101.2$，$\sigma_y^2=12\,995$，$\sum(y-\hat{y})^2=33\,897$，$t_{0.05}(8)=1.86$。

要求：

（1）建立 $\hat{y}=a+bx$ 线性方程，求 a 和 b。

（2）计算估计标准误差 S_{xy}。

（3）计算相关系数 r 和判定系数 r^2，并说明其含义。

（4）当 $x_0=35$ 时，试以95%的置信水平预测 y 的平均值和特定值的置信区间。

2. 已知两变量 x、y 之间存在如下关系：$\sum x=9.4$，$\sum y=959$，$\sum x^2=9.28$，$\sum xy=924.8$，$\sum y^2=93\,569$，$n=10$ 要求：

（1）拟合线性回归模型。

（2）评价拟合优度情况。

（3）对模型进行显著性检验。

（4）计算估计标准误。

（5）当 x_0 为1时，求 y 的置信区间。（$\alpha=0.05, F_{0.05}(1,8)=5.32, t_{0.025}(8)=2.306$）

3. 某村施肥量 x_1 与农药用量 x_2 对亩产量 y 的数据资料如表11-30所示。

表11-30 某村施肥量 x_1 与农药用量 x_2 对亩产量 y 的数据资料

亩产量 y/斤 [a]	58	152	41	93	101	38	203	78	117	44
施肥量 x_1/斤	7	18	5	14	11	5	23	9	16	5
农药用量 x_2/斤	5	16	3	7	10	4	22	7	10	4

a. 1 斤 = 500g

要求：

（1）拟合二元线性回归方程。

（2）评价拟合优度情况。

（3）对模型进行显著性检验。

（4）计算复相关系数、偏相关系数和单相关系数，并作比较。

参 考 文 献

冯静，王艳杰. 2005. 假设检验在市场营销调研中的运用[J]. 统计与决策，3：128-129.

龚辉锋. 2006. 单侧检验中假设的提法研究[J]. 沈阳大学学报，4：102-106.

韩兆洲，魏章进. 2005. 假设检验的一个常见误区[J]. 统计与信息论坛，20（1）：9-11.

韩志霞，张玲. 2006. P值检验和假设检验[J]. 边疆经济与文化，4：62-63.

何俊. 2008. Excel在市场调查工作中的应用[M]. 北京：中国青年出版社.

贾俊平. 2011. 统计学[M]. 4版. 北京：中国人民大学出版社.

贾俊平. 2012. 统计学学习指导书[M]. 4版. 北京：中国人民大学出版社.

牛莉.2005.总体参数单侧检验时如何提出假设[J].东北林业大学学报，5（3）：87-88.

曲岩，刘继云.2007.统计学[M].北京：北京大学出版社.

任永泰.2005.关于假设检验中原假设的提出[J].大学数学，10：121-124.

王嘉澜.2005.数理统计中关于假设检验的几个要点问题[J].高等理科教育，1：79-81.

徐大申，李国东，臧鸿雁.2004.假设检验中的保护原则[J].北华大学学报（自然科学版），10：395-397.

第十二章 时间序列分析与预测

第一节 时间序列概述

一、时间序列的概念

社会经济现象始终处于不停的发展变化之中,统计学把社会经济现象在时间上发展变化的过程称为动态,把各个时期的统计资料按时间先后顺序加以排列而组成的序列称为时间序列或动态序列。对时间序列各项数据加以计算、处理,并根据这些数据的特点和发展变化趋势进行分析、推算的方法称为动态分析法。

时间序列一般用表格的形式表现,它由两个基本要素构成:一是现象所属的时间;二是反映现象特征的各项指标数值。同时,它具有两个特点:一是反映现象的指标概念相对稳定;二是指标数值随时间的变化而变化。

编制和分析时间序列具有重要意义。我们可以对不同时期的社会经济现象,就其发展水平、发展变化方向、发展速度进行研究,从中找出各个历史阶段现象发展的特点和变化中的数量特征,可以分析不同时期现象内部的结构及其变化,现象与现象之间的比例及依存关系的变化,预测现象的发展趋势,为宏观与微观的管理、决策提供依据。

二、时间序列的种类

时间序列按所列统计指标的性质不同,可分为绝对数时间序列、相对数时间序列和平均数时间序列。三种时间序列中,绝对数时间序列是基本时间序列,相对数时间序列和平均数时间序列都是绝对数时间序列直接或间接派生的序列。

如表 12-1 中所列的我国粮食总产量和粮食作物播种面积,都是绝对数时间序列。粮食作物播种面积占农作物总播种面积的比重是相对数时间序列。根据粮食总产量和粮食作物播种面积计算的平均每公顷粮食产量是平均数时间序列。这些序列反映了各指标水平逐年增长或减少的趋势。

表 12-1 我国 1994~1999 年粮食生产情况

粮食作物统计指标	1994 年	1995 年	1996 年	1997 年	1998 年	1999 年
粮食总产量/万吨	44 510	46 662	50 454	49 417	51 230	50 839
粮食作物播种面积/($\times 10^3$ 公顷)	108 544	110 060	112 548	112 912	113 787	113 161
粮食作物播种面积占农作物总播种面积的比重/%	73.9	73.4	73.9	73.3	73.1	72.4
平均每公顷粮食产量/吨	4.06	4.24	4.48	4.38	4.50	4.49

（一）绝对数时间序列

由总量指标组成的时间序列称为绝对数时间序列，它反映社会经济现象在不同时期达到的总规模、总水平以及发展过程和变化趋势。绝对数时间序列又有时期序列和时点序列之分。

1. 时期序列

时期序列的各项数值反映某一阶段内社会经济现象的总量。例如，各种产品的生产量、货物的运输量、农副产品的收购量、收购额、商品的销售量、销售额等，这些指标都是按一定时间的长度进行统计的，或以天、以月或以季、以年为统计的时间单位。

2. 时点序列

时点序列的各项数值反映某种社会经济现象在一定时点上的规模或水平。例如，某一时刻的人口数、企业数、固定资产数、储蓄存款数、库存商品数等。

3. 时期序列和时点序列的特点及区别

（1）时期序列中的各个指标数值是可以相加的，相加之和表示研究对象在更长时期内的发展总量；而时点序列中的各个指标数值不具有可加性，简单加总的数值无实际意义。

（2）时期序列中每个指标数值的大小与统计时间长短有直接联系，时期越长，指标数值越大，反之数值越小；而时点序列中，指标数值大小与统计时间长短无必然联系。

（3）时期序列中各个指标通常是连续不断登记取得的；而时点序列中的每个指标值则是隔一定时期的某一时点上，进行一次登记取得的。

（二）相对数时间序列

由相对指标构成的时间序列称为相对数时间序列，它反映社会经济现象不同时期的比例、结构、强度等对比关系的发展变化过程及其特征。

（三）平均数时间序列

由平均指标构成的时间序列称为平均数时间序列，它反映社会经济现象不同时期一般水平的发展变化过程及其特征。

三、时间序列的编制原则

时间序列主要用于对不同时期的资料进行动态对比分析，因此，保证序列中各个指标之间的可比性，就成为编制时间序列应遵循的基本原则。具体来说，应注意下列四点。

（1）时期长短应该一致。在时期序列中，各个指标数值的大小与时期长短有直接的关系，因此，各个指标所属的时期长短应当前后统一，否则就很难做直接比较。但这个原则也不能绝对化，有时为了特殊的研究目的，也可将时期不等的指标编成时期序列，如表 12-2 所示。

表 12-2 我国不同历史时期的某原料产量

时期/年	1958～1998	2003～2007	2011～2015
某原料产量/万吨	760	1 667	42 708

（2）总体范围应该一致。时间序列中各个指标数值应反映同一总体内某一标志值的变化，使总体的空间范围前后一致，才能保证获取的资料具有可比性。例如，研究某省人口发展情况，必须注意该省的行政区划有无变动，因为这种变动会使人口数变动，这样资料的前后期就不可比，要进行适当调整，使得前后总体范围一致，才能对比。

（3）指标的经济内容应该相同。指标的内容和含义不同，不能混合编制成一个动态序列。例如，国有企业和民营企业的经济内容不完全相同，在编制有关的时间序列时，应注意不同时期指标数值所包含的经济内容相同，不能将同一序列中的各个指标值所包含的经济内容时分时合。

（4）计算口径应该统一。计算口径主要是指计算方法、计量单位等。利用不同年份的不变价格计算国民收入时，必须使用经过换算调整的不变价格，才能编制时间序列。

第二节 时间序列的分析指标

一、时间序列的水平指标

利用时间序列研究社会经济现象的发展变化的方向、速度、趋势和规律有两种方法：一种是分解时间序列的波动原因，用不同的统计方法突出某种波动因素的影响，剔除多余因素的干扰，进而分析不同波动因素对时间序列总波动的影响，预测现象的近期、中期和远期发展；另一种是计算一系列时间序列的动态分析指标，通过这些分析指标来研究现象发展变化的数量特征，进而揭示现象发展变化的趋势和规律。时间序列分析指标又可分成两大类：一类是动态水平指标，另一类是动态速度指标。

时间序列的水平指标有发展水平、增长量、平均发展水平和平均增长量。

（一）发展水平和增长量

1. 发展水平

发展水平一般是指时间序列的总量指标，如国民生产总值、社会劳动者人数、固定资产投资额、年末储蓄存款余额等，它反映现象在不同时间所达到的规模或水平。

用符号 a 代表发展水平，下标 $1,2,\cdots,n$ 表示时间序号。时间序列第一期的指标数值称为最初水平,通常用 a_0 表示,最末一期指标数值称为最末水平,通常用 a_n 表示,中间各期称为中间水平,用 $a_2, a_3, \cdots, a_{n-1}$ 表示。

为了对比分析的需要,通常把所要研究的那个时期水平称为报告期水平,把用作比较的那个时期水平称为基期水平。

2. 增长量

增长量是两个不同时期发展水平对比的绝对差额,它用来说明某种现象在一定时期内增长或减少的绝对数量。增长量的计算公式为

$$增长量 = 报告期水平 - 基期水平$$

由于采用的对比基期不同,增长量可分为以下三种。

1）逐期增长量

逐期增长量说明本期比上期增长或减少的绝对量,用符号表示为

$$a_1 - a_0, a_2 - a_1, a_3 - a_2, \cdots, a_n - a_{n-1}$$

2）累计增长量

累计增长量说明本期比某一固定时期增长或减少的绝对量,它可以说明现象在某一段时间范围内总共增长的绝对量,用符号表示为

$$a_1 - a_0, a_2 - a_0, a_3 - a_0, \cdots, a_n - a_0$$

逐期增长量和累计增长量的数学关系如下。

（1）一定时期内的累计增长量等于该段时期内相应的各个逐期增长量之和,用符号表示为

$$a_n - a_0 = (a_1 - a_0) + (a_2 - a_1) + (a_3 - a_2) + \cdots + (a_n - a_{n-1})$$

（2）两个相邻的累计增长量之差等于相邻的逐期增长量,用符号表示为

$$(a_n - a_0) - (a_{n-1} - a_0) = a_n - a_{n-1}$$

以我国 2000～2006 年人口数为发展水平,计算逐年增长量和累计增长量的资料见表 12-3。

表 12-3 我国 2000～2006 年人口数 （单位:万人）

年份		2000	2001	2002	2003	2004	2005	2006
年末人口数	符号	a_0	a_1	a_2	a_3	a_4	a_5	a_6
	数量	119 850	121 121	122 389	123 626	124 810	125 909	126 583
逐年增长量		—	1 271	1 268	1 237	1 184	1 099	674
累计增长量		—	1 271	2 539	3 776	4 960	6 059	6 733

注：未包含港澳台的相关数据

从表 12-3 可以看到,2000～2006 年我国人口总量增加了 6733 万人,而逐年增长量呈下降趋势,说明我国人口增长的势头得到了较好的控制。

3)年距增长量

年距增长量表明报告期水平较上年同期(季、月)水平的增长或减少的绝对量,它能消除季节变动的影响。例如,对于季节性很强的商品,如冰激凌,在夏季的销售量与其他季节相差很大,分析该商品销售量的逐年变化趋势,数据就要严格对应各年的季节。

(二)平均发展水平与平均增长量

平均发展水平和平均增长量是用算术平均方法对时间序列各个不同时期的发展水平与增长量计算动态平均数,是用一个数值代表现象在一段时间内所达到或增长的一般水平。

1. 平均发展水平

将不同时期的发展水平加以平均而得的平均数称为平均发展水平,也称序时平均数或动态平均数。由于反映事物发展的时间序列有绝对数时间序列、相对数时间序列和平均数时间序列,它们计算序时平均数的方法也有所不同。

1)绝对数时间序列计算序时平均数

因为绝对数时间序列分时期序列和时点序列两种,它们具有不同的特点,所以计算序时平均数的方法也有所不同。

(1)由时期序列计算序时平均数。

由于时期序列中各项指标数值可以直接相加,采用简单算术平均法计算,即

$$\bar{a} = \frac{a_1 + a_2 + a_3 + \cdots + a_n}{n} = \frac{\sum a}{n}$$

式中,$\bar{a}$ 为序时平均数;n 为时间序列的项数;$a_1, a_2, a_3, \cdots, a_n$ 为不同时期的指标数值。

以表 12-1 中时期指标粮食总产量为例,计算 1994~1999 年平均每年粮食总产量:

$$\bar{a} = \frac{44\,510 + 46\,662 + 50\,454 + 49\,417 + 51\,230 + 50\,839}{6} = 48\,852 \text{ (万吨)}$$

即 1994~1999 年我国平均每年粮食总产量为 48 852 万吨。

(2)由时点序列计算序时平均数。

时点序列都是由一系列某一时点上的瞬间资料编制的,其按资料登记是否连续分为连续时点序列和间断时点序列两种,其计算方法也不一样。

①连续时点序列计算序时平均数。

a. 间隔相等的连续时点序列可以像时期序列那样运用简单算术平均法进行计算,其计算公式为

$$\bar{a} = \frac{a_1 + a_2 + a_3 + \cdots + a_n}{n} = \frac{\sum a}{n}$$

式中,$\bar{a}$ 为序时平均数;n 为时点序列的项数;$a_1, a_2, a_3, \cdots, a_n$ 为不同时期的指标数值。

b. 间隔不等的连续时点序列是以各时点之间的间隔期为权数,用加权平均法来计算序时平均数,其计算公式为

$$\bar{a} = \frac{\sum af}{\sum f}$$

式中，a 为各时点的数值；f 为每一时点数值保持的时间长度。

例如，某种蔬菜2月市场价格，2月5日前为1.40元/500克，5～9日为1.50元/500克，10～16日为1.90元/500克，17～24日为1.80元/500克，25～28日为1.60元/500克，求该种蔬菜2月的平均价格：

$$\bar{a} = \frac{1.40 \times 4 + 1.50 \times 5 + 1.90 \times 7 + 1.80 \times 8 + 1.60 \times 4}{4+5+7+8+4} = \frac{47.2}{28} \approx 1.69 \text{（元）}$$

②间断时点序列计算序时平均数。

a. 对于间隔相等的间断时点序列，需要先计算各相邻两期发展水平的平均数，然后将这些平均数用简单平均法求序时平均数，这种方法也称为首末折半法。计算公式为

$$\bar{a} = \frac{\frac{a_1+a_2}{2} + \frac{a_2+a_3}{2} + \cdots + \frac{a_{n-1}+a_n}{2}}{n-1} = \frac{\frac{a_1}{2} + a_2 + \cdots + a_{n-1} + \frac{a_n}{2}}{n-1}$$

以表12-3为例，计算我国2000～2006年平均人口总量：

$$\bar{a} = \frac{\frac{119\,850}{2} + 121\,121 + 122\,389 + 123\,626 + 124\,810 + 125\,909 + \frac{126\,583}{2}}{6}$$

$$= 123\,512 \text{（万人）}$$

b. 对于间隔不相等的间断时点序列，要以各时点之间的间隔长度为权数，将各相应的时点的平均数加权来计算序时平均数。计算公式为

$$\bar{a} = \frac{\frac{a_1+a_2}{2}f_1 + \frac{a_2+a_3}{2}f_2 + \cdots + \frac{a_{n-1}+a_n}{2}f_{n-1}}{f_1 + f_2 + \cdots + f_{n-1}}$$

式中，f 为时点的间隔长度。

例如，某农村信用社2016年居民储蓄存款余额1月1日为1080万元，3月1日为1240万元，7月1日为1120万元，9月1日为1350万元，12月末为1460万元，求该信用社2016年居民储蓄存款平均余额：

$$\bar{a} = \frac{\frac{1080+1240}{2} \times 2 + \frac{1240+1120}{2} \times 4 + \frac{1120+1350}{2} \times 2 + \frac{1350+1460}{2} \times 4}{2+4+2+4}$$

$$= \frac{15\,130}{12} \approx 1260.83 \text{（万元）}$$

2）相对数时间序列计算序时平均数

因为相对数时间序列是由两个有密切联系的绝对数时间序列相应项对比而形成的，而各个相对数不能直接相加。所以由相对数时间序列计算序时平均数，必须将构成相对数时间序列的两个绝对数时间序列，即分子和分母的序时平均数进行对比。其基本计算公式为

$$\bar{c} = \frac{\bar{a}}{\bar{b}}$$

式中，$\bar{c}$ 为相对数时间序列的序时平均数；$\bar{a}$ 为绝对数时间序列的序时平均数；$\bar{b}$ 为绝对数时间序列的序时平均数。

根据这个公式计算相对数时间序列的序时平均数时,应当分清分子、分母的序列是时期序列还是时点序列;间断期相等还是不相等,然后根据不同情况运用上面介绍的不同方法进行计算。

例如,根据表 12-4 的资料计算该商场第一季度各月商品的流转次数和第一季度商品流转次数。

表 12-4 某商场 2016 年第一季度商品情况表

项目	2015 年年末	1 月	2 月	3 月
销售额/万元	—	120 (a_1)	216 (a_2)	312 (a_3)
月末库存商品额/万元	50 (b_1)	70 (b_2)	76 (b_3)	84 (b_4)
商品流转次数	—	2 (c_1)	2.96 (c_2)	3.9 (c_3)

$$商品流转次数 = \frac{商品销售额}{平均商品库存额}$$

$$1月份商品流转次数 = \frac{a_1}{\frac{b_1+b_2}{2}} = \frac{120}{\frac{50+70}{2}} = \frac{120}{60} = 2 \text{(次)}$$

$$2月份商品流转次数 = \frac{a_2}{\frac{b_2+b_3}{2}} = \frac{216}{\frac{70+76}{2}} = \frac{216}{73} \approx 2.96 \text{(次)}$$

$$3月份商品流转次数 = \frac{a_3}{\frac{b_3+b_4}{2}} = \frac{312}{\frac{76+84}{2}} = \frac{312}{80} = 3.9 \text{(次)}$$

表 12-4 中销售额为时期指标,月末库存商品额为时点指标,它们求平均数的方法不同:

$$月平均销售额\ \bar{a} = \frac{\sum a}{n} = \frac{120+216+312}{3} = 216 \text{(万元)}$$

$$月平均库存额\ \bar{b} = \frac{\frac{b_1}{2}+b_2+b_3+\frac{b_4}{2}}{4-1} = \frac{\frac{50}{2}+70+76+\frac{84}{2}}{3} = 71 \text{(万元)}$$

所以,第一季度月平均商品流转次数为

$$\bar{c} = \frac{\bar{a}}{\bar{b}} = \frac{216}{71} \approx 3.04 \text{(次)}$$

3)平均数时间序列计算序时平均数

由一般平均数时间序列计算序时平均数时,也不能直接通过数列中的平均指标值简单平均求得,必须先计算分子、分母的序时平均数后,再进行对比求得。其基本计算公式也为

$$\bar{c} = \frac{\bar{a}}{\bar{b}}$$

2. 平均增长量

平均增长量是说明某种现象在一定时期内每期平均增加或减少的数量。它是逐期增减量的平均数。

根据时间序列的各个发展水平或增长量求平均增长量时,计算公式为

$$\text{平均增长量} = \frac{\text{逐期增长量之和}}{\text{逐期增长的个数}} = \frac{\text{累计增长量}}{\text{时间数列项数} - 1}$$

以表12-3为例,计算我国2000~2006年平均每年人口增长量:

$$\text{平均每年人口增长量} = \frac{1271 + 1268 + 1237 + 1184 + 1099 + 674}{6} = \frac{6733}{6} \approx 1122 \text{(万人)}$$

二、时间序列的速度指标

时间序列的速度指标有发展速度、增长速度、平均发展速度和平均增长速度。它们都是在发展水平指标基础上整理而来的,是统计中广泛应用的动态分析指标。

(一) 发展速度和增长速度

发展速度和增长速度都是动态相对数,它们用来反映某种现象在一定时期内的发展方向和变化速度。发展速度一般用百分数表示,当对比结果数值很大时,可以用倍数表示。它常用来说明报告期水平已发展到基期水平的百分之多少或发展到基期水平的若干倍。增长速度也称增长率或降低率,它说明报告期水平比基期水平增长或降低了百分之几。若计算结果为正值,则表示现象的上升速度;若计算结果为负值,则表示现象的下降速度。

发展速度和增长速度用下式表示:

$$\text{发展速度} = \frac{\text{报告期水平}}{\text{基期水平}}$$

$$\text{增长速度} = \frac{\text{增长量}}{\text{基期水平}} = \frac{\text{报告期水平} - \text{基期水平}}{\text{基期水平}} = \frac{\text{报告期水平}}{\text{基期水平}} - 1 = \text{发展速度} - 1$$

在计算发展速度和增长速度之前,应根据研究对象和研究目的,选用恰当的对比基期。常用的对比基期有以下三种。

(1) 以相邻的上一期水平为基期水平,形成环比发展速度和环比增长速度。

$$\text{环比发展速度} = \frac{\text{报告期水平}}{\text{上一期水平}}$$

用符号表示,环比发展速度为

$$\frac{a_1}{a_0}, \frac{a_2}{a_1}, \frac{a_3}{a_2}, \cdots, \frac{a_{n-1}}{a_{n-2}}, \frac{a_n}{a_{n-1}}$$

$$\text{环比增长速度} = \frac{\text{逐期增长量}}{\text{上一期水平}} = \text{环比发展速度} - 1$$

用符号表示，环比增长速度为

$$\frac{a_1-a_0}{a_0},\frac{a_2-a_1}{a_1},\frac{a_3-a_2}{a_2},\cdots,\frac{a_{n-1}-a_{n-2}}{a_{n-2}},\frac{a_n-a_{n-1}}{a_{n-1}}$$

（2）以某一固定时期水平为基期水平，形成定基发展速度和定基增长速度。

$$定基发展速度 = \frac{报告期水平}{某一固定时期水平}$$

用符号表示，定基发展速度为

$$\frac{a_1}{a_0},\frac{a_2}{a_0},\frac{a_3}{a_0},\cdots,\frac{a_{n-1}}{a_0},\frac{a_n}{a_0}$$

$$定基增长速度 = \frac{累计增长量}{某一固定时期水平} = 定基发展速度 - 1$$

用符号表示，定基增长速度为

$$\frac{a_1-a_0}{a_0},\frac{a_2-a_0}{a_0},\frac{a_3-a_0}{a_0},\cdots,\frac{a_{n-1}-a_0}{a_0},\frac{a_n-a_0}{a_0}$$

环比发展速度和定基发展速度之间的联系如下。

①一定时期内的定基发展速度等于该时期内各个环比发展速度的连乘积，即

$$\frac{a_1}{a_0}\cdot\frac{a_2}{a_1}\cdot\frac{a_3}{a_2}\cdot\cdots\cdot\frac{a_{n-1}}{a_{n-2}}\cdot\frac{a_n}{a_{n-1}}=\frac{a_n}{a_0}$$

②两个相邻时期定基发展速度之商等于相应的环比发展速度，即

$$\frac{a_n}{a_0}\bigg/\frac{a_{n-1}}{a_0}=\frac{a_n}{a_{n-1}}$$

（3）以去年同季、同月发展水平作为对比基期，形成年距发展速度和年距增长速度。基于社会经济现象的发展具有季节性变动的特点，如果仅和相邻一期水平对比或与某一特定时期对比，往往不能克服季节性变动对不同季度或月份带来的客观影响。只有以过去同季或同月资料作为对比基期，才能较好地反映现象的动态变化。

$$年距发展速度 = \frac{本年发展水平}{上一年同期发展水平}$$

$$年距增长速度 = 年距发展速度 - 1$$

（二）平均发展速度和平均增长速度

平均发展速度是根据时间序列中的各个环比发展速度计算的序时平均数。应采用几何平均数的方法。

几何平均数也是常用的平均数之一，其基本算式为

$$\bar{x}=\sqrt[n]{R}=\sqrt[n]{\prod x}$$

式中，R 为某时期内现象发展的总速度（即定基发展速度）；x 为各个环比发展速度；n 为环比发展速度的项数；$\prod$ 为连乘符号。

由于环比发展速度的连乘积等于定基发展速度,平均发展速度又可等于定基发展速度的 n 次方根,用公式表示为

$$\bar{x} = \sqrt[n]{\frac{a_1}{a_0} \cdot \frac{a_2}{a_1} \cdot \frac{a_3}{a_2} \cdot \ldots \cdot \frac{a_n}{a_{n-1}}} = \sqrt[n]{\frac{a_n}{a_0}}$$

平均增长速度又称平均递增率,由平均发展速度减 1 或减去 100% 求得。

平均发展速度和平均增长速度一般用百分数表示,但像人口平均出生率、死亡率、平均自然增长率等指标的分子明显小于分母,可采用千分数表示。

我国 2010 年末人口为 134 413 万人,2018 年末为 139 273 万人,试求 2010~2018 年我国人口平均递增率。

据题意,已知 a_0=134 413,a_1=139 273,n=2018−2010=8,则

$$\bar{x} = \sqrt[n]{\frac{a_n}{a_0}} = \sqrt[8]{\frac{139\,273}{134\,413}} \approx 1.0044$$

$$\text{平均增长率} = (1.0044 - 1) \times 100\% = 0.44\%$$

即 2010~2018 年我国人口的平均递增率为 0.44%。

(三) 每增长 1% 的绝对值

以上发展速度和增长速度都是相对数,说明现象发展和增长的程度,它们把现象之间的差异抽象化了,在一定程度上掩盖了发展水平绝对量的差异。低水平基础上的增长速度与高水平基础上的增长速度是不可比的,例如,年产值为 10 万元的小企业,即使年增长速度达到 400%,其产值增加额还不及年产值为 1000 万元企业增长 100% 的增加额。因此,在动态分析时,不仅要看各期增长的百分数,还要看每增长 1% 所包含的绝对值,这是一个由相对数和绝对数相结合运用的指标。

$$\text{每增长1\%的绝对值} = \frac{\text{逐期增长量}}{\text{环比增长速度} \times 100} = \frac{\text{逐期增长量}}{\frac{\text{逐期增长量}}{\text{上一期水平}} \times 100} = \frac{\text{上一期水平}}{100}$$

用符号表示:

$$\text{每增长 1\%的绝对值} = \frac{a_{i-1}}{100}$$

现以某地 2011~2016 年某产品产量发展情况为例,计算发展速度和增长速度,如表 12-5 所示。

表 12-5 某地 2011~2016 年某产品产量发展情况

年份	2011	2012	2013	2014	2015	2016
产量/万吨	3560	3716	4002	4347	4666	5205
定基发展速度/%	100	104.38	112.42	122.11	131.07	146.21
环比发展速度/%	—	104.38	107.70	108.62	107.34	111.55

续表

年份	2011	2012	2013	2014	2015	2016
定基增长速度/%	—	4.38	12.42	22.11	31.07	46.21
环比增长速度/%	—	4.38	7.70	8.62	7.34	11.55
每增长1%的绝对值/万吨	—	35.60	37.16	40.02	43.47	46.66

该产品 2011~2016 年产量的平均发展速度为

$$\bar{x} = \sqrt[5]{104.38\% \times 107.70\% \times 108.62\% \times 107.34\% \times 111.55\%}$$
$$\approx 107.83\%$$

平均增长速度 = 107.83% − 1 = 7.83%

第三节 时间序列的构成

社会经济现象的发展变化是许多错综复杂的因素共同作用的结果,为了研究社会经济现象发展变化的趋势和规律,并以此为依据来预测未来,就需要将这些不同因素的不同作用结果从时间序列的实际数据中分离出来,这就是时间序列的结构分析问题。

一、时间序列的构成因素

影响社会经济现象的发展变化的因素主要有:①基本因素,它对事物的发展起决定性作用,影响事物在一段较长时间内呈现出一定的趋向,沿着一个方向（上升或下降）发展;②偶然的或非基本的因素,它对事物的发展只起局部的非决定性作用,影响时间序列各期发展水平出现短期不规则的波动;③季节性因素,影响时间序列以一年为周期的季节性波动。

时间序列的结构分析问题,即通过对时间序列进行深入的分析,研究社会经济现象发展变化的趋势或规律,并以此为依据来预测事物发展的前景,为决策层制定政策与计划、实现科学管理提供有效的咨询服务。

按照上述分析,时间序列的构成可以分成四类:长期趋势变动、季节变动、循环变动和不规则变动。这些变动因素叠加在一起形成实际的时间序列,从而形成总变动。

1. 长期趋势变动

长期趋势 (T) 是指客观社会经济现象在一个相当长的时期内,发展变化的总趋势,是由普遍的、持续的、起决定作用的基本因素的影响造成的。尽管在这个时期内,事物的发展仍有波动,但基本趋势不变,即现象在长时间内沿着一个方向逐渐上升或逐渐下降。把握现象变动的长期趋势可以把握现象发展变化的基本特点。

2. 季节变动

季节变动(S)是指由于自然季节因素（自然气候条件）或人文习惯季节因素（节假日）的影响，社会经济现象在一年或更短的时间内，随着季节的转变而引起的周期性变动。如农产品收购、农业生产资料和其他季节性商品的销售、几大节日的客运量等，就有明显的季节性，而且年复一年地呈规律性变动。

季节变动一般以一年或一年以下为周期，随着时间的更替，现象呈周期变动，并且周期长短大致相同。此外有的社会季节现象是以一日、一周、一月为周期而产生变动，也称为准季节变动。例如，市内公交汽车的乘客，在早晨逐渐增多，上、下班时间达到高峰，入夜以后逐渐减少，这是以一日为周期的变动；市内商店的顾客、影剧院的售票，周末最多，这是以一周为周期的变动；由于机关、团体、企业习惯上在月初发工资，银行活期储蓄存款月初增加，月末减少，这是以一月为周期的变动。把握季节变动的规律性，对于宏观、微观的预测和决策都有重要的意义。

3. 循环变动

循环变动(C)是指社会经济现象以若干年为周期的、涨落起伏相同或基本相同的一种波浪式的循环往复变动。例如，股票市场由牛市到熊市的周期再到下一个牛市与熊市的周期；经济增长中由危机、萧条、复苏、繁荣的一个周期再到下一个危机、萧条、复苏、繁荣的周期。虽然每一个周期可能长短不同，但盛衰起伏周而复始。事物的循环变动，也是由事物发展的内在原因决定的。

季节变动和循环变动都表现为涨落相同的循环波动，但二者是有区别的。从周期的规律性来说，季节变动有固定周期，且周期大致相同，如年、月、日；循环变动的周期都在一年以上且周期长短不一定一致，规律性较低，一般研究其平均周期。循环变动的规律一般无法把握，也无法进行准确的预测。

4. 不规则变动

不规则变动(I)又称随机变动，是指客观社会经济现象由于受临时的、偶然的因素影响所发生的无规律性、不规则变动。

社会经济现象的发展变化，都是上述四种因素的全部或部分变动影响的结果。时间序列趋势分析的任务在于把时间序列受各种不同因素影响的程度分别测定出来，把握社会经济现象总体发展变化的规律性，为预测和决策提供客观的依据。在现实生活中有些社会经济现象无循环变动，以年为单位的时间序列无季节变动。因此，时间序列预测分析应从实际出发，实际包含几个因素就分解和测定几个因素。

二、时间序列分析模型

时间序列是对上述四种变动的叠加组合。把这些变动与时间序列的关系用一定的数学关系式表示，就构成了时间序列的分析模型。其种类有很多，其中加法模型和乘法模型是最基本的。

1. 加法模型

它假定四种因素相互独立，时间序列各时期发展水平是各个构成因素的总和，即 $Y = T + C + S + I$。其中 Y 为时间序列（总变动），T 为长期趋势变动，C 为循环变动，S 为季节变动，I 为不规则变动。

2. 乘法模型

它假定四种变动因素之间存在交互作用，时间序列各时期发展水平是各个构成因素的乘积，即 $Y = TCSI$。

两种假设模型中，加法模型比较简单，各分量与原始序列有相同的单位；乘法模型只有趋势变动与原始序列有相同的单位，其他各分量均表示为趋势的比率。实际中应用较多的是乘法模型，一般认为它的假设比较合理。

三、时间序列的分解分析

时间序列的分解就是按照时间序列的分析模型，测定出各种变动形态的数值。分解分析的步骤取决于时间序列的构成因素。下面以具体例子加以说明。

（1）仅包含趋势变动和随机变动。这是不包含循环变动的年份资料时间序列所具有的特征，其乘法模型为 $Y = TI$，其加法模型为 $Y = T + I$。此时，分解工作的主要任务是消除随机变动，以显示现象在较长时间内发展变动的基本形态和各期数值表现。

（2）包含趋势变动、季节变动和随机变动。大量按月或季编制的时间序列具有这种形式。分解步骤如下。

①分解和测定现象变动的长期趋势，求出趋势值 T。

②对时间序列进行调整，得出不包含趋势变动的时间序列的资料，即用乘法公式时：

$$\frac{Y}{T} = \frac{TSI}{T} = SI$$

用加法公式时：

$$Y - T = (T + S + I) - T = S + I$$

③对 B 的结果作进一步分析，消除随机变动的影响，得出季节变动测定值 S。

任何一个时间序列的分解分析都遵循上述思路。

四、时间序列分解分析的作用

时间序列的分解分析是时间序列分析的核心内容，其作用如下。

（1）分析和测定有关构成因素的数量表现，可以更好地认识和掌握现象变化发展的规律性。

（2）将所测定的某一构成因素数值从时间序列中分离出来，便于分析序列中其他因素的变动规律。

第四节 时间序列的预测

一、长期趋势的测定

（一）长期趋势的概念和测定的意义

长期趋势是指社会经济现象在较长时期内表现出持续向上或向下发展的变化趋势。例如，观察我国四十多年来社会总产值、粮食总产量、全国人口的发展变化，尽管个别时期起伏较大，但总的向上发展的趋势十分明显；我国农业总产值占社会总产值的比重，第一产业劳动者占社会劳动者总数的比重，四十多年来呈不断下降、向下发展的趋势；也有少数现象向上、向下发展变化的趋势都不明显，呈现出相对稳定的水平趋势，例如，我国人口的男女性别比例长期以来无明显变化，呈水平发展趋势。

认识和掌握社会经济现象的长期趋势，使我们能够把握客观现象的基本特点和发展规律，可以预测现象的发展趋势。通过测定某个时间序列的长期趋势，可以了解客观现象的发展过程和发展前景，并且只有在对长期趋势进行测定并加以消除的基础上，才可能准确地测定现象的循环波动或季节变动的基本特征。

测定长期趋势的方法有多种，本章主要介绍移动平均法、指数平滑法、最小平方法和半数平均法。

（二）移动平均法

移动平均法是把时间序列的各期指标数值，根据确定的时间长度，用逐项移动的方法计算序时平均数，这样计算出来的是一个消除了偶然因素影响的新的时间序列。

以表 12-6 为例，说明移动平均法的计算方法与应用。

表 12-6 某企业 2016 年各月销售额资料　　　　　　（单位：万元）

月份	月销售额	三项移动平均	五项移动平均	月份	月销售额	三项移动平均	五项移动平均
1	33	—	—	7	50	46.7	45.6
2	34	34.7	—	8	46	47.7	47.8
3	37	35	35.8	9	47	48.3	48
4	34	37.3	38	10	52	48	49
5	41	39.7	41.2	11	45	50.7	—
6	44	45	43	12	55	—	—

现以 $a_1, a_2, a_3, \cdots, a_n$ 代表不同月份的销售额，$\bar{a}$ 代表移动平均后新的销售额，n 代表移动的项数。则采用三项移动平均法的计算公式为

$$\bar{a} = \frac{a_{i-1} + a_i + a_{i+1}}{3}$$

采用五项移动平均法的计算公式为

$$\bar{a} = \frac{a_{i-2} + a_{i-1} + a_i + a_{i+1} + a_{i+2}}{5}$$

如 3 月的三项移动平均数为

$$\bar{a} = \frac{a_{i-1} + a_i + a_{i+1}}{3} = \frac{34 + 37 + 34}{3} = 35$$

3 月的五项移动平均数为

$$\bar{a} = \frac{a_{i-2} + a_{i-1} + a_i + a_{i+1} + a_{i+2}}{5} = \frac{33 + 34 + 37 + 34 + 41}{5} = 35.8$$

通过三项移动平均法及五项移动平均法，我们可以得出以下结论。

（1）移动平均法可以把短期不规则变动修匀。在某种现象的发展变化中，当要突出现象的长期发展趋势时，可以把短期变动看作受偶然因素影响的结果，通过简单算术平均将其修匀。移动的项数越多，对原序列波动的曲线修匀得越光滑，也就越能显示出现象的长期发展趋势。其中，五项移动平均后的序列比三项移动平均后的序列更能显示现象的线性上升趋势。

（2）通过移动平均后产生的时间序列的项数比原序列的项数要少，二项或三项移动平均法，首尾比原数列各少一项数据，四项或五项移动平均法，首尾各失去二项数据。移动的项数越多，首尾丢失的项数也就越多，当进行趋势外推预测时，误差也就越大。

（3）移动项数的多少要依据现象发展的特点和统计分析的要求确定。如果移动平均的目的是消除短期偶然因素的影响，可采用三项移动平均法或五项移动平均法。如果移动平均的目的是消除原序列中季节变动的影响，可采用四项移动平均法或十二项移动平均法。如果移动平均法的目的是消除循环波动的影响，则需要进一步分析现象的循环周期长度。如果移动平均的项数与循环波动的周期相同，移动平均后的序列能消除循环波动的影响，就能较好地显示现象的长期趋势。由于循环波动的周期常常是不规则的，移动平均法往往只能消除原序列中的一部分循环波动内容，残余的循环波动仍将存在于长期趋势之中。在实际应用中，移动平均法主要用来有效地消除不规则变动和季节变动对原序列的影响。

（4）移动平均法采用奇数项移动能一次对准被移动数据的中间位置，比较方便。如果采用偶数项移动平均，一次移动平均后的数值将置于居中的两项数值之间。以表 12-6 的资料为例，若采用四项移动平均法有

$$\frac{a_1 + a_2 + a_3 + a_4}{4} = \frac{33 + 34 + 37 + 34}{4} = 34.5$$

该数值对准 2 月和 3 月之间。

$$\frac{a_2 + a_3 + a_4 + a_5}{4} = \frac{34 + 37 + 34 + 41}{4} = 36.5$$

该数值对准 3 月和 4 月之间。

因此，需要进行二项移动平均，求 34.5 和 36.5 的平均数，使之对准 3 月的位置，作为该月的趋势代表值，以此类推，这样便于数据的进一步计算与分析（表 12-7）。

表 12-7　偶数项移动平均　　　　　　　　　　（单位：万元）

月份	月销售额	四项移动平均	二项移动平均	月份	月销售额	四项移动平均	二项移动平均
1	33	—	—	7	50	46.75	46.0
2	34	34.5	—	8	46	48.75	47.75
3	37	36.5	35.5	9	47	47.5	48.125
4	34	39.0	37.75	10	52	49.75	48.625
5	41	42.25	40.625	11	45	—	—
6	44	45.25	43.75	12	55	—	—

（三）指数平滑法

指数平滑法是对不同时期的观察值用递减加权的方法修匀时间序列的波动，从而对现象的发展趋势进行预测的方法。

从某种意义上说，指数平滑法是对移动平均法的改进。因为移动平均法是用简单算术平均数对不同时间的观察值进行修匀，所以在简单移动平均中，各期观察值的权数都是一样的。按照事物发展由量变到质变，趋势变化是由远期到近期逐步演进的过程，不同时期的观察值资料对现象的趋势发展产生不同强度的影响。因此，在进行趋势分析或趋势预测时，应对不同时期的资料给予不同的权数，方能体现远期资料的长期影响和近期资料的突出影响。指数平滑法对每期的资料分别给予大小不同的权数，越是近期资料给的权数越大，越是远期资料给的权数越小。这种趋势修匀方法计算简便、实用，在各种社会经济现象的预测中得到广泛应用。

一次指数平滑法的基本公式如下：

$$\hat{y}_{t+1} = ay_t + (1-a)\hat{y}_t$$

式中，y 为实际观察值；$\hat{y}$ 为预测值；t 为不同时期（t 可理解为本期，$t+1$ 为下一期或预测期，$t-1$ 为上一期）；a 为平滑系数或比重权数（$0<a<1$）。

预测期的预测值是根据本期实际发生的数值与本期预测值加权平均的结果。这是由于本期实际发生的数值反映现象的最新信息，而本期预测值则是以往长期资料提供的各种信息的综合结果。选用一个大于 0、小于 1 的比重权数加权计算本期的观察值和预测值，可以排除最新信息中偶然因素影响和长期信息中陈旧信息的影响，得出的加权平均数可以较好地代表下一期的预测结果。

公式中 a 的取值是由人为主观确定的；本期观察值是已知取得的统计资料，本期预测值则可根据公式递推产生：

$$\hat{y}_t = ay_{t-1} + (1-a)\hat{y}_{t-1}$$
$$\hat{y}_{t-1} = ay_{t-2} + (1-a)\hat{y}_{t-2}$$
$$\cdots$$

由此，每期的预测值都可以照此上推。把上述指数平滑公式逐项展开，可构成如下算式：

$$\begin{aligned}\hat{y}_{t+1} &= ay_t + (1-a)\hat{y}_t \\ &= ay_t + (1-a)[ay_{t-1} + (1-a)\hat{y}_{t-1}] \\ &= ay_t + a(1-a)y_{t-1} + (1-a)^2\hat{y}_{t-1} \\ &= ay_t + a(1-a)y_{t-1} + \{(1-a)^2[ay_{t-2} + (1-a)\hat{y}_{t-2}]\} \\ &= ay_t + a(1-a)y_{t-1} + a(1-a)^2 y_{t-2} + (1-a)^3 \hat{y}_{t-2} \\ &= \cdots\end{aligned}$$

如此上推，一直可以推到原始资料穷尽。

从以上递推展开的指数平滑公式可以看出：

（1）指数平滑法是一种以 a 为权数的特殊加权平均数，它对不同时期的数据资料分别给予不同的权数。由于 a 是一个介于 0～1 的小数，a 与 $1-a$ 的乘积必小于 a，因此，随着时间的推移，权数中 a 值最大，$a(1-a)$ 次之，$a(1-a)^2$、$a(1-a)^3$、$a(1-a)^4$……按此顺序越来越小。如果远期资料的权数太小，以至于对预测值的影响微不足道，可以省略不计。

（2）a 的取值是由人们主观决定的，如果 a 取值大一些，可以加重近期资料对预测值的影响，远期资料的影响将弱一些；如果 a 取值小一些，则可加重远期资料对预测值的影响。一般情况下，当时间数列波动不大时，a 取值可小一些，如 0.1～0.3，这样可以突出以往资料中长期趋势对预测值的影响；当现象发展变化起伏较大时，a 取值可大一些，如 0.6～0.8，这样可以加重近期观察值对预测值的影响。实际工作中，当不能作出有把握的判断时，可以试算几个不同的 a 值，计算不同 a 值条件下每期观察值与预测值的离差平方和，或计算离差绝对值总和，即计算 $\sum(y-\hat{y})^2$ 或 $\sum|y-\hat{y}|$，取离差平方和或离差绝对值总和较小的 a 值作平滑系数。

（3）指数平滑法对预测值的逐步递推，必然要涉及一个最早预测值，称为初始预测值或启动值。初始预测值的确定有两种方法。

①当时间序列无明显的线性趋势，呈水平状波动时，或当时间序列的项数较多（$n \geq 30$）时，或当 a 取值较大（$a \geq 0.6$）时，经过长期平滑或一段时间平滑递推，初始值的影响往往变得很小，以至于对预测值不产生多少影响，此时可用第一期的数据或最初几期资料的平均数作为初始预测值。

②如果序列表现为明显的线性趋势，或序列项数不多，或 a 的取值不太大时，可用如下估计公式推算初始预测值：

$$\hat{y}_1 = y_1 - \frac{b}{a}$$

式中，y_1 为第一期的观察值；a 为平滑系数。

$$b = \frac{y_n - y_1}{n-1}$$

其中，y_n 为最近一期的观察值；n 为数据项数。

设某企业 2016 年各月销售额资料如表 12-8 所示，a 取 0.7，试计算各月的趋势预测值，并推算 2017 年 1 月该企业销售额的预测值（用最初三个月的平均数作初始值和用估计公式推算初始预测值两种方法计算）。

表 12-8　某企业 2016 年各月销售额预测值计算表（$a = 0.7$）

月份	销售额 y/万元	二次指数平滑预测值 $\hat{y}$	按第二种方法计算的预测值 $\hat{y}$
1	16.8	—	16.38
2	15.6	—	16.67
3	17.1	—	15.92
4	16.9	16.50	16.75
5	17.6	16.78	16.86
6	17.4	17.35	17.38
7	18.5	17.39	17.39
8	19.2	18.17	18.17
9	19.0	18.89	18.89
10	18.4	18.97	18.97
11	19.8	18.57	18.57
12	20.0	19.29	19.29

按第一种方法确定初始预测值，是以 1 月、2 月、3 月的销售额平均数作为 4 月的预测值：

$$\hat{y}_4 = \frac{16.8 + 15.6 + 17.1}{3} = 16.5 \text{（万元）}$$

按第二种方法确定初始预测值，是以估计公式推算：

$$b = \frac{y_n - y_1}{n-1} = \frac{20 - 16.8}{12 - 1} \approx 0.2909$$

$$\hat{y}_1 = y_1 - \frac{b}{a} = 16.8 - \frac{0.2909}{0.7} \approx 16.38 \text{（万元）}$$

以后各月均按指数平滑公式推算，见表 12-8。

则 2017 年 1 月该企业销售额预测值为

$$\begin{aligned}
\hat{y}_{2017.1} &= a y_{2016.12} + (1-a) \hat{y}_{2016.12} \\
&= 0.7 \times 20 + 0.3 \times 19.29 \\
&= 19.787 \text{(万元)}
\end{aligned}$$

本例销售额资料呈线性发展趋势，取值又比较大，所以根据两种方法确定的初始值对预测结果几乎没有什么影响。

用原销售额资料与预测值资料进行比较可以看出，经过指数平滑后的预测值序列，修匀了原序列的波动程度，使之能更直观地反映现象的长期发展趋势。

在指数平滑法的公式中，$t+1$ 期的预测值为 $\hat{y}_{t+1}$，是根据 t 期的观察值和预测值计算的，而 t 期的预测值又是根据 $t-1$ 期的观察值和预测值计算的，以此类推，预测值在时间上始终落后了一期，由此造成预测值偏小，这正是一次指数平滑法的局限性。因此，上述方法仅适用于分析呈水平状态波动、无明显线性趋势变动的资料。当原始序列有较明显的长期线性趋势时，需要在一次指数平滑的基础上进行二次、三次指数平滑。二次指数平滑适用于建立直线趋势方程，能比较有效地克服一次指数平滑的滞后效应，且能进行隔月或隔年的跳跃式预测。三次指数平滑适用于建立曲线趋势方程，它们比一次指数平滑法具有更高的使用价值。

二次指数平滑的计算公式为

$$\hat{y}'_{t+1} = a\hat{y}_t + (1-a)\hat{y}'_t$$

式中，$\hat{y}$ 为一次指数平滑预测值；$\hat{y}'$ 为二次指数平滑预测值；t、$t+1$ 分别为不同的预测期；a 为平滑系数。

用估计公式推算二次指数平滑的初始预测值：

$$\hat{y}'_1 = 2\hat{y}_1 - \frac{\sum y}{n} + \frac{n+1}{2}b$$

式中，$b = \dfrac{y_n - y_1}{n-1}$。

仍以表 12-8 的资料为例，计算二次指数平滑初始值，并按月推算各月的二次指数平滑预测值，见表 12-9，表中：

$$\begin{aligned}\hat{y}'_1 &= 2\hat{y}_1 - \frac{\sum y}{n} + \frac{n+1}{2}b \\ &= 2 \times 16.38 - \frac{216.3}{12} + \frac{12+1}{2} \times 0.2909 \approx 16.63\end{aligned}$$

以后各月均按指数平滑公式推算，如：

$$\hat{y}'_2 = a\hat{y}_1 + (1-a)\hat{y}'_1 = 0.7 \times 16.38 + 0.3 \times 16.63 \approx 16.46$$

表 12-9　指数平滑计算表（$a = 0.7$）

月份	销售额 y/万元	按第一种方法计算的预测值 $\hat{y}$	按第二种方法计算的预测值 $\hat{y}'$
1	16.8	16.38	16.63
2	15.6	16.67	16.46
3	17.1	15.92	16.61
4	16.9	16.75	16.13
5	17.6	16.86	16.56
6	17.4	17.38	16.77
7	18.5	17.39	17.20
8	19.2	18.17	17.33

月份	销售额 y/万元	按第一种方法计算的预测值 $\hat{y}$	按第二种方法计算的预测值 $\hat{y}'$
9	19.0	18.89	17.92
10	18.4	18.97	18.60
11	19.8	18.57	18.86
12	20.0	19.29	18.66

根据二次指数平滑预测值建立直线方程：

$$\hat{y}'_{t+T} = a_t + b_t T$$

式中，T 为需要预测的递推时期数；a_t 和 b_t 为直线方程的两个待定参数。

$$a_t = 2\hat{y}_t - \hat{y}'_t$$

$$b_t = \frac{a}{1-a}(\hat{y}_t - \hat{y}'_t)$$

现以表 12-9 的资料建立直线方程，并预测 2017 年 3 月、12 月的销售额（$t = 12$）。

$$a_t = 2\hat{y}_t - \hat{y}'_t = 2 \times 19.29 - 18.66 = 19.92$$

$$b_t = \frac{a}{1-a}(\hat{y}_t - \hat{y}'_t) = \frac{0.7}{1-0.7} \times (19.29 - 18.66) \approx 1.47$$

则

$$\hat{y}_{t+T} = 19.92 + 1.47T$$

当 $T = 3$ 时，$\hat{y}'_{t+T} = 19.92 + 1.47T = 19.92 + 1.47 \times 3 = 24.33$（万元）；

当 $T = 12$ 时，$\hat{y}'_{t+T} = 19.92 + 1.47T = 19.92 + 1.47 \times 12 = 37.56$（万元）。

即根据二次指数平滑推算，该企业 2017 年 3 月销售额预计为 24.33 万元，2017 年 12 月销售额预计为 37.56 万元。

（四）最小平方法

最小平方法又称最小二乘法，是分析和预测现象长期趋势常用的方法之一。它的基本思想是：要通过对原始序列的数学处理，拟合一条比较理想的趋势线，使原序列各数据点与趋势线垂直距离的离差平方和最小。长期趋势的类型很多，有直线型，也有曲线型，下面以直线型为例介绍最小平方法。

根据最小平方法的要求，建立直线趋势方程：

$$y_c = a + bx$$

式中，y_c 为时间数列 y 的理论趋势值；x 为时间序号；a 和 b 为直线方程的两个待定参数，a 为直线的截距，b 为直线的斜率。

由于"最小二乘法"的参数 a、b 应满足 $\sum(y-y_c)^2 =$ 最小值，或者 $\sum(y-a-bx)^2 =$ 最小值，则令 $Q = \sum(y-y_c)^2 = \sum(y-a-bx)^2$，要使其等于最小值，则分别求出 Q 对 a 和 b 的偏微分，并使其偏微分等于零。从而计算整理出两个标准方程式：

$$\begin{cases} na + b\sum x = \sum y \\ a\sum x + b\sum x^2 = \sum xy \end{cases}$$

依据上述两个标准方程，可以分别求解出如下两个参数值：

$$b = \frac{n\sum xy - \sum x \sum y}{n\sum x^2 - \left(\sum x\right)^2}, \quad a = \overline{y} - b\overline{x}$$

由于 x 的数值是人们按一定顺序排列确定的，为了计算方便，我们可以假设时间序列序号 x 满足 $\sum x = 0$，则可简化求 a、b 的计算公式为

$$b = \frac{\sum xy}{\sum x^2}, \quad a = \overline{y}$$

当时间序列为奇数项时，可把时间序列最中间的一项编序号为0，以上各项为-1、-2、-3…顺序编排，以下各项为1、2、3…编排。

当时间序列为偶数项时，可把时间序列居中的两项分别编为-1和1，以上各项按-3、-5、-7…编排，以下各项按3、5、7…编排，即各时间序号以间隔2的顺序编排。

现以某地区粮食产量资料为例，用最小二乘法建立直线趋势方程，并测定该地区粮食产量的长期趋势值，见表12-10。

表 12-10 某地区粮食产量直线趋势方程计算表

年份	时间序列序号 x	粮食产量 y /吨	xy	x^2	y_c /吨
2008	-4	217	-868	16	230.71
2009	-3	230	-690	9	217.98
2010	-2	225	-450	4	232.25
2011	-1	248	-248	1	246.51
2012	0	242	0	0	260.78
2013	1	253	253	1	275.05
2014	□	280	560	4	289.31
2015	3	309	927	9	303.58
2016	4	343	1372	16	317.85
合计	0	2347	856	60	2347.02

则 $b = 856/60 \approx 14.267$；$a = 2347/9 \approx 260.78$。

得直线趋势方程：

$$y_c = 260.78 + 14.267x$$

将各年的时间序号 x 代入趋势方程，可得表12-10第六列 y_c 的数值。可以看出表12-10中 $\sum y$ 与 $\sum y_c$ 的数值是十分接近的。

若要进行简单的长期趋势外推预测，可代入相应的时间序号。例如，要预测该地区2017年粮食总产量，则时间序号 $x=5$，即

$$y_c = 260.78 + 14.267 \times 5 \approx 332.12 \quad (\text{吨})$$

（五）半数平均法

半数平均法也称平均法，是分析和预测现象长期趋势的方法之一。这种方法是运用数学上两点确定一条直线的原理而建立的。按照半数平均法的要求，建立直线趋势方程为

$$y_c = a + bx$$

式中，y_c 为时间序列中 y 估计趋势值；x 为时间顺序；a 和 b 为直线方程的两个待定参数。

半数平均法要求趋势直线应该满足 $\sum(y-y_c)=0$，即指实际值与估计趋势值之间离差总和等于零。

将 $y_c = a + bx$ 代入 $\sum(y-y_c)=0$，得

$$\sum[y-(a+bx)]=0$$
$$\sum y - \sum a - \sum bx = 0$$
$$\sum y - na - b\sum x = 0$$

等式两端除以 n，得

$$\frac{\sum y}{n} - a - b\frac{\sum x}{n} = 0$$

式中，$\dfrac{\sum y}{n}$ 和 $\dfrac{\sum x}{n}$ 为两个平均数。

将原时间序列分成相等的两部分，若实际的时间序列资料是奇数项，则消去最早的一项数据，使数据项为 $2n$ 个；然后，按两部分平均数，建立一组联立方程：

$$\begin{cases} \dfrac{\sum\limits_{i=1}^{n} y_i}{n} - b\dfrac{\sum\limits_{i=1}^{n} x_i}{n} - a = 0 \\ \dfrac{\sum\limits_{i=n+1}^{2n} y_i}{n} - b\dfrac{\sum\limits_{i=n+1}^{2n} x_i}{n} - a = 0 \end{cases}$$

求解联立方程，即可求得 a 与 b 参数的值。

根据求出的参数 a 和 b，建立直线方程为

$$y_c = a + bx$$

这样，就可以推测出各个时间上 y 的估计趋势值，完成趋势预测分析。

二、季节变动的测定

(一) 季节变动的概念和测定的意义

社会经济现象受自然因素和社会因素的影响,在一年内随着时间变化而引起的比较有规律的周期性变化,称为季节变动。季节变动随着时间推移,年复一年,周而复始,不断重复出现。例如,四季气候变化及由此引起的农副产品收购、供应的淡季旺季变化,对春夏秋冬不同服装、食品的需求变化和价格变化,春节、国庆、寒暑假与平时的不同客运量变化,节假日、周末与平时的旅游、购物、娱乐的高低峰变化,都有明显的季节变动特征。

认识并掌握不同社会经济现象季节变动的规律性,能更好地利用季节变动带来的有利发展时机,克服季节变动带来的消极影响,主动安排人力、物力、财力,合理组织生产、供应,保持市场供需平衡,使社会生产和社会生活正常、有序、顺利地进行。

不同社会经济现象具有不同的季节变动周期,有的以一年为循环周期,以月或季为变动单位;也有的以一个月为循环周期,以日为变动单位;有些社会经济现象的变动甚至表现为以一天为循环周期,以小时为变动单位。

测定季节变动的方法很多,常用的方法有同期平均法、趋势剔除法、图解法、环比法等。

(二) 同期平均法

同期平均法是把3年或3年以上同月或同季的资料按年排列,计算出各月或各季的同期平均数,并与月(季)总平均数进行对比,得出的相对数,即反映季节变动的测定指标季节比率。

具体测定步骤如下。

(1) 分别求出各年同月 (或同季) 资料的简单算术平均数。
(2) 求出各月的月总平均数 (或季总平均数)。
(3) 用各年同月 (同季) 平均数分别除以月 (季) 总平均数,得出12个月 (或4季) 的百分数,这些百分数就是季节比率。
(4) 把各月 (季) 季节比率绘成季节变动曲线图,可以更直观地显示出季节的变动趋势。

设某地农贸批发市场羊肉成交量资料如表12-11所示,用按月平均法计算季节比率,并绘制季节变动图。

表 12-11 按月平均法计算表

月份	2014年/吨 (1)	2015年/吨 (2)	2016年/吨 (3)	月平均数/吨 (4)=三年平均	季节比率/% (5)=(4)/月总平均数×100%
1	54	58	68	60	116.94
2	52	54	70	58.67	114.34

续表

月份	2014年/吨 (1)	2015年/吨 (2)	2016年/吨 (3)	月平均数/吨 (4) = 三年平均	季节比率/% (5) = (4)/月总平均数×100%
3	50	58	64	57.33	111.73
4	48	54	62	54.67	106.55
5	44	48	56	49.33	96.14
6	42	44	48	44.67	87.06
7	36	38	44	39.33	76.65
8	32	36	40	36	70.16
9	37	42	46	41.67	81.21
10	46	54	58	52.67	102.65
11	50	56	60	55.33	107.83
12	58	64	76	66	128.63
合计	549	606	692	51.31	1199.89

根据表 12-11 计算：

$$1 月份平均数 = \frac{54+58+68}{3} = 60 \text{（吨）}$$

$$2 月份平均数 = \frac{52+54+70}{3} \approx 58.67 \text{（吨）}$$

$$\cdots$$

$$月总平均数 = \frac{549+606+692}{36} \approx 51.31 \text{（吨）}$$

$$1 月份季节比率 = \frac{60}{51.31} \times 100\% \approx 116.94\%$$

$$2 月份季节比率 = \frac{58.67}{51.31} \times 100\% \approx 114.34\%$$

$$\cdots$$

各月份的季节比率或高于 100%，或低于 100%，高低相抵，12 个月的季节比率之和应等于 1200%，计算各月平均数、月总平均数时，由于小数点四舍五入，有时会产生一定的误差，如果误差较大，应予以调整。用调整系数分别乘以每个季节比率，可得调整后的季节比率。

$$调整系数 = \frac{1200}{季节比率之和}$$

调整后的季节比率 = 原季节比率 × 调整系数

上例中，季节比率合计数与 1200% 误差不大，不再予以调整。

用同期平均法测定季节变动，方法简单，易于掌握，如果被测定的社会经济现象总波动中未发现有明显的长期趋势和循环波动，即可通过算术平均法消除同期不规则变动，从而显现出现象的季节变动趋势。但如果社会经济现象存在明显的长期趋势，各年同月的指标数值前后会有较大的差距，用简单算术平均数计算的季节变动比率就会掩盖长期趋势对现象发展的推动作用，使季节比率的准确性受到影响。若要克服长期趋势对测定季节变动的影响，可采用趋势剔除法计算季节比率。

（三）移动平均趋势剔除法

这是利用移动平均趋势剔除法来剔除长期趋势的影响后，再确定季节变动的方法。一般用 12 个月移动平均，即把时间序列资料按年、月顺序排列，以 12 个月为一期逐项移动求平均数，由于 12 个月的时间与一年、四季的周期相等，通过 12 个月移动平均产生的新序列消除了以月或以季为变动单位，以 1 年为循环周期的季节变动影响和部分不规则影响，突出了现象的长期变动趋势和循环变动的影响。

其具体计算步骤如下。

（1）根据各年月资料以 12 个月移动平均求得长期趋势值。

（2）计算出各月的季节比率，以消除长期趋势（或循环变动）对季节变动的影响。

根据各因素的乘法公式进行等式变换，可得

$$\frac{y}{TC} = SI$$

若没有循环变动，则公式变为

$$\frac{y}{T} = SI$$

所以将各月的实际值 y 除以相应的各月长期趋势值（或再除以循环变动值），剩下季节变动与不规则变动，然后采用同月简单平均的方法消除不规则变动，即得季节比率。

（3）将求得的季节比率重新按月编排，再计算各年同月的季节比率的简单算术平均数，从而得到消除了不规则变动因素的季节比率。

（4）若各月季节比率合计数不等于1200%，应用调整系数予以调整。

仍以表 12-11 的资料为例，采用 12 个月移动平均趋势剔除法，计算季节比率，见表 12-12 和表 12-13。

表 12-12　12 个月移动平均趋势剔除法计算表

年份	月份	羊肉成交量 y /吨	12 个月移动平均/吨	二项移动平均（趋势值）T /吨	趋势剔除/%
		(1)	(2)	(3)	(4) = (1)/(3)×100%
2014	1	54	—	—	—
	2	52	—	—	—
	3	50	—	—	—
	4	48	—	—	—
	5	44	—	—	—
	6	42	45.75	—	—
	7	36	46.08	45.92	78.40
	8	32	46.25	46.17	69.31
	9	37	46.92	46.58	79.43

续表

年份	月份	羊肉成交量 y /吨 (1)	12个月移动平均/吨 (2)	二项移动平均（趋势值）T /吨 (3)	趋势剔除/% (4)=(1)/(3)×100%
2014	10	46	47.42	47.17	97.52
	11	50	47.75	47.59	105.06
	12	58	47.92	47.83	121.26
2015	1	58	48.08	48.00	120.83
	2	54	48.42	48.25	111.92
	3	58	48.83	48.63	119.27
	4	54	49.50	49.17	109.82
	5	48	50.00	49.75	96.48
	6	44	50.50	50.25	87.56
	7	38	51.33	50.92	74.63
	8	36	52.67	52.00	69.23
	9	42	53.17	52.92	79.37
	10	54	53.83	53.50	100.93
	11	56	54.50	54.17	103.38
	12	64	54.83	54.67	117.07
2016	1	68	55.33	55.08	123.46
	2	70	55.67	55.50	126.13
	3	64	56.00	55.83	114.63
	4	62	56.33	56.17	110.38
	5	56	56.67	56.50	99.12
	6	48	57.67	57.17	83.96
	7	44	—	—	—
	8	40	—	—	—
	9	46	—	—	—
	10	58	—	—	—
	11	60	—	—	—
	12	76	—	—	—

表 12-13　羊肉成交量趋势剔除后按月平均计算表（%）

月份	2014年	2015年	2016年	同月平均	调整后的季节比率
1	—	120.83	123.46	122.15	122.19
2	—	111.92	126.13	119.03	119.07
3	—	119.27	114.63	116.95	116.99
4	—	109.82	110.38	110.10	110.14
5	—	96.48	99.12	97.80	97.83

续表

月份	2014年	2015年	2016年	同月平均	调整后的季节比率
6	—	87.56	83.96	85.76	85.79
7	78.40	74.63	—	76.52	76.55
8	69.31	69.23	—	69.27	69.29
9	79.43	79.37	—	79.40	79.43
10	97.52	100.93	—	99.23	99.26
11	105.06	103.38	—	104.22	104.25
12	121.26	117.07	—	119.17	119.21
合计	—	—	—	1999.6	1200.00

表 12-12 第(1)栏为原始统计数据,第(2)栏用 12 个月移动平均趋势消除季节变动,由于是偶数项移动,需再次采用二项移动平均,平均后的第(3)栏资料为长期趋势值。用第(1)栏资料除以第(3)栏资料,为第(4)栏剔除了长期趋势的季节变动与不规则变动资料。

将表 12-12 第(4)栏资料排列成表 12-13,并用简单平均法计算季节比率。

用简单平均法计算同月平均数,可剔除同月不规则变动对季节变动的影响:

$$1\text{月季节比率} = \frac{120.83\% + 123.46\%}{2} \approx 122.15\%$$

$$2\text{月季节比率} = \frac{111.92\% + 126.13\%}{2} \approx 119.03\%$$

12 个月季节比率的合计数 1199.60%与 1200%相比误差较大,需用调整系数加以调整。

$$\text{调整系数} = \frac{1200}{1199.60} \approx 1.00033$$

1 月调整后的季节比率为
$122.15 \times 1.00033 \approx 122.19\%$

2 月调整后的季节比率为
$119.03 \times 1.00033 \approx 119.07\%$

以下各月依次类推。

第五节 应 用 案 例

以时间序列分析方法在深康佳 A 股票数据中的应用[①]为例。

一、案例目的

使学生基于 EViews 软件[②]掌握基本的时间序列数据分析的步骤与方法。

---

① 案例作者:金阳;《统计学专业课程教学案例选编》。
② 案例作者:易丹辉;《数据分析与 EViews 应用》(第二版)。

二、案例简介

（一）案例背景

本案例对深康佳 A 股票进行分析，尝试找到数据的内在时间序列的模式[ARMA（自回归滑动平均，auto regressive and moving average）模型]，并对未来的股价进行预测。

（二）数据介绍

本案例所用数据为中国人民大学图书馆"国泰安经济金融研究数据库"中 000016 深康佳 A 股票 1999 年 1 月～2011 年 1 月的月收盘价。

（三）研究思路

研究的核心思想是将样本的自相关函数、偏自相关函数与各种模型的自相关函数、偏自相关函数的理论值对比，如与模型的理论值相符，则大致判断应选该模型。

得到数据后，先计算样本的自相关函数、偏自相关函数。如果样本的自相关函数截尾，偏自相关函数拖尾，则与 MA（滑动平均，moving average）模型的理论相符，大致判断为 MA 模型，并且样本的自相关函数在哪一步之后截尾，模型阶数 q 就为此步数。如果样本的自相关函数拖尾，偏自相关函数截尾，则与 AR（自回归，auto regressive）模型的理论相符，大致判断为 AR 模型，并且样本的偏自相关函数在哪一步之后截尾，模型阶数 p 就为此步数。如果样本的自相关函数、偏自相关函数都无截尾且有缓慢下降，则模型需要进行一次差分，应将差分后的序列看作新的序列，重新计算样本的自相关函数、偏自相关函数并进行后续的分析。如果新的序列仍然满足上述条件，则继续重复此步骤，一般最多经过三次差分就能找到模型。如果样本的自相关函数、偏自相关函数都无截尾且无缓慢下降，则与 ARMA 模型的理论值相符，大致判断为 ARMA 模型，模型阶数不能直接判断，需要在给定的阶数范围内试出合适的模型阶数。

三、案例解析

（一）导入 Excel 数据

具体操作为：执行【中国人民大学图书馆】→【常用资源】→【更多】→【中文数据库】→【21 国泰安经济金融研究数据库】→【用户名】【密码】（在【更多】选项里）→【CSMAR 数据库】→【金融数据】→【股票】→【代码筛选】→【代码列表】→【搜索】→【000016 深康佳 A】→【＞】→【确定】命令。

在左侧菜单中执行【行情指标】→【月个股回报率】→【月收盘价】→【交易月份】→【1999 年 1 月—2011 年 1 月】命令，提取数据，勾选【000016 深康佳 A】选项，导出数据，选择文件格式 Excel2003，单击【确定】按钮，出现 zip 后缀的下载文件，下载即可，对格式进行适当调整并存为 Excel 文件"83—227"。

导入 Excel 文件"83—227"，打开 EViews 软件，执行【File】→【New】→【Workfile】命令。

执行【Unstructured】→【Observation】命令，填入 145（数据容量）→ 单击【OK】按钮。

保留上面的对话框，执行【File】→【Import】→【Read text】命令，在出现的对话框里找到数据所在位置，选择匹配的文件类型 Excel，并单击【打开】按钮。

在【Upper-left data】一栏填写 A1（指明数据起始的位置，我们的数据是在 Excel 的 A1 位置。如果 A1 是表头，从 A2 开始有数据，则改填 A2），在【Name for series or Number if named in file】一栏填写新的文件名"skj_83_227"，单击【OK】按钮。

执行【File】→【Save】命令，在出现的对话框中选择自己指定的文件夹。

将文件名定为"skj_83_227"，单击【保存】按钮，在出现的对话框中单击【OK】按钮即可。

（二）数据分析

双击【Workfile】菜单栏中的"skj_83_227"文件，选择【Series】→【View】→【Graph】→【Line】选项。

由于得到的分布图有明显的趋势，考虑一次或两次差分去除趋势。选择【Series】→【View】→【Correlogram】→【Level】选项。

在出现的对话框中，Level 表示直接计算序列自相关函数；1st difference 表示计算序列一阶差分后自相关函数；2st difference 表示计算序列二阶差分后自相关函数；Lags to include 表示自相关函数的滞后阶数（也就是算多少期自相关函数），一般取为 $n/10$（n 为样本容量），为稳妥起见，可取远大于 $n/10$ 的值。这里取 50。单击【OK】按钮，在出现的图例中，第一列为自相关函数，其接近 1 并缓慢下降，进一步说明趋势需要差分；第二列为偏自相关函数。

选择【Series】→【View】→【Correlogram】→【1st difference】选项，分析所出现的对话框。

由于 AR 模型相对于 MA 模型具有较精确的参数估计和较好的预测性质，我们通常更倾向于 AR 模型。基于此，可认为自相关函数拖尾，偏自相关函数 12 步后截尾，从而考虑 AR(12)模型。

另外也可考虑 ARMA(p,q) 模型，只是不能直接判断 p 和 q 的数值。需要利用穷举法尝试 p 和 q 在一定范围内的各种模型，并进行白噪声检验，若有多个模型通过白噪声检验，则一般可用贝叶斯信息准则选出最优的。

选择【File】→【Quick】→【Equation Estimate】选项。

在出现的对话框中，填入：d（ski_83_227）c ar（1）ar（2）ar（3）ar（4）ar（5）ar（6）ar（7）ar（8）ar（9）ar（10）ar（11）ar（12）。

其中，d(·)表示差分，需要注意的是 ar(j)表示所选 AR 模型 x_{t-j} 前的系数，单击【确定】按钮。

从得到的结果中，最后一列的 p 值可知，$\alpha = 0.05$ 水平下的第 10 阶、第 12 阶系数显著。去掉不显著的系数，重新考虑方程。选择【File】→【Quick】→【Equation Estimate】选项。

在出现的对话框中输入：d(ski_83_227) ar(10) ar(12)，单击【确定】按钮。

由接下来出现的对话框中，从最后一列的 p 值可知，$\alpha = 0.05$ 水平下的第 10 阶、第 12 阶系数仍然显著。

接着检验模型是否满足平稳条件，在【Equation】对话框中选择【View】→【ARMA structure】选项，在出现的对话框中单击【OK】按钮。

从出现的结果中可以看出，模型系数多项式的根的倒数在单位圆内，即模小于 1。因此，模型系数多项式的根在单位圆外，满足平稳条件。

一种更直接的方式是在【Equation】对话框中选择【View】→【ARMA structure】选项，在出现的对话框中选择【Table】选项，单击【OK】按钮。

由接下来出现的对话框中的最后一行可知，模型满足平稳性条件。

接下来进行最重要的白噪声检验，在【Equation】对话框中选择【View】→【Residual tests】→【Correlogram-Q-statistics】选项。

在出现的【Lags to】对话框中填入"100"，虽然"Lags to"一般取为 n/10（n 为样本容量），对于最重要的检验，为谨慎起见选取的值远大于 n/10，单击【OK】按钮。

下拉全选最后一列，选择【P 值】→【右键】→【Copy】→【Formatted】→…→【OK】选项，新建一个 Excel 文件，单击 A1 单元格，将所有的 P 值复制到 Excel 表里，利用"升序排序"功能找到最小的 P 值为 0.23，因其大于 0.05 边界值，说明所有 P 值都大于 0.05，所以判断残差序列是白噪声，即模型通过白噪声检验，可以使用。

（三）模型的预测

在【Equation】对话框中选择【Forecast】选项，在出现的对话框【Method】中选择【Static forecast】→【OK】选项。

一般地，出于去除量纲的考虑，选取【Mean Absolute Percentage Error】作为衡量预测误差的标准。其计算公式为

$$100 \sum_{t=T+1}^{T+h} \left| \frac{\hat{y}_t - y_t}{y_t} \right| / h$$

预测误差为 10.461 87%，效果还不错。

下面由数据"ski_83_227"做向前三期的预测。根据 EViews 的特点，我们需要建立一个新的 Workfile 文件"ski_83_230"，其前部分与"ski_83_227"相同，后部分是三个空值（为了后面要做的向前三期的预测）。

类似于"导入 Excel 数据"部分，建立新的 workfile 文件，导入的 Excel 数据文件名仍用"83_227"。注意，在【Observation】对话框中填入 148（比原来"ski_83_227"

的数据容量 145 多了三个）。在【Name for series…】对话框中填入新的文件名：ski_83_230，选择【File】→【Save as】选项，存到自己指定的位置。双击【Workfile】菜单栏中的文件"ski_83_230"。

在出现的结果中可以发现最后三行为空值，对应于 Excel 数据文件"83_227"145 行后的 3 个空值。选择【File】→【Quick】→【Estimate equation】选项，在出现的对话框中的【Equation specification】中填入 d（ski_83_230）ar（10）ar（12），在【Sample】中填入 1 145，可以看出这实际上对应于前面选好的 d（ski_83_227）ar（10）ar（12），单击【确定】按钮。

接着选择【Forecast】选项，在弹出的对话框中将【Forecast sample】中的值改为 146 148，单击【OK】按钮，得到向前三期的预测值和置信区间。

思考与练习

一、单项选择题

1. 已知环比增长速度为 7%, 9%, 6%, 4%，则定基增长速度为（   ）。
   A. $7\% \times 9\% \times 6\% \times 4\%$
   B. $7\% \times 9\% \times 6\% \times 4\% - 1$
   C. $107\% \times 109\% \times 106\% \times 104\%$
   D. $107\% \times 109\% \times 106\% \times 104\% - 1$

2. 某企业产量年平均发展速度：1995～1997 年为 108%，1998～1999 年为 105%，则 1995～1999 年该企业产量年平均发展速度为（   ）。
   A. $\sqrt[5]{1.08 \times 1.05}$
   B. $\sqrt{1.08^3 \times 1.05^2}$
   C. $\sqrt{1.08 \times 1.05}$
   D. $\sqrt[5]{1.08^3 \times 1.05^2}$

3. 已知前三年的平均增长速度为 8%，后三年的平均增长速度为 5%，求这 6 年的平均增长速度，下列计算方法正确的是（   ）。
   A. $\sqrt[6]{0.08 \times 0.05}$
   B. $\sqrt[6]{1.08 \times 1.05} - 1$
   C. $\sqrt[6]{0.08^3 \times 0.05^3}$
   D. $\sqrt[6]{1.08^3 \times 1.05^3} - 1$

4. 已知大豆市场价格 11 月比 10 月上升 5%，12 月比 11 月下降 2%，则 12 月土豆价格与 10 月相比（   ）。
   A. 提高 2.9%
   B. 提高 3%
   C. 下降 3%
   D. 下降 2%

5. 已知 2013 年我国粮食产量的环比发展速度为 105%，2014 年为 103.5%，2016 年为 104%，又知 2016 年比 2013 年的定基发展速度为 116.4%，则 2015 年的环比发展速度为（   ）。
   A. 105.2%
   B. 103%
   C. 102.4%
   D. 109.2%

6. 计算平均发展速度的方程中，$\dfrac{\sum a}{a_0}$ 表示（   ）。
   A. 各期定基发展速度之和
   B. 各期定基发展速度之积
   C. 各期环比发展速度之和
   D. 各期环比发展速度之积

7. 求间隔相等的、间断的时点数列的序时平均数，其计算公式是（   ）。

A. $\bar{a} = \dfrac{\dfrac{a_1}{2} + a_2 + a_3 + \cdots + \dfrac{a_n}{2}}{n-1}$ B. $\bar{a} = \dfrac{\sum a}{n}$

C. $\bar{a} = \dfrac{\sum af}{\sum f}$ D. $\bar{a} = \dfrac{\dfrac{a_1+a_2}{2} \cdot f_1 + \dfrac{a_2+a_3}{2} \cdot f_2 + \cdots + \dfrac{a_{n-1}+a_n}{2} \cdot f_{n-1}}{f_1 + f_2 + \cdots + f_{n-1}}$

8. 若无季节变动，则季节比率应为（   ）。
A. 0   B. 1   C. 大于 1   D. 小于 1

9. 已知某省 2012 年粮食产量的环比发展速度为 105%，2013 年为 104%，2014 年和 2015 年均为 102%，又知 2016 年的产量与 2011 年定基相比，其定基发展速度为 118%，则 2016 年粮食产量的环比发展速度为（   ）。
A. 103.86%   B. 104.86%   C. 105.87%   D. 106.87%

10. 某地 2015～2016 年人均纯收入增长了 7.1%，2015 年增长速度为 2%，2016 年农民纯收入增长速度为（   ）。
A. 5.1%   B. 5.0%   C. 4.6%   D. 5.5%

二、多项选择题

1. 构成时间数列的基本要素是（   ）。
A. 现象所属的时间   B. 标志
C. 指标名称   D. 反映客观现象的统计指标数值

2. 把最近五年每年年末我国外汇储备按时间先后顺序排列而成的一个数列是（   ）。
A. 动态数列   B. 绝对数时间数列   C. 时期数列   D. 时点数列

3. 由两个时期数列 (a,b) 相应项对比所形成的相对数时间数列 c，计算序时平均数 $\bar{c}$ 的公式为（   ）。

A. $\bar{c} = \dfrac{\bar{a}}{\bar{b}}$ B. $\bar{c} = \dfrac{\sum cb}{\sum b}$ C. $\bar{c} = \dfrac{\sum a}{\sum b}$ D. $\bar{c} = \dfrac{\sum a}{\sum \dfrac{a}{c}}$

4. 按几何平均法计算的平均发展速度（   ）。
A. 取决于现象发展的总速度   B. 取决于现象时期的长短
C. 取决于现象最末水平与最初水平的比值   D. 受中间各期发展水平的影响

5. 应用最小平方配合一条理想的趋势线方程式，要求满足的条件是（   ）。
A. $\sum (y-y_c)^2 = 0$ B. $\sum (y-y_c)^2$ 为最小值
C. $\sum (y-y_c) = 0$ D. $\sum (y-y_c)$ 为最小值

6. 测定季节变动可以（   ）。
A. 直接采用按月（季）平均法   B. 直接采用移动平均法
C. 先剔除长期趋势的影响，再求季节变差   D. 直接求季节变差

三、判断题

1. 定基增长速度可表示为逐期增长量与最初水平之比。（ ）
2. 由间断时点数列计算序时平均数，其假定前提是现象在相邻时点之间是均匀变动的。（ ）
3. 各期发展水平之和与最初水平之比，等于各期定基发展速度之和。（ ）
4. 分段平均法与最小二乘法方法不同，但对同一资料求得的直线趋势方程参数 b 的值是相同的。（ ）
5. 如果季节比率等于1或季节变差等于0，则说明没有季节变动。（ ）

四、简答题

1. 时间序列和时点序列有何区别？
2. 现象发展的水平分析和速度分析分别运用哪些动态分析指标？它们之间的关系如何？
3. 简述计算序时平均数的方法。
4. 什么是长期趋势？测定长期趋势有哪些方法？
5. 什么是季节趋势？如何测定季节趋势？

五、计算题

1. 某地区2013~2016年工业总产值如表12-14所示。

表12-14　某地区2013~2016年工业总产值

年份	2013	2014	2015	2016
工业总产值/万元	60	66	72	80

试计算：
（1）各年逐期增减量和累计增减量；
（2）各年环比发展速度和定基发展速度；
（3）各年每增长1%的绝对值；
（4）年平均发展水平和年平均增长水平；
（5）年平均发展速度和年平均增长速度。

2. 某企业产量季度资料如表12-15所示。

表12-15　某企业产量季度资料

年份	第一季度	第二季度	第三季度	第四季度
2013	522	540	570	600
2014	630	656	680	708
2015	728	750	775	800
2016	821	845	870	900

要求：

(1) 用按季平均法计算季节指数；
(2) 用长期趋势剔除法计算季节指数。

<h2 style="text-align:center">参 考 文 献</h2>

何俊. 2008. Excel 在市场调查工作中的应用[M].北京：中国青年出版社.

贾俊平. 2011. 统计学[M].4 版.北京：中国人民大学出版社.

贾俊平. 2012. 统计学学习指导书[M].4 版.北京：中国人民大学出版社.

简明. 2004. 市场调查方法与技术[M].北京：中国人民大学出版社.

金勇进，姜妍. 2012. 市场调查方法与技术[M].北京：中国人民大学出版社.

曲岩，刘继云. 2007. 统计学[M].北京：北京大学出版社.

王吉利. 2004. 统计学教学案例[M].北京：中国统计出版社.

韦立华，朱德林. 2004. 犯罪预测动态回归分析方法[J].江苏警官学院学报，3：24-27.

郁玉环. 2005. 趋势季节模型预测方法的改进[J].统计与决策，1：12-28.

Triola M F. 2004. 初级统计学[M].8 版. 刘立新，译. 北京：清华大学出版社.

第十三章 统计指数概论

第一节 统计指数的基本问题

一、统计指数的概念和起源

统计指数简称指数,是一种表明社会经济现象总体数量变动的特殊相对数,它既能反映简单、个别社会经济现象数量变动的方向和程度,又能反映复杂、总体社会经济现象数量变动的方向和程度。所以,在实际工作中,指数作为一种描述和分析社会经济现象发展变化情况的工具得到了广泛的运用。

指数的含义有广义和狭义之分。广义的指数泛指所有社会经济现象数量对比的相对数,包括不同时间、不同空间的同类经济现象数量指标及实际完成指标与计划完成指标对比而形成的各种相对数。《英国百科全书》给指数下的定义颇具代表性:"指数是用来测定一个变量对于一个特定的变量值大小的相对数。"

狭义的指数是指反映总体社会经济现象中,不能直接加总和不能直接对比的多种不同事物在数量上总变动的一种相对数。统计中通常编制的指数,是就狭义的指数而言的。指数起源于物价指数,产生于 18 世纪下半期的欧洲。当时,欧洲成为世界经济中心,大量金银涌入欧洲,引起物价飞涨,于是产生了描述价格变动情况的愿望,指数的计算也就应运而生。最初的指数仅限于计算单个商品的价格变动指数,其计算方法比较简便,即用某一商品本期价格与前期或某一固定时期相比,公式为 $I_{\frac{a}{b}} = \frac{P_a}{P_b}$。后来,为了反映社会总体物价变动,使用 $I_{\frac{a}{b}} = \frac{P_a}{P_b}$ 或 $I_{\frac{a}{b}} = \frac{\sum \frac{P_a}{P_b}}{n}$ 这两种方法计算指数,其中,I 为指数;$\frac{a}{b}$ 为 a 期相对于 b 期;P_a 为 a 期商品价格;P_b 为 b 期商品价格。

由于上述计算公式均是假定各种商品在市场中份额相等,而这个假设与实际是不相符的,于是产生了考虑各种商品在市场上所占份额的加权指数。

根据所使用的权数不同,可将指数分为两类。

一类是拉氏指数。这种方法是由一位名叫拉斯贝尔(Laspeyres)的德国人首先使用的,因此称为拉氏指数。具体方法是:用基期的销售额作为权数,对个体价格指数求算术平均数,得出综合价格指数公式;同时,又用基期销售额(或产值)对个体物量指数求加权算术平均数,得出综合物量指数公式如下。

拉氏价格指数公式:

$$K_p = \frac{\sum p_0 q_0 \frac{p_1}{p_0}}{\sum p_0 q_0} = \frac{\sum p_1 q_0}{\sum p_0 q_0}$$

拉氏物量指数公式：

$$K_q = \frac{\sum p_0 q_0 \frac{q_1}{q_0}}{\sum p_0 q_0} = \frac{\sum p_0 q_1}{\sum p_0 q_0}$$

式中，p 为产品单价；q 为产品产量；下标 1 为报告期；下标 0 为基期。

另一类是派氏指数。这种方法是一位名叫派许（Paasche）的德国人首先提出并使用的，因此称为派氏指数。其方法和拉氏指数相比，区别是：它用报告期指标值代替拉氏指数计算过程中的基期指标值。

派氏价格指数公式：

$$K_p = \frac{\sum p_1 q_1}{\sum p_1 q_1 / \frac{p_1}{p_0}} = \frac{\sum p_1 q_1}{\sum p_0 q_1}$$

派氏物量指数公式：

$$K_q = \frac{\sum q_1 p_1}{\sum q_1 p_1 / \frac{q_1}{q_0}} = \frac{\sum q_1 p_1}{\sum q_0 p_1}$$

式中，p 为产品单价；q 为产品产量；下标 1 为报告期；下标 0 为基期。

二、统计指数的作用

（1）综合反映社会经济现象总体数量变动方向和变动程度。统计指数一般是用百分比来表示的相对数。这个百分比大于或小于100%，反映经济现象数量上升或下降的变动方向；比 100%大多少或小多少，则反映经济现象升或降的程度。例如，全国居民 2016 年与 2015 年相比的消费价格指数为 101.9%，这说明 2016 年比 2015 年全国居民消费价格总水平上涨了 1.9%，但具体到某种商品的价格，可能是涨也可能是跌；可能涨幅超过 1.9%，也可能刚好等于 1.9%或小于 1.9%。

（2）分析和测定复杂社会经济现象中各因素对总量变动的影响方向和影响程度。任何一个复杂社会经济现象的总体，一般总是由多种因素构成的，总体的变动总是由各构成因素变动综合影响的结果。例如，工业产品产值是由产品的出厂价格和产品产量两个因素构成的，即

工业产品产值 = 出厂价格×产品产量

产值的大小，就取决于出厂价格的高低及产品产量的多少。同样，企业产品总成本受企业产品数量、单位产品原材料消耗量及单位原材料价格三个因素的影响。对于这些包括两个或两个以上因素的现象总体，一般运用综合指数或平均指标指数分析其各构成因素对总指数的影响，从相对数和绝对数两方面分析各因素对总体的影响方向与程度。当统计指

数被用来分析现象总体变动中各个因素的影响情况时，这种方法称为因素分析法。

（3）用来研究社会经济现象的长期变动趋势。社会经济现象的长期变动趋势主要通过编制指数数列、观察现象发展变化的趋势来完成。这种方法尤其适用于对比分析有联系而性质又不同的时间数列之间的变动关系。例如，工农业产品的综合比价指数数列，即从农产品收购价格指数和工业品零售价格指数两个数列的联系中进行分析。

（4）用来对社会经济现象进行综合评价和测定。随着指数法在实际应用中的发展，许多社会经济现象都可以运用统计指数进行综合评价和测定，以便对某种经济现象的水平作出综合的数量判断。例如，用综合经济动态指数法评价一个地区或单位经济效益的高低；用平均数指数法评价和测定技术进步程度，及其在经济增长中的作用等。

（5）在金融产品创新中发挥重要作用。这是统计指数在其基本作用的基础上，与金融领域产品创新相结合而派生出来的功能。进入20世纪以来，随着金融市场的不断发展，金融创新工具层出不穷。由于指数能反映社会经济现象的综合变动，许多国家和地区的金融机构纷纷围绕指数推出金融衍生品，例如，联邦通货膨胀保值债券（treasury inflation-protected securities，TIPS）是用通货膨胀指数（依据消费价格指数）对本金进行调整的一种新型债券；指数期货是以指数作为基础资产的期货合约。

三、统计指数的分类

由于观察角度的不同，统计指数可划分为不同的类型。

（一）按指数所研究对象的范围不同，分为个体指数和总指数

（1）个体指数。它是说明社会经济现象中单项事物变动情况的相对数。如个体物价指数、个体产品成本指数、个体产品产量指数等。其计算方法比较简单，表现形式如下。

个体物价指数：

$$K_p = \frac{p_1}{p_2}$$

个体产品成本指数：

$$K_z = \frac{z_1}{z_2}$$

个体产品产量指数：

$$K_q = \frac{q_1}{q_2}$$

式中，K 为个体指数；p 为产品单价；z 为产品单位成本；q 为产品产量；下标 1 为报告期；下标 0 为基期。

（2）总指数。它是说明多种社会经济现象综合变动情况的比较相对数。例如，说明多种产品产量综合变动的物量总指数，说明多种产品价格综合变动的价格总指数及多种产品成本总指数。其计算方法比较复杂，将在后面有关章节详细讨论。

除此之外，还有一种介于上述两者之间的指数，称为类指数（或组指数）。类指数是在实际分析社会经济现象的变动过程中，将指数法和分组法结合使用的结果。也就是将总指数所反映的总体现象先进行分类或分组，然后按类或按组计算的统计指数。它是用来说明总体中某一类或某一组现象变动的相对数。例如，零售物价总指数可分为粮食类价格指数、服装类价格指数等；工业总产量指数也可分为重工业类产量指数和轻工业类产量指数。从理论上讲，类指数的编制原则与计算方法和总指数相同，只是针对同一研究总体，类指数所反映的对象范围比总指数小一些。实际工作中总指数与类指数常常结合运用。

（二）按指数所研究对象的性质不同，可分为数量指标指数和质量指标指数

（1）数量指标指数（简称数量指数）。它是说明现象总体规模水平变动情况的指数。如产品产量指数、职工人数指数、产品销售数量指数和货物运输量指数等。

（2）质量指标指数（简称质量指数）。它是反映工作质量好坏、管理水平高低等方面变动情况的指数。例如，产品价格指数、劳动生产率指数、平均工资指数和产品成本指数等。

无论数量指标指数的统计计算还是质量指标指数的统计计算，都需要选择恰当的同度量因素。一般情况下，计算数量指标指数时，选择相应的质量指标为同度量因素；计算质量指标指数时，选择相应的数量指标为同度量因素。

（三）按总指数的计算与编制方法不同，可分为综合指数和平均指数

总指数是说明多种事物综合变动的相对数。多种事物度量单位不同，不能直接相加，以及掌握的资料不同，导致了总指数的计算产生了两种不同方法：综合指数法和平均指数法。综合指数是由两个总量指标对比而形成的指数。平均指数是个体指数的平均数。这两种指数形式既各具独立意义，又有一定联系。在一定的条件下，平均指数公式可以演变为综合指数公式，综合指数公式也可以演变为平均指数公式。

（四）按计算指数时对比所采用的基期不同，可分为定基指数和环比指数

指数的编制，一般来说是连续进行的，因而依据时间先后形成指数数列。定基指数是指在指数数列中，每一个指数都以某一固定时期作为基期。编制定基指数数列可以反映现象总体的长期变化动态及发展过程情况。而环比指数是指在指数数列中，每一个指数都以与其相邻的前一个时期为基期。编制环比指数数列可以反映现象总体的逐期变动情况。

（五）按指数所反映现象的时间不同，可分为动态指数和静态指数

指数本来的含义都是指动态的指数，即由两个不同时间上的经济量对比形成的，它反

映的是同类现象在不同时间上发展变化的情况。由于实践中指数法应用的不断发展,指数包括静态指数,静态指数是指两个同一时间、不同空间上的经济量对比所形成的相对数;或者为同一空间范围内实际指标与计划指标相对比而形成的相对数。例如,同年甲地工业劳动生产率与乙地对比,即工业劳动生产率(静态)指数。

四、统计指数的性质

统计指数具有以下一些性质。

一是综合性,即统计指数是综合反映由多事物或多项目组成的复杂现象的总体某一方面数量的总变动方向和程度的相对数,是对多事物或多项目数量变动综合反映的结果。

二是平均性,即统计指数所反映的综合变动实际上是多事物或多项目某一数量的平均变动,是各事物或各项目某一数量变动的平均结果。

三是相对性,所谓相对性有两层含义:第一层含义是统计指数都用相对数或比率来表示,属于相对数的范畴。第二层含义是在编制总指数时要在假定其他指标或因素不变的情况下反映指数化指标的变动情况,其结果具有相对准确性。

四是代表性,即在编制总指数时,有时由于所涉及的事物或项目太多,难以一一加以考虑,只能选择部分有代表性的事物或项目作为编制指数的依据。

第二节 综合指数与平均指数

一、综合指数的定义和特点

(一)综合指数的定义

综合指数是总指数的一种形式,它是由两个总量指标对比而形成的相对数。在包括两个或两个以上因素的总量指标中,将其中一个或一个以上的因素指标固定下来,仅观察其中一个因素的变动情况,这样编制出来的总指数称为综合指数。

(二)综合指数的特点

从综合指数的编制方法上看,它有以下几个特点。

(1)先综合后对比。即在编制综合指数时,首先应解决现象总体中各个体由于使用价值不同、度量单位不同而不能直接加总的问题。为此,需要从现象的内在出发,确定与研究现象相联系的因素,使其成为同度量因素,从而将不能直接加总的指标过渡到能够相加和对比的指标,然后进行对比。例如,要观察两个不同时期商品总量的变化情况,由于不同商品的使用价值不同,度量单位各异,各种商品的数量不能直接相加。但如果把各种商品的数量转化为价值量,也就是把各种商品量乘以各自相应的价格,得到各自的价值量。作为社会产品,它们都有价值,作为商品价值是可以相加和对比的。因此,将两个时期总价值量进行对比,就可以分析不同商品销售量的综合变动情况,而各种商品的价格就是同度量因素。

(2)把总量指标中同度量因素加以固定,以测定所要研究的因素,即指数化指标的变动程度。例如,如果我们要研究的是商品销售量的变动,商品的价格就是同度量因素,将各种商品的销售量乘以各种商品的价格后相加得到销售总额。但是,若要反映商品销售量的变动,并不能将两个时期的实际销售额直接对比,因为其对比结果所反映的是商品销售额的变动,要反映商品销售量的综合变动,就需要将两个时期各类商品的价格作为同度量因素固定在同一时期,以测定两个时期各类商品销售量的变动情况。

(3)综合指数的分子、分母在所研究对象的范围内必须保持一致,所反映的现象变动程度应是所综合的资料范围内该现象的变动程度。例如,可以编制一个企业、一个地区、一个部门或全国的指数等,无论范围大小,分子、分母范围都应一致,并以全面资料为基础,否则计算出的结果就不正确。因此,编制综合指数所采用的是全面调查资料,不存在抽样误差的问题。

二、综合指数编制的原理和方法

综合指数的编制方法是编制总指数的基本方法。构成现象总体的因素,大体可分为数量因素和质量因素。所以,综合指数也就分为数量指标综合指数和质量指标综合指数。这两种综合指数编制的基本原理是一样的,只是在处理方法上略有不同。下面就说明这两种指数的编制。

(一)数量指标综合指数

数量指标综合指数是说明数量指标变动情况,即总体规模变动情况的比较指标。如工业产品生产量指数、商品销售量指数等。下面以某企业产品生产量指数为例,说明数量指标综合指数的编制原理和方法。有关资料如表 13-1 所示。

表 13-1 某企业产品生产量指数计算表

产品类别	计量单位	产品数量		产品价格/元	
		基期 q_0	报告期 q_1	基期 p_0	报告期 p_1
A	吨	130	150	400	600
B	件	5000	6000	10	8
C	个	2000	2500	24	26

根据表中资料,要测定 A、B 和 C 三类产品生产量的总变动情况,就必须计算生产量总指数。由于三类产品的度量单位分别为吨、件和个,显然不能直接加总,但必须借助同度量因素这一媒介,也就是本例中的价格因素,分别计算出报告期和基期的产品价值总额,然后将两个时期产品价值总额加以对比。由于产品价值的变化包括两个因素的变化,只能固定其

中的同度量因素，即价格，才能观察另一因素，即生产量的变化。其一般公式为

$$\bar{K}_q = \frac{\sum pq_1}{\sum pq_0}$$

式中，$\bar{K}_q$ 为生产量总指数；p 为某一时期价格；q_1 为报告期生产量；q_0 为基期生产量。

作为同度量因素的价格可以固定在基期，也可以固定在报告期，还可以固定在某一特定时期。采用不同时期的价格，会得到不同的计算结果，自然也反映不同的经济意义。

（1）以基期价格作为同度量因素，其公式为

$$\bar{K}_q = \frac{\sum p_0 q_1}{\sum p_0 q_0}$$

这个公式称为拉氏物量指数公式，其计算结果的经济意义是：在基期价格水平下，产品生产量的综合变动方向和程度。分子与分母的差额 $\left(\sum p_0 q_1 - \sum p_0 q_0\right)$，说明产品生产量变动对产值绝对数的影响程度。以表 13-1 的资料为例，列出产品生产量综合指数计算表，如表 13-2 所示。

表 13-2 产品生产量综合指数计算表一

产品类别	计量单位	产品数量		基期价格 p_0	产品产值/元	
		基期 q_0	报告期 q_1		基期实际 $p_0 q_0$	报告期假定 $p_0 q_1$
A	吨	130	150	400	52 000	60 000
B	件	5 000	6 000	10	50 000	60 000
C	个	2 000	2 500	24	48 000	60 000
合计	—	—	—	—	150 000	180 000

$$\bar{K}_q = \frac{\sum p_0 q_1}{\sum p_0 q_0} = \frac{180\,000}{150\,000} = 1.20 \text{ 或 } 120\%$$

计算结果表明：三类产品生产量平均增长 20%，由于产量增长而使产值增加量为

$$\sum p_0 q_1 - \sum p_0 q_0 = 180\,000 - 150\,000 = 30\,000(\text{元})$$

（2）以报告期价格作为同度量因素，其公式为

$$\bar{K}_q = \frac{\sum p_1 q_1}{\sum p_1 q_0}$$

这个公式称为派氏物量指数公式，其计算结果的经济意义是：在报告期价格水平下，产品生产量的综合变动方向和程度。分子与分母相减的差额 $\left(\sum p_1 q_1 - \sum p_1 q_0\right)$，说明生产量变动对产值绝对数的影响程度。仍以表 13-1 的资料为例，列出产品生产量综合指数计算表，如表 13-3 所示。

表 13-3　产品生产量综合指数计算表二

产品类别	计量单位	产品数量		报告期价格 p_1	产品产值/元	
		基期 q_0	报告期 q_1		基期假定 p_1q_0	报告期实际 p_1q_1
A	吨	130	150	600	78 000	90 000
B	件	5 000	6 000	8	40 000	48 000
C	个	2 000	2 500	26	52 000	65 000
合计	—				170 000	203 000

$$\overline{K}_q = \frac{\sum p_1 q_1}{\sum p_1 q_0} = \frac{203\,000}{170\,000} \approx 1.194 \text{ 或 } 119.4\%$$

计算结果表明：三类产品生产量平均增长 19.4%，由于产量增长而使产值增加量为

$$\sum p_1 q_1 - \sum p_1 q_0 = 203\,000 - 170\,000 = 33\,000(元)$$

（3）以某一固定时期的不变价格作为同度量因素，其公式为

$$\overline{K}_q = \frac{\sum p_n q_1}{\sum p_n q_0}$$

式中，p_n 为某一固定时期的不变价格。

一种不变价格沿用的时间不宜过长，我国曾以 1950 年、1952 年、1957 年、1970 年、1980 年、1990 年、2000 年的实际价格作为不变价格，其后是以 2010 年的实际价格作为不变价格。

无论用基期价格作为同度量因素，还是用报告期价格作为同度量因素，虽然都各有其经济意义，但是存在两个问题：其一，不便于进行长期比较，因为基期价格和报告期价格都是对一个总指数而言的，但对环比指数来说，各个时期总指数所用的价格就不同了，所以不便于进行比较。其二，计算工作量相当繁重，每个时期的总指数由于价格不是固定时期的，都要重新收集价格资料，这给实际工作带来很大的困难。

（二）质量指标综合指数

质量指标综合指数是说明质量指标变动方向和程度的指数，它是反映总体内质量变动情况的比较指标。如产品成本指数、工资水平指数、价格指数等。下面以职工工资水平指数为例，说明质量指标综合指数的编制原理和方法。有关资料如表 13-4 所示。

要测定各类职工工资水平的总变动，就需计算工资水平总指数。如果直接将报告期工资水平总额与基期工资水平总额对比，由于没有考虑三类职工在总体中的比例，显然这样计算出来的工资水平总指数不能反映该厂工资水平变动的实际情况，因此，必须采用综合指数形式计算工资水平总指数。这就要求将职工人数作为同度量因素，固定职工人数，以观察职工工资水平的变化。其公式为

$$\overline{K}_p = \frac{\sum p_1 q}{\sum p_0 q}$$

式中，$\bar{K}_p$ 为工资水平总指数；p_1 为报告期工资水平；p_0 为基期工资水平；q 为职工人数。

表 13-4 工资水平综合指数计算表一

职工类型	职工人数/人		工资水平/元	
	基期 q_0	报告期 q_1	基期 p_0	报告期 p_1
老职工	200	240	4200	4800
年轻职工	750	700	3600	4000
学徒	250	200	3000	3500

作为同度量因素的职工人数，同样可以固定在基期，也可以固定在报告期。还有一种是以报告期和基期人数之和作为权数来计算。

（1）以基期职工人数作为同度量因素，其公式为

$$\bar{K}_p = \frac{\sum p_1 q_0}{\sum p_0 q_0}$$

这个公式又称为拉氏质量指数公式。计算结果的经济意义是：假定在基期人数不变的情况下，职工工资水平的综合变动方向和程度。分子与分母的差额 $\left(\sum p_1 q_0 - \sum p_0 q_0\right)$，说明工资水平变动对工资总额的影响程度。仍以表 13-4 的资料为例，列出工资水平综合指数计算表，如表 13-5 所示。

表 13-5 工资水平综合指数计算表二

职工类型	工资水平/元		基期职工人数 q_0/人	工资总额/元	
	基期 p_0	报告期 p_1		基期实际 $p_0 q_0$	报告期假定 $p_1 q_0$
老职工	4 200	4 800	200	840 000	960 000
年轻职工	3 600	4 000	750	2 700 000	3 000 000
学徒	3 000	3 500	250	750 000	875 000
合计	—	—	1 200	4 290 000	4 835 000

$$\bar{K}_p = \frac{\sum p_1 q_0}{\sum p_0 q_0} = \frac{4\,835\,000}{4\,290\,000} \approx 1.127 \text{ 或 } 112.7\%$$

计算结果表明：工资水平平均上升了 12.7%，工资水平上升，使工资总额上升额为

$$\sum p_1 q_0 - \sum p_0 q_0 = 4\,835\,000 - 4\,290\,000 = 545\,000(元)$$

（2）以报告期职工人数为同度量因素，其公式为

$$\bar{K}_p = \frac{\sum p_1 q_1}{\sum p_0 q_1}$$

这个公式又称为派氏质量指数公式。计算结果的经济意义是：假定在报告期人数不变

的情况下，职工工资水平的综合变动方向和程度。分子与分母的差额$\left(\sum p_1q_1 - \sum p_0q_1\right)$，说明工资水平变动对工资总额的影响程度。仍以表 13-4 的资料为例，列出工资水平综合指数计算表，如表 13-6 所示。

表 13-6　工资水平综合指数计算表三

职工类型	工资水平/元		报告期职工人数 q_1/人	工资总额/元	
	基期 p_0	报告期 p_1		基期假定 p_0q_1	报告期实际 p_1q_1
老职工	4 200	4 800	240	1 008 000	1 152 000
年轻职工	3 600	4 000	700	2 520 000	2 800 000
学徒	3 000	3 500	200	600 000	700 000
合计	—	—	1 140	4 128 000	4 652 000

$$\overline{K}_p = \frac{\sum p_1q_1}{\sum p_0q_1} = \frac{4\,652\,000}{4\,128\,000} \approx 1.127 \text{ 或 } 112.7\%$$

计算结果表明：工资水平上升了 12.7%，由于工资水平上升，工资总额上升额为

$$\sum p_1q_1 - \sum p_0q_1 = 4\,652\,000 - 4\,128\,000 = 524\,000(元)$$

（3）以报告期和基期职工人数之和为同度量因素，其公式为

$$\overline{K}_p = \frac{\sum p_1(q_0+q_1)}{\sum p_0(q_0+q_1)}$$

在国外，将这种公式称为马歇尔-埃奇沃思公式，在我国这种方法较少运用。

三、综合指数的同度量因素的选择

同度量因素是指在计算综合指数时，解决总体中各个体不能直接相加的媒介因素，其作用就是使不能直接相加的指标过渡到能够相加的指标。选择同度量因素的指标的主要原则是：要根据现象之间的经济联系，用与指数化指标具有相互联系的指标作为同度量因素。例如，在总成本等于生产量乘以单位产品成本这一经济联系中，若要反映单位产品成本的变动，则以生产量作为同度量因素；若要反映生产量的变动，则以单位产品成本作为同度量因素。

在综合指数的计算中，同度量因素要固定在某个时期上，不仅可以将不能直接加总的现象过渡到可以加总，以便观察指数化因素的变动；而且对综合指数的计算结果具有权衡轻重的作用，所以，同度量因素又称为指数计算中的权数。关于同度量因素的时期确定，也可以有不同的方法，不同方法会产生不同的计算结果。

其一，要从指数本身的经济意义考虑。如前例所示，工资水平指数用报告期职工人数作同度量因素，分子指标 $\sum p_1q_1$ 表示三类职工报告期的实际工资总额，分母指标 $\sum p_0q_1$ 表示三类职工按报告期人数与基期工资水平计算的工资总额，它们之间的对比关系和绝对差额说明在报告期职工人数结构条件下，工资水平的变化使工资总额增加或减少的程度及

绝对额。如果用职工基期人数作同度量因素，分子指标 $\sum p_1q_0$ 表示按基期职工人数、报告期工资水平计算的假定工资总额，分母指标 $\sum p_0q_0$ 表示三类职工的实际基期工资总额指标，它们之间的对比关系和绝对差额，说明如果在基期职工人数结构条件下，工资水平变动对职工工资总额的影响程度和绝对额。一般认为，前者的经济意义较为显著。因此，在编制质量指标综合指数时，如成本指数、价格指数、劳动生产率指数、工资水平指数等，宜采用报告期数量指标作为同度量因素。而对于数量指标指数，如销售量指数、生产量指数等，则将同度量因素固定在基期，说明在基期质量指标不变的条件下，销售量、生产量等数量指标的变化情况。

其二，从指数体系的要求考虑，指数方法既可以单独编制质量指标指数和数量指标指数，以独立地研究经济现象，又可以把几个经济上有联系、数量上有关系的指数组成指数体系，以分别测定各因素指数对总指数的影响。应用指数体系方法时，对各因素指数的同度量因素的时期就有一定的要求。例如，两因素的指数体系，其中的一个因素指数的同度量因素固定在基期，另一个因素指数的同度量因素就必须固定在报告期，这样，才能保证在数量上的对等关系。因此，同度量因素固定的时期，除了考虑指数本身的经济意义外，还要考虑指数体系的要求。

其三，从实际应用和是否便于取得资料方面考虑，有些方法，从理论上看优点很多，但是在实际中却行不通，或是很难取得资料。例如，把同度量因素固定在报告期的价格指数，必须取得报告期的各种商品销售量，但这种资料有时是很难取得的。所以，从编制的可行性考虑只能采用其他方法，如可用基期资料等。

综上所述，确定综合指数中的同度量因素所属时期，在国内，一般情况是：编制质量指标指数，采用报告期数量指标为同度量因素；编制数量指标指数，采用基期质量指标为同度量因素。在某些特殊情况下，为了反映实际经济效果，在编制数量指标指数时，也以报告期质量指标为同度量因素。

在国外，编制质量指标指数时，用基期数量指标作为同度量因素；编制数量指标指数时，用基期质量指标作为同度量因素。他们认为：只有将同度量因素均固定在基期，才能确切地反映其他因素变动情况，而如果用报告期指标作为同度量因素，则反映的不仅仅是一个指标的变动情况。例如，计算工资水平指数，如果选用报告期职工人数为同度量因素，分母 $\sum p_0q_1$ 为假定的基期资料，与实际基期资料 $\sum p_0q_0$ 相比存在人数的变动，所以，用公式 $\bar{K}_p = \dfrac{\sum p_1q_1}{\sum p_0q_1}$ 求出来的值也不仅仅反映工资水平变动，而且也隐含着人数变动的因素。

总之，在实际编制综合指数的过程中，要根据具体情况的不同，来决定同度量因素的固定时期。

四、平均数指数的含义

平均数指数是总指数的另一种计算形式。它是以个体指数为基础，采用加权形式编制总指数，以测定总体现象的平均变动程度。平均数指数和综合指数同是计算总指数的方法。

在一定条件下,两种公式可以相互转化。综合指数是从复杂社会经济现象的总量出发,依靠同度量因素来观察指数化因素的变动。平均数指数却是从独立的社会经济现象出发,通过对个体变化率(即个体指数)加权平均的方法来观察总体平均变动。这两种计算总指数的方法各有其实用价值。

五、平均数指数的编制方法

平均数指数有两种基本形式:一是加权算术平均数指数;二是加权调和平均数指数。由于所使用的权数不同,每种形式又包括综合指数变形计算形式和固定权数计算形式。

(一)综合指数变形计算形式的平均数指数

1. 加权算术平均数指数

它一般在编制数量指标指数时运用。只要掌握了个体指数及综合指数的分母(基期的实际数)数值即可。仍用表 13-1 的资料计算加权算术平均数形式的产量指数,其计算表如表 13-7 所示。

表 13-7 加权算术平均数形式的产量指数计算表

产品类别	计量单位	生产产品数量		个体指数 $k = \dfrac{q_1}{q_0}$ /%	基期产值 $p_0 q_0$ /元	个体指数及其产值乘积 $k p_0 q_0$
		基期 q_0	报告期 q_1			
A	吨	130	150	115.4	52 000	60 008
B	件	5 000	6 000	120	50 000	60 000
C	个	2 000	2 500	125	48 000	60 000
合计	—	—	—	—	150 000	180 008

$$\overline{K}_q = \frac{\sum k p_0 q_0}{\sum p_0 q_0} = \frac{180\ 008}{150\ 000} \approx 1.20 \text{ 或 } 120\%$$

计算结果表明:三类产品产量报告期比基期平均增长 20%。这个结果与前面拉氏物量指数计算的结果完全相同。原因在于:在产量指数采用基期产品产值 $p_0 q_0$ 加权的条件下,加权算术平均数指数与综合指数之间存在变形关系:

$$\overline{K}_q = \frac{\sum k p_0 q_0}{\sum p_0 q_0} = \frac{\sum \dfrac{q_1}{q_0} p_0 q_0}{\sum p_0 q_0} = \frac{\sum p_0 q_1}{\sum p_0 q_0}$$

若使用 $p_0 q_0$ 以外的任何其他权数,则不存在上述变形关系。

两种指数虽存在变形关系,但两者的应用条件却有不同。综合指数在计算物量指数时,必须计算一个假定的产值,即 $\sum p_0 q_1$,而要取得这样的资料在实际编制过程中往往比较困难，有时甚至是不可能的。而加权算术平均数指数在计算物量指数时，只需要掌握每种单项事物的个体数量指数和其基期产值，而不需要对应的价格资料和其他资料，也不需要计算假定的产值 $\sum p_0 q_1$。

在前述综合指数形式下计算物量指数时，曾谈到同度量因素有三种选择方法，即可用报告期的、可用基期的、可用某一时期的。这里只选用了基期同度量因素的综合物量指数进行变形，这是由于虽然使用报告期和某一时期同度量因素的综合物量指数都可以变形为加权算术平均数指数，但变形后仍然要计算假定产值。例如，采用报告期同度量因素的综合物量指数与加权算术平均数指数的关系为

$$\bar{K}_q = \frac{\sum k p_1 q_0}{\sum p_1 q_0} = \frac{\sum \frac{q_1}{q_0} p_1 q_0}{\sum p_1 q_0} = \frac{\sum p_1 q_1}{\sum p_1 q_0}$$

由于假定产值 $\sum p_0 q_1$ 不易取得，所以变形的实际意义不大。

2. 加权调和平均数指数

它一般适用于编制质量指标指数。只要掌握了个体质量指数及综合指数的分子（报告期的实际数）数值即可。现以表 13-4 的资料，编制工资水平指数，如表 13-8 所示。

表 13-8　工资水平指数计算表

职工类型	工资水平/元		平均工资指数/% $k = \frac{p_1}{p_0}$/%	报告期实际工资总额 $p_1 q_1$/元	报告期实际工资总额除以平均工资指数 $\frac{1}{k} p_1 q_1$
	基期 p_0	报告期 p_1			
老职工	4 200	4 800	114.3	1 152 000	1 007 874
年轻职工	3 600	4 000	111.1	2 800 000	2 520 252
学徒	3 000	3 500	116.7	700 000	599 829
合计	—	—	—	4 652 000	4 127 955

$$\bar{K}_p = \frac{\sum p_1 q_1}{\sum \frac{1}{k} p_1 q_1} = \frac{4\,652\,000}{4\,127\,955} \approx 1.127 \text{ 或 } 112.7\%$$

这个计算结果与前面以报告期职工人数为同度量因素的综合工资水平指数的计算结果完全相同。原因同样在于：综合指数与加权调和平均数指数之间存在变形关系，即

$$\bar{K}_p = \frac{\sum p_1 q_1}{\sum \frac{1}{k} p_1 q_1} = \frac{\sum p_1 q_1}{\sum \frac{p_0}{p_1} p_1 q_1} = \frac{\sum p_1 q_1}{\sum p_0 q_1}$$

这种变形关系存在的条件是：如果综合工资水平指数采用报告期数量指标为同度量因素，那么加权调和平均数指数中的权数就必须采用 $p_1 q_1$；否则，就不存在变形关系。这种加权调和平均数指数的计算不用计算假定工资总额 $\sum p_0 q_1$。而只需要用个体质量指数资料及报告期工资总额资料，所以取得资料较方便。

总之，在计算总指数时，是直接用综合指数计算还是用其变形形式加权平均数指数来计算，要根据所掌握的资料而定。

（二）固定权数计算形式的平均数指数

1. 用固定权数计算加权算术平均数指数

固定权数是指用某一时期，经过调整后的权数资料，以比重的形式固定下来作为权数，通常用 w 表示。固定权数计算的加权算术平均数指数中的 w，与 $p_0 q_0$ 的口径、范围可能不一致，时期也可能不一致。

固定权数计算加权算术平均数指数的公式如下。

价格指数：

$$\overline{K}_p = \frac{\sum \frac{p_1}{p_0} w}{\sum w}$$

物量指数：

$$\overline{K}_q = \frac{\sum \frac{q_1}{q_0} w}{\sum w}$$

由于全面统计资料在实际统计工作中较难获取，有时甚至是不可能取得的。而采用固定权数来计算加权算术平均数指数具有无可比拟的优势，以固定权数形式编制指数简便迅速，有很大的灵活性。目前，许多西方国家一般都是用固定权数来统计消费品价格指数。我国编制的零售物价指数也是用固定权数加权的方法计算的，有的 PPI、工业原材料购进价格指数等也都是采用这种方法。这种方法要分别计算个体指数、类指数和总指数，因此也要分层确定比重权数，各层权数之和都等于 100。权数一经固定，一般 5 年左右更换一次，在使用期限内可做个别调整。其计算公式为

$$\overline{K} = \frac{\sum kw}{\sum w}$$

下面以零售物价指数为例，说明其计算方法，资料见表 13-9。

表 13-9 零售物价指数计算表

商品类别	类指数 k	固定权数 w	kw /%
一、食品类	100.0	49	4 900.0
二、衣着类	138.8	25	3 470.0
三、日用品类	120.0	10	1 200.0
四、医药类	150.0	3	450.0
五、文化用品类	113.2	7	792.4
六、燃料类	125.0	6	750.0
合计	—	100	11 562.4

表 13-9 的资料表明某地区零售商品类价格的类指数及相应固定权数，将资料代入公式可得该地区零售商品价格总指数：

$$\overline{K}_p = \frac{\sum kw}{\sum w} = \frac{11562.4\%}{100} = 115.624\%$$

2. 用固定权数计算加权调和平均数指数

以 w 代表固定权数，加权调和平均数指数公式为

$$\overline{K}_p = \frac{\sum w}{\sum \frac{1}{k}w}$$

这种公式在实际工作中较少运用，此处从略。

六、平均数指数的特点

与综合指数相比，平均数指数有以下特点。

第一，综合指数要求使用全面资料编制，而平均数指数则既可以利用全面资料进行编制，也可利用非全面资料进行编制。权数资料既可以和个体指数资料的范围相一致，也可不一致。即个体指数可以选择一部分代表品，而权数资料不受代表品的限制。它可以是范围更广的资料或是利用实际总值资料进行计算，并且可以不计算假定的总值指标。所以，它是一种适用、灵活方便的计算总指数的方法。

第二，平均数指数权数的选择有多种方法，既可用实际总值指标计算，也可用比重指标计算。在权数资料无法取得或无法确定时，还可以根据对经济情况的分析，通过编制经验权数进行计算。而综合指数是不能用比重或经验权数来计算的。

七、固定加权平均数指数的应用

平均数指数具有以上两个综合指数无法替代的优点，因此具有十分广泛的实用价值，尤其是固定加权平均数指数应用更为广泛。在采用固定加权平均数指数时，应解决好以下几个问题。

（一）代表品的选择

固定加权平均数指数的计算，既可以采用全面资料，也可以采用非全面资料，即样本资料。在实际工作中，多采用非全面资料。例如，目前我国计算的零售物价指数，如果采用全面资料，就要收集几百万个品种的资料，这是很难办到的。因此，可以选择一些有代表性的品种，计算出个体指数，对其进行加权平均，求出总指数。由于指数的研究对象与目的不同，选择代表品的方法也不同，但可遵循三条基本原则。

（1）代表品要有充分的代表性。从一个总体看，它有多个侧面、多种标志。因此，代

表品的代表性只能根据研究问题的具体情况,确定其主要标志,求其在某一性质上有代表性。例如,价格指数研究的是价格变动,代表品的代表性在于其价格变动的趋势和程度,能基本上反映总体价格变动的趋势和程度。

(2)选择那些对国计民生影响较大的品种。因为这些品种的价格或产量的变化,对国民经济的发展,往往具有举足轻重的作用和影响力。

(3)选择经济寿命比较长、有发展前途的品种,力求避免选择那些行将淘汰的品种。至于选择的代表品的数目,从理论上看,数量越多,相对来说代表性会更大一些。但由于人力、物力、资料、计算条件等方面的限制,样本数目不可能无限扩大,但数目也不能太少,应根据具体的任务要求而定。

(二)权数的编制

加权算术平均数指数的权数编制,涉及权数的内容、编制权数的方法等问题。权数的内容是指选用什么指标作为权数。一般来说,对于经济指数,只要能够起到对各个变量值权衡轻重的作用并具有可加性的指标,都可用来作为权数。例如,各种价值量指标。另外,还可采用比重权数、经验权数等。

编制权数的方法主要有三种,即直接权数、附加权数和分层分摊权数。我们以销售额指标作权数为例分别加以说明。

直接权数是以全部代表品的销售额为100%,然后求各代表品的销售额在全部代表品销售额中所占的比重。这个比重,就是代表品的权数。因为它是直接用代表品的销售额计算的,所以称为直接权数。

附加权数是指附加在每一代表品上的权数,这里不仅有该品种的权数,还有由该代表品在指数中所代表的那一部分品种的权数。以工业品价格指数为例,假定权数基期与指数基期一致,已知化工原料产品醇酸树脂漆价格,报告期比基期上涨7%,在基期其销售额在全部工业品中的比重是2.5‰,如果该种漆在指数中仅代表自己,则它的权数也就等于2.5‰。现在确定让它代表其他没有包括在样本中的17类漆,这17类漆的基期销售额占全部工业品销售额的6‰。于是,在指数样本中,醇酸树脂漆的权数就不是2.5‰,而是8.5‰(醇酸树脂漆的权数2.5‰加上附加权数6‰)。这样,价格上涨7%的就不仅仅指醇酸树脂漆,而且还包括醇酸树脂漆代表的全部油漆产品。

分层分摊权数是指将非代表品的销售额分层分摊到代表品上。假定指数分为大类、中类、小类、产品四层,其具体计算步骤如下。

第一层计算代表大类权数。求出各代表大类的销售额占全部代表大类销售额的比重,此比重即大类权数。

第二层计算代表中类权数。从代表大类中选出代表中类产品,求出各代表中类的销售额占全部代表中类销售额合计的比重,再用这个比重乘以该大类权数,其积即各代表中类权数。

第三层计算各代表小类权数。从代表中类选出代表小类产品,求出各代表小类的销售额占全部代表小类销售额合计的比重,再用这个比重乘以该中类权数,其积即各代表小类权数。

第四层计算各代表产品权数。从代表小类中选出代表品，求出各代表品的销售额占小类中全部代表品销售额合计的比重，再用这个比重乘以小类权数，其积即各代表品权数。

这几种编制权数的方法各有利弊，可根据指数的不同要求选用。

第三节 平均指标指数

一、平均指标指数的含义

统计指数法不仅用于总量指标的分析，还可用于平均指标的动态分析。这种用于动态分析平均指标的方法称为平均指标指数，即同一经济内容的两个不同时期的平均指标数值之比。它是对平均指标的变动情况进行分析的一种方法。平均指标指数的一般公式为

$$\overline{K} = \frac{\overline{x}_1}{\overline{x}_0}$$

式中，$\overline{x}_1$ 为报告期平均指标数值；$\overline{x}_0$ 为基期平均指标数值。

常见的平均指标指数有劳动生产率指数、平均工资指数、平均单位成本指数等。下面以劳动生产率指数为例，介绍平均指标指数的基本原理和分析方法。

劳动生产率指数的公式如下：

$$\overline{K} = \frac{\overline{q}_1}{\overline{q}_0} = \frac{\sum q_1 T_1}{\sum T_1} \bigg/ \frac{\sum q_0 T_0}{\sum T_0}$$

式中，$\overline{q}_1$ 为报告期平均劳动生产率；$\overline{q}_0$ 为基期平均劳动生产率；q_1 为报告期劳动生产率；q_0 为基期劳动生产率；$\sum q_1 T_1$ 为报告期产量；$\sum q_0 T_0$ 为基期产量；$\sum T_1$ 为报告期工人总数；$\sum T_0$ 为基期工人总数。

上式也可改写为

$$\overline{K} = \sum q_1 \frac{T_1}{\sum T_1} \bigg/ \sum q_0 \frac{T_0}{\sum T_0}$$

显而易见，劳动生产率指数反映两个因素变动的影响，即各种工人劳动生产率变动的影响和各组工人人数在全部工人总数中所占比重变动的影响。这是因为加权算术平均数本身包括标志值和权数两个因素，所以平均指标指数所反映的变动程度，也包括两个因素的影响，即不仅受所平均的经济指标变动的影响，而且还受所研究总体内部单位数结构变动的影响。

因为平均指标指数受两个因素的影响，这又类似于综合指数中的两个因素间的关系，为了测定一个因素的变动情况，必须将另一个因素固定下来，因此，应利用因素分析法对平均指标指数进行分析。

二、平均指标指数的类型与联系

平均指标指数变动既包括标志值，也包括权数构成的变动，如表 13-10 的资料所示。

表 13-10 劳动生产率指数计算表

单位类别	总产值/万元		平均人数/人				劳动生产率/(万元/人)		劳动生产率指数
			基期		报告期				
	基期 q_0T_0	报告期 q_1T_1	人数 T_0	$\dfrac{T_0}{\sum T_0}$ /%	人数 T_1	$\dfrac{T_1}{\sum T_1}$ /%	基期 q_0	报告期 q_1	
甲车间	10 800	24 000	1 200	40	2 000	50	9	12	133.3
乙车间	27 000	32 000	1 800	60	2 000	50	15	16	106.7
全厂	37 800	56 000	3 000	100	4 000	100	12.6	14.0	114.1

全厂劳动生产率的上升是由两个因素的共同影响所致：一是甲、乙两车间职工平均劳动生产率的变动；二是甲、乙两车间人员比重的变动。下面我们将通过计算三种指数形式来分析。

(一) 可变构成指数

可变构成指数是指现象总体的变动由各组平均水平和总体结构变动两个因素相互作用的结果的指数。根据表 13-10 的资料，可得全厂基期和报告期的劳动生产率分别为

$$\overline{q}_1 = \frac{\sum q_1 T_1}{\sum T_1} = \sum q_1 \frac{T_1}{\sum T_1} = \frac{56\,000}{4\,000} = 14.0(万元/人)$$

$$\overline{q}_0 = \frac{\sum q_0 T_0}{\sum T_0} = \sum q_0 \frac{T_0}{\sum T_0} = \frac{37\,800}{3\,000} = 12.6(万元/人)$$

劳动生产率可变构成指数为

$$\overline{K} = \frac{\overline{q}_1}{\overline{q}_0} = \frac{\sum q_1 T_1}{\sum T_1} \bigg/ \frac{\sum q_0 T_0}{\sum T_0} = \frac{14.0}{12.6} \approx 111.1\%$$

这说明全厂劳动生产率水平平均提高了 11.1%，全厂劳动生产率水平的绝对数增加了 1.4（即 14.0－12.6）万元/人。

我们不仅仅是为了研究全厂劳动生产率水平的变动程度和方向，更重要的是找出各车间职工劳动生产率水平变动和职工比重变动对全厂劳动生产率的影响情况。同综合指数相似，在观察一个因素变化时，需将另一个因素固定。固定时期可以是报告期，也可以是基期。但一般情况下，在观察平均水平变化的时候，把结构固定在报告期；在观察结构变动时，把平均水平固定在基期。下面我们以这种方式来计算固定构成指数和结构影响指数。

(二) 固定构成指数

为了观察各车间劳动生产率的变动影响，将职工结构假定在报告期情况下来计算劳动

生产率指数，这个指数称为劳动生产率固定构成指数。其公式为

$$\text{劳动生产率固定构成指数} = \frac{\sum q_1 T_1}{\sum T_1} \Big/ \frac{\sum q_0 T_1}{\sum T_1}$$

$$= \frac{56\,000}{4\,000} \Big/ \frac{48\,000}{4\,000}$$

$$= \frac{14.0}{12.0} \approx 116.7\%$$

这个结果说明：两车间劳动生产率水平平均提高了16.7%，全厂劳动生产率水平提高的绝对数为2.0（即14.0–12.0）万元/人。

（三）结构影响指数

为了观察各车间人员比重结构对全厂劳动生产率的变动影响，将各车间劳动生产率水平假定在基期条件下来计算劳动生产率指数，这个指数称为劳动生产率结构影响指数。其公式为

$$\text{劳动生产率结构影响指数} = \frac{\sum q_0 T_1}{\sum T_1} \Big/ \frac{\sum q_0 T_0}{\sum T_0}$$

$$= \frac{48\,000}{4\,000} \Big/ \frac{378\,00}{3\,000}$$

$$= \frac{12.0}{12.6} \approx 95\%$$

这个结果表明：两个车间人员比重的变动，使全厂劳动生产率下降了5%，下降的绝对数为0.6（即|12.0–12.6|）万元/人。

（四）上述三个指数之间的联系

可变构成指数、固定构成指数和结构影响指数三者之间具有一定的内在联系，形成一个指数体系，即

$$\text{可变构成指数} = \text{固定构成指数} \times \text{结构影响指数}$$

$$\frac{\sum q_1 T_1}{\sum T_1} \Big/ \frac{\sum q_0 T_0}{\sum T_0} = \left(\frac{\sum q_1 T_1}{\sum T_1} \Big/ \frac{\sum q_0 T_1}{\sum T_1} \right) \times \left(\frac{\sum q_0 T_1}{\sum T_1} \Big/ \frac{\sum q_0 T_0}{\sum T_0} \right)$$

绝对数上有

$$\frac{\sum q_1 T_1}{\sum T_1} - \frac{\sum q_0 T_0}{\sum T_0} = \left(\frac{\sum q_1 T_1}{\sum T_1} - \frac{\sum q_0 T_1}{\sum T_1} \right) + \left(\frac{\sum q_0 T_1}{\sum T_1} - \frac{\sum q_0 T_0}{\sum T_0} \right)$$

根据上例的结果有

$$111.1\% \approx 116.7\% \times 95\%$$

$$1.4 \text{ 万元/人} = 2 \text{ 万元/人} - 0.6 \text{ 万元/人}$$

第四节 统计指数体系与因素分析

一、统计指数体系

（一）指数体系的含义和作用

社会经济现象的各种因素不是孤立存在的，而是相互联系和相互影响的。统计中除了根据现象的内在因素的联系编制综合指数外，还应用指数体系来分析现象中各种因素对总体的影响程度。

我们把那些在经济上有联系、在数量上保持一定关系的若干指数形成的整体，称作指数体系。例如：

商品销售额指数＝商品价格指数×商品销售量指数

利润额指数＝生产量指数×产品价格指数×销售利润率指数

需要注意的是：组成指数体系的指数必须满足两个条件，即各因素指数的乘积应等于总变动指数；各因素指数分子、分母差额的总和，应等于总量指标实际发生的总差额。

根据因素指数所采用的同度量因素的不同时期，通常组成两套指数体系。

（1）质量指数将同度量因素固定在报告期，而数量指数则将同度量因素固定在基期，形成的指数体系为

$$\frac{\sum p_1 q_1}{\sum p_0 q_0} = \frac{\sum p_1 q_1}{\sum p_0 q_1} \times \frac{\sum p_0 q_1}{\sum p_0 q_0}$$

从绝对数看：

$$\sum p_1 q_1 - \sum p_0 q_0 = \left(\sum p_1 q_1 - \sum p_0 q_1\right) + \left(\sum p_0 q_1 - \sum p_0 q_0\right)$$

（2）质量指数将同度量因素固定在基期，而数量指数则将同度量因素固定在报告期，形成的指数体系为

$$\frac{\sum p_1 q_1}{\sum p_0 q_0} = \frac{\sum p_1 q_1}{\sum p_1 q_0} \times \frac{\sum p_1 q_0}{\sum p_0 q_0}$$

从绝对数看：

$$\sum p_1 q_1 - \sum p_0 q_0 = \left(\sum p_1 q_1 - \sum p_1 q_0\right) + \left(\sum p_1 q_0 - \sum p_0 q_0\right)$$

这两套指数体系在实际工作中要根据实际情况而灵活选用。

指数体系的主要作用表现在两个方面，即根据指数体系中各指数间的相互联系，从任意两个已知的指数推算第三个指数；根据指数体系中因素指数与总指数的关系，分析各因素变动对总变动的影响方向和程度，以及影响的绝对值。

（二）构建统计指数体系的基本原则

统计指数体系是因素分析的基本依据，因此在构建统计指数体系时应遵循下列基本原则。

（1）统计指数体系中的各个指数之间必须保持等式关系，以便从相对数和绝对数两方面进行因素分析。一般地，相对数之间是乘除的关系，绝对数之间是加减的关系。

（2）在利用统计指数体系进行多因素分析时，必须分清各个因素（指标）的性质，即科学区分数量指标和质量指标，以便选择合适的方法来编制各相关的指数。

（3）为了保持与统计指数一般编制原则的一致性，在一个统计指数体系中，质量指标指数采用派氏形式，数量指标指数采用拉氏形式。同样，完美的统计指数体系是不存在的，因为统计指数的编制具有一定的假定性，所以统计指数体系的构建也就具有相应的假定性。

二、因素分析

（一）因素分析的意义

所谓因素分析，就是利用统计指数体系中各个指数之间的数量联系关系，对现象总体总变动的各个影响因素进行分解，分析各因素变动对现象总体总变动的影响程度和绝对效果。

可见，因素分析是针对受多因素影响的复杂现象总体而言的，最基本的因素分析是两因素分析。在因素分析中，必须借助统计指数体系的等式关系，遵循统计指数编制的一般原则，厘清各影响因素之间的联系（必要时要对各个影响因素按性质进行排序）。

当然，由于统计指数体系具有一定的假定性，因素分析的结果也具有一定的假定性，即在所利用的统计指数体系的前提下说明各因素的影响程度和效果。

因素分析的步骤可以简单地归纳为以下三步：首先要明确分析研究的目的和要求，确定各影响因素之间的相互关系，构造合适的统计指数体系；其次选用合适的指数形式计算出反映现象总体总变动和各影响因素变动的指数；最后从相对数和绝对数两方面对各影响因素进行综合分析与验证。

（二）综合指数因素分析

综合指数因素分析就是要利用综合指数体系，对现象总体某种总量指标的变动情况和变动程度进行分析。综合指数是统计指数的基本形式，因此综合指数因素分析也是统计指数因素分析的基础。

1. 综合指数的两因素分析

它分析的对象是由两个因素组成的总量指标。分析的目的是分别测定这两个因素的变动对总量变动的影响程度和影响方向。

在表 13-11 的资料中，产品产值是总量指标，它包含价格和产量两个因素。根据表中资料,用第一套指数体系来分析产值的变动受价格和产量的影响程度。

表 13-11　某企业产品产值指数计算表

产品类别	计量单位	产品数量		产品价格/元		报告期产值 p_1q_1	基期产值 p_0q_0	假定产值 p_0q_1
		基期 q_0	报告期 q_1	基期 p_0	报告期 p_1			
A	吨	130	150	400	600	90 000	52 000	60 000
B	件	5 000	6 000	10	8	48 000	50 000	60 000
C	个	2 000	2 500	24	26	65 000	48 000	60 000
合计	—	—	—	—	—	203 000	150 000	180 000

指数体系用公式表示为

$$\frac{\sum p_1 q_1}{\sum p_0 q_0} = \frac{\sum p_1 q_1}{\sum p_0 q_1} \times \frac{\sum p_0 q_1}{\sum p_0 q_0}$$

即产值指数 = 价格指数×产量指数。

绝对数:

$$\sum p_1 q_1 - \sum p_0 q_0 = \left(\sum p_1 q_1 - \sum p_0 q_1\right) + \left(\sum p_0 q_1 - \sum p_0 q_0\right)$$

即实际增加或减少的产值 = 由于价格变动增加或减少的产值 + 由于产量变动而增加或减少的产值。

代入资料计算:

$$\frac{203\,000}{150\,000} = \frac{203\,000}{180\,000} \times \frac{180\,000}{150\,000}$$

即 135.3%≈112.8%×120%。

产值指数为135.3%,说明产值实际增长了35.3%,增长额为53 000(即203 000 −150 000)元,这是由价格和产量两个因素共同作用的结果。

价格指数为112.8%,说明三类商品价格上涨了12.8%,使产值绝对数增加23 000(即203 000 −180 000)元。

产量指数为120%,说明三类产品产量总的增加了20%,使产值增长的绝对数为30 000(即180 000 −150 000)元。

绝对数的关系为53 000 元 = 23 000 元 + 30 000 元。

2. 综合指数的多因素分析

它分析的对象是三个或三个以上因素的总量指标。分析的目的是分别测定这些因素的变动对总量变动的影响程度和方向。这种分析方法在实际统计过程中有较强的现实意义。多因素的分析方法和两因素的分析方法基本原理是相同的。

现以表 13-12 的资料举例说明如下。

表 13-12　某厂生产甲、乙两种产品原材料费用情况表

产品名称	计量单位	产品数量		单位产品原材料消耗量/kg		原材料单价/元	
		基期 q_0	报告期 q_1	基期 z_0	报告期 z_1	基期 p_0	报告期 p_1
甲	件	10	12	8	7	10	12
乙	kg	8	9	6	7	8	9

在进行多因素现象分析时，必须注意两点：

（1）要对各个因素进行合理排列，也就是根据现象各因素的内在联系进行排列。一种方法是按数量因素顺次排列，如表 13-12 的资料，对该厂原材料总支出额进行因素分析，即

原材料支出总额 = 产品产量 × 原材料单耗 × 原材料单价

（2）分析某一因素变动对总变动的影响时，要固定其他因素。当测定数量因素变动时，将作为同度量因素的质量因素固定在基期；反之，亦然。这是同度量因素选择的原则。

在多因素分析的指数体系中，总变动指数与各因素指数的乘积是相等的；实际发生的总变动额与各因素变动额之和也是相等的。这一基本原理通常可用来检验实际工作的正确性。具体为

原材料支出总额指数 = 产品产量总指数 × 原材料单耗总指数 × 原材料单价总指数

相对数：

$$\frac{\sum q_1 z_1 p_1}{\sum q_0 z_0 p_0} = \frac{\sum q_1 z_0 p_0}{\sum q_0 z_0 p_0} \times \frac{\sum q_1 z_1 p_0}{\sum q_1 z_0 p_0} \times \frac{\sum q_1 z_1 p_1}{\sum q_1 z_1 p_0}$$

绝对数：

$$\sum q_1 z_1 p_1 - \sum q_0 z_0 p_0 = \left(\sum q_1 z_0 p_0 - \sum q_0 z_0 p_0\right) + \left(\sum q_1 z_1 p_0 - \sum q_1 z_0 p_0\right) + \left(\sum q_1 z_1 p_1 - \sum q_1 z_1 p_0\right)$$

下面根据表 13-12 的资料，进行因素分析。

（1）原材料支出总额指数。

$$K = \frac{\sum q_1 z_1 p_1}{\sum q_0 z_0 p_0} = \frac{12 \times 7 \times 12 + 9 \times 7 \times 9}{10 \times 8 \times 10 + 8 \times 6 \times 8} = \frac{1575}{1184} \approx 133.02\%$$

$$\sum q_1 z_1 p_1 - \sum q_0 z_0 p_0 = 1575 - 1184 = 391(元)$$

（2）各因素分析。

产品产量总指数为

$$K_q = \frac{\sum q_1 z_0 p_0}{\sum q_0 z_0 p_0} = \frac{12 \times 8 \times 10 + 9 \times 6 \times 8}{10 \times 8 \times 10 + 8 \times 6 \times 8} = \frac{1392}{1184} \approx 117.57\%$$

$$\sum q_1 z_0 p_0 - \sum q_0 z_0 p_0 = 1392 - 1184 = 208(元)$$

原材料单耗总指数为

$$K_z = \frac{\sum q_1 z_1 p_0}{\sum q_1 z_0 p_0} = \frac{12 \times 7 \times 10 + 9 \times 7 \times 8}{12 \times 8 \times 10 + 9 \times 6 \times 8} = \frac{1344}{1392} \approx 96.55\%$$

$$\sum q_1 z_1 p_0 - \sum q_1 z_0 p_0 = 1344 - 1392 = -48(元)$$

原材料单价总指数为

$$K_p = \frac{\sum q_1 z_1 p_1}{\sum q_1 z_1 p_0} = \frac{12 \times 7 \times 12 + 9 \times 7 \times 9}{12 \times 7 \times 10 + 9 \times 7 \times 8} = \frac{1575}{1344} \approx 117.19\%$$

$$\sum q_1 z_1 p_1 - \sum q_1 z_1 p_0 = 1575 - 1344 = 231(元)$$

（3）综合因素分析。

四种指数的关系是

$$133.02\% \approx 117.57\% \times 96.55\% \times 117.19\%$$

绝对数的关系是

$$391 = 208 + (-48) + 231$$

第五节 几种常用的经济指数

一、指数数列

指数数列就是将各个时期的一系列指数，按照时间先后顺序排列起来所形成的数列。可见，指数数列也是一种时间数列。其特点在于数列中所排列的都是指数，而不是一般的综合指标。

（1）个体指数数列和总指数数列。指数可以分为个体指数和总指数，因而指数数列也有个体指数数列和总指数数列。个体指数是一般的相对指标，其分析方法前面已讲过，本章主要针对总指数的数列进行分析。

（2）定基指数数列和环比指数数列。定基指数数列是指由一系列定基指数按时间先后顺序排列而成的；环比指数数列是指由一系列环比指数按时间先后顺序排列而成的。一般来讲，定基指数数列的编制，更有利于研究现象的动态发展趋势，而环比指数数列的编制，则更适用于分析现象短期的（即同前一期的）动态变化情况。表 13-13 反映了定基指数数列和环比指数数列的编制方法。

表 13-13 定基指数数列和环比指数数列的编制方法表

时期			0	1	2	3	…	N
物量指数	现价计算	定基	100	$\dfrac{\sum q_1 p_0}{\sum q_0 p_0}$	$\dfrac{\sum q_2 p_0}{\sum q_0 p_0}$	$\dfrac{\sum q_3 p_0}{\sum q_0 p_0}$	…	$\dfrac{\sum q_n p_0}{\sum q_0 p_0}$
		环比	—	$\dfrac{\sum q_1 p_0}{\sum q_0 p_0}$	$\dfrac{\sum q_2 p_1}{\sum q_1 p_1}$	$\dfrac{\sum q_3 p_2}{\sum q_2 p_2}$	…	$\dfrac{\sum q_n p_{n-1}}{\sum q_{n-1} p_{n-1}}$
	不变价（p_n）计算	定基	100	$\dfrac{\sum q_1 p_n}{\sum q_0 p_n}$	$\dfrac{\sum q_2 p_n}{\sum q_0 p_n}$	$\dfrac{\sum q_3 p_n}{\sum q_0 p_n}$	…	$\dfrac{\sum q_n p_n}{\sum q_0 p_n}$
		环比	—	$\dfrac{\sum q_1 p_n}{\sum q_0 p_n}$	$\dfrac{\sum q_2 p_n}{\sum q_1 p_n}$	$\dfrac{\sum q_3 p_n}{\sum q_2 p_n}$	…	$\dfrac{\sum q_n p_n}{\sum q_{n-1} p_n}$

续表

时期		0	1	2	3	...	N
物价指数	定基	100	$\dfrac{\sum q_1 p_1}{\sum q_1 p_0}$	$\dfrac{\sum q_2 p_2}{\sum q_2 p_0}$	$\dfrac{\sum q_3 p_3}{\sum q_3 p_0}$	...	$\dfrac{\sum q_n p_n}{\sum q_n p_0}$
	环比	—	$\dfrac{\sum q_1 p_1}{\sum q_1 p_0}$	$\dfrac{\sum q_2 p_2}{\sum q_2 p_1}$	$\dfrac{\sum q_3 p_3}{\sum q_3 p_2}$	...	$\dfrac{\sum q_n p_n}{\sum q_n p_{n-1}}$

（3）数量指数数列和质量指数数列。数量指数数列中，定基指数的权数固定在基期，是不变权数；而环比指数的权数随基期的变动而变化，是可变权数。在统计实践中，又常以不变价作为权数编制物量指数，此时所形成的指数数列无论是定基指数还是环比指数，都是不变权数（p_n）。如表 13-13 中物量指数数列所示。

质量指数数列中，无论定基指数或环比指数，都是以报告期的物量指标作为权数，即可变权数。如表 13-13 中物价指数数列所示。

（4）定基指数和环比指数间的关系。在指数数列中，由于指数的种类和权数不同，两者之间的联系也不相同。在总指数数列中，只有在采用不变权数的条件下，环比指数的连乘积才等于相应时期的定基指数，即

$$\frac{\sum q_1 p_n}{\sum q_0 p_n} \times \frac{\sum q_2 p_n}{\sum q_1 p_n} \times \frac{\sum q_3 p_n}{\sum q_2 p_n} \times \cdots \times \frac{\sum q_n p_n}{\sum q_{n-1} p_n} = \frac{\sum q_n p_n}{\sum q_0 p_n}$$

这里应指出：不变价格不是始终不变的，当遇到不变价格更新时，必须先计算出换算系数。假定已经知道 2016 年按 2000 年不变价格计算的产量指数，要知道 2016 年按 2010 年计算不变价格的产量指数，就应当先计算出换算系数。该换算系数公式如下：

$$换算系数 = \frac{按2010年不变价计算的2016年总产值}{按2000年不变价计算的2016年总产值}$$

再用这个系数去乘过去年份按 2000 年不变价格计算的产值，即可换算成按 2010 年不变价格计算的产值，这可以消除不变价格变动的影响。否则，编制的产品产量指数缺乏可比性。

二、常见经济指数

（一）居民消费价格指数

居民消费价格指数（CPI）是一个反映居民家庭一般所购买的消费商品和服务价格水平变动情况的指标。它是通过一组代表性消费品及服务项目随着时间的变动，反映在居民家庭购买消费品及服务价格水平变动情况的相对数（指数的基期数值定为 100）。CPI 是进行经济分析和决策、价格总水平监测和调控及国民经济核算的重要指标。其按年度计算的 CPI 变动率通常被用来作为反映通货膨胀或紧缩程度的指标。一般来讲，物价全面地、持续地上涨被认为发生了通货膨胀。在国民经济核算中，CPI 可以帮助剔除价格因素的影响。

我国现行 CPI 是由国家统计局负责编制的，全国按统一的调查方案开展消费价格调查。目

前,国家统计局在 31 个省(自治区、直辖市)设立调查总队,各省(自治区、直辖市)调查总队负责辖区各市县的价格调查,同时编制本省的消费价格指数。具体编制步骤如下。

1. **商品分类和选择代表规格品**

我国 CPI 的商品分类按用途划分为八大类,即食品、烟酒及用品、衣着、家庭设备用品及维修服务、医疗保健及个人用品、交通和通信、娱乐教育文化用品及服务、居住。根据近 13 万户城乡居民家庭(城镇近 6 万户,农村近 7 万户)的消费习惯,在这八大类中选择了 262 个基本分类。每个基本分类下选择一定数量的代表规格,代表规格的选择原则有:销售数量(金额)大的;价格变动幅度和变动趋势有较强的代表性;选择的代表规格品之间性质相隔越远越好。目前我国 CPI 在编制时约有 600 种商品和服务项目的代表规格,作为经常性调查项目。

2. **计算基本分类指数**

首先,计算基本分类下各规格品的环比价格指数:

$$G_{t_i} = \frac{p_{t_i}}{p_{(t-1)_i}} \quad i=1,2,\cdots,n$$

式中,G_{t_i} 为第 i 种代表规格品 t 期的环比价格指数。

其次,计算各规格品环比价格指数的几何平均数:

$$K_t = \sqrt[n]{G_{t_1} G_{t_2} \cdots G_{t_n}} \times 100\%$$

式中,K_t 为基本分类的价格指数;G_{t_i} 为第 i 种代表规格品 t 期的环比价格指数。

3. **计算中类指数**

基本分类乘以相应的权数,得到中类指数:

$$I_{中类} = \frac{\sum W_{t-1} K_t}{\sum W_{t-1}}$$

式中,W_{t-1} 为 $t-1$ 期居民各类商品销售额比重。

4. **计算大类指数**

各中类指数乘以相应的权数,得到大类指数,计算公式同中类指数:

$$I_{大类} = \frac{\sum W_{t-1} I_{中类}}{\sum W_{t-1}}$$

5. **计算总指数**

大类指数乘以相应的权数,得到总指数:

$$I_{总} = \frac{\sum W_{t-1} I_{大类}}{\sum W_{t-1}}$$

(二) 工业生产指数

工业生产指数（industrial production index）是一种衡量工业生产发展速度的相对指标，它衡量的基础是数量，而非金额。工业生产指数反映的是某一时期工业经济的发展水平和趋势。它是衡量制造业、采掘业、公用电力和天然气工业企业每月产品物量的综合指标。其中 2/3 反映的是生产周期性很强的企业设备、耐用消费品、建筑材料的产出和在企业存货和外贸方面容易发生较大波动的钢材、纺织品及其他工业原料的产出。其余 1/3 反映非耐用消费品、军事和空间工业产品的产出及企业的存货。如同其他相对指标一样，在使用工业生产指数时，必须注意资料的可比性，必须同绝对指标结合起来使用，方能比较客观、全面地说明问题。

工业生产指数的编制首先根据代表产品报告期与基期的产量数据，分别计算各代表产品的个体指数，然后用个体指数乘以相应的权数进行加权平均，计算出类指数。编制工业生产指数所用的权数通常是基期固定权数，其计算公式为

$$I_q = \frac{\sum i_q p_0 q_0}{\sum p_0 q_0}$$

式中，i_q 为各种工业产品的个体产量指数；$p_0 q_0$ 为相应工业产品的基期增加值。在统计工作和实践中，通常以各种工业产品的增加值比重作为权重，并将这些比重、权重相对固定起来，运用固定加权算术平均数连续编制各个时期的工业生产指数。其计算公式为

$$I_q = \frac{\sum i_q w}{\sum w}$$

(三) 股票价格指数

股票价格指数是反映股票市场总体价格水平变化的指标，是投资者了解股票市场交易价格的总体变动方向和程度、研判股市形势和制定投资策略的主要依据。同时，股票价格指数也是反映经济景气状况的敏感指标，人们形象地称为市场经济的"晴雨表"。

股票价格指数是由交易所或有关部门编制的，通过对股票市场上全部或部分股票的价格，进行平均计算和动态对比而得出的数值，是对股市动态的综合反映。编制股票价格指数的步骤主要有：确定样本股；选定基期；计算期平均股价并进行必要的修正；指数化，即将以货币为单位的平均股价化以"点"为单位的指数。股票价格编制的方法有多种，综合指数法是其中一种重要的方法。中国的上海证券综合指数（简称上证指数）、美国的标准普尔指数等都是采用综合指数法编制的，其计算公式为

$$I_p = \frac{\sum p_t q_0}{\sum p_0 q_0}$$

式中，p_0、q_0 分别为基期股票的价格和发行量（或成交量）；p_t 为交易日股票价格。因此，可以看出，上式是以基期的股票发行量（或成交量）为同度量因素的拉氏综合指数。

(四)贸易条件指数

贸易条件指数又称为"进出口比价指数",通常是通过出口物价指数和进口物价指数相比而得的一种相对指标,是世界银行为了衡量贸易条件的变化建立的一种评价体系。其计算公式为

$$贸易条件指数 = \frac{出口物价指数}{进口物价指数}$$

从上式可以看出,如果出口物品价格上升,进口物品价格下降(或上升速度较出口物品价格慢),则贸易条件指数增加,其意义为:出口同样多的商品可以交换到更多的进口货物,贸易对本国有利;反之,假如出口货物的单位价格下降,进口货物价格上升(或下降速度较出口物品价格慢),则出口同样多的商品只能交换到更少的进口货物,贸易处于不利的地位。

贸易条件指数可以进一步分为商品贸易条件指数、要素贸易条件指数和收入贸易条件指数三类。

1. 商品贸易条件指数

商品贸易条件指数是一定时期内一国出口商品价格指数与进口商品价格指数之比。它表示一国每出口一单位商品可以获得多少单位的进口商品。

$$T = \frac{P_x}{P_m} \times 100\%$$

式中,P_x 为出口商品价格指数;P_m 为进口商品价格指数。

2. 要素贸易条件指数

1)单项要素贸易条件指数

单项要素贸易条件指数是一定时期内一国出口商品生产部门要素生产率指数与同期商品贸易条件指数的乘积。计算公式为

$$S = \frac{P_x}{P_m} Z_x$$

式中,S 为单项要素贸易条件指数;Z_x 为一国出口商品生产部门要素生产率指数。

2)双项要素贸易条件指数

双项要素贸易条件指数不仅考虑出口商品要素生产率的变化,而且考虑进口商品要素生产率的变化。计算公式为

$$D = \frac{P_x}{P_m} \times \frac{Z_x}{Z_m} \times 100\%$$

式中,D 为双项要素贸易条件指数;Z_m 为进口商品要素生产率指数。

3. 收入贸易条件指数

收入贸易条件指数是一定时期内出口量指数与商品贸易条件指数的乘积,它表示一国用出口支付进口的能力。计算公式为

$$I = \frac{P_x}{P_m} Q_x$$

式中，I 为收入贸易条件指数；Q_x 为出口量指数。

第六节 应用案例

一、我国货币政策中介目标的有效性评价[①]

（一）案例目的

本案例旨在让学生熟悉几种货币政策中介目标，熟悉 CPI、PPI 等统计指数在实际生活中的应用，了解货币政策中介目标的选择依据，了解相关分析方法和格兰杰因果检验方法。

（二）案例简介

1. 案例背景

我国货币政策及中介目标的形成，是从建立中央银行制度之后开始的。1983 年 9 月，国务院决定由中国人民银行专门行使中央银行的职能，有关货币政策及政策目标的讨论随之开始。最初，中国人民银行以控制信贷规模和现金投放作为中介目标，但是这种金融调控方式无法适应金融市场逐步深化改革的现实，于是，我国开始对货币政策目标进行相应调整，在编制"九五"计划时把货币供应量纳入货币政策中介目标。1996 年，中国人民银行将 M_1 和 M_2 作为货币政策的调控目标，标志着我国正式引入货币政策中介目标；1998 年，取消对商业银行的信贷规模控制，代之以资产负债比例管理，进一步巩固了货币供应量作为中介目标的地位。

货币政策是指中央银行为了达到一定的目标，用来控制货币供应、货币可获得性以及货币成本额的所有措施总和。货币政策的最终目标可以概括为：充分就业、价格稳定、经济增长和国际收支平衡。由于这些最终目标难以被及时、准确、灵活地控制，一般通过设置、控制货币政策操作目标、中介目标实现最终目标。货币政策中介目标，是指中央银行为了把货币供应控制在预定目标内而选择采用的能够达到预定目的的中介性政策变量指标。

2. 数据介绍

货币政策中介目标的实现，依赖于中央银行所能有效运用的政策工具，但是在中央银行的日常操作中，货币政策工具无法直接作用于最终目标，中介目标可以将政策工具与最终目标联系起来。一种变量可否作为货币政策的中介目标需要满足四个基本条件：①相关性。货币政策的中介目标与其最终目标应当具有显著的经济相关性和统计相关性。②可控性。货币政策的中介目标应当对货币政策工具有灵敏的反应。③数据可得性。能够迅速获得有关货币政策中介目标的资料。④抗干扰性。货币政策在实施过程中会遇

[①] 案例作者：李静萍；摘自《统计学专业课程教学案例选编》。考虑教学实际，本书在该案例基础上酌情修改。

到许多外来因素或非政策因素的干扰,只有选取那些受干扰程度低的中介目标,才能通过货币政策工具的操作达到最终目标。

货币政策中介目标可分为数量指标和价格指标两大类。数量指标是指以影响货币政策目标的各种可直接控制的数量作为中介目标,如信贷规模、支付准备金、基础货币、货币供应量 M(M_1、M_2)等;价格指标是指以影响货币政策的变量作为中介目标,如长短期利率、公司债利率、汇率等。

3. 研究思路

由前面可知,我国现行货币政策中介目标的选择经过了由信贷规模和现金投放向货币供应量的演变。由此引发的一个问题是这种货币政策中介目标的选择在实践中是否有效。依据前面提出的四个条件,可以对此进行评价。

货币供应量根据货币各组成部分的流动性分为流通中现金(M_0)、狭义货币(M_1)和广义货币(M_2)等三个层次,由于我国的金融统计对这三个层次的货币供应量均能及时提供统计数据,即第三个条件基本无差异。此外,各层次货币供应量作为经济变量是顺循环的,作为政策变量则是逆循环的,所以货币供应量指标能有效抗干扰,第四个条件基本无差异。下面依据其他两个条件对这三个层次的货币供应量作为货币政策中介目标的有效性进行分析。

1995 年颁布的《中华人民共和国中国人民银行法》明确规定:"货币政策目标是保持货币币值的稳定,并以此促进经济增长。"衡量经济增长成就的关键指标是国内生产总值增长率(growth rate of gross domestic product,GGDP);稳定币值本来包含稳定国内物价和保障本币汇率的稳定两重含义,但由于中国对资本项目实行管制,稳定币值作为中国货币政策的最终目标,其实际含义是保持国内物价水平的稳定,可用价格指数来衡量。在几个主要的价格指数中,我们以 CPI 作为消费者指数的代表,以 PPI 作为生产者指数的代表。此外,由于中国经济波动在很大程度上是由投资波动引起的,我们还选择了全社会固定资产投资额增长率(gross fixed asset,GFA)和固定资产投资价格指数(fixed asset investment price index,FAIPI)。

(三)案例解析

1. 相关性分析

1996~2008 年,中国各层次货币供应量与主要经济指标的皮尔逊相关系数如表 13-14 所示。

表 13-14 货币供应量与主要经济指标的皮尔逊相关系数

项目	GGDP	GFA	CPI	PPI	FAIPI
M_0	−0.03	−0.24	−0.09	−0.14	−0.09
M_1	0.47	−0.03	0.07	−0.16	−0.26
M_2	0.34	0.14	0.68*	0.24	0.33
活期存款	0.47	−0.01	0.13	−0.13	−0.24

资料来源:国家统计局

* 相关系数在 0.05 的水平下显著

由表 13-14 可以看到，中国三个层次的货币供应量与 GDP 增长率及固定资产投资额增长率的相关系数均不具有统计显著性，只有 M_2 与 CPI 的相关系数具有统计显著性。用非参数方法计算的相关系数也是如此。

一般来说，M_0 是货币中最活跃的部分，代表的是居民消费需求的主要部分，与消费品及 CPI 关系密切；M_1 与银根松紧关系密切，其中的活期存款部分代表的是企业的生产资料需求，与生产资料市场有密切关系，与经济增长的关系比较直接；M_2 反映的是整个社会现实和潜在的购买力，较好地体现了社会总需求的变化，是影响中长期经济指标特别是价格变动的主要因素。相关分析的结果与一般情形并不符合：M_0 与居民消费价格变动不仅无显著相关关系，而且相关系数为负；M_1 与固定资产投资额及其价格变动不仅无显著相关关系，而且相关系数均为负。相比之下，M_2 与各经济变量的关系虽不太显著，但相关方向符合一般规律。由此可见，我国的货币政策中介目标对相关性条件的满足程度很低，只有 M_2 差强人意。

2. 可控性分析

存款准备金率是我国人民银行采用的主要货币政策工具，图 13-1 给出了各层次货币供应量增长率变动对准备金率变动的反映。

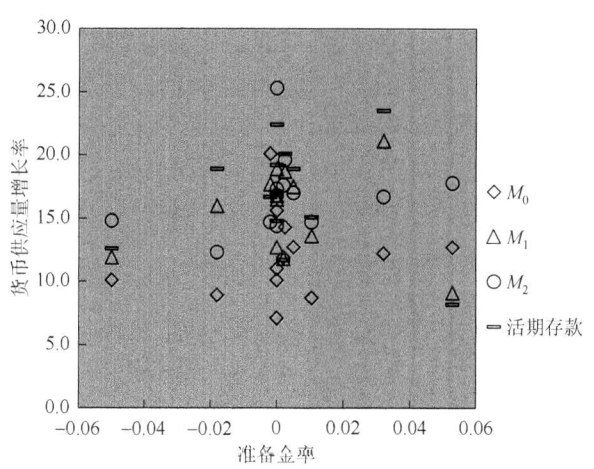

图 13-1　货币供应量增长率变动与准备金率变动

从图 13-1 可以看出，在准备金率变动与各层次货币供应量增长率或其变动之间似乎不存在明显的相关模式。为了进一步检验货币供应量增长率对准备金率的反映，下面进行格兰杰因果关系检验。

表 13-15 是准备金率变动与货币供应量增长率及其变动的平稳性检验结果。从表中可以看出，在 0.05 的显著性水平下，均不能拒绝各变量平稳的原假设，因此可以对这些变量进行格兰杰因果关系检验。

表 13-15 准备金率变动与货币供应量增长率及其变动的平稳性检验

项目	准备金率变动	M_0增长率	M_1增长率	M_2增长率	活期存款增长率	M_0增长率变动	M_1增长率变动	M_2增长率变动	活期存款增长率变动
PP 统计量	−10.45	−14.65	−10.96	−8.64	−11.08	−16.25	−9.27	−15.68	−8.43
P 值	0.45	0.16	0.41	0.57	0.40	0.09	0.52	0.10	0.58

表 13-16 是准备金率变动与货币供应量增长率及其变动的格兰杰原因的检验结果。从表中可以看出，准备金率变动并非货币供应量增长率及其变动的格兰杰原因，但是在 0.10 显著性水平下，它构成 M_1 增长率变动的格兰杰原因。

表 13-16 准备金率变动与货币供应量增长率及其变动的格兰杰原因的检验

项目	M_0增长率	M_1增长率	M_2增长率	活期存款增长率	M_0增长率变动	M_1增长率变动	M_2增长率变动	活期存款增长率变动
F 统计量	1.49	0.67	1.65	0.34	0.41	3.39	0.00	2.57
P 值	0.253	0.436	0.231	0.576	0.539	0.099	0.949	0.143

一般来说，准备金率提高，则商业银行可提供放款及创造信用的能力会下降，其结果是银根偏紧，货币供应量减少或增长放慢，准备金率下降则相反。我国货币供应量增长率及其变动与准备金率均没有显著的相关性，可见我国各层次货币供应量的可控性都比较差。还可以看到，准备金率变动与 M_1 增长率及其变动的相关系数为负，虽然相关性不显著，但其方向符合一般规律，M_0 和 M_1 则与一般规律相悖。从这个意义上讲，M_1 的可控性要好于 M_0 和 M_2。

其他使用更复杂的计量经济分析工具的研究也发现，M_1 的可控性要好于 M_2。对于 M_2 比 M_1 的可控性差的一个解释是：M_2 包括 M_1 和准货币在内，准货币大部分是居民储蓄存款。由于我国现阶段社会保障体系不完善及资本市场不健全，居民在医疗、教育、住房等方面存在较高预防性储蓄动机，而且储蓄的主要方式仍是银行存款，因此居民储蓄居高不下，对政策工具的反应迟钝，进而削弱了 M_2 的可控性。

二、质量管理中控制图及过程能力指数有关问题研究[①]

（一）案例目的

本案例旨在使学生学会计算过程能力指数，掌握过程性能指数与过程能力指数的区别。

---

① 案例作者：何晓群，付韶军，耿贵珍，李因果，王惠惠，贾方；摘自《统计学专业课程教学案例选编》。

（二）案例简介

1. 案例背景

随着六西格玛质量策略在摩托罗拉和通用电气公司获得巨大成功，六西格玛已得到全球管理界的普遍认可，成为管理界较为前沿的课题之一。六西格玛管理实施过程以流程分析为中心，而在流程分析中，过程能力分析是测量流程的现有绩效和评估流程改进的重要指标。

2. 数据介绍

过程能力指数（C_p，C_{pk}）和过程性能指数（P_p，P_{pk}）均是评价过程能力的指标。近年来，过程能力指数（C_p，C_{pk}）的应用越来越广泛，尤其是随着生产力的发展，产品质量和服务质量不断提高，过程不合格率越来越低，与之对应的过程能力指数却越来越强。过程性能指数（P_p，P_{pk}）是在美国三大汽车公司制定的 QS-9000 标准中提出的，与过程能力指数（C_p，C_{pk}）一起被称为量度过程的指数。C_p、C_{pk} 主要用于周期性的过程评价，P_p、P_{pk} 则用于实施过程性能研究和初始过程能力评估。

1）过程能力指数

过程能力指数也称短期过程能力指数，表示过程能力满足技术标准（如规格、公差）的程度。过程能力反映了过程的固有能力满足标准与规范的程度，是描述过程固有能力的指标，因此过程能力的前提是处于稳态，即只有偶然因素而没有异常因素的状态。过程能力指数可以通过短期获得的数据来估计。

无偏移情形下的过程能力指数 C_p 的计算（双侧规格情形）。当客户对产品或服务的接受范围同时存在上限和下限时，过程能力指数 C_p 的计算公式如下：

$$C_p = \frac{产品容许偏差}{过程容许偏差} = \frac{\text{USL} - \text{LSL}}{6\sigma}①$$

式中，σ 为过程统计量的总体标准差，可以在过程处于稳态时得到。

从公式中可以看到，客户要求 $T = \text{USL} - \text{LSL}$（产品容许偏差）一般是不变的，在 T 不变的前提下，σ 越小，C_p 的值越高，过程满足客户要求的能力越强，反之则越弱。一般情况下，$C_p \geq 1.67$ 表示过程能力过高；$1.33 \leq C_p < 1.67$ 表示过程能力充分；$1 \leq C_p < 1.33$ 表示过程能力较弱；$0.67 \leq C_p < 1$ 表示过程能力不足；$C_p < 0.67$ 表示过程能力严重不足。企业可以根据产品的需求选择有相应生产能力的厂家。

有偏移情形下的过程能力指数 C_{pk} 的计算。当产品质量分布的样本平均数 μ 与公差中心 M 不重合时，显然不合格率增大，即 C_p 降低，上式所计算的过程能力指数不能反映有偏离的实际情况，需要加以修正。定义分布中心 μ 与公差中心 M 的偏离为 $\varepsilon = |M - \mu|$，μ 与 M 的偏离度 K 为

---

① USL 为上检查限（upper spec limit）的英文首字母缩写。
LSL 为下检查限（lower spec limit）的英文首字母缩写。

$$K = \frac{\varepsilon}{T/2} = \frac{2\varepsilon}{T}$$

则有偏移的过程能力指数为

$$C_{pk} = (1-K)C_p = (1-K)\frac{T}{6\sigma}$$

显然，$C_{pk} \leqslant C_p$。

当 $\mu = M$（即分布中心与公差中心重合无偏离）时，$K = 0$，$C_{pk} = C_p$；当 $\mu =$ USL 或 $\mu =$ LSL 时，$K = 1$，$C_{pk} = 0$，表示过程能力由于偏移而严重不足，需要采取措施加以纠正。

2）过程性能指数

过程性能指数反映了当前过程的性能满足标准和规范的程度，是对瞬间或实时过程性能的描述。

无偏移情形下的过程性能指数 P_p 的计算（双侧规格情形）。当客户对产品或服务的接受范围同时存在上限和下限时，过程性能指数 P_p 的计算如下：

$$P_p = \frac{\text{USL} - \text{LSL}}{6s}$$

式中，s 为过程统计量的样本标准差。

从公式中可以看到，客户要求 $T =$ USL–LSL（产品容许偏差）一般是不变的，在 T 不变的前提下，s 越小，P_p 的值越高，过程满足客户要求的能力越强，反之则弱。

有偏移情形下的过程性能指数 P_{pk} 的计算。将样本平均数 μ 与公差中心 M 存在偏离情况的过程性能指数记为 P_{pk}，其定义是

$$P_{pk} = \min(\text{USL} - \bar{X}/3s, \bar{X} - \text{LSL}/3s)$$

存在偏移的情况下，对应规格上下限各有一个单侧过程性能指数，此时的过程性能指数 P_{pk} 利用两者中的最小值来反映当前过程的性能。显然，与 C_p 和 C_{pk} 一样，$P_{pk} \leqslant P_p$。

3. 研究思路

通过过程能力指数与过程性能指数的比较分析，可以对过程进行诊断，分析当前的过程能力水平如何。若 $P_p < C_p$，则说明当前的过程能力低于过程固有能力，过程中可能存在异常因素，应及时查找原因并制定纠正措施，把过程性能指数提高到过程能力指数水平。若 $P_p > C_p$，说明当前的过程性能已经高于过程固有能力，此时要努力保持当前的过程性能，如果持续一段时间的过程性能指数始终处于稳定的水平，高于过程的固有能力，并且经判稳准则判定过程处于稳态，则说明过程的稳态水平已经得到提高，可以对过程能力指数进行调整，使其反映当前过程的稳态水平。总之，对过程性能指数与过程能力指数的对比结果进行分析，是产品实现过程中持续改进的有效方法。

在生产实践中，通常采用以下过程能力指数评定等级（表 13-17）。

表 13-17 3σ 质量标准的过程能力等级划分

等级	C_p 值	相应对策
I	$C_p \geqslant 1.67$	过程能力过高，放宽检查
II	$1.33 \leqslant C_p < 1.67$	过程能力充分，表示技术管理能力已很强，应继续保持

续表

等级	C_p值	相应对策
III	$1.00 \leqslant C_p < 1.33$	过程能力较弱，表示技术管理能力勉强，应设法提高到II级
IV	$0.67 \leqslant C_p < 1.00$	过程能力不足，表示技术管理能力很弱，应采取措施立即改善
V	$C_p < 0.67$	过程能力严重不足，表示应采取紧急措施并进行全面检查，必要时停工整顿

过程能力指数小于1表示过程不满足规范要求，过程能力不足；过程能力等于1意味着刚好满足规范的要求，在实际工作中，通常取过程能力指数等于1.33为最小可接受值，因为总存在一些抽样误差，而且不可能存在永远完全处于统计控制状态的过程。

从过程能力的评定等级来考虑偏移量ε是否会大于或等于$T/2$，即K是否会大于或等于1，也就是有些学者质疑的$\varepsilon = T/2$和$\varepsilon = T$这两个异常值点是否会出现。

当偏移量$\varepsilon = T/2$时，$K = 1$，则$C_{pk} = 0$，远远低于0.67，更低于最小可接受值1.33。此时过程能力严重不足，应采取紧急措施进行全面检查，必要时停工整顿。在生产现场，过程能力还未降低到这种程度，各种异常现象早已警示操作者停工检查。即使偏移量$\varepsilon = T/2$可以达到，偏移量$\varepsilon = T$也是不可能达到的。因此，偏移量ε的取值范围是$0 \leqslant \varepsilon \leqslant T/2$。

此时再看看偏移量ε是否可以达到$T/2$。对过程能力的考察，不应间隔相当长的一段时间才测量，这样数值相差很大，而应在一个班次中测量多次，用以监控生产过程是否正常。也就是说，每相邻两次测量的过程能力指数不会使该指数的评定等级有两个及其以上的级别差，即若上一次测量的过程能力指数级别是II，则这一次测量的级别不会是IV，或者更差。当过程能力指数低于最小可接受值1.33时，企业就会选择进行生产过程微调，使过程能力指数不低于最小可接受值1.33。但是也有人认为某些产品利润很高，即使合格率低于50%，回报也是相当可观的。但过程能力指数是就生产过程的质量管理而言的，如果一个企业生产的产品的合格率不足50%，表明企业对生产过程没有进行控制，计算过程能力指数也就毫无意义。

（三）案例分析

随着现代化生产的发展，企业越来越专注自身的核心业务，对于一些非核心部件往往采用外购策略，此时供应商管理就被提上日程。供应商管理的关键是评价与控制供应商提供的产品的质量情况。在供应商管理过程中应该考虑三个方面：供应商的管理过程是不是有能力；供应商是否采用了有效的抽样计划；供应商的管理过程是否稳定、可预测，通常的判断依据就是过程能力指数或过程性能指数。下面以正态过程为例加以说明。

国内某大型制造企业生产一种产品A，采用热风工艺后在包装膜上测量拉力，公差为68~80牛顿，即USL = 80牛顿，LSL = 68牛顿。该企业生产过程中测量的拉力数据如下（单位：牛顿）：

76.6526　74.3740　71.3885　76.5960　74.9116　68.4273　78.7430　71.2486　68.6079
73.6557　71.3664　73.6797　70.7857　74.6508　69.6242　78.4609　72.5595　72.2049
76.1990　70.9284　73.5181　73.4065　73.4660　68.9608　71.8575　73.6678　71.7418

69.5400	74.5004	70.1163	71.2916	74.4478	70.8921	76.0436	73.3071	69.9160
73.4043	71.0385	71.2821	72.0929	74.2047	68.0879	70.7634	70.9761	74.5611
70.3372	74.6518	71.1848	70.9275	68.1059	71.1625	75.0304	73.3553	72.8621
69.4346	74.9276	69.8651	76.6023	73.3180	69.9424	69.0418	71.6442	74.0979
70.2783	72.7746	71.3536	71.4867	69.1870	68.9976	69.1111	68.5265	72.2943
74.2742	73.3514	76.3863	70.1940	74.1487	76.9860	71.8786	68.5300	76.8333
71.2875	75.2368	72.8893	74.4639	70.1762	75.8300	75.7982	72.4511	68.9958
71.7644	76.0259	79.6622	73.2759	72.5654	72.0911	71.6647	75.1226	71.8589
72.5201	74.3630	71.1720	73.9782	72.6851	76.6341	70.3266	70.0930	68.0633
69.6906	73.0111	69.7801	74.2335	70.2405	72.5407	69.8194	69.4065	71.9229
75.3391	72.6519	72.0728	71.7317	69.0260	68.8421	74.0598	74.7533	72.2157

通过 MINITAB 软件，我们得到购买商评价供应商的过程能力结果（图 13-2）。

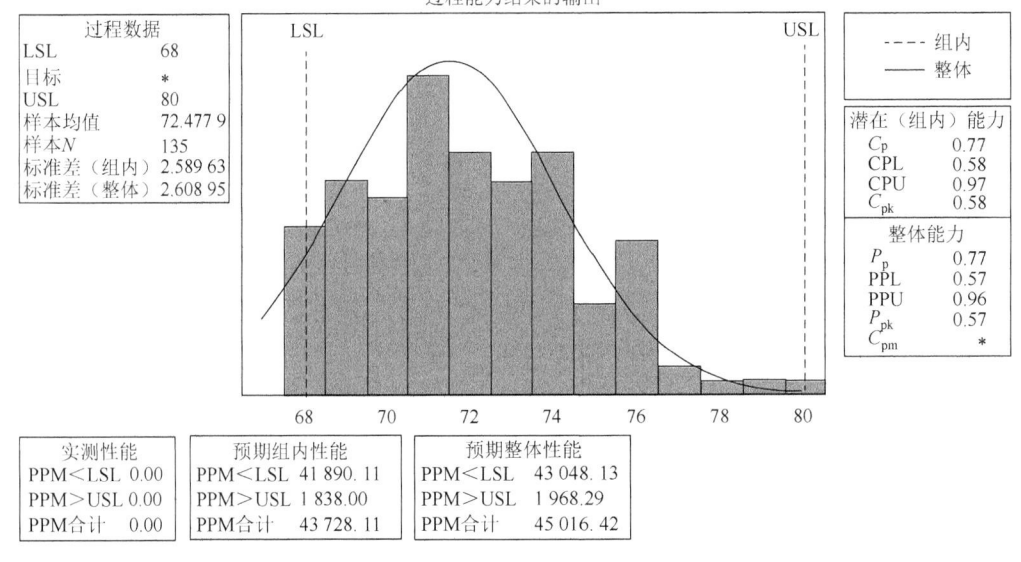

图 13-2　过程能力结果的输出

输出结果中的直方图显示，测量数据基本具备正态分布特征，输出结果中过程能力指数 C_p 和 C_{pk} 分别为 0.77 和 0.58；过程性能指数 P_p 和 P_{pk} 分别为 0.77 和 0.57。过程能力指数与过程性能指数很接近，说明当前的能力已基本达到过程的固有能力。但是，包装膜的拉力大小是包装膜生产过程的关键质量特性，C_p 和 C_{pk} 小于 1，过程能力处于高风险状态，说明过程能力不足，在生产过程中存在高废品率和低质量产品。这就需要对过程进行全面检查，提高技术水平和原料的质量，提高企业的各项管理水平，使生产过程能力不断提升。

思考与练习

一、单项选择题

1. 甲产品报告期产量与基期产量的比值是 108%，这是（　　）
   A. 综合指数　　　B. 总指数　　　C. 个体指数　　　D. 平均数指数

2. 总指数编制的两种形式是（　　）
   A. 算术平均指数和调和平均指数　　　B. 个体指数和综合指数
   C. 综合指数和平均指数　　　D. 定基指数和环比指数

3. 某企业总成本报告期比基期增长 30%，产量增长 20%，则单位成本增长（　　）
   A. 10%　　　B. 8.33%　　　C. 50%　　　D. 80%

4. 某商店报告期与基期相比，商品销售额增长 6.5%，商品销售量增长 6.5%，则商品价格（　　）
   A. 增长 13%　　　B. 增长 6.5%　　　C. 增长 1%　　　D. 不增不减

5. 某品牌服装有 4 种型号，原均按同一价格出售，现其中 3 种型号的价格没变，只有一种型号的价格本月比上月上涨 20%，这种型号服装销售量占该品牌服装总销售量比重的 10%。这样，该品牌服装的价格平均比上月上涨（　　）
   A. 20%　　　B. 5%　　　C. 2%　　　D. 3%

二、多项选择题

1. 指数的性质包括（　　）
   A. 综合性　　　B. 平均性　　　C. 相对性
   D. 代表性　　　E. 系统性

2. 拉氏综合指数的基本公式有（　　）
   A. $\dfrac{\sum p_1 q_1}{\sum p_0 q_1}$　　　B. $\dfrac{\sum q_1 p_0}{\sum q_0 p_0}$　　　C. $\dfrac{\sum p_1 q_0}{\sum p_0 q_0}$
   D. $\dfrac{\sum q_1 p_1}{\sum q_0 p_1}$　　　E. $\dfrac{\sum p_1 q_1}{\sum p_0 q_0}$

3. 派氏综合指数的基本公式（　　）
   A. $\dfrac{\sum p_1 q_1}{\sum p_0 q_1}$　　　B. $\dfrac{\sum q_1 p_0}{\sum q_0 p_0}$　　　C. $\dfrac{\sum p_1 q_0}{\sum p_0 q_0}$
   D. $\dfrac{\sum q_1 p_1}{\sum q_0 p_1}$　　　E. $\dfrac{\sum p_1 q_1}{\sum p_0 q_0}$

三、计算题

1. 某商场三种商品的价格和销售资料如表 13-18 所示。

表 13-18 某商场三种商品的价格和销售资料

商品名称	计量单位	价格/元		销售量	
		基期	报告期	基期	报告期
甲	件	20	30	300	400
乙	套	10	6	400	500
丙	斤	6	6	300	150

（1）分别计算各种商品的价格指数与销售量指数；
（2）计算销售量总指数及由于销售量的变动而增加的销售额；
（3）计算价格总指数及由于价格的变动而增加的销售额。

2. 假设下列三种商品其个体物价指数及基期销售额如表 13-19 所示。

表 13-19 个体物价指数及基期销售额

商品	个体物价指数	基期销售额/元
A	1.25	364
B	1.00	880
C	0.96	450

（1）计算三种商品的物价总指数；
（2）计算由于价格提高而增加的销售额。

3. 运用指数法的基本原理，回答下列问题。

（1）某造纸厂本年产量比上年增长 14%，生产费用增加了 13%，该厂本年产品成本变动如何？

（2）某印刷厂本期职工各种水平提高 4%，职工人数增加了 5%，该厂各种总额增减百分之几？

（3）若报告期商品价格计划降低 5%，销售额计划增加 10%，销售量应增加多少？

（4）价格上涨后同样多的货币量少购商品 15%，求物价指数。

4. 某集团公司所属四个企业基期和报告期产值与工人人数资料如表 13-20 所示。

表 13-20 基期和报告期产值与工人人数

企业	总产值/万元		工人数/人	
	基期	报告期	基期	报告期
甲	1320	2330	550	960
乙	710	720	370	350
丙	2140	3390	950	1350
丁	730	740	320	330

（1）计算该集团公司的总平均劳动生产率指数；
（2）计算固定报告期结构的各企业劳动生产率水平变动程度；
（3）计算固定基期劳动生产率水平的结构影响指数；
（4）用指数体系公式对（1）～（3）的答案进行验证；
（5）简述以上三个指数的具体经济意义，试分析企业劳动生产率水平和工人人数变动对公司劳动生产率水平的影响。

5. 某公司下属三个厂生产某种产品的情况如表 13-21 所示。

表 13-21　三个厂生产某种产品的情况

工厂	单位产品成本/元		产量/吨	
	上月	本月	上月	本月
一厂	960	952	4650	4930
二厂	1010	1015	3000	3200
三厂	1120	1080	1650	2000

计算可变构成指数、固定构成指数和结构影响指数并分析单位成本水平和产量结构变动对总成本的影响。

参 考 文 献

耿中元, 惠晓峰. 2009. M1 和 M2 作为货币政策中介目标的适用性研究[J]. 统计研究, (9): 64-69.
何晓群. 2003. 六西格玛数据分析技术[M]. 北京: 中国人民大学出版社.
胡学锋. 2005. 对统计指数中几个问题的思考[J]. 统计教育, (1): 21-24.
亢大麟, 王振龙, 朱文琦. 2005. 统计指数研究的几点思考[J]. 统计与决策, (5s): 4-7.
刘文卿. 2003. 六西格玛过程控制技术[M]. 北京: 中国人民大学出版社.
刘则悦. 2016. 统计指数相关理论问题的探讨[J]. 中国科技投资, (17): 34, 45.
马逢时, 吴诚鸥, 蔡霞, 等. 2009. 基于 MINITAB 的现代实用统计[M]. 北京: 中国人民大学出版社.
任栋, 王琦, 周丽晖. 2012. 关于统计指数研究的新思考[J]. 统计与决策, (7): 8-11.
任栋, 王琦, 周丽晖. 2016. 六种统计指数体系的对比分析[J]. 统计与信息论坛, 31 (1): 3-10.
徐国祥. 2005. 统计指数理论及应用[M]. 北京: 中国统计出版社.
徐国祥. 2007. 我国统计指数理论和应用研究的新领域[J]. 统计与决策, (10): 2, 171.
徐国祥. 2011. 统计指数理论、方法与应用研究[M]. 上海: 上海人民出版社.
杨杰. 2011. 统计指数体系与因数分析[J]. 中国经贸, (8): 199.
张知几. 1957. 统计指数[M]. 上海: 新知识出版社.
赵建明. 2000. 关于统计指数编制方法的因素分析法[J]. 厦门理工学院学报, (4): 29-31.

第十四章 统计指数评价方法

第一节 统计指数评价方法概述

一、统计指数评价的概述

评价是人类社会中一项经常性的、极为重要的认识活动。在日常生活中，人们常常要参照一定的标准对某个（或某些）事物、行为、认识（统称为评价对象）进行评定、判别其优劣或估计其价值之高低，并通过评价而达到对事物的认识，进而指导一定的决策行为。例如，判断一幅字画的水平、评价一位学生的素质、考核企业部门的业绩、评估一所学校的办学水平、评价一个地区的发展状况等，都属于广义的评价范畴，因此，评价活动无处不在。评价是人们参照一定标准对客体的价值或优劣进行比较评判的一种认知过程，是人类认识事物的一种重要手段与方式，评价结论又常常成为人们行动或决策的重要依据，因此评价也是一个决策过程。

现实社会生活中，对一个事物的评价常常要考察多个方面、涉及多个因素，评价是在多因素相互作用下的一种综合判断。例如，要评价一所高校的综合实力，就要从师资力量、生源质量、教学水平、科研成果、就业情况等方面进行综合评价；要评估一个企业的业绩水平，就要从企业的财务水平、生产管理、营销活动、人力资源等多方面综合考量。

统计指数评价方法就是利用指数的思想与方法，将所选择的有代表性的若干个指标综合成一个指数，从而对所要评价的对象作出综合的判断。可以说，统计指数评价方法是指数理论与方法在其他领域的进一步发展和应用。

二、统计指数评价的特点

统计指数评价方法与其他评价分析方法相比，具有数量性、综合性、相对性和主观性的特点。

1. 数量性

数量性是统计指数评价方法区别于其他分析方法的显著特征。分析研究时虽然要以定性分析为基础，但其目的还是进行定量分析，只是以定性的界定来研究事物的数量表现；同时，在分析时也常常将客观事物的性质区别过渡到数量的差异，是通过事物的数量表现，对被研究现象的总体进行更加深刻、更全面的认识，以综合掌握和评价事物的联系与变化过程。

2. 综合性

综合性是指综合指数评价的方法具有综合性。统计指数评价包括多个评价指标，并由此构成了一个评价指标体系。统计指数评价中的多个评价指标分别描述评价对象系统的各个方面，它们应该包含评价对象系统的全部信息。统计指数评价除了具有多因素、多层次的综合性以外，其评价方法本身就具有综合性特征。在进行综合分析时不局限于统计分析方法的应用，还综合应用如系统工程学、计量经济学等方法，以便更科学、公正、客观地评价被研究现象。

3. 相对性

统计指数评价的结果具有相对性，并不是绝对的结论。统计指数评价采用相应的数学模型、计量方法，取得的结果用数值表示，但这些数值只有相对的意义。统计指数评价的结果一般适用于性质相同的客观事物之间的比较或排序。另外，采取不同的评价结果也有可能得出不同的结论。例如，评价一个国家的经济发展实力，采用汇率法和购买力评价法的结果就是不一致的。

4. 主观性

在统计指数评价中，各指标的评价标准及权数的确定，常常需要依靠有关专家来打分和确定，不同的专家给出的标准和权重会有所差异，因此，综合评价的结果往往具有一定的主观性。

需要指出的是，上述统计指数评价的概念和特点是针对统计综合评价的实践活动而言的。统计学中所阐述的统计综合分析是以统计数据为基础，定性分析和定量分析相结合，综合运用多种方法，对客观事物进行的分析研究，是认识事物本质和规律性的方法论。

三、统计指数评价的一般程序

（一）确定评价对象，明确评价目标

要进行统计指数评价，首先必须确定评价对象。评价对象可以是人、事、物，也可以是它们的组合。评价对象的特点直接决定着评价的内容、方式和方法。评价对象确定以后，还要明确评价目标，确定评价目标就是指明确分析的目的或确定选题，即明确评价的结果是用来解决什么问题。不同的评价目标，所选用的指标体系也有所不同，只有明确目标，然后才能根据该目标的需要，搜集相关资料、确定评价指标和选择分析方法等，提高统计指数评价的效益和质量。

（二）选取评价指标，构建评价指标体系

在确定评价对象和评价目标之后，需根据评价目标选取合适的评价指标，构建评价指标体系。选取评价指标时应先明确选取评价指标的指导思想和应遵循的基本原则；在此基础上，从总的或一系列目标出发，逐级发展子目标，最终确定各专项指标，建立一个能够从不同角度、不同方面反映评价对象总体水平的评价指标体系。

（三）确定各评价指标的权重

评价指标权重是指被评价对象的各个评价指标在整体中价值的高低和相对重要的程度及所占比例大小的量化值，权重在评价指标体系中起着权衡轻重的作用。一般来说，各个评价指标在整个评价体系中的作用是不同的，因此各个指标的权重也有所不同，权重系数越大的指标，其作用程度越强；权重系数越小的指标，其作用程度越弱。

各个评价指标在统计指数评价时反映总体的某一方面的特征，在统计指数评价中的重要程度是不同的，所以，需要对各个指标在总体中的重要程度赋予不同的权重系数，这对评价结果的合理与否起着重要作用。具体来说，确定权重的方法有主观赋权法和客观赋权法。

（四）对评价指标进行无量纲化处理

在统计指数评价指标体系中，所包含的各个指标分别反映评价对象的不同侧面，一般具有不同的含义，其计量单位往往也不一样，因此存在量纲上的差异。这种异量纲性是影响指数评价结果的重要因素，因而需要解决不同指标度量不同的问题，对指标进行无量纲化处理，消除指标量纲的影响，使不同评价指标之间具有可比性。

（五）选择合适的评价方法，建立评价模型，计算评价指数

构建评价指标体系、确定指标权重和对评价指标进行无量纲化处理是进行统计指数评价的基础，在经过上述各项工作后，还必须选择合适的评价方法，建立统计指数评价模型，将指标体系中的各个子系统有机地结合起来，从总体的角度对评价对象进行定量分析和综合评价。

统计指数评价分析的方法有多种，它们的特点和应用条件多有不同，应该根据具体的研究对象选择合适的分析方法，建立相应的评价模型，再将指标值或无量纲化处理后的量化值代入相应的模型，计算出各级统计评价指数。

（六）分析评价结果，作出综合评价

统计指数评价是一个综合性的指数体系，按评价指标体系的层次结构划分为一级目标指数、二级目标指数、三级目标指数等，依据各级指数的计算结果进行统计指数评价结果的分析，进而得出综合评价的结论，即明确各评价对象的排列顺序或与预设目标的差距。评价分析的结果，可以看出评价对象目前存在的问题和薄弱环节，再通过分析问题产生的原因，进一步提出有针对性的解决措施。

四、评价指标选取的基本原则

科学合理地选取评价指标是进行统计指数评价的重要基础，是保证评价结果准确的前

提条件。在构建统计指数评价指标体系时，需要遵循选取评价指标的基本原则，具体来说，包括以下四个原则。

1. 系统性原则

评价指标体系的构建对后续综合评价的结果有重要的影响。因此，构建统计指数评价指标体系，应在深刻了解评价对象的内涵和特点的基础上选取指标，以将其各个层面的本质特征和整体性能反映出来。

2. 科学性原则

科学性原则是指在构建评价指标体系时，要全面认知事物的客观规律，将评价对象内部要素之间的客观联系放在重要的位置，秉承实事求是的科学精神，以实际情况为基础，获取真实信息，遵循科学研究的规范，得出客观可靠的研究结果。

3. 完整性原则

评价对象优劣是由诸多因素共同作用影响的，选取的指标必须能反映被评价问题的各个侧面，绝对不能"扬长避短"，否则评价的结果将有失公允。

4. 可行性原则

建立评价指标体系时不仅要考虑到指标的完整性，还要考虑资料的可获得性、方法的得当性。因此，在选取指标的时候，一定要充分考虑其可操作性和实用性，尽量便于数据采集和概念上的通俗易懂。

五、评价指标选取的方法

构建评价指标体系需要选取若干个相关的指标，评价指标的选取方法分为定性法和定量法。

（一）定性法

定性法主要是从研究对象的性质和特点选取评价指标，分为综合法和分析法。

综合法是一种通过征询专家意见来选取评价指标的方法。这种方法是借助相关领域专家的智力优势和研究基础来选择评价分析指标，一般专家在该研究领域已经研究多年，拥有丰富的研究基础和研究经验，知道哪些指标能够反映问题的根本。这种方法一般采取召开论证会或发放专家意见调查表等方式来征集专家的意见。当不同专家对同一评价对象选取了不同的评价指标时，要客观地分析是由于专家对被评价对象的了解方向不同，还是对现象的认识程度不同，在准确分析的基础上，以获得客观的选择指标。

分析法是从被评价对象不同部分、不同侧面选取一个或多个评价指标，分别反映评价对象各个方面的内涵和外延。区分和把握各个部分或侧面的重点是运用分析法选取指标的关键，这要求研究人员充分利用已有的研究基础，严谨科学地区分和选取评价指标。

（二）定量法

定量法选取指标主要是从指标值中提取有用的信息，根据指标值之间的关系确定应选取的指标。常用的定量法有试算法、聚类分析法等。

1. 试算法

试算法是通过对历史资料、数据的试算来判断指标的选取是否有效。例如，要评价 2016 年公司战略的实施效果，可以以 2015 年公司的相关指标数据进行试算，通过试算结果判断所选指标是否合适，然后对试算后的相关指标进行科学比较分析，把代表性强的指标确定下来，反复筛选修正，直到满意。

2. 聚类分析法

聚类分析法是通过比较指标间的相关性和相似性来筛选指标的一种方法。具体来说，首先将若干个指标中的每一个指标都看成单独的一类，然后根据指标间的相关性或比较各类之间的距离，把距离最近的两类合并成一类，最后在合并后的类中，再将距离最近的两类合并成一类；如此反复合并距离最近的两类，直到将所有指标合并成一类，从而形成由多到少的分类系统，即谱系。我们可以根据谱系将整个聚类结果画在一张聚类图上，根据聚类图，我们可以直观地观察指标间的亲疏关系，从而选择所需要的评价指标。

聚类分析法的具体步骤如下。

（1）度量指标（类）间的相似程度：常常采用相关系数法，根据指标的历史数据，计算各指标两两之间的相关系数，形成相关系数矩阵，根据相关系数的大小判断指标（类）间的相似程度。

（2）计算指标（类）间的距离并聚类：将计算出的相关系数矩阵转换为指标距离，通常是用 1 减去相关系数，指标距离越小，两指标（类）间的关系越密切，说明在统计评价时两指标之间具有可替代性，应该聚为一类。

（3）根据聚类结果绘制聚类图：首先绘制聚类图，再根据相关性系数的大小确定选择指标的个数，若指标间相关系数较大，指标间可替代性就较大，可以适当少选取一些指标；若指标间相关系数较小，指标体系中需要的指标个数就较多。

（4）选择最合适的评价指标：由于同一类指标相似性较高，应根据指标选取的基本原则，选择最合适的评价指标。

例 14.1 假如某个评价对象现在有 8 个评价指标，记为 $X_1, X_2, \cdots, X_8$。根据历史数据计算指标间两两的相关系数并建立相关系数矩阵 R_1，如表 14-1 所示。

表 14-1 相关系数矩阵 R_1

评价指标	X_1	X_2	X_3	X_4	X_5	X_6	X_7	X_8
X_1	1	0.23	0.81	0.87	0.77	0.73	0.55	0.55

续表

评价指标	X_1	X_2	X_3	X_4	X_5	X_6	X_7	X_8
X_2		1	0.34	0.20	0.30	0.35	0.21	0.69
X_3			1	0.78	0.71	0.79	0.61	0.62
X_4				1	0.78	0.77	0.55	0.43
X_5					1	0.92	0.55	0.53
X_6						1	0.54	0.57
X_7							1	0.4
X_8								1

第一步，从表 14-1 的相关系数矩阵 R_1 中找出相关系数最大的两个指标，可以看出 $r_{X_5 X_6} = 0.92$，X_5、X_6 之间的相似程度最高，因此首先将 X_5、X_6 聚为一类，留下 X_5、X_6 之一的 X_5 作为代表，将指标 X_6 的信息从表 14-1 中删掉，即划掉第六行第六列，得到新的相关系数矩阵 R_2，如表 14-2 所示。

表 14-2 相关系数矩阵 R_2

评价指标	X_1	X_2	X_3	X_4	X_5	X_7	X_8
X_1	1	0.23	0.81	0.87	0.77	0.55	0.55
X_2		1	0.34	0.20	0.30	0.21	0.69
X_3			1	0.78	0.71	0.61	0.62
X_4				1	0.78	0.55	0.43
X_5					1	0.55	0.53
X_7						1	0.4
X_8							1

第二步，从表 14-2 的相关系数矩阵 R_2 中找出相关系数最大的两个指标，可以看出 $r_{X_1 X_4} = 0.87$，X_1、X_4 之间的相似程度最高，因此将 X_1、X_4 聚为一类，留下 X_1、X_4 之一的 X_1 作为代表，将指标 X_4 的信息从表 14-2 中删掉，即划掉第四行第四列，得到新的相关系数矩阵 R_3，如表 14-3 所示。

表 14-3 相关系数矩阵 R_3

评价指标	X_1	X_2	X_3	X_5	X_7	X_8
X_1	1	0.23	0.81	0.77	0.55	0.55
X_2		1	0.34	0.30	0.21	0.69
X_3			1	0.71	0.61	0.62
X_5				1	0.55	0.53
X_7					1	0.4
X_8						1

第三步,从表 14-3 的相关系数矩阵 R_3 中找出相关系数最大的两个指标,可以看出 $r_{X_1X_3} = 0.81$,X_1、X_3 之间的相似程度最高,因此将 X_1、X_3 聚为一类,由于 X_1、X_4 已经聚为一类了,所以这一步实际是再将 X_1、X_3、X_4 聚为一类。

重复以上过程,直到将所有指标聚为一类,由于此例中含有 8 个指标,完整的聚类过程需要七步(第四~七步过程省略),再将聚类结果画成聚类图,如图 14-1 所示。

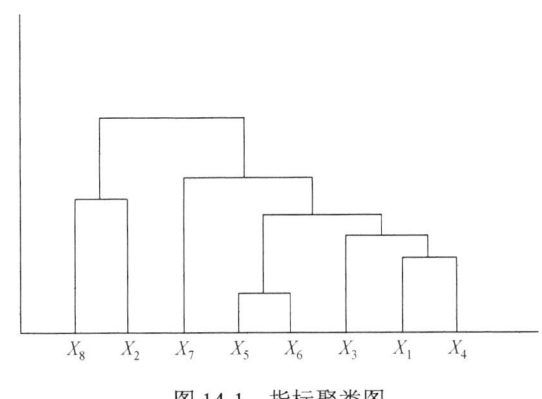

图 14-1 指标聚类图

根据指标聚类图,对指标进行精简化,选择合适的指标。若以相关系数 $r = 0.8$ 作为聚类的阈值,则我们可以将 8 个指标分为五类:X_2、X_7、X_8、(X_5、X_6)、(X_1、X_3、X_4)。如果第四类选择指标 X_5,第五类选择指标 X_1,其余的指标均舍弃,那么最终指标体系中包含 5 个评价指标 X_1、X_2、X_5、X_7、X_8。可以看出,指标体系的选取不是唯一的,首先是分类的标准不一样,这取决于聚类阈值相关系数 r 的大小,其次每一类中所选择的指标也不是唯一的。

六、评价指标无量纲化处理的方法

由于评价指标体系中各指标具有不同的量纲,不能直接对指标进行比较、汇总,需要对各指标进行无量纲化处理。无量纲化也称为指标数据的标准化、规格化,它是通过简单的数学变换来消除各指标量纲的影响。无量纲化方法有多种,常用的无量纲化方法主要有相对化处理法、功效系数法和标准化处理法。

(一)相对化处理法

相对化处理法是先对每个评价指标确定一个标准值,然后计算指标的实际值与选取的标准值(或选取的标准值与实际值)的比值,得到一个相对数,即无量纲化处理后的指标数据。

通常来说,指标有"正向指标"和"逆向指标"两种:正向指标是指数值越大越好的指标,如地区生产总值、劳动生产率、单位产品利润等指标;逆向指标是指数值越小越好的指标,如二氧化硫排放量、单位产品成本、产品次品率、单位 GDP 的能耗率等指标。相应的相对化处理也有两种形式。

正向指标的相对化处理公式：

$$x_i' = \frac{x_i}{x_m}$$

逆向指标的相对化处理公式：

$$x_i' = \frac{x_m}{x_i}$$

式中，x_i' 为无量纲化后的数据；x_i 为各指标的实际值；x_m 为选取的各指标标准值。其中，标准值可以根据研究对象的具体情况选择评价指标在一定时期内的平均数、国家规定值、行业标准值、历史最高值、国际上采用的标准等其他数值。

例 14.2 已知某地区五个同类型工业企业 2016 年的经济效益指标如表 14-4 所示，试对这些经济效益指标进行相对化处理以消除指标的量纲影响，标准值采用这五个企业各指标的平均值。

表 14-4 五个企业的经济效益指标数据表一

企业名称	全员劳动生产率 /(元/人)	工业成本费用利润率/%	销售收入利税率/%	工业增加值率/%	资本保值增值率/%
A 企业	12 000	5.3	23.1	21.2	112.3
B 企业	13 500	4.1	26.2	26.4	113.2
C 企业	9 100	6.2	18.7	20.5	108.1
D 企业	10 800	4.8	18.9	14.3	104.4
E 企业	11 000	5.1	22.3	29.6	118.6
平均值	11 280	5.1	21.84	22.4	111.32

表 14-4 所列的各项指标都是正向指标，根据公式 $x_i' = \frac{x_i}{x_m}$ 用相对化处理方法对各指标进行无量纲化处理，并将结果用百分制表示，如表 14-5 所示。

表 14-5 五个企业的相对化处理数据表

企业名称	全员劳动生产率	工业成本费用利润率	销售收入利税率	工业增加值率	资本保值增值率
A 企业	106.38	103.92	105.77	94.64	100.88
B 企业	119.68	80.39	119.96	117.86	101.89
C 企业	80.67	121.57	85.62	91.52	97.11
D 企业	95.74	94.12	86.54	63.84	93.78
E 企业	97.52	100	102.11	132.14	106.54

（二）功效系数法

功效系数法又称函数化处理法，功效系数是指各项评价指标值与该指标在所有变动数值范围中的相对位置。其特点是将所有指标值转化为用百分制表示的数值,利用这一特点,可以直观地对每一指标的优劣作出判断,也可以解决不同性质的指标整合问题。具体地,正向指标和逆向指标也是采用不同的函数形式进行量化。

正向指标的函数化处理公式为

$$x_i' = \frac{x_i - x_{\min}}{x_{\max} - x_{\min}}$$

逆向指标的函数化处理公式为

$$x_i' = \frac{x_{\max} - x_i}{x_{\max} - x_{\min}}$$

式中,x_i' 为无量纲化后的数据;x_i 为各指标的实际值;$x_{\max}$ 为指标所有取值中的最大值;$x_{\min}$ 为指标所有取值中的最小值。利用功效系数法对指标进行无量纲化处理后的指标值的取值范围为[0,1],在实际工作中,为了使评价结果与人们习惯的百分制保持一致,常常对功效系数进行转换,并赋予一个下限,转换公式为

$$x_i'' = x_i' \times (100 - L) + L$$

式中,x_i'' 为功效系数转换后的数据;L 为指标数值转换后的下限,经过处理后指标值的取值范围为[L, 100]。

例 14.3 根据表 14-6 的相关资料,用功效系数法对各指标进行无量纲化处理。

表 14-6 五个企业的经济效益指标数据表二

企业名称	全员劳动生产率/(元/人)	工业成本费用利润率/%	销售收入利税率/%	工业增加值率/%	资本保值增值率/%
A 企业	12 000	5.3	23.1	21.2	112.3
B 企业	13 500	4.1	26.2	26.4	113.2
C 企业	9 100	6.2	18.7	20.5	108.1
D 企业	10 800	4.8	18.9	14.3	104.4
E 企业	11 000	5.1	22.3	29.6	118.6
最大值	13 500	6.2	26.2	29.6	118.6
最小值	9 100	4.1	18.7	14.3	104.4

表 14-6 所列的各项指标都是正向指标,根据公式 $x_i' = \dfrac{x_i - x_{\min}}{x_{\max} - x_{\min}}$ 用功效系数法对各指标进行无量纲化处理,同时,利用公式 $x_i'' = x_i' \times (100 - L) + L$ 对所得结果进行转换,取各指标下限 $L = 60$,转换后的结果如表 14-7 所示。

表 14-7 五个企业的经济效益指标用功效系数法处理后的数据表

企业名称	全员劳动生产率	工业成本费用利润率	销售收入利税率	工业增加值率	资本保值增值率
A 企业	86.36	82.86	83.47	78.04	82.25
B 企业	100	60	100	91.63	84.79

续表

企业名称	全员劳动生产率	工业成本费用利润率	销售收入利税率	工业增加值率	资本保值增值率
C 企业	60	100	60	76.21	72.42
D 企业	75.45	73.33	61.07	60	60
E 企业	77.28	79.05	79.72	100	100

（三）标准化处理法

标准化处理法的前提是假定各指标值服从正态分布。在对指标进行标准化处理时，将指标值转化为数学期望为 0、方差为 1 的标准化数值，从而消除指标间不同量纲的影响。

标准化处理的具体步骤如下。

第一步，计算出各指标的算术平均数（期望值）和标准差；

第二步，利用下列公式对指标进行标准化处理。

正向指标：

$$x_i' = \frac{x_i - \overline{x}}{\delta}$$

逆向指标：

$$x_i' = \frac{\overline{x} - x_i}{\delta} = -\frac{x_i - \overline{x}}{\delta}$$

式中，x_i' 为标准化处理后的指标值；x_i 为实际变量指标值；$\overline{x}$ 为各指标的算术平均数（期望值）；δ 为各指标的标准差。

例 14.4 根据表 14-8 的相关资料，用标准化处理法对各指标进行无量纲化处理。

表 14-8　五个企业的经济效益指标数据表三

企业名称	全员劳动生产率/(元/人)	工业成本费用利润率/%	销售收入利税率/%	工业增加值率/%	资本保值增值率/%
A 企业	12 000	5.3	23.1	21.2	112.3
B 企业	13 500	4.1	26.2	26.4	113.2
C 企业	9 100	6.2	18.7	20.5	108.1
D 企业	10 800	4.8	18.9	14.3	104.4
E 企业	11 000	5.1	22.3	29.6	118.6
平均数	11 280	5.1	21.84	22.4	111.32
标准差	1 449.69	0.68	2.80	5.26	4.81

表 14-8 所列的各项指标都是正向指标，根据公式 $x_i' = \dfrac{x_i - \overline{x}}{\delta}$ 用标准化处理对各指标进行无量纲化处理，结果如表 14-9 所示。

表 14-9　五个企业的经济效益指标标准化处理后的数据表

企业名称	全员劳动生产率	工业成本费用利润率	销售收入利税率	工业增加值率	资本保值增值率
A 企业	0.50	0.29	0.45	−0.23	0.20
B 企业	1.53	−1.47	1.56	0.76	0.39
C 企业	−1.50	1.62	−1.12	−0.36	−0.67
D 企业	−0.33	−0.44	−1.05	−1.54	−1.44
E 企业	−0.19	0.00	0.16	1.37	1.51

第二节　指标权重的确定

在统计指数评价中，由于各个评价指标反映总体的某一方面的特征，它们在统计指数评价中的重要程度是不同的。为了使评价结果客观科学，需要对各个指标在总体中的重要程度赋予不同的权重系数，具体来说，确定权重的方法有主观赋权法和客观赋权法。主观赋权法是指根据评价者或有关人员的主观价值判断对指标进行赋权的一类方法，包括专家评分法、层次分析法等。客观赋权法是指根据各指标具体数值，利用数理和统计的方法经过分析处理后得出指标权重的方法，主要有熵权法、变异系数法等方法。

一、主观赋权法

（一）专家评分法

专家评分法又称德尔菲法，是指根据评价对象的具体特征，选取一定的指标，邀请专家对各指标的重要性进行打分并赋予权重。最后计算专家赋予各指标权重的平均数，作为各指标的权重。专家评分法具体步骤如下。

（1）邀请专家。一般邀请本行业或本研究领域工作、研究多年的专家，他们既有丰富的工作经验，又有扎实的理论基础，对所要评价的对象具有透彻的理解。

（2）专家初评。告知专家评价对象的具体情况和评价目的，将评价对象中需要确定的权重的指标提交给各位专家，并请专家在不受外界干扰的情况下独立地确定各指标的重要性顺序并给出各评价指标的权重值。

（3）回收专家意见。收回各位专家初评后的数据，计算专家对每个评价指标赋权的平均值和标准差。

经过第一轮评分赋权，如果专家的意见比较集中，并且指标权重均值的离差比较小，即可以用均值确定指标权数。如果专家评分赋权的意见比较分散，可以将第一轮的结果反馈给专家，并请他们重新给出自己的意见，进行第二轮评分赋权，直至各项指标的权重与其均值的离差在一个较小的控制范围内，即认为各专家的意见基本一致，才能将各项指标的权数的平均值作为各指标的权重。

(二)层次分析法

层次分析法是一种对定性问题和定量问题进行综合分析的多目标决策和评价方法。应用层次分析法确定评价指标的权重,就是在建立有序递阶的指标体系的基础上,根据客观实际情况把同一层次的各种要素进行比较,确定层次中诸因素的相对重要性,并进行定量分析和表述,利用数学方法来计算该层次各项因素的权重系数。层次分析法的步骤如下(为了简化起见,本节仅介绍单层次指标)。

1. 确定指标间重要性的量化标准

利用层次分析法对指标进行赋权的前提是确定指标间的重要性的量化标准。在统计理论与实践中,常常采用比例标度法来刻画指标间的重要性程度,比例标度法是以对事物质的差别的评判标准为基础,一般以 5 个判别等级表示指标间重要性的差别。当评价分析需要更高的精确度时,可以使用 9 个判别等级来评价指标间的重要性。比例标度法通常有三种形式,如表 14-10 所示。

表 14-10 判断矩阵标度及含义

标度含义	1~9 标度法	5/5~9/1 标度法	9/9~9/1 标度法
两指标同样重要	1	1 (5/5)	1 (9/9)
一指标比另一指标稍微重要	3	1.5 (6/4)	1.286 (9/7)
一指标比另一指标明显重要	5	2.33 (7/3)	1.8 (9/5)
一指标比另一指标强烈重要	7	4 (8/2)	3 (9/3)
一指标比另一指标极为重要	9	9 (9/1)	9 (9/1)
介于上述相邻两级之间重要程度的比较	2	1.222 (5.5/4.5)	1.125 (9/8)
	4	1.857 (6.5/3.5)	1.5 (9/6)
	6	3 (7.5/2.5)	2.25 (9/4)
	8	5.67 (8.5/1.5)	4.5 (9/2)
一指标对另一指标的非重要性	上述各数的倒数	上述各数的倒数	上述各数的倒数

2. 构造判断矩阵

层次分析法的关键是构造指标间重要性程度的判断矩阵,判断矩阵的构造要符合合理性和一致性要求。通常是邀请行业或者研究领域的专家根据已经建立的指标体系和确定的指标重要性量化标准去评判每一层次指标间两两重要程度,并用指标重要性量化标准去量化。判断矩阵的形式如表 14-11 所示,判断矩阵表中第 i 行第 j 列的元素 a_{ij} 表明指标 X_i 和 X_j 的重要性比较后所得到的标度。

表 14-11　判断矩阵的形式

指标	X_1	X_2	$\cdots$	X_n
X_1	a_{11}	a_{12}	$\cdots$	a_{1n}
X_2	a_{21}	a_{22}	$\cdots$	a_{2n}
$\vdots$	$\vdots$	$\vdots$	$\vdots$	$\vdots$
X_n	a_{n1}	a_{n2}	$\cdots$	a_{nn}

3. 计算各指标权重

根据构造的判断矩阵，计算判断矩阵的特征值和特征向量，所得的特征向量即各指标的权重。计算判断矩阵的特征向量通常有三种方法：幂法、方根法和积法。幂法可以求解任意精度的特征向量，但是由于判断矩阵本身就是根据主观价值构造的，所以可以采用更为简便的方根法近似求解矩阵的特征向量。方根法具体步骤如下。

（1）计算判断矩阵每一行元素的乘积 M_i：

$$M_i = \prod_{j=1}^{n} a_{ij}, \quad i,j = 1,2,\cdots,n$$

（2）计算 M_i 的 n 次方根 V_i：

$$V_i = \sqrt[n]{M_i}$$

（3）对 V_i 进行归一化处理：

$$W_i = \frac{V_i}{\sum_{i=1}^{n} V_i}$$

则 $W = (W_1, W_2, \cdots, W_n)$ 即判断矩阵的特征向量，也就是相应指标的权重。

4. 一致性检验

由于评价指标体系的复杂性和主观性，在对各项指标重要性进行两两比较时可能产生一些不一致的结论。例如，当对指标 a、b、c 进行两两比较时，可能会得出重要性 a 大于 b，b 大于 c，而 c 又大于 a 的矛盾结论，为满足判断矩阵的一致性，保证结果的合理性，需对构造的判断矩阵进行一致性检验，具体步骤如下。

（1）计算判断矩阵的最大特征根 $\lambda_{\max}$：

$$\lambda_{\max} = \frac{1}{n} \sum_{i=1}^{n} \frac{(PW)_i}{W_i}$$

式中，$(PW)_i$ 为判断矩阵与其特征向量相乘而得到的向量的第 i 个元素。

（2）根据判断矩阵计算一致性指标（consistency index，CI）值：

$$CI = \frac{\lambda_{\max} - n}{n - 1}$$

判断矩阵一致性程度越高，CI 值越小。若 CI = 0，则表示判断矩阵具有完全一致性，检验结束。若 CI＞0，则需要接着进行下一步骤。

（3）对于 1~9 阶判断矩阵，根据平均随机一致性指标表 14-12，找出对应的 RI 值。

表 14-12 平均随机一致性指标

阶数	1	2	3	4	5	6	7	8	9
RI	0.00	0.00	0.58	0.90	1.12	1.24	1.32	1.41	1.45

（4）计算随机一致性比率（consistency ratio，CR）值：

$$CR = \frac{CI}{RI}$$

若 CR＜0.1，则认为判断矩阵具有满意的一致性，否则就需要调整判断矩阵，使之具有满意的一致性。

例 14.5 在利用层次分析法对某一对象进行综合评价过程中，某一层次存在三个评价指标 X_1、X_2、X_3，其判断矩阵 R 如表 14-13 所示，试确定各指标权重。

表 14-13 指标判断矩阵 R

指标	X_1	X_2	X_3
X_1	1	1/2	1/2
X_2	2	1	1/2
X_3	2	2	1

解 （1）计算判断矩阵每一行元素的乘积 M_i：

$$M_1 = 1 \times \frac{1}{2} \times \frac{1}{2} = \frac{1}{4}$$
$$M_2 = 2 \times 1 \times \frac{1}{2} = 1$$
$$M_3 = 2 \times 2 \times 1 = 4$$

（2）计算 M_i 的 3 次方根 V_i：

$$V_1 = \sqrt[3]{M_1} = \sqrt[3]{1/4} \approx 0.6300$$
$$V_2 = \sqrt[3]{M_2} = \sqrt[3]{1} = 1$$
$$V_3 = \sqrt[3]{M_3} = \sqrt[3]{4} \approx 1.5874$$

（3）对 V_i 进行归一化处理：

$$\sum_{i=1}^{n} V_i = 0.6300 + 1 + 1.5874 = 3.2174$$

$$W_1 = V_1 \bigg/ \sum_{i=1}^{n} V_i = 0.6300 / 3.2174 \approx 0.1958$$

$$W_2 = V_2 \bigg/ \sum_{i=1}^{n} V_i = 1 / 3.2174 \approx 0.3108$$

$$W_3 = V_3 \bigg/ \sum_{i=1}^{n} V_i = 1.5874 / 3.2174 \approx 0.4934$$

（4）进行一致性检验，$\lambda_{\max} = 3.054$，CI = 0.027，CR = 0.046＜0.1，符合一致性要求。因此，根据上述计算结果得出各指标权重分别为 0.1958、0.3108 和 0.4934。

二、客观赋权法

（一）熵权法

熵权法是一种根据各项指标观测值所提供的信息量的大小来确定指标权重的方法。熵权所反映的是在给定被评价对象集后，各种评价指标值确定的情况下，各值在竞争意义上的相对激烈程度。当某项指标的指标值变异程度越大时，信息熵越小，指标所包含的信息量就越大，从而该指标在综合评价中所起的作用越大，权重也就越大；反之，某项指标的指标值变异程度越小，信息熵越大，指标所包含的信息量就越小，从而该指标在综合评价中所起的作用越小，权重越小。在具体应用时，可根据各指标值的变异程度，利用熵来计算各指标的熵权。

熵权法求解指标权重的具体步骤如下。

1. 指标数据的无量纲化处理

假设给定了 m 个指标 X_1、X_2、$\cdots$、X_m，其中 $X_i = \{x_1, x_2, \cdots, x_n\}$，对各指标无量纲化处理后的值为 Y_1、Y_2、$\cdots$、Y_m，其中 $Y_i = \{y_1, y_2, \cdots, y_n\}$。指标数据无量纲化处理有多种方法，具体参考本章第一节相应内容。

2. 计算第 j 个指标下第 i 个待评对象的指标值的比重

具体公式为

$$p_{ij} = \frac{y_{ij}}{\sum_{i=1}^{n} y_{ij}}$$

3. 计算各指标的信息熵

根据信息论中信息熵的定义，一组数据的信息熵的计算公式为

$$E_j = -\ln(n)^{-1} \sum_{i=1}^{n} p_{ij} \ln p_{ij}$$

4. 确定各指标权重

通过各指标的信息熵计算出各指标的权重：

$$W_j = \frac{1-E_j}{m - \sum_{j=1}^{m} E_j}, \quad j=1,2,\cdots,m$$

例 14.6 试根据例 14.3 中功效系数法消除指标量纲后的数据，利用熵权法求解各指标权重。数据见表 14-7。

解 根据公式 $E_j = -\ln(n)^{-1} \sum_{i=1}^{n} p_{ij} \ln p_{ij}$，其中 $p_{ij} = \dfrac{y_{ij}}{\sum_{i=1}^{n} y_{ij}}$，求解出各指标的信息熵如表 14-14 所示。

表 14-14 五项指标信息熵表

指标	X_1	X_2	X_3	X_4	X_5
信息熵 E_j	0.9914	0.9916	0.9883	0.9909	0.9909

再根据各指标的信息熵，利用公式 $W_j = \dfrac{1-E_j}{m - \sum_{j=1}^{m} E_j}$ 计算各项指标权重，如表 14-15 所示。

表 14-15 五项指标权重表一

指标	X_1	X_2	X_3	X_4	X_5
权重 W_j	0.1820	0.1801	0.2501	0.1938	0.1940

（二）变异系数法

变异系数法作为一种客观赋权法，直接利用各指标所包含的信息计算出权重。变异系数法的基本原理是：在评价指标体系中，一个指标的取值差异越大，分布越离散，该指标就更能反映被评价单位的差距，赋予的权重就应该越大。例如，在评价不同国家的经济发展状况时，选择人均国民生产总值作为评价的指标之一，是因为人均国民生产总值不仅能反映各个国家的经济发展水平，还能反映一个国家的现代化程度。如果不同国家的人均国民生产总值没有很大的差距，则这个指标用来反映不同国家间现代化程度、经济发展水平就没有多大作用。

变异系数是指指标标准差与均值的比值，反映了各指标取值的差异程度，利用变异系数可以直接消除不同指标间量纲的影响。变异系数法求指标权重的具体步骤如下。

（1）计算各指标变异系数：

$$V_i = \frac{\sigma_i}{\bar{x}_i}$$

式中，V_i 为第 i 个指标的变异系数，又称为标准差系数；σ_i 为第 i 项指标的标准差；$\bar{x}_i$ 为第 i 项指标的平均数。

（2）计算各项指标的权重：

$$W_i = \frac{V_i}{\sum_{i=1}^{n} V_i}$$

例 14.7 试根据例 14.2 中数据利用变异系数法求解各指标权重。

解 根据公式 $V_i = \frac{\sigma_i}{\bar{x}_i}$ 求解出各指标的变异系数如表 14-16 所示。

表 14-16 五项指标变异系数表

指标	X_1	X_2	X_3	X_4	X_5
变异系数 V_i	0.1437	0.1500	0.1434	0.2627	0.0483

再根据公式 $W_i = \frac{V_i}{\sum_{i=1}^{n} V_i}$ 计算各项指标权重，如表 14-17 所示。

表 14-17 五项指标权重表二

指标	X_1	X_2	X_3	X_4	X_5
权重 W_i	0.1921	0.2005	0.1917	0.3512	0.0645

第三节 评价结果的综合

在确定各评价指标的权重之后，可以将经过无量纲化处理后的指标值综合汇总成统计指数。利用统计指数结果，可以对各评价对象进行排序，直观清晰地了解各评价对象的实际水平的高低，进而分析各评价对象的优势与劣势，探索存在的问题和产生的原因，进一步提出改善措施。

一、加权算术平均综合法

采用加权算术平均综合法计算统计评价指数的基本公式如下：

$$y = \frac{\sum_{i=1}^{n} x_i W_i}{\sum_{i=1}^{n} W_i}$$

式中，给定的评价指标体系由 n 个评价指标构成；y 为统计评价指数；x_i 为第 i 个评价指标经过无量纲化处理后的数值；W_i 为各指标的权重。

例 14.8 试根据例 14.6 中五个工业企业经济效益指标数据和指标权重计算加权算术平均综合统计评价（表 14-18）。

表 14-18 五个企业的经济效益指标用功效系数法处理后的数据与权重表

企业名称	全员劳动生产率 X_1	工业成本费用利润率 X_2	销售收入利税率 X_3	工业增加值率 X_4	资本保值增值率 X_5
A 企业	86.36	82.86	83.47	78.04	82.25
B 企业	100	60	100	91.63	84.79
C 企业	60	100	60	76.21	72.42
D 企业	75.45	73.33	61.07	60	60
E 企业	77.28	79.05	79.72	100	100
权重 W_i	0.1820	0.1801	0.2501	0.1938	0.1940

解 根据公式 $y = \dfrac{\sum_{i=1}^{n} x_i W_i}{\sum_{i=1}^{n} W_i}$ 计算各工业企业经济效益统计指数。

A 企业：

$$\begin{aligned} y_A = & 86.36 \times 0.1820 + 82.86 \times 0.1801 + 83.47 \times 0.2501 \\ & + 78.04 \times 0.1938 + 82.23 \times 0.1940 \\ \approx & 82.59 \end{aligned}$$

B 企业：

$$\begin{aligned} y_B = & 100 \times 0.1820 + 60 \times 0.1801 + 100 \times 0.2501 \\ & + 91.64 \times 0.1938 + 84.77 \times 0.1940 \\ \approx & 88.22 \end{aligned}$$

C 企业：

$$\begin{aligned} y_C = & 60 \times 0.1820 + 100 \times 0.1801 + 60 \times 0.2501 \\ & + 76.21 \times 0.1938 + 72.37 \times 0.1940 \\ \approx & 72.75 \end{aligned}$$

D 企业：

$$y_D = 75.45 \times 0.1820 + 73.34 \times 0.1801 + 61.07 \times 0.2501 \\ + 60 \times 0.1938 + 60 \times 0.1940 \\ \approx 65.48$$

E 企业：

$$y_E = 77.28 \times 0.1820 + 79.05 \times 0.1801 + 79.74 \times 0.2501 \\ + 100 \times 0.1938 + 100 \times 0.1940 \\ \approx 87.02$$

经过加权算术平均综合法计算各企业的统计评价指数得知，B 企业经济效益最佳，E 企业、A 企业、C 企业次之，D 企业最差。

二、加权几何平均综合法

采用加权几何平均综合法计算统计评价指数的基本公式如下：

$$y = \sqrt[\sum_{i=1}^{n} W_i]{\prod_{i=1}^{n} x_i^{W_i}}$$

式中，给定的评价指标体系由 n 个评价指标构成；y 为统计评价指数；x_i 为第 i 个评价指标经过无量纲化处理后的数值；W_i 为各指标的权重。

例 14.9 试根据例 14.6 中五个工业企业经济效益指标数据和指标权重计算加权几何平均综合统计评价。数据见表 14-18。

解 根据公式 $y = \sqrt[\sum_{i=1}^{n} W_i]{\prod_{i=1}^{n} x_i^{W_i}}$ 计算各工业企业经济效益统计指数。

A 企业：

$$y_A = 86.36^{0.1820} \times 82.86^{0.1801} \times 83.47^{0.2501} \times 78.04^{0.1938} \times 82.23^{0.1940} \\ \approx 82.60$$

B 企业：

$$y_B = 100^{0.1820} \times 60^{0.1801} \times 100^{0.2501} \times 91.64^{0.1938} \times 84.77^{0.1940} \\ \approx 86.78$$

C 企业：

$$y_C = 60^{0.1820} \times 100^{0.1801} \times 60^{0.2501} \times 76.21^{0.1938} \times 72.37^{0.1940} \\ \approx 71.37$$

D 企业：

$$y_D = 75.45^{0.1820} \times 73.34^{0.1801} \times 61.07^{0.2501} \times 60^{0.1938} \times 60^{0.1940} \\ \approx 65.29$$

E 企业：

$$y_E = 77.28^{0.1820} \times 79.05^{0.1801} \times 79.74^{0.2501} \times 100^{0.1938} \times 100^{0.1940}$$
$$\approx 86.55$$

经过加权几何平均综合法计算各企业的统计评价指数得知，B 企业经济效益最佳，E 企业、A 企业、C 企业次之，D 企业最差。

第四节 应 用 案 例

一、招聘数据案例分析[①]

（一）案例目的

本案例旨在通过在招聘工作中，对 48 个应聘者的相关条件进行聚类分析简化后，再进行评估，最终确定每个人的综合能力排名。

（二）案例简介

48 个人（观测值）向某家大公司递交了简历，公司根据 15 个判别标准对 48 份简历打分，15 个标准过多又不得不考虑，因此进行聚类分析简化标准的类别。其中 15 个标准（变量）与申请信、相貌、科研能力、喜好、自信等有关，每个标准的分值为 0~10 分，0 分最低，表示非常不满意，10 分最高，表示非常满意。假设公司要挑出最优秀的 6 个人，应该怎么做？

（三）案例解析

1. 评判标准

（1）随机选。大多数人不会赞同这种方法，因为根本没有利用数据信息。
（2）求平均得分。

$$\text{AVG} = (\text{FL} + \text{APP} + \cdots + \text{SUIT})/15$$

2. 加权平均得分

$$\text{WTD\_AVG} = w_1(\text{FL}) + w_2(\text{APP}) + \cdots + w_{15}(\text{SUIT}),\ w_1 + w_2 + \cdots + w_{15} = 1$$

[①] 案例作者：田茂再，马维华，范燕，安姝辉，姜春波；摘自《统计学专业课程教学案例选编》。

根据每个招聘者所关注的应聘者素质的重要程度来决定权重的大小。相关分析过程如下。

以前的分类经验使许多招聘者认为仅仅对应聘者的五个不同特征进行评估就可以决定是否录用。因此，我们首先对 15 个变量进行两两相关分析，结果如下。

对相关性分析的输出结果进行分析，我们可以大致将变量分成以下五组。

Group1：SC，LC，SMC，DRV，AMB，GSP，and POT
Group2：FL，EXP，and SUIT
Group3：LA，HON，and KJ
Group4：AA
Group5：APP

这样我们就可以建立新的评价标准，有以下两种方法。

（1）对各组变量的得分求平均值。

G_1：（SC + LC + SMC + DRV + AMB + GSP + POT）/7
G_2：（FL + EXP + SUIT）/3
G_3：（LA + HON + KJ）/3
G_4：AA
G_5：APP

WTD_AVG = $w_1 G_1 + w_2 G_2 + \cdots + w_5 G_5 = 1$，$w_1 + w_2 + \cdots + w_{15} = 1$

（2）在各组中分别选择一个变量来建立判别函数。根据得分的高低即可选出公司要录用的人选。这种变量选择方法比较粗糙，但是可以让每个应聘者很直观地了解评判标准，清楚自己在所有应聘者中的地位。

二、运动员射击稳定性分析[①]

（一）案例目的

本案例旨在通过对第二十九届奥运会男子 25m 手枪速射决赛中，前 6 名运动员的决赛成绩进行评价，使学生了解整个评估过程。

（二）案例简介

在奥运会男子 25m 手枪速射比赛中，首先让每个运动员进行两个阶段的预赛，然后根据预赛总成绩确定进入决赛的运动员。再让进入决赛的运动员进行两组每组 10 枪的射击，根据预赛成绩与决赛成绩确定最后的名次。在指数评价中我们要考虑全面，考察多个方面，涉及多个因素，评价就是在多因素作用下的一种综合判断，本案例考虑了成绩、稳定性等因素，最后得出对每名运动员水平的评价。

---

① 案例作者：贾俊平；摘自《统计学专业课程教学案例选编》。

(三) 案例解析

我们对在 2008 年 8 月 16 日举行的第二十九届奥运会男子 25m 手枪速射决赛中，获得前 6 名的运动员做一个比赛成绩的评价。数据见表 4-16。

射击运动员的比赛成绩除了受射击水平的影响外，还受到发挥稳定性的极大影响。运动员发挥的稳定性可以通过各次射击环数的差异以及一次比赛射击成绩的分布来反映。6 名运动员射击水平分析见表 4-17。

此外，还可以对运动员射击成绩进行离群点分析。运动员射击成绩的离群点也反映了运动员发挥的稳定性。为判断 6 名运动员的射击成绩是否存在离群点，需要计算标准分数。6 名运动员的标准分数如表 14-19 所示。

表 14-19　6 名运动员射击成绩的标准分数

亚历山大·彼得里夫利	拉尔夫·许曼	克里斯蒂安·赖茨	列昂尼德·叶基莫夫	基思·桑德森	罗曼·邦达鲁克
0.169	-2.805	-0.159	-2.002	0.036	0.075
-3.032	-0.734	0.950	1.586	1.463	-0.621
0.546	0.302	-1.407	-0.302	-1.213	0.656
0.358	1.338	0.672	-0.491	-0.143	-2.942
0.734	0.820	0.395	0.264	-1.213	0.191
-0.772	0.475	0.811	0.642	0.392	0.888
0.169	-0.388	-0.021	0.453	-0.856	0.772
-0.019	1.510	-2.932	0.642	0.036	1.352
-0.207	0.475	0.950	-0.869	0.392	0.888
0.358	-0.043	0.534	0.831	-2.818	0.656
1.488	-0.906	-0.714	1.020	-0.678	0.540
-0.019	0.302	-0.159	-0.113	0.749	0.308
0.546	1.165	0.118	-1.813	1.463	0.075
0.923	0.129	-0.159	0.264	0.592 8	-0.621
0.772	0.475	0.395	0.264	0.571	-1.665
-0.395	-0.561	-1.407	-1.435	0.392	-0.853
0.734	-1.252	-0.298	-0.680	-0.321	-0.389
0.546	0.475	1.088	-0.113	0.036	0.075
-1.714	-0.043	0.395	1.586	0.392	0.772
0.358	-0.734	0.950	0.264	0.392	-0.157

如果将处于平均数加减 3 倍的标准差范围之外的数据定义为离群点，6 名运动员的射击成绩中只有亚历山大·彼得里夫利的 -3.032 是离群点。考虑到射击成绩的特点，可将处于平均数加减 2 倍的标准差范围之外的数据定义为离群点。从各运动员的标准

分数看，亚历山大·彼得里夫利的−3.032，罗曼·邦达鲁克的−2.942，克里斯蒂安·赖茨的−2.932，基思·桑德森的−2.818，拉尔夫·许曼的−2.805，列昂尼德·叶基莫夫的−2.002，均属于离群点。这表明，每位运动员都有发挥不稳定的情况，这也体现了射击运动的特点。

6 名运动员射击成绩平均值及标准差的误差图如图 14-2 所示。

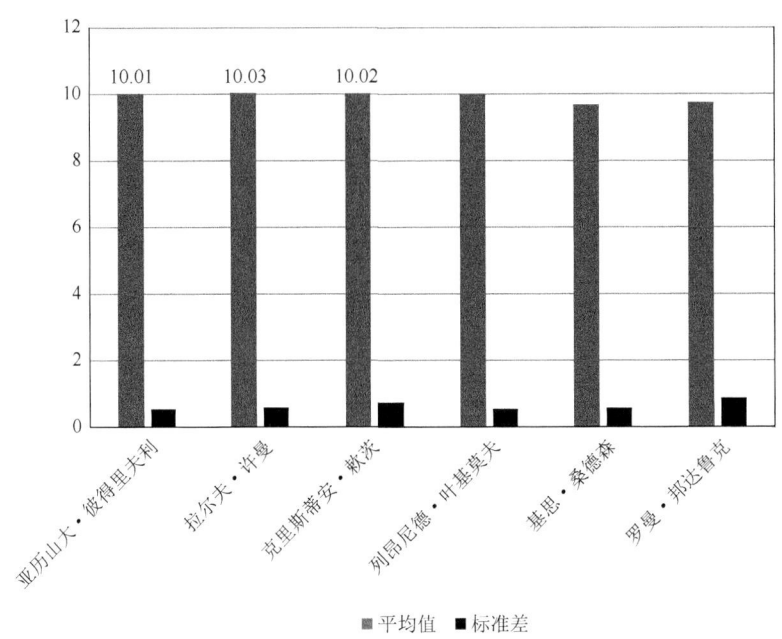

图 14-2　6 名运动员射击成绩平均值及标准差的误差图

从图 14-2 中可以清楚地看出 6 名运动员的射击水平及其差异状况。

本案例的目的在于提醒读者对数据进行描述时要始终从三个角度进行：一是数据的水平；二是数据的差异；三是数据的形状。只有这样才能全面把握数据的特征。

三、加权算术平均指数案例

（一）案例目的

本案例旨在通过对三件产品的产量实际提升值的计算来使学生了解加权算术平均的方法。

（二）案例简介

假设某企业生产三种产品甲、乙、丙，成本指数、产量指数已给出，通过这些数据计算产量的平均提升量。

（三）案例解析

假设某企业的相关资料如表 14-20 所示，三家企业各生产三种商品。计算三种产品的产量总指数。

表 14-20　产品的相关数据

商品名称	计量单位	总成本/万元		个体成本指数	个体产量指数
		基期	报告期		
甲	件	200	220	1.14	1.03
乙	台	50	50	1.05	0.98
丙	箱	120	150	1.20	1.10

产量总指数：

$$\bar{K} = \frac{\sum \frac{q_1}{q_0} p_0 q_0}{\sum p_0 q_0} = \frac{1.03 \times 200 + 0.98 \times 50 + 1.10 \times 120}{200 + 50 + 120} = \frac{387}{370} \approx 104.59\%$$

结论：报告期与基期相比，三种产品的产量平均提高了 4.59%。

四、股票价格指数

（一）案例目的

本案例旨在通过对股票价格指数的计算使学生了解如何将股票市场的状况通过指数的计算以数量的方式直观地表示出来。

（二）案例简介

某一股票市场上多种股票价格变动趋势的一种相对数，简称股票指数。股票是一种特殊的金融商品，有其自身的价格。它完全随股市供求行情变化而涨跌。股票价格指数是根据精心挑选出来的具有代表性和敏感性强的样本股票某时间点平均市场价格计算的动态相对数，用以反映某一股市股票价格总的变动趋势。

（三）案例解析

在此以"道琼斯股价指数"为例进行说明。道琼斯股价指数是由美国道琼斯公司计算并发布的。自 1884 年第一次开始发布，至今已有一百多年的历史，它是久负盛名影响最广泛的一种股票价格指数。

道琼斯股价平均数是以在纽约股票交易所上市的一些著名的大公司的股票为编制对

象，最初采用简单的算术平均方法进行计算，将采样公司的价格总额除以公司数，反映的是每家公司的平均股票价格总额。为了反映每一单位股票价格，应将采样股票价格总额除以总股数，考虑到增资、配股、折股等非市场因素对市场总股数的影响，因此，后来采用除数修正法，即将各样的商品价格总和除以一个修正后的除数计算道琼斯股价平均数。

除数修正公式为

$$修正后的新除数 = \frac{非市场因素影响后各种采样股票理论价格之和}{非市场因素影响前各种采样股票收盘价之和} \times 原先除数$$

$$道琼斯股价平均数 = \frac{采样股票价格总和}{修正后的新除数}$$

由此案例我们可以看出，人们经常引用的道琼斯股价指数实际上是一种平均数，它包括：

（1）美国 30 家著名工商业公司股票组成的采样股。主要用来反映整个工商业股票价格水平。在很多场合也被用作道琼斯股价平均数的代表。

（2）交通运输业股价平均数。以美国 20 家著名的交通运输公司的股票采样，其中有 8 家铁路公司、8 家航空公司和 4 家公路货运公司。

（3）公用事业股价平均数。以美国 15 家最大公用事业公司的股价为采样股，反映公用事业类股票的价格水平。

（4）股价综合平均数。以上述三种平均数所涉及的共 65 家企业的股票为采样股综合得到的股价平均数，反映整个股票市场价格的变动趋势。

思考与练习

一、单项选择题

1. 在统计指数评价指标选择中，聚类分析法属于（　　）
   A. 定量选择法　　　B. 经验选择法　　　C. 定性选择法　　　D. 专家选择法
2. 在统计指数评价指标选择中使用专家评分法进行时，属于（　　）
   A. 定量选择法　　　B. 经验选择法　　　C. 定性选择法　　　D. 主成分分析法
3. 进行统计指数评价时，选择的评价指标（　　）
   A. 都只能是正向指标
   B. 都只能是逆向指标
   C. 只要能够反映现象本质特征正向、逆向指标均可
   D. 正向指标和逆向指标均不可
4. 在统计评价指标体系中，逆向指标是指（　　）
   A. 数值越大，评价对象越好的指标
   B. 数值越大，评价对象越差的指标
   C. 数值大小，与评价对象好坏无关系
   D. 指标的好坏靠专家咨询获得
5. 按加权几何平均法计算统计指数的公式为（　　）

A. 统计指数 $y = \sum_{i=1}^{n} W_i \sqrt{\prod_{i=1}^{n} x_i^{W_i}}$
B. 统计指数 $y = \sqrt[n]{\prod_{i=1}^{n} x_i^{W_i}}$

C. 统计指数 $y = \sum_{i=1}^{n} W_i \sqrt{\sum_{i=1}^{n} x_i^{W_i}}$
D. 统计指数 $y = \sqrt[n]{\sum_{i=1}^{n} x_i^{W_i}}$

二、多项选择题

1. 统计指数评价指标体系中各指标权数的确定方法有（　　）
   A. 主观赋权法　　B. 间接赋权法　　C. 客观赋权法　　D. 直接赋权法
2. 下列确定指标权重的方法中，属于主观赋权法的是（　　）
   A. 层次分析法　　B. 专家评分法　　C. 变异系数法　　D. 熵权法
3. 使用功效系数法对评价指标进行无量纲化处理时，下列公式正确的是（　　）

   A. 正向指标：$x_i' = \dfrac{x_i - x_{\min}}{x_{\max} - x_i}$
   B. 正向指标：$x_i' = \dfrac{x_i - x_{\min}}{x_{\max} - x_{\min}}$

   C. 逆向指标：$x_i' = \dfrac{x_{\max} - x_i}{x_i - x_{\min}}$
   D. 逆向指标：$x_i' = \dfrac{x_{\max} - x_i}{x_{\max} - x_{\min}}$

三、计算题

1. 某行业三个企业某年经济效益水平实际值及各指标全国标准值资料如表 14-21 所示。

表 14-21　三个企业某年经济效益水平实际值及各指标全国标准值

评价指标	全国标准值	权数	A 企业	B 企业	C 企业
总资产贡献率/%	10.7	0.20	12	11	10.5
资产保值增值率/%	120	0.16	125	117	121
资产负债率/%	60	0.12	55	60	64
流动资金周转率/(次/年)	1.52	0.15	1.5	1.35	1.55
成本费用利润率/%	3.71	0.14	4	3.6	3.8
全员劳动生产率/(元/人)	16 500	0.10	17 000	16 700	16 900
工业产品销售率/%	96	0.13	95	94	96.2

（1）采用相对化处理方法对各指标进行无量纲化处理，并将结果用百分制表示；
（2）采用加权算术平均法计算各企业经济效益的综合统计指数。

2. 某年同行业三个企业经济效益水平实际值资料如表 14-22 所示。

表 14-22　三个企业经济效益水平实际值

评价指标	权数	甲企业	乙企业	丙企业
资金利用率/%	0.5	16	28	14
成本费用利用率/%	0.2	15	17	12
人均利润/(元/人)	0.3	4000	3500	2000
合计	1	—	—	—

（1）采用功效系数法对各指标进行无量纲化处理，并取指标值下限为 60；
（2）采用加权几何平均法计算各企业经济效益的综合统计指数。

参 考 文 献

陈正伟. 2013. 综合评价技术及应用[M]. 成都：西南财经大学出版社.
杜栋，庞庆华，吴炎. 2015. 现代综合评价方法与案例精选[M]. 北京：清华大学出版社.
郭亚军. 2007. 综合评价理论、方法及应用[M]. 北京：科学出版社.
郭亚军，唐海勇，曲道钢. 2010. 基于最小方差的动态综合评价方法及应用[J]. 系统工程与电子技术，32（6）：1225-1228.
侯峰. 2014. 应用统计学[M]. 北京：中国商业出版社.
马立平. 2000. 多指标综合评价的常用方法——现代统计分析方法的学与用（四）[J]. 数据，（4）：37, 39.
彭非，袁卫，惠争勤. 2007. 对综合评价方法中指数功效函数的一种改进探讨[J]. 统计研究，24（12）：29-34.
邱东. 1991. 多指标综合评价方法的系统分析[M]. 北京：中国统计出版社.
王春枝. 2008. 综合评价指数模型的比较与选择[J]. 统计教育，（4）：17-18.
曾五一，朱平辉. 2006. 统计学：中国版[M]. 北京：北京大学出版社.
朱孔来. 2004. 国民经济和社会发展综合评价研究[M]. 济南：山东人民出版社.